普通高等教育"十一五"国家级规划教材
21世纪交通版高等学校教材

Urban Passenger Transport System

城市客运交通系统

李旭宏　徐永能　编著
曹丛咏　毛海军　主审

人民交通出版社

内 容 提 要

本书为普通高等教育“十一五”国家级规划教材，共分六章，内容包括绪论、城市客运交通系统构成、城市客运交通系统规划、城市客运交通系统运营管理、城市公共交通优先系统、客运交通一体化。

本书可作为高等院校交通工程及交通运输类专业本科生和研究生的教材或教学参考用书，也可供城市规划、设计、研究等部门从事城市客运交通规划与设计的工程技术人员、交通管理人员和决策人员参考。

图书在版编目（CIP）数据

城市客运交通系统 / 李旭宏，徐永能编著. — 北京：人民交通出版社，2011.6
ISBN 978-7-114-09235-0

Ⅰ. ①城… Ⅱ. ①李… ②徐… Ⅲ. ①城市运输：旅客运输－交通运输管理－高等学校－教材 Ⅳ. ①F570.82

中国版本图书馆 CIP 数据核字(2011)第 131534 号

普通高等教育“十一五”国家级规划教材
21 世纪交通版高等学校教材

书　　名：城市客运交通系统
著 作 者：李旭宏　徐永能
责任编辑：沈鸿雁　刘永超
出版发行：人民交通出版社
地　　址：(100011)北京市朝阳区安定门外外馆斜街 3 号
网　　址：http://www.ccpress.com.cn
销售电话：(010)59757969,59757973
总 经 销：人民交通出版社发行部
经　　销：各地新华书店
印　　刷：北京武英文博科技有限公司
开　　本：787×1092　1/16
印　　张：17
字　　数：416 千
版　　次：2011 年 6 月　第 1 版
印　　次：2019 年 12 月　第 5 次印刷
书　　号：ISBN 978-7-114-09235-0
定　　价：32.00 元

21世纪交通版
高等学校教材(公路与交通工程)编审委员会

总　序

当今世界,科学技术突飞猛进,全球经济一体化趋势进一步加强,科技对于经济增长的作用日益显著,教育在国家经济与社会发展中所处的地位日益重要。进入新世纪,面对国际国内经济与社会发展所出现的新特点,我国的高等教育迎来了良好的发展机遇,同时也面临着巨大的挑战,高等教育的发展处在一个前所未有的重要时期。其一,加入WTO,中国经济已融入到世界经济发展的进程之中,国家间的竞争更趋激烈,竞争的焦点已更多地体现在高素质人才的竞争上,因此,高等教育所面临的是全球化条件下的综合竞争。其二,我国正处在由计划经济向社会主义市场经济过渡的重要历史时期,这一时期,我国经济结构调整将进一步深化,对外开放将进一步扩大,改革与实践必将提出许多过去不曾遇到的新问题,高等教育面临加速改革以适应国民经济进一步发展的需要。面对这样的形势与要求,党中央国务院提出扩大高等教育规模,着力提高高等教育的水平与质量。这是为中华民族自立于世界民族之林而采取的极其重大的战略步骤,同时,也是为国家未来的发展提供基础性的保证。

为适应高等教育改革与发展的需要,早在1998年7月,教育部就对高等学校本科专业目录进行了第四次全面修订。在新的专业目录中,土木工程专业扩大了涵盖面,原先的公路与城市道路工程,桥梁工程,隧道与地下工程等专业均纳入土木工程专业。本科专业目录的调整是为满足培养"宽口径"复合型人才的要求,对原有相关专业本科教学产生了积极的影响。这一调整是着眼于培养21世纪社会主义现代化建设人才的需要而进行的,面对新的变化,要求我们对人才的培养规格、培养模式、课程体系和内容都应作出适时调整,以适应要求。

根据形势的变化与高等教育所提出的新的要求,同时,也考虑到近些年来公路交通大发展所引发的需求,人民交通出版社通过对"八五"、"九五"期间的路桥及交通工程专业高校教材体系的分析,提出了组织编写一套21世纪的具有鲜明交通特色的高等学校教材的设想。这一设想,得到了原路桥教学指导委员会几乎所有成员学校的广泛响应与支持。2000年6月,由人民交通出版社发起组织全国面向交通办学的12所高校的专家学者组成21世纪交通版高等学校教材(公路类)编审委员会,并召开第一次会议,会议决定着手组织编写土木工程专业具有交通特色的**道路专业方向、桥梁专业方向以及交通工程专业**教材。会议经过充分研讨,确定了包括**基本知识技能培养层次、知识技能拓宽与提高层次**以及**教学辅助层次**在内的约130种教材,范围涵盖**本科**与**研究生用**教材。会后,人民交通出版社开始了细致的教材编写组织工作,经过自由申报及专家推荐的方式,近20所高校的百余名教授承担约130种教材的主编工作。2001年6月,教材编委会召开第二次会议,全面审定了各门教材主编院校提交的教学大纲,之后,编写工作全面展开。

21世纪交通版高等学校教材编写工作是在本科专业目录调整及交通大发展的背景下展开的。教材编写的基本思路是:(1)顺应高等教育改革的形势,专业基础课教学内容实现与土木工程专业打通,同时保留原专业的主干课程,既顺应向土木工程专业过渡的需要,又保持服务公路交通的特色,适应宽口径复合型人才培养的需要。(2)注重学生基本素质、基本能力的培养,为学生知识、能力、素质的综合协调发展创造条件。基于这样的考虑,将教材区分为二个主层次与一个辅助层次,即基本知识技能培养层次与知识技能拓宽与提高层次,辅助层次为教学参考用书。工作的着力点放在基本知识技能培养层次教材的编写上。(3)目前,中国的经济发展存在地区间的不平衡,各高校之间的发展也不平衡,因此,教材的编写要充分考虑各校人才培养规格及教学需求多样性的要求,尽可能为各校教学的开展提供一个多层次、系统而全面的教材供给平台。(4)教材的编写在总结"八五"、"九五"工作经验的基础上,注意体现原创性内容,把握好技术发展与教学需要的关系,努力体现教育面向现代化、面向世界、面向未来的要求,着力提高学生的创新思维能力,使所编教材达到先进性与实用性兼备。(5)配合现代化教学手段的发展,积极配套相应的教学辅件,便利教学。

教材建设是教学改革的重要环节之一,全面做好教材建设工作,是提高教学质量的重要保证。本套教材是由人民交通出版社组织,由原全国高等学校路桥与交通工程教学指导委员会成员学校相互协作编写的一套具有交通出版社品牌的教材,教材力求反映交通科技发展的先进水平,力求符合高等教育的基本规律。各门教材的主编均通过自由申报与专家推荐相结合的方式确定,他们都是各校相关学科的骨干,在长期的教学与科研实践中积累了丰富的经验。由他们担纲主编,能够充分体现教材的先进性与实用性。本套教材预计在二年内完全出齐,随后,将根据情况的变化而适时更新。相信这批教材的出版,对于土木工程框架下道路工程、桥梁工程专业方向与交通工程专业教材的建设将起到有力的促进作用,同时,也使各校在教材选用方面具有更大的空间。需要指出的是,该批教材中研究生教材占有较大比例,研究生教材多具有较高的理论水平,因此,该套教材不仅对在校学生,同时对于在职学习人员及工程技术人员也具有很好的参考价值。

21 世纪初叶,是我国社会经济发展的重要时期,同时也是我国公路交通从紧张和制约状况实现全面改善的关键时期,公路基础设施的建设仍是今后一项重要而艰巨的任务,希望通过各相关院校及所有参编人员的共同努力,尽快使全套 21 世纪交通版高等学校教材(公路类)尽早面世,为我国交通事业的发展做出贡献。

21 世纪交通版
高等学校教材(公路类)编审委员会
人民交通出版社
2001 年 12 月

前　　言

城市的形成和发展与交通系统特别是客运交通系统的发展密切相关。城市的主要功能之一,是承载人与货物的集聚与流通。城市客运交通作为城市交通的一部分,是保障城市居民出行、促进城市经济发展的重要基础。城市客运交通由多种交通方式构成,随着社会经济的发展,城市地域范围的扩展,城市人口的增加和科学技术的进步,城市客运的各种交通方式也在不断发展,为现代城市居民出行提供了多样化的交通选择。

同样,城市客运交通在发展过程中也面临着更多的问题和挑战,因此,系统深入地认识城市客运交通,是我们应对挑战的重要前提。本书系统阐述了城市客运交通系统的总体发展特征、城市客运交通的构成和特点、城市客运交通系统的规划、城市客运交通系统的运营管理、城市客运交通的一体化等内容,旨在为城市客运交通的发展规律提供系统化的视角。

全书由东南大学李旭宏教授和南京理工大学徐永能副教授担任主编。其中,第一章由李旭宏、徐永能负责编写;第二章由张骏负责编写;第三章由陈大伟负责编写;第四章由徐永能负责编写;第五章由于世军负责编写;第六章由李旭宏、单晋负责编写。另外,东南大学研究生李军龙、何流、韩飞、卢静、朱友雪、卜万成等,南京理工大学研究生姜毅、丁蕾、茆佳能、姜玲、娇丽丽等参与了参考资料收集和整理工作,在此表示感谢。本书由南京理工大学曹丛咏教授和东南大学毛海军教授主审,在此对两位教授表示衷心感谢。

本书既可作为高等院校交通工程及交通运输类专业本科生和研究生的教材或教学参考书,也可为城市交通规划、设计、研究等部门从事城市客运交通规划与设计的工程技术人员、交通管理人员与决策研究人员提供参考。

限于水平和时间,书中不足和错误在所难免,欢迎广大读者批评指正!

作　者

2011 年 6 月

目　录

第 1 章　绪论 …… 1
1.1　城市客运交通系统的地位和作用 …… 1
1.2　城市客运交通系统发展演变 …… 2
1.2.1　城市客运交通发展历程 …… 3
1.2.2　城市客运交通与城市发展的关系 …… 6
1.2.3　城市客运交通发展趋势 …… 13
1.3　城市客运交通发展模式 …… 15
1.3.1　城市客运交通发展影响因素 …… 15
1.3.2　城市客运交通功能定位 …… 17
1.3.3　城市客运交通发展模式 …… 20
第 2 章　城市客运交通系统构成 …… 24
2.1　城市客运交通系统构成及特性 …… 24
2.1.1　城市客运交通系统的组成 …… 24
2.1.2　城市客运交通方式特性 …… 24
2.2　城市轨道交通系统构成 …… 28
2.2.1　城市轨道交通概述 …… 28
2.2.2　城市轨道交通线路 …… 30
2.2.3　城市轨道交通车站 …… 32
2.2.4　城市轨道交通车辆与车辆段 …… 35
2.2.5　城市轨道交通机电通信设备 …… 36
2.3　快速公交系统构成 …… 38
2.3.1　快速公交概述 …… 38
2.3.2　快速公交线路 …… 39
2.3.3　快速公交场站 …… 40
2.3.4　快速公交车辆 …… 42
2.3.5　快速公交专用路权 …… 43
2.3.6　快速公交运营管理系统 …… 43
2.4　常规公交系统构成 …… 45
2.4.1　常规公交概述 …… 45
2.4.2　常规公交线路 …… 45
2.4.3　常规公交场站 …… 47
2.4.4　常规公交车辆 …… 49
2.4.5　常规公交运营管理设施 …… 50

2.5 城市其他客运交通系统 …… 50
2.5.1 出租车 …… 50
2.5.2 小汽车 …… 52
2.5.3 自行车 …… 52
第3章 城市客运交通系统规划 …… 53
3.1 城市客运交通系统规划概述 …… 53
3.1.1 规划层次和内容 …… 53
3.1.2 规划流程及要点 …… 59
3.2 城市轨道交通规划 …… 62
3.2.1 轨道交通线网规划 …… 62
3.2.2 轨道交通车站规划 …… 69
3.3 城市快速公交系统规划 …… 73
3.3.1 快速公交线网规划 …… 73
3.3.2 快速公交站点规划 …… 81
3.4 常规公交规划 …… 88
3.4.1 常规公交线网规划 …… 89
3.4.2 常规公交场站规划 …… 99
3.5 城市其他客运交通系统规划 …… 108
3.5.1 出租车 …… 108
3.5.2 小汽车 …… 114
3.5.3 非机动车 …… 116
第4章 城市客运交通系统运营管理 …… 119
4.1 城市客运交通系统运营管理概述 …… 119
4.2 城市轨道交通系统运营管理 …… 120
4.2.1 城市轨道交通客流特征分析 …… 121
4.2.2 城市轨道交通运输计划 …… 125
4.2.3 城市轨道交通车站客运组织 …… 130
4.2.4 城市轨道交通行车组织与控制 …… 135
4.3 常规公交运营管理 …… 144
4.3.1 常规公交线路运营计划 …… 144
4.3.2 常规公交线路运营调度 …… 148
4.3.3 常规公交票制票价 …… 154
4.4 快速公交系统运营管理 …… 161
4.4.1 快速公交系统运营模式 …… 162
4.4.2 快速公交系统运营计划 …… 165
4.4.3 快速公交的调度系统 …… 165
4.4.4 快速公交售检票系统 …… 167
4.5 城市其他客运交通系统管理 …… 171
4.5.1 出租车运营管理 …… 171
4.5.2 小汽车需求管理 …… 173

4.5.3 非机动车管理 …… 174
4.6 城市客运交通政策 …… 175
4.6.1 公交发展的外部政策 …… 176
4.6.2 公交发展的内部政策 …… 176
第5章 城市公共交通优先系统 …… 179
5.1 公交优先概述 …… 179
5.1.1 公交优先内涵 …… 179
5.1.2 公交优先发展的目标 …… 179
5.1.3 公交优先发展的措施 …… 180
5.2 快速公交系统专用道系统 …… 181
5.2.1 快速公交系统专用道分类 …… 181
5.2.2 快速公交路段专用车道的设置形式 …… 181
5.2.3 快速公交专用道路的设置形式 …… 192
5.2.4 快速公交系统专用道运营模式 …… 193
5.2.5 快速公交系统专用道布设 …… 196
5.3 常规公交专用道系统 …… 197
5.3.1 常规公交专用道类型 …… 198
5.3.2 常规公交专用道布设 …… 199
5.4 交叉口公交优先系统 …… 203
5.4.1 空间优先 …… 203
5.4.2 时间优先 …… 206
第6章 客运交通一体化 …… 209
6.1 城乡客运交通一体化 …… 209
6.1.1 城乡客运一体化概述 …… 209
6.1.2 城乡客运一体化发展模式 …… 212
6.1.3 城乡客运一体化的构建 …… 215
6.2 城市客运交通一体化 …… 221
6.2.1 城市客运一体化概述 …… 221
6.2.2 城市客运交通一体化发展模式 …… 225
6.2.3 城市客运交通一体化的构建 …… 228
6.3 综合客运枢纽规划 …… 236
6.3.1 综合客运枢纽概述 …… 236
6.3.2 综合客运枢纽布局规划 …… 239
6.3.3 综合客运枢纽换乘模式 …… 244
6.3.4 综合客运枢纽交通组织 …… 252
6.3.5 综合客运枢纽实例分析 …… 254
参考文献 …… 258

第1章　绪　　论

1933年8月，国际现代建筑协会（CIAM，International Congress of Mordern Arohitecture）第4次会议通过了关于城市规划理论和方法的纲领性文件《雅典宪章》，认为"城市规划的目的是解决居住、工作、游憩与交通四大功能活动的正常进行"。1995年11月，中国原建设部、世界银行、亚洲开发银行和中国城市规划设计研究院联合起草的《北京宣言：中国城市交通发展战略》，认为"交通的目的是实现人和物的移动，而不是车辆的移动"。城市交通是一个高度综合而复杂的问题，必须从政策、机构、体制、管理、收费与价格、基础设施建设和投资等各个方面同时入手解决。

1.1　城市客运交通系统的地位和作用

城市的形成与演变取决于交通，城市的发展又促进了交通。城市交通系统的功能是为居民的出行活动提供必要的条件，将居民的各种出行活动有机地联系在一起。通常意义上的城市交通是指城市道路上的交通，主要分为货运交通和客运交通两大部分。城市客运交通是城市交通运输业的重要组成部分，是城市发展的必然产物。城市客运交通作为城市动态演化大系统中的一个重要组成部分，是城市整体发展中不可缺少的物质条件，是联系社会生产、流通和人民生活的纽带。

城市客运交通系统是指为城市出行需求提供满足途径的全部交通方式。不同城市由于其经济和地理条件的差异，而具有不同的客运交通系统，图1-1给出了一般城市客运交通系统的构成。

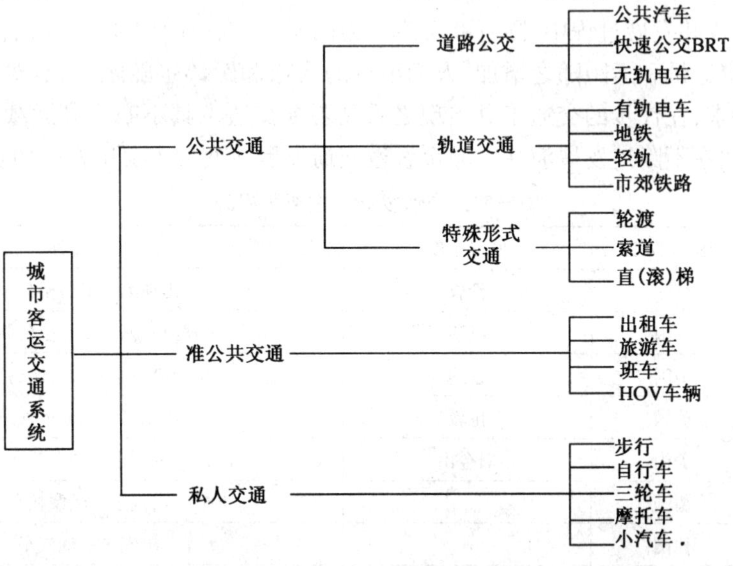

图1-1　城市客运交通系统构成

城市客运交通是承载人类活动的基本构件之一，是城市经济繁荣、社会有序和高速发展的主要支撑条件，它涉及社会、环境、经济、居民心理及生活方式等多方面的因素，因此城市客运交通系统的规划与管理必须以科学性为基础，以综合性为手段，以整体性为目标，达到系统的总体最优，以便得到一个最佳的且满足城市居民出行需求，与城市环境相互协调的交通系统。

随着我国城市经济的持续、快速发展，交通基础设施不断完善，城市客运交通运输在国民经济和社会发展中的作用也越来越明显，但城市客运交通运输所引起的一系列社会问题也逐渐引起人们的重视。交通安全、交通拥挤以及交通污染是当今城市客运交通规划与管理领域的三个主要问题，这些问题严重制约了城市的发展，解决城市客运交通问题刻不容缓。

城市客运交通系统是一个相当复杂的系统，涉及面广，解决城市客运交通问题必须采取综合对策。总体上看，应根据问题的范围和目的，从如下三个层次上采取系统的措施。

(1)从城市规划、土地利用的角度，避免城市人口、城市功能过度集中，造成交通总需求超过城市的交通容量极限，避免城市商务区等局部土地开发强度过大而使城市客运交通问题无法解决，要与社会经济发展规划相适应，对人、车、路、环境等诸多方面进行综合考虑，引导和促进工业、商业、居住、文化设施以及人口分布合理布局。

(2)从交通结构角度，协调各种客运交通方式之间的关系，明确各种交通方式的任务和要求，使各种运输方式之间密切配合，相互补充，并采取各种有效措施优先发展公共交通，形成以公共交通为骨干的综合交通系统，合理利用城市有限的土地资源和交通设施。

(3)通过提高城市路网容量，采取科学化、现代化的城市交通管理措施等，使城市道路交通网络构成更加合理，形成更加安全、畅通的客运交通运输网络，以最短的距离，最少的时间和费用，在完成预定运输任务的同时获得最优的运输效果，从而使现有交通基础设施发挥最大作用。

1.2 城市客运交通系统发展演变

人类生产和生活方式的演变，人类社会的进步，使城市交通的内涵和外延发生着深刻的变化。在城市的形成和发展过程中，随着社会生产力的发展、人口的增加、用地面积的扩大，城市的生产、生活的交通量和运距随之增加，人们出行的次数和距离也随之增长，对交通运输工具不断提出新的要求，在代步的交通工具出现之后又要求交通工具不断提高运载能力和行驶速度，城市客运交通在不断地发展演变。城市客运交通发展演变的主要里程碑如表 1-1 所示。

城市客运交通发展的主要里程碑 表 1-1

年　份	国　家	城　市	事　件
1600	英国	伦敦	出现第一辆出租马车
1662	法国	巴黎	出现第一辆城市马拉公共班车
1832	美国	纽约	出现第一条马拉有轨街车线
1863	英国	伦敦	出现第一条地下铁道
1873	美国	旧金山	出现缆车
1885	德国		出现第一辆摩托车
1886	德国		出现第一辆汽车
1888	美国	弗吉尼亚州	出现第一条电车线

续上表

年份	国家	城市	事件
1899	英国		出现第一辆公共汽车
1901	法国	巴黎	出现第一条无轨电车线
1910	英国	伦敦	马拉公共班车全部由公共汽车代替
1955	德国	杜塞尔多失	出现第一辆现代铰接式电车(轻轨)
1955	美国	克利夫兰	出现第一个大规模的停车换乘快速公交系统
1956	法国	巴黎	出现第一条胶胎快速公交线
1962	美国	纽约	出现第一条全自动快速公交线
1969	美国	华盛顿	出现第一条通勤车专用道
1972	美国	旧金山	出现第一条由计算机控制的快速轨道公交系统(BART)
1975	美国	西弗吉尼亚	出现第一个全自动无人公交系统
1978	德国		双能源无轨电车问世
2003	中国	上海	出现世界第一条商业运营的磁悬浮专线

1.2.1 城市客运交通发展历程

城市交通需求是城市社会经济活动的派生需求,其随着社会经济的发展而发展。城市客运交通结构的发展过程表明,经济发展水平是城市客运交通结构发展的主要动力,从交通工具的发展角度看,随着经济水平的提高,城市客运交通结构的发展主要经历了以下几个阶段。

1)以马车为主要交通工具的发展阶段

在自行车和其他的公共交通方式出现以前,马车是除人力交通之外最主要的交通工具。尽管1600年英国的伦敦出现了第一辆出租马车,1662年法国的巴黎出现了第一辆城市马拉公共班车,但当时马车最主要的服务对象依然是贵族或有钱有势的人。马拉公共班车(如图1-2)除了具有服务对象有限,只能满足少数人出行需要的缺陷之外,还存在着速度低、运量低、运距有限等诸多不可克服的局限性。因此,在自行车、公共汽车等新型交通方式的冲击之下,其使用范围迅速缩减,1910年英国伦敦的马拉公共班车全部由公共汽车代替,基本宣告了马车时代的终结。

在此阶段,城市的主要特点是规模较小、人口密度高、用地紧凑,土地使用的复合程度较高,但城市向外扩展的能力十分有限。出行的特点是短距离出行占主体,主要通过步行交通解决;少量长距离出行由马车和船来解决。

2)以自行车为主要交通工具的发展阶段

早在1769年,法国人就发明了木制两轮车,但未引起人们的重视。1818年,德国人德拉斯(Draise)制成了用脚蹬地前进的两轮车,并取得了专利权。此后经过几十年的演变,自行车逐步装上踏板、链条、飞轮,改进了车架和车轮,在1888年用上了充气轮胎,形成了现代自行车的基本结构。但此时自行车的产量很小,价格较高,只能作为上层社会的高级玩具。

1900年前后,自行车制造技术得到改进,开始批量生产,价格大幅下降,自行车开始普及,并开创了自行车作为交通工具的时代。

20世纪前半叶,一些西方国家经历了自行车交通多于汽车交通的时期,自行车拥有量不断攀升,自行车成为城市客运交通中的重要工具。作为西方世界的"自行车王国"的荷兰,每百人自行车的拥有量更是高达 71.4 辆(见表 1-2),与自行车配套的交通基础设施的建设也相当完善(图 1-3 所示为荷兰城市规划的自行车停靠点)。

图 1-2　马拉公共班车

图 1-3　荷兰城市街头自行车停靠点

1939 年部分西方国家自行车拥有率　　表 1-2

国别	丹麦	荷兰	德国	比利时	英国	法国
辆/百人	71.4	45.5	29.4	27.8	20.8	19.2

在该时期,由于经济发展水平的限制,小汽车尚未大量出现,城市规模尚小,公共交通尚不发达,自行车交通便成为客运交通的重要组成部分,但自行车毕竟是一种近距离出行的交通工具,随着城市规模的扩大,居民出行距离的增长,自行车越来越不能适应交通需求,同时,随着经济水平的提高,当人们逐步具备了购买和使用小汽车的条件之后,大多数自行车客流便会向小汽车转移。

3)以公共汽车为主要交通工具的发展阶段

此处所说的以公共汽车为主要交通工具的发展阶段主要是指小汽车普及前的一段发展时期。以机械力为动力的现代意义上的城市公共交通最早可以追溯到 1863 年英国伦敦修建的第一条地下铁路,随后 1888 年美国的弗吉尼亚州修建了第一条电车线,1899 年英国生产出了第一辆公共汽车,1901 年法国巴黎诞生了世界上第一条无轨电车线。公共交通尤其是常规公交汽电车出现不久,就以其速度快、运量大、票价低廉等优势同自行车一起加速了马车等早期交通工具的淘汰。尽管 20 世纪前半叶,欧洲一些国家的自行车交通发展速度很快,但在一些百万人口的大城市,如伦敦、巴黎、莫斯科等,公共汽车交通还是担负了城市大部分的交通量,自行车始终没有成为这些城市的重要交通工具。20 世纪 20 年代也是美国城市公共交通的兴盛时期,当时虽然拥有不少自行车,但使用并不多,公共汽车交通占有市场相当份额,全国每年公交客运量达到 2501 亿人次。

该时期的城市与交通发展的特点是中心区规模不断扩大,功能不断完善,居民交通活动的中短距离出行需求增加,但城市交通机动化水平较低。随着汽车产业从 20 世纪 30 年代开始崛起,小汽车逐步普及,在此之后,美国和西欧诸国的客运交通结构分别走上了不同的道路。

4)以小汽车为主要交通工具的发展阶段

1886 年卡尔·本茨在德国造出了世界上第一辆汽车(图 1-4)。20 世纪初,内燃机技术的应用成功,使得汽车迅速成为客运交通的主要载体。汽车的进步与完善,为城市交通提供了小汽车和城市公共汽车两类交通工具。在汽车发展初期,由于小汽车的价格高,使得其使用和普及率低;而公共汽车因没有轨道限制,服务范围更广,运营组织更为灵活,在很多城市中取代或是配合有轨电车形成完整的公共电、汽车服务网络。由于小汽车的使用者能够自主决定出行的时间、频率、线路,而且有更高的运送速度,因此成为了城市客运交通系统中最具竞争力的出行方式。随着车辆制造技术水平的提高、价格的降低,小汽车首先在北美进入家庭并逐步成为了人们日常出行的主要工具,这种情形也蔓延到欧洲和亚洲。该时期尽管出现了具有更高通行能力的高速公路,并且道路系统得到了很大的拓展,但道路交通交通量剧增、公交出行环境恶化,公交在与小汽车的竞争中逐渐处于劣势。

图 1-4　世界上第一辆汽车

汽车化早期,由于出行便利性的提高,城市中心区得到了快速的发展,不仅城市空间扩大、人口规模迅速增加,而且城市的功能结构更趋完善,大多数欧美城市形成了商业中心(CBD,Central Business Dtstrict),初步具备现代城市的基本形态。这一时期在城市规划的指导下进行了城市交通设施的集中建设,但仍然无法适应小汽车的大量增加,城市交通出行环境不断恶化。小汽车交通还诱发了依赖快速干道的低密度蔓延式城市发展模式。公共交通,一方面由于道路拥堵使得服务水平严重下降;另一方面由于城市低密度发展、客流需求下降使得服务难以为继。

5)以轨道交通为主要交通工具的发展阶段

第二次世界大战后到 20 世纪 50 年代初期,西欧诸国也经历了一个自行车、摩托车、公共交通向大众化小汽车迅速转化的时期。如 60 年代法国蓬皮杜总统执政期间提出了“每个职工拥有一辆小汽车,巴黎要适应小汽车”的发展政策,使私人小汽车迅速增加;又如原联邦德国,人们羡慕美国的生活方式,热衷拥有小汽车,到 1979 年千人小汽车拥有量达到了 400 辆。小汽车交通带来的个体出行的便利性刺激了出行需求的增加,引发了空气污染、土地资源消耗、能源消耗、交通拥堵等问题,城市为小汽车的使用支付了巨大的间接成本。而道路交通运行状况的恶化,又使得小汽车出行成本增加。传统的城市交通发展模式很难从根本上解决城市交通问题,寻求城市交通的可持续发展道路成为世界所有城市共同关注的问题。城市开始反思小汽车导向的发展模式,意识到道路设施的增长不可能满足小汽车出行的需求。只有重新提升城市公共交通的功能和地位,以其安全、可靠、高效、快速的服务特点来满足城市多元化的出行需求,才能解决城市、交通与生态、环境的和谐发展。解决的主要手段是在城市中引入快速、大运量的轨道交通。

该时期的特点是城市客运交通出行呈现多层次、多元化的特点,公共交通系统被重新确认为是解决城市交通问题的主要手段。在欧洲,是城市有轨交通的复兴;在亚洲,是新的地铁系统的建设;在北美洲,是郊区通勤铁路和既有轨道交通系统的改造和新的轻轨交通的建设;在南美洲,则是建设一类具有轨道交通服务质量的地面快速公交系统。为了保证公共交通相对小汽车的竞争优势,轨道交通成为了城市建立快速公共交通系统的主要选择模式。

6)多模式交通时代

轨道交通不仅对大城市公共交通服务水平的改善起到重要的作用,并且对大城市郊区新城镇的发展提供了强有力的支持,形成公交导向的土地开发模式(TOD 模式)。但是,轨道交通由于其巨大的建设成本、专有的设施空间,并非所有城市均能作为首选的解决方案,也不能解决所有城市、城市所有地区对快速公交服务的需求。传统地面公交与轨道交通在服务上的差异性,决定了其在城市客运交通系统中的生命力;以传统地面公交提升而出现的巴士快速公交(快速公交系统),在克服了轨道交通成本高、建设周期长的缺陷的同时,增加了快速公交在不同城市、不同环境下的实现的选择性。传统的自行车等慢行交通方式,因为其低能耗、环保等特件以及与快速公交衔接的便利性,从而在城市交通中重新焕发出生命力。而新的车辆系统技术如磁悬浮、胶轮轨道交通车辆等新交通系统的出现,为城市客运交通系统提供了更多的选择空间。

该时期的特点是城市客运交通服务需求与服务模式的多样化,以一系列新的技术与系统来解决交通的能源、环境问题,注重城市、交通、生态和环境的和谐。各个城市可以根据自身的需求特性和建设能力,建立多模式、一体化的交通系统。

各个时期的客运交通系统发展具有一定的延续性、传承性。如有轨电车是对有轨马拉公交车的继承和发展;而早期市郊铁路的发展,正是一些城市建立城市轨道交通网络的基础。城市发展对交通方式的选择也具有明显的包容性。虽然随着技术的发展会有新的交通方式产生,但在城市发展过程中客流出行总是呈多样化,各交通方式具有各自的服务特点从而在系统中保留有一席之地,新的交通方式并不会完全取代旧的交通方式。因此,合理组合已有的交通方式是城市客运交通系统优化和改善的重要途径。

1.2.2 城市客运交通与城市发展的关系

城市的形成和发展与交通系统特别是客运交通系统的发展密切相关。城市的主要功能之一就是承载人与货物的集聚和流通。同时,新的交通工具和交通系统的进步和发展,是城市规模和形态变化的重要推动力之一。城市交通是城市建设发展的重要组成部分,也是衡量城市经济发展程度、科学技术水平和城市现代化进程的重要标志。城市客运交通是城市交通的主要组成部分,其发展水平是城市交通发展程度的直接体现。

1)城市空间结构与城市客运交通

城市空间结构是城市经济、社会存在和发展的空间形式,表现了城市各种物质要素在空间范围内的分布特征和组合关系,一般从密度、布局、城市形态三个方面表现。

在城市空间配置的变迁过程中,由于不同客运交通方式的容量不同,它们各自对城市环境、能源和土地利用强度的适应性也不同。随着城市经济的不断发展和城市内部交通需求量的不断增强,必然需要寻求一个能够获得更好的经济效益、社会效益和环境效益的城市客运交通系统。良好的城市客运交通体系,尤其是公共客运交通体系不仅能够很好地适应城市形态演化过程中对城市客运交通系统不断增长的需求特征,并且能够确保城市经济的可持续发展要求。较具代表性的为英国学者杰·麦克尔·汤姆森(J·M·Thomson),他于1970年针对不同的城市结构提出了解决城市交通问题的5种战略(表1-3),包括强中心战略、完全机动化战略、弱中心战略、低成本战略和限制交通战略等,不同的发展战略与不同的用地结构、城市形态相适应,同时也考虑了城市的社会经济发展状况和经济承受能力。

城市人口的数量、空间分布和密度是确定城市客运交通设施规模与结构的重要依据。在城市化进程中,大城市由于社会经济发展的吸引力,城市人口除了自然增长外,人口的机械增长率(人口迁入率-人口迁出率)大大高于中小城市,因而大城市人口规模增长和用地规模增长的不平衡性表现得十分突出,大城市人口的增长总是高于城市用地面积的增长。城市规模两种形态增长的不一致,不仅导致城市人口密度上升,而且是产生城市问题特别是城市交通问题的根源。城市人口的膨胀要求城市用地向外拓展,交通的可达性决定了客流的分布。世界大城市的发展历史证明,交通特别是快速公共交通系统的采用,对城市用地的扩展及人口的疏散起着重要的促进作用。

表 1-3

五种适用于不同城市结构的城市交通发展战略

战　略	基本特点	城市特点	典型城市	优缺点	示意图
强中心战略	由道路和铁路组成的放射状交通网；除近市中心区外，没有高速环路连接这些放射状线网；有一个容量很大，站距短，车次多，密布市中心区的地铁网，放射状交通线上设有次中心，在放射交通线上，公共交通与私人交通互相竞争，并在竞争中到达平衡	城市规模大，大量使用公共交通工具	伦敦、巴黎、纽约、东京、罗马、柏林、上海	维持中心化，发挥集聚经济的优势，但易造成交通拥堵	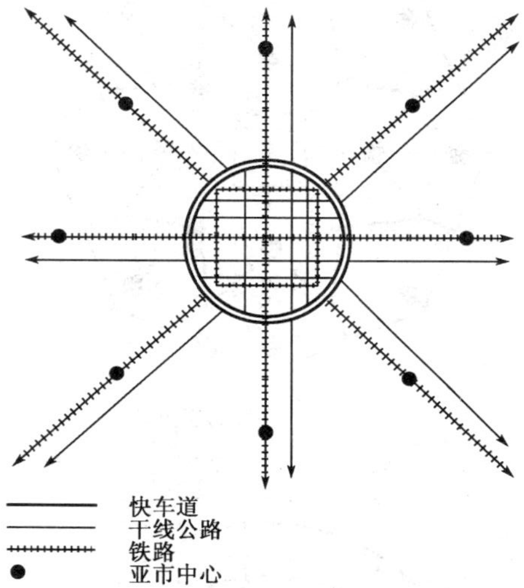
完全机动化战略	有一方格状的道路网，以便交通尽可能均匀分布，但路网由高速路、干道和普通道路组成，以连接若干市郊中心，使机动车尽可能畅通无阻	在小汽车大规模增长时期发展起来的城市，往往缺乏传统的中心或只有很小的市中心	洛杉矶、底特律、盐湖城、丹佛等	适合机动车交通的发展，但道路网建设费用高，环境污染严重，系统内不同职能中心相距太远	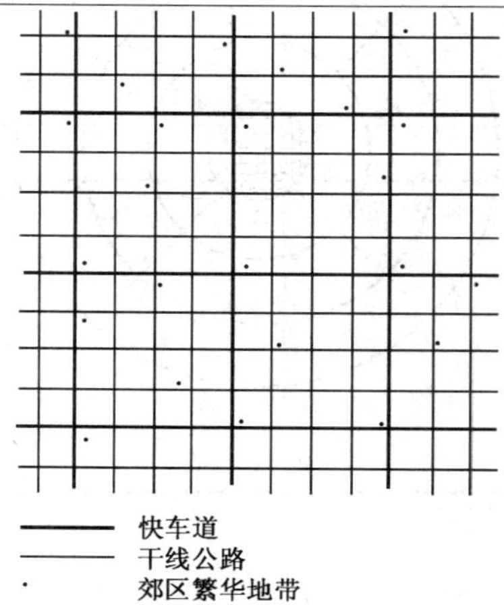

续上表

战　　略	基 本 特 点	城 市 特 点	典 型 城 市	优 缺 点	示 意 图
弱中心战略	市中心规模较小，有放射状道路网为市中心服务。城市的大部分工作岗位分布在郊区和边缘地带，交通主要靠小汽车，有通过能力很大的环线为其服务，郊区中心多形成于环路与放射路交叉的地方	市中心形成于20世纪以前，之后不断扩散，在市中心表现出中心化城市结构特征、郊区则表现出非中心化特征	墨尔本、哥本哈根、旧金山、芝加哥、波士顿等	稳定性不易保持，需要用规划方法来维持市中心与次中心之间的平衡	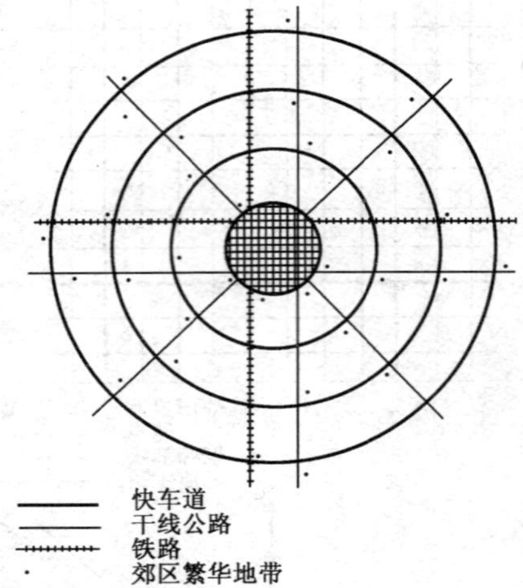
低成本战略	对现有的道路交通设施和管理进行调整。有一个放射状路网，主要行驶公共汽车或电车，若干规模较小的次中心沿放射线布置，干道的主要功能是联络各次中心	发展中国家的城市	加尔各答、伊斯坦布尔、马尼拉、德黑兰等	节约成本，但系统不易维持和管理	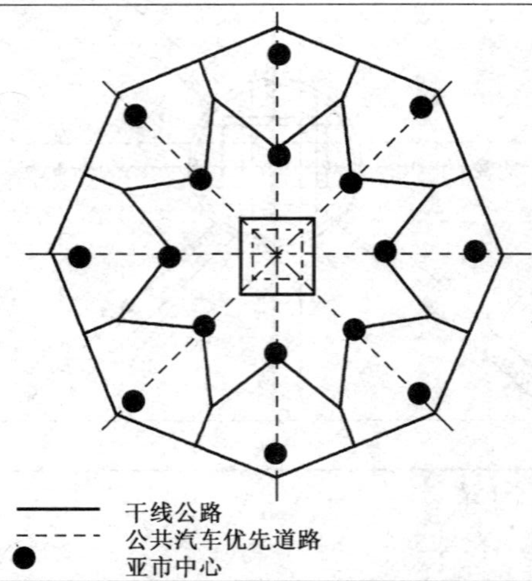

续上表

战　略	基本特点	城市特点	典型城市	优缺点	示意图
限制交通战略	有意识地对交通量加以限制，有很好的公共交通为这个市中心服务、并有一个公共交通网络将其他各级中心连接起来，以吸引人们利用这些公共交通设施、减少对小汽车的依赖。同时通过把城市的居住、工作、上学、购物和文娱等活动规划好，减少交通量	有一个强大的市中心，城市中有不同等级的中心	新加坡、香港、斯德哥尔摩、维也纳等	系统性好，提高交通设施的利用率，可持续性强	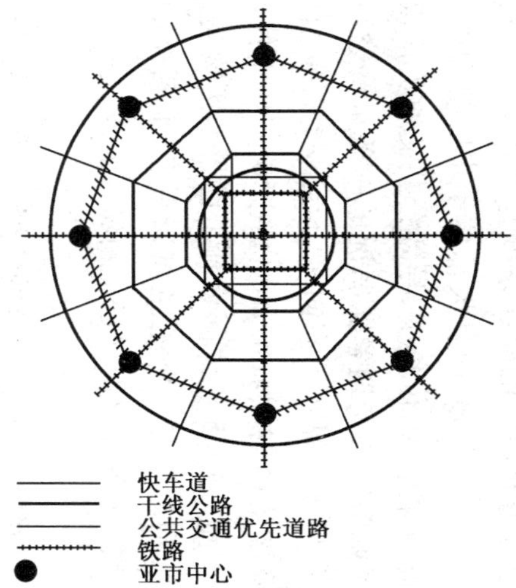

城市布局是指城市的物质(环境)实体在地域空间上的投影,城市布局形态对城市客运交通系统有着重要的影响,不同的城市布局形态需要不同的交通系统与之相适应。我国多数大城市的布局形态采用单中心结构,即只有一个城市中心,而且大都位于市区地理中心位置,城市以"摊大饼"式扩展。市中心建筑密集、商业繁华、岗位集中,导致公共交通负荷极大。实践证明,调整和采取新的城市布局形态是缓解城市中心交通紧张状况的一条重要途径,同时,新的城市布局形态的形成又依赖于城市交通的发展。城市形态向多中心结构发展是现代城市发展的一个方向。例如,法国巴黎曾是一个高度集中的大城市,20 世纪 50 ~ 60 年代,巴黎市人口密集、用地不足、交通紧张等城市病十分严重。1965 年法国编制了巴黎地区规划,让巴黎沿着与塞纳河平行的两条轴线发展,建立 5 个新城,形成多中心的城市形态,而新城的发展用地沿着由巴黎伸出的区域快速地铁(RER)发展,从而有效地促进了新城的开发。

2)城市产业结构与城市客运交通

城市是非农业人口的集聚地,第二产业和第三产业在城市的集聚,导致了生产社会化专业分工,产生了不同产业专业化优势,也正是这样一个分工的过程,从经济结构上决定了城市从事非农业生产,而农村则主要从事农副业生产。任何城市若想获得存在和发展,必须向农村提供各种类型的技术、要素或财富,以换取生存所必需的粮食。获得了新技术和工具的农村,又可以通过生产效率的提高,提供更多的剩余粮食和剩余劳动人口,从而促进城市的发展。周而复始,城市不断发展。三大产业结构中,工业和服务业(其中最主要的是交通运输业)是城市经济发展的主体,它们的地域分布特性会直接影响到城市客运交通结构和城市经济体系;农业则通过相关的工业和服务业来影响城市辐射区域内的副经济中心或城镇的分布和发展。

下面以产业结构分析为例,从不同阶段来分析城市产业结构的调整对城市客运交通结构演化的影响,如图 1-5 所示。

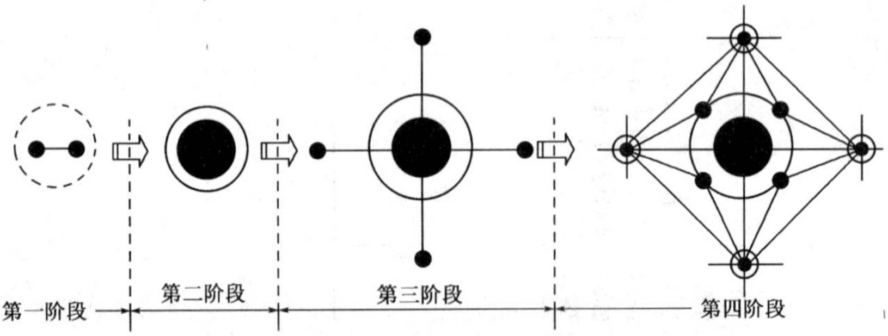

图 1-5　城市产业结构演化阶段分析

第一阶段,低级均衡阶段。这是处于准封闭式的以农业为主体的城市经济发展低级阶段。虽然也存在为当地服务的商业、农产品加工业和小型工业等,但这些服务业和工业在生产或空间分布上极其分散,它们的发展依赖于城市区域内的农业基础和自然资源丰度。由于生产力低,绝大部分人口从事农业生产,城镇规模小,城市经济影响范围小;虽然城镇的经济在发展,但城镇职能单一,相互间的经济关联需求和供给少。城市在一定范围内构成内部封闭循环的空间经济单元,客运交通需求仅限于城镇区域内部,客运量小。

第二阶段,极核发展阶段。该阶段城市工业取得很大发展,工业产值发生革命性的变化,产值接近或超过第一产业的产值。但限于工业化刚刚开始,资金还不充裕,不可能在城市空间上把有限的交通建设资金平均分散作用。依据聚集效益和规模效益原则,工业生产及原料供给场所将主要集中在城市中心区域,有限的客运交通建设资金将集中投入到连接这些工业区和生活区内的交通设施上，以便于培育城市区域内客运交通的“增长极”，改善这些区域内的客运交通服务水平，加快该区域的工业发展步伐。所以这一阶段城市区域经济发展和城市客运交通的发展息息相关，客运交通的服务区域集中在极核城市内部，并力求达到极核城市范围内较为均衡的客运交通服务水平。

第三阶段，点轴发展阶段。这个阶段城市区域内第二产业在产业结构中已占主导地位。第二产业的发展又推动了服务业发展，整个城市区域内客运交通运输业的投资环境大有改观，客运交通基础设施建设步伐加快，从而加速了第二阶段中极核城市发展的波及效应，促进城市次级极核中心（次级中心）的兴起。同时，极核城市发展到一定的规模时，就会出现规模不经济，导致极核城市的技术、行业、部门等的“外溢”或扩散，在客运交通运输较好的区位就会接收这些“外溢”或扩散出来的行业、部门等，这样次级中心开始加速成长。因而就出现了新的发展极核，随着经济不断发展，这个过程不断循环，区域内必然出现众多发展中极核城镇。而这些极核城镇的发展，一方面依赖于以大运量公共客运交通导向的土地利用模式中公共客运交通的客流集疏散能力，另一方面也依赖于客运交通基础设施发达地带，如铁路、港口航道、干线公路等。因此，这一阶段城市区域空间上出现的许多极核结构，将由公共客运交通方式或客运交通基础设施串联成带或者轴，形成以大运量公共客运交通为主导的多核心或点轴为特征的城市区域公共客运交通体系。

第四阶段，网状发展阶段。这个阶段经济发展已进入后工业化社会，第三产业得到更大发展，超过了第二产业，社会公益服务设施已得到全面发展，特别是公共客运交通运输、通信设施高度发达，各企业生产或服务部门的空间布局具有更大自由度；由于城市化和机动化水平不断升级，一些大城市出现了环境污染、城市中心区域人口过密、交通拥挤不堪等城市问题。人们转向追求和向往舒适的生活环境和愉悦的精神享受，原有的城市中心区域内的“高污染、高消耗”的企业陆续迁移到郊区或者勒令其整改后再生产；城市居民郊区化趋势明显；一些新兴高技术产业的出现也需要环境质量高的区位，从而进一步强化第三阶段的多核心、点轴的波及和扩散作用。所有这些产业结构的调整将会强烈地要求客运交通方式将各核心（工作、生活和服务中心等）完全融合为有机整体，相互作用，相互依赖，形成以客运交通设施为主体的城市区域交通等级体系并网络化。因而，在这个阶段，能否合理地实现城乡客运交通的一体化，确保城市客运交通体系向着经济、环保、可持续发展等方向均衡化发展，将会极大地影响城市社会经济的发展步伐。所以，此阶段城市客运交通体系呈现出以大运量公共客运交通为主体、枢纽换乘和多级客运交通方式网络化运营等特征。

3）城市土地利用与城市客运交通

城市交通与土地利用是两个不可分割的经济过程。这种不可分割性体现在两个层次上：第一，土地是交通设施的载体，交通设施本身的建设离不开土地；第二，特定的城市土地利用模式会导致某种相应的交通模式，而交通建设带来的可达性提高和外部性利益又引导着土地利用的方向，体现出二者的高度关联性。特别是城市交通与土地利用在时间上的可分离性，为城市交通促进土地利用并引导城市发展提供了可能。城市交通与土地利用之间存在着复杂的相互作用关系，这种相互作用关系可用图 1-6 表示。

在图 1-6 的分析框架中，包含了城市交通对土地利用的影响以及土地利用对城市交通的影响，并显示了它们之间的互馈关系。这种相互作用关系可以用以下 4 个步骤来描述。

（1）交通设施建设通过改变可达性和外部性利益而影响居民和企业的选址行为。交通设施的建设为人们的出行创造了条件，使得人们能够选择相应的出行路径，改善相应区域的可达性，产生时间节约的经济价值，并带来交通的外部性利益。

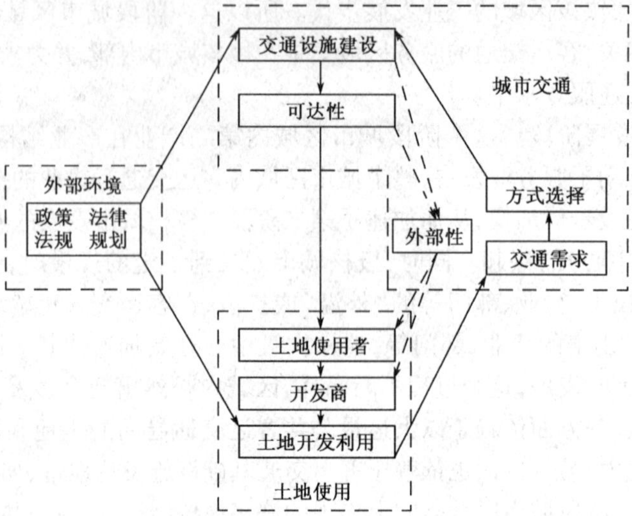

图 1-6 城市交通与土地利用的相互关系

(2)交通影响居民和企业选址的同时，也影响着土地利用的性质和土地开发强度。可达性的提高、交通设施外部性的优势对居民、工商企业、办公机构等所产生的吸引力，使得相应区域的土地出现了巨大的市场开发利益。潜在的市场需求使开发商在私人利益的驱使下，选择到可达性较好的区域进行开发(一般是在交通设施周围或交通沿线附近)。然后，居民、工商企业等土地使用者就会在外部性利益的吸引下，选择到可达性较好的地方去居住或经营。同时，在交通建设外部性利益的驱使下，开发商有对其附近土地进行过度开发的动机，容易造成可达性较好区域的开发强度过高。而特定交通设施的建设，如轨道交通、大容量快速公交系统等，又为其附近土地的高强度开发提供了支持，显著影响着相应区域的土地利用性质和土地开发强度。

(3)土地利用影响客流分布和交通方式的选择。在使用者做出自己的区位选择之后，他们的日常活动空间也就随之确定下来，并形成了一定的交通需求。这对他们的出行具有重要的影响，他们会根据自己所在区位的交通设施状况、自己的出行目的、出行偏好、经济状况等来做出出行决策，选择相应的出行方式。同时，高强度的开发必然造成相应区域居民的增加，而集中居住能为公共交通提供充足的客流，利于公共交通的发展。这表明，土地利用状况对交通方式具有一定的影响作用。

(4)土地利用状况推动城市交通向更高层次发展。随着社区规模的增大以及土地利用方式的变化，必然会推动交通方式发生变化。不同交通方式相互作用、此消彼长，又会对交通设施提出新的、更高的要求。特别是当土地利用强度或开发总规模达到一定程度，交通需求大大超过现有交通设施的承载能力时，必然会推动城市交通设施向更高的层次发展。

未来城市社会经济发展、活动区位分布、土地利用布局决定了城市客运交通需求规模和模式，规定了城市客运交通结构、城市交通设施应有的建设水平和可能的布局形态。反过来，城市客运交通网络是城市的骨架，城市客运交通(尤其是公共客运交通)网络布局结构对城市来说具有诱导性和先驱性，深刻地影响到城市土地利用和开发，影响到整个城市生活的节奏和效率。可以说，城市客运交通发展战略规划的任务是检验未来城市区域内各种不同土地利用规划方案下的交通含义或者不同交通网络布局模式对城市社会经济活动、土地利用开发的影响。

4) 城市经济与城市客运交通

城市经济的繁荣发展，加快了城市化的进程，城市辐射力上升，经济交流加快，带来人流、物流的大幅度上升，从而产生大量的交通需求。一般来说，城市经济的增长与城市就业岗位成线性关系，大批就业人员上下班的交通出行，使城市客运交通成为扩大社会生产的必要条件，是社会生产、分配、交换和消费的纽带。另一方面，随着城市经济的发展、生活水平的提高，人们对交通出行的要求越来越高，势必选择迅速、便捷、舒适的交通工具，因此，城市客运交通的结构、形态、方式和水平必须与客运量的增长和人民生活水平的提高相适应，并且要不断以更加先进的交通方式为城市的进一步发展创造条件。

1.2.3 城市客运交通发展趋势

客运交通系统中包括慢行交通、个体机动交通和公共交通多种形式。慢行交通是依靠人力的交通方式，主要是指步行和自行车，适合短距离出行，并为机动交通方式提供接驳服务。个体机动交通主要指小汽车、摩托车和助动车，满足了长距离出行的需要，并具有较强的灵活性，但是受到交通、环境和能源等因素的制约，必须在宏观需求管理下有序发展。公共交通主要是轨道列车、公共汽车和出租车，是最体现公众利益和运行效率最高的交通方式，在城市交通中处于优先发展的地位。

经济发展水平和居民收入的提高，使得城市居民小汽车的拥有量还会继续增加，城市居民的出行需求总量、特别是机动化的出行需求总量，呈现持续快速增长的特征。机动化出行需求快速增长所引起的"拥挤问题"、"环境问题"、"能源问题"、"社会公平问题"和"交通安全问题"日益突出，越来越引起国家和城市政府在交通发展战略和政策制订上的重视，相关问题也成为交通领域的研究重点。从国际和国内交通运输的发展趋势来看，在采用新技术实现现代化方面，各种交通方式虽有不同特点，但存在着共同的方向，即朝着一体化、可持续性和智能化方向发展。

1) 一体化交通

城市一体化交通，具体体现在交通体系内部整合和外部关联两个方面。内部整合包括设施平衡、运行协调和管理统一等三层含义。即，以枢纽建设为纲，发挥交通设施的整体效益；以换乘服务为中心，促进各种交通方式协调运行、合理分工和紧密衔接；依托法制与体制，充分发挥政府、市场和公众各种作用的组合优势。外部关联是指充分重视交通与城市功能提升的互动作用，交通发展必须与土地使用、社会、经济和环境等诸多城市发展领域紧密结合在一起，从而推动城市全面发展。

(1) 城市客运交通一体化

城市客运交通一体化发展的目标是：大力发展轨道交通，优化地面公交网络和提高出租车运行效率，增强公共交通对市民的吸引力。通过交通需求管理，在实现车行畅通的前提下，保持小汽车与道路容量的平衡增长，有序拓展小汽车的运行空间。引导慢行交通的合理运行，发挥其短距离出行和为公交接驳服务的功能，构筑人性化的慢行交通空间。

在城市化和机动化迅速发展的过程中，交通设施规模逐步扩大，客运需求显著提高。在各类交通设施规模逐步扩大的同时，相互之间的关联性也在逐步增强，越来越依赖于整体效益的发挥；随着社会经济的发展，居民出行的距离也逐步增长，出行方式也日趋多样化，越来越多的出行需求以多种组合的形式完成；随着社会分工的细化，交通涉及的领域逐步增多，交通信息化的要求不断提高，高效管理越来越依托于各部门的系统合作，因此，城市客运交通一体化成为城市交通的发展趋势。

(2)城乡客运交通一体化

城乡客运交通一体化是统筹城乡客运交通发展的必然选择。城乡客运一体化是在城乡道路畅通、客运场站等基础设施比较完备、客运网络体系高效运作的条件下,城乡道路客运和城市公交相互融合,充分利用客运资源,不断提高服务水平,充分满足广大人民群众出行需求,以达到城乡客运在管理体制、运行机制、经营方式等方面协调发展的过程。近年来,随着城市化进程的加快和路网结构的不断改善,出现了城乡道路客运和城市公交互相渗透的现象,加快城乡客运一体化建设已是道路客运发展的必然选择。国家大部制改革为加快城乡客运一体化建设奠定了体制基础。目前市、县交通运输部门正在改革之中,城乡道路客运和城市公交分割管理的模式即将结束,为促进城乡客运市场统一管理、实现城乡客运一体化的协调发展提供了体制保障。

2)可持续交通

可持续发展的城市客运交通系统是以较小的资源投入、较小的环境代价、最大限度地满足社会经济发展和人民生活水平提高所产生的交通需求的城市综合客运交通系统。该系统应该具有如下主要特征:安全、畅通、舒适、环保、节能、高效率和高可达性。这里的高效率是指城市各种客运交通方式合理分工、无缝衔接、无效出行少、行程时间短。高可达性是指城市客运交通系统的覆盖率高、利用方便、可选性好,体现公平性原则。

未来城市客运交通可持续发展的趋势将体现在以下几方面。

(1)土地资源占用少

目前我国的城市客运交通发展从总体上说,仍是一种粗放型的发展方式,各种交通方式交通线路和场站建设都要占用大量土地资源。由于土地资源的紧缺性和有限性,要想满足不断增长的运输需求,单靠加大土地等投入是不行的。随着城市客运交通可持续的发展,必须要充分发挥各种交通方式的优势,选择出交通发展的最佳方式,降低土地资源的消耗。

(2)能源消耗低

随着城市交通需求的不断增加,城市客运交通的能耗也迅速增长。据测算,每净增 100 万辆小汽车,需增加 282 万车公里的路网容量、30km^2 的停车面积,每年至少增加 13.5 亿升的燃油消耗。从可持续交通的定义来看,构建以公共交通为主体的城市客运交通体系是其发展的必由之路,因此,随着大容量、低消耗的交通方式的采用,城市客运交通的能源消耗将逐步降低。

(3)环境污染小

在各种交通方式中,常规公交的碳排放强度为小汽车的 1/8,轨道交通碳排放强度约为小汽车的 1/20,快速公交碳排放强度更低。随着公共交通的大力发展,其比小汽车交通的优势将更见显著,势必会减少小汽车出行,降低城市交通整体的碳排放量。另外,汽车尾气净化技术、能源替代技术、绿化减污技术等大气污染治理技术和路面降噪、绿化降噪等噪声污染治理技术的运用和推广,低污染的城市绿色交通方式的出现,清洁能源的替代作用,都将会降低城市客运交通带来的环境污染。

3)智能交通

智能交通系统(ITS, Intelligent Transportation)的早期思想形成于 20 世纪 60 年代,随着信息、通信、自动化和计算机技术的发展,逐渐出现了城市路口交通控制和高速公路监控系统,不过当时其重要性并不明显,也没有受到足够的重视。进入 20 世纪 80 年代,世界上许多发达国家竞相开展了研究,特别是近几年,ITS 以惊人的速度发展起来,世界上许多发达国家竞相开展了研究,形成了以美国的"智能车辆公路系统",欧洲的"尤里卡"联合研究计划和日本的"先进的动态交通信息系统"等为代表的三大体系。

随着科学和技术的不断进步和发展,ITS 将成为交通领域最活跃、最有效的交通管理系统。目前,针对 ITS 的研究、开发与利用主要集中在城市交通和高速公路两个方面,对于区域交通和综合运输涉及较少,ITS 的总的趋势可以概括为以下几个方面:

(1)先进的交通管理系统(ATMS, Advanced Traffic Management System)

先进的交通管理系统主要由监测、控制和信息处理系统组成,向交通管理部门和驾驶员提供对道路交通进行实时疏导、控制和对突发事件应急反应的功能。它主要包括集成交通控制系统、高速公路管理系统、应急管理系统、公共交通优先系统、不停车收费系统(ETC)、交通公害减轻系统和需求管理系统等。

(2)先进的旅行者信息系统(ATIS, Advanced Travel Information System)

先进的旅行者信息系统是对交通出行者提供及时的信息服务。在出行前通过办公室或家庭的计算机终端、咨询电话、咨询广播系统等,向出行者提供交通信息,以帮助出行者选择出行的方式、时间和路线。在出行途中,通过车载信息单元或路边动态信息板,向出行者提供交通信息,通过路径诱导系统对车辆进行定位和导航,使出行者以最佳的出行方式和路线到达目的地。

(3)先进的公共交通系统(APTS, Advanced Public Transportation System)

先进的公共交通系统是指采用各种智能技术促进公共交通的发展,它包括公共车辆定位系统、客运量自动检测系统、行驶信息服务系统、自动调度系统和电子车票系统等。例如,利用全球卫星定位系统(GPS)和移动通信网络对公共交通进行监控和调度;采用 IC 卡进行客运量检测和公交出行收费;在公交车辆和公交车站上,通过电子站牌向乘车者提供车辆的实时运行信息等。

(4)先进的车辆控制系统(AVCS, Advanced Vehicle Control System)

先进的车辆控制系统主要指智能汽车的研制,该系统包括事故规避系统和监测调控系统等。智能车辆(ASV,Advance Safety Vehicle)亦称为安全型车辆,具有道路障碍自动识别、自动报警、自动转向、自动制动、自动保持安全车距、车速和巡航控制功能。

1.3 城市客运交通发展模式

现代化的城市交通需要满足交通供需平衡,交通运行秩序化、安全化、人性化、环境化,保证社会经济可持续发展等要求。客运交通是城市交通的主体,国外发达国家的发展经验证明,解决城市交通拥挤、能源环境问题的办法是调整客运结构,逐步建立起以公共交通为主体、融私人交通为一体的、多元化协调发展的综合客运体系。城市交通模式的选择不但要考虑当前的情况,更要考虑长远的发展需要,以便使交通规划具有较长的适应性。

1.3.1 城市客运交通发展影响因素

城市客运交通系统在城市发展的大系统中运行,城市客运交通自身作为一个系统,又按其特有的规律发展着。它以满足城市的交通需求为基本出发点,在交通的方式、结构和水平等各方面不断发展。城市客运交通受到一切社会经济因素、结构、状况和条件的限制,同时反过来它本身的特性又影响着整个社会经济系统。

(1)社会需要是客运交通发展的基本条件

无论是实施城市布局,还是选择合理的交通系统或结构,都是为社会发展服务的。在古代,城市的土地使用,水路与陆路的交通结构与衔接,大多是为了满足军事上攻防的需要。随着和平时期的到来,人们都把目光集中到了社会经济建设上来,这时的城市布局与发展将主要考虑调整产业结构、合理布置各个产业部门,交通运输则考虑选择一个适当的客运交通系统,使各个部门的衔接与往来更加方便、迅速。

(2)经济因素是客运交通发展的决定条件

从城市发展的历史来看,城市布局形态具有向心内聚和离心扩散的特征。从表面上看,城市人口的集中是城市存在的“磁性”所致,但是就人口集中本身而言,不仅仅是一种社会行为,同时也是一种经济行为。在古代,城市除了具有政治、军事色彩的“城”的形象之外,虽然也具有商业流通所表现出的“市”的特征,但是,由于当时社会产业分工单一,生产力发展水平低下,不可能形成大规模的社会生产,城市在经济方面的作用,只不过提供了一个商品交换的场所。因此,单中心团状密集发展是古代最具代表性的一种城市布局。随着社会化大生产的到来,尤其是工业化的发展,大量社会劳动力的涌入,导致了城市的高度集中,并促使城市迅速膨胀开来。单中心的城市布局已经无法适应城市的行政管理和经济、社会活动的需要了,于是便出现了卫星式城市布局和多中心城市布局的模式。

至于交通尤其是客运交通,一方面作为城市形态骨架的交通轴线发展,诸如高速环状放射形公路、快速轨道交通、航道等必须以经济实力来支撑;另一方面,科技作为第一生产力,也为新的交通运输载体的形成、新的交通工具的产生以及新的交通管理手段的应用,提供了契机。

(3)布局形态是客运交通发展的活动条件

城市形态、用地规模、发展方向、人口与土地利用密度、社会经济状况都与交通休戚相关。新兴城市的建立,大多利用海湾、江河或公路等有利的交通条件,这样有利于城市在兴建的过程中人口的迁入、建设物资的运输等一切对外交流的开展。城市今后的发展,也主要是向交通轴线(包括河流、铁路、道路等)两侧延伸。古代,由于社会生产力水平落后,城市的新兴与发展主要依靠水运。在当时的步行加马车时代,几乎所有城市都是在农业生产发达、水路交通便捷的地区兴起,例如黄河、尼罗河、印度河流域等。工业革命之后,进入了近代城市发展时期,随着新的交通工具的产生,铁路、道路以及水运(尤其是海运)对城市的发展起了很大的作用,从根本上改变了城市沿同心圆扩大的模式。一部分城市沿铁路或海岸发展,城市的布局形态出现了前所未有的自由扩散的局面,特别是近代以来的汽车交通、现代化大运量轨道交通的出现,对城市的布局与发展产生了极大的促进作用,从而出现了大都市圈层发展模式。

(4)土地资源是客运交通发展的制约条件

土地资源是城市发展和客运交通的基础。无论是城市布局还是各种交通方式,都需要占用土地资源,社会发展是无限的,而土地资源是有限的。社会发展需要以土地开发为基础,土地资源的枯竭又必然阻碍社会的发展。这一矛盾自人类社会开始就一直存在,为缓解这一矛盾,最行之有效的办法莫过于提高单位土地资源的使用效率,即优化城市布局和交通结构。一方面需要优化各产业部门的发展规模,以求充分利用现有的社会生产资料,并在地域(包括空间、地下)的分布上,合理安排各产业部门,便于各部门的联系与交流;另一方面充分发挥交通设施的潜能,以最少土地资源占用满足尽可能多的交通需求,同时优化组合城市布局与客运交通土地占用级配。众所周知,在一定的土地资源条件下,用于城市布局安排各产业部门与居民居住的土地越多,给予建设交通设施的空间就越少。这是因为社会经济要发展,城市的社会活动要增强,城市规模要扩大,产业结构要细化,必然需要一个合理的客运交通系统(或体系)予以保障,需要更多的土地来建设交通设施,来维系这种恶性的发展。这样,城市土地资源和客运交通系统,在地区经济发展体系中,就成为供应和需求矛盾的双方。土地资源成为客运交通发展的制约条件。

1.3.2 城市客运交通功能定位

城市客运交通作为城市交通的重要组成部分,与城市人口密度、城市布局形态、城市经济发展紧密相连,在城市这个多元化、多层次的大系统中,城市客运交通是一个举足轻重的子系统。

根据传统的城市客运交通系统划分方法,城市客运交通主要可以划分为私人交通和公共交通两大类。其中私人交通方式主要包括步行、自行车、摩托车和小汽车;公共交通方式主要包括出租车、常规公交、有轨电车、无轨电车、快速公交、轻轨和地铁。不同的交通方式有不同的服务范围,每种交通方式有其适应的运输距离(和速度有关)和容量,每种城市客运交通方式服务范围见图 1-7(图中 A、B 为可能出现的新交通系统)。

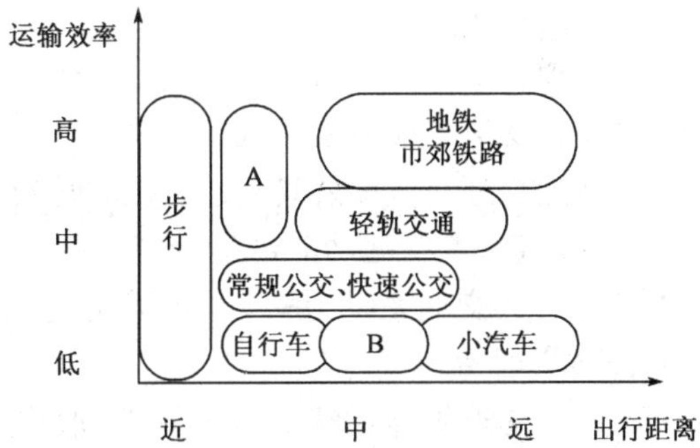

图 1-7 城市客运交通方式的适用服务范围

在城市客运交通发展中,公共交通在发展,私人交通也在发展,并相互竞争。城市的正常运转需要公共交通的支持,但是当公共交通不能达到应有的服务水平时,私人交通就会过量发展而损害城市的整体效益,除了采取各种措施限制私人交通外,主要是大力发展公共交通。公共交通与私人交通竞争的焦点是能否提供满足乘客出行需求的服务水平,这就要求公共交通要以满足乘客的需要为出发点,不断提高服务水平,从而增强与私人交通竞争的能力。在这一竞争中,除了交通工具的进步外,整个城市客运交通系统的服务也达到了一个新的水准。

1.3.2.1 公共客运交通功能定位

在公共客运交通方面,城市公共客运交通是为城市居民生产、工作、学习、生活等需要服务的,是整个交通运输业的一个重要分支。它具有交通运输业的全部特性,也有其与众不同的特殊性。它是指在城市及其所辖范围内供公众出行乘运、经济方便的诸种客运交通方式的总称。

从城市的整体利益看,公共交通是一种耗费少、效能高的交通方式,具有私人交通不可替代的长处。城市用地是有限的,现在和未来都是制约城市发展的主要因素,为保持城市的聚集经济效益,对城市土地必须注重集约化的使用。人均占用道路面积多的私人个体交通工具的盲目发展,必然使城市交通陷入瘫痪,这已被发达国家的交通发展史所证明。目前世界各大城市纷纷采取扶植公共交通的措施,其中快速轨道交通以其运量大、速度快、无污染、舒适准点的优势,成为许多发达国家大城市的优先选择和发展主流。城市公共交通在不断提高整体服务水平的同时,必将在城市客运交通中占据主导地位。

(1)城市轨道交通功能定位

城市轨道交通(主要包括地铁和轻轨)作为城市公共交通重要的组成部分,其自身的特点决定这种交通具有明显的优势。作为城市最大规模的基础设施建设项目,城市轨道交通对城市发展有三大方面的作用:一是大大提高城市交通供给水平,缓解大城市日益拥挤的道路交通;二是引导城市格局按规划意图发展,支持大型新区建设;三是通过对城市轨道交通的巨大投入,从源头为城市经济链注入活力,并通过巨大的社会效益提高整个城市的综合价值。

城市轨道交通系统随着网络的逐步发展可以兼顾中短途客流,最后达到负担城市公共交通乘客量一半以上的水平。围绕城市轨道交通骨干网络,可以促使其他个人交通方式成为辅助方式,从而提高城市公共交通乘客的总量,使"公交优先"的政策得到充分的体现,缓解城市交通问题。根据国内外已有城市快速轨道交通建设运营的实践和发展规划,轨道交通的功能定位可分为以下三种情况:

①轨道交通作为城市公共交通的主体,以东京、纽约和巴黎等大都市为代表。

②轨道交通与地面公共汽车交通并重,以首尔、香港等大都市为代表。

③轨道交通是城市公共交通系统的骨架,以新加坡为代表。

(2)快速公共交通功能定位

快速公共交通系统,是介于轨道交通和常规公共交通之间的一种交通方式,不只是简单的公共交通专用线,与常规公共交通不同,该系统整合了车站、车辆、线路、公共交通车道和 ITS 公共交通智能系统等多个元素,形成具有强烈形象感和独特性的城市公共交通系统。国外大城市发展快速公交系统的经验告诉我们,快速公共交通的功能定位也分为以下三种类型:

①快速公交系统作为整个城市公共交通的骨干或主体(独立式或主体式)

这种类型一般适用于城市人口在 200 万以下,没有规划建设轨道交通的城市,如库里蒂巴、基多等城市,相对低廉的造价和良好的运行环境使其成为世界公共交通发展的典范。

②快速公交系统作为轨道交通功能的延伸或补充(延伸式)

这种类型适合于轨道交通已经覆盖了大部分客运走廊的特大城市或大城市,快速公交系统主要为轨道交通集散客流,延伸和补充轨道交通的快速、大运量的功能。

③快速公交系统与轨道交通的协调发展(整合式)

这种类型适合于两种情况:一是轨道交通存在一定发展规模,但未覆盖客运走廊的特大城市或大城市,轨道交通与快速公共交通功能上是一种竞争的关系,布局和运营上是一种互补协调的关系。二是轨道交通的发展受制于政策、资金等诸多因素的制约,为了应对快速发展的机动化和更有利于发展轨道交通,而作为轨道交通的过渡形式存在,如图 1-8 所示。

(3)常规公共交通功能定位

虽然轨道交通和快速公共交通系统由于其行驶速度快、运量大,在世界上许多大城市公共客运交通发展过程中都给予了足够的重视,但是世界上公共客运交通结构的历史发展情况说明,客运交通结构需要有相当数量的地面公共汽车交通线路配合,因为其机动灵活,代价低,开辟线路容易等特点,便于组成城市综合公共交通线路运输体系。因此,即使在轨道交通相当发达的城市交通体系中,常规公共汽车交通仍然是重要的交通工具之一,而在大多数发展中国家的大城市交通体系中,常规公共汽车交通仍将是最主要的交通方式。

国内外公共汽车的发展历程表明,在未来大城市公共客运交通综合体系中,常规公共交通系统的功能定位大致分为以下四种类型:

①常规公共交通处于公共交通系统的支配地位

这种类型一般适用于现阶段尚没有建设轨道交通和快速公共交通系统的大城市，如我国很多大城市。

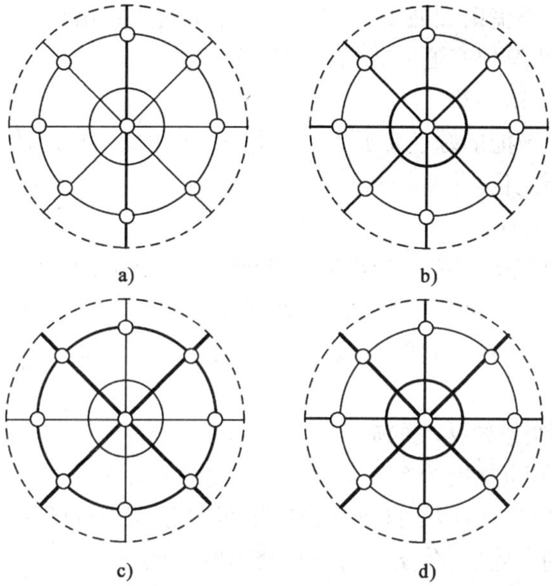

图 1-8　快速交通系统（快速公交系统）功能定位示意图

a）独立式；b）主体式；c）延伸式；d）整合式

○-公交枢纽；—-常规公交线；━-快速公交线；▬-轨道交通线

②常规公共交通作为城市公共交通的主体，大运量快速公共交通系统是城市公共交通系统的骨架

这种类型一般适用于已建成或部分建成的成网状布局的大运量快速公共交通系统（含轨道交通或快速公共交通）的大城市，如新加坡、北京、上海、哥伦比亚的波哥大等。

③常规公共交通与大运量快速公共交通系统并重

这种类型一般适用于已经建成大运量快速公共交通网络，同时又非常重视地面公共交通系统的“优先设施”建设及与大运量交通网络衔接配合的大城市，如我国香港、韩国首尔等。

④常规公共交通作为城市公共客运交通的辅助，或作为大运量快速公共交通系统的终端工具。

这种类型一般适用于已经建成非常通达的轨道交通网络系统的大城市，如日本的东京、英国伦敦等。

（4）出租车的功能定位

在出租汽车方面，通常情况下，大城市出租车交通有一个相对固定的消费群体和市场需求量。从出租车交通服务的对象与出行目的来看，其主要服务于市民中较高收入者及公务、娱乐、看病、购物等弹性出行，此外，流动人口会较多采用出租车。国内外大城市的实践证明，不管对出租车发展是采取鼓励还是适当限制政策，由于城市规模和出租车本身的经济效益所限，城市出租车的发展总有一个极限，极限值的大小与特定城市的性质、人口总量及构成、城市经济发展水平、产业结构特点以及城市客运交通发展政策密切相关。因此城市出租车交通在大城市公共交通体系中的功能定位一般为：城市公共客运交通的补充，发展到一定阶段后进行总量控制。

1.3.2.2　私人交通的功能定位

1）步行交通的功能定位

由于步行交通方式不借助交通工具，因此，这种交通方式出行主要受出行个体的影响，出行的范围一般较小，常为其他交通方式的一种补充。

2）自行车交通的功能定位

自行车交通是环保节能的绿色交通方式，适合于短距离出行。从国际经验来看，自行车交通主要有以下三种功能定位。

（1）主要交通出行工具

代表城市为阿姆斯特丹，城市规模仅 219km^2，人口密度约 4 000 人/km^2，短距离出行占70%以上。阿姆斯特丹实行自行车优先的交通政策，自行车交通功能定位为主要交通出行方式。城区内道路基本都设置了自行车专用通道，自行车交通占全客运出行方式的比例高达28%。

（2）短距离及与公交系统接驳的辅助交通工具

代表城市为巴黎，城市规模约672km^2，人口密度约1万人/km^2，出行以中长距离为主。从2007年7月起，巴黎市政府启动了自行车自助出租服务，鼓励自行车的短距离出行并加强与公交系统的接驳。计划实施后，公交与自行车交通客流明显增加。巴黎自行车交通的功能定位为短距离出行及与公交系统接驳的辅助交通工具，并具有休闲、健身功能。巴黎城区内主要道路上基本都设置了自行车通道，目前自行车交通占全方式客运比例为5%左右。

（3）休闲、健身工具

代表城市为香港，城市规模约1 000km^2，人口密度高达2.5万人/km^2，出行以中长距离为主。由于香港城区内多为山丘地貌，不适合发展自行车交通，因此，在香港城区内的道路上基本没有设置自行车道，自行车交通的功能定位不是交通出行工具，而是作为休闲、健身工具，多在公园里使用。

3）小汽车交通的功能定位

私人小汽车的优点在于，它能较好地满足人们出行的舒适性和任意性的要求，可以“门到门”而无需换乘，自主，受外界干扰弱，并且具有较高的速度，但同时，它的缺点也是极为明显的，人均占用道路资源多（与公共交通相比），能源消耗大，以及由于尾气排放、噪声、报废汽车不能有效回收等给城市带来的环境等方面的问题。一般情况下，城市会对私人小汽车交通采取限制的措施，以哥本哈根为例，其市中心要么是完全的汽车禁行区，要么只允许少量机动车进入，同时，减少进入城市干路的车道数量，而让公共汽车和自行车使用这些让出来的车道。另外，还可以通过减少城市中心区停车位来限制小汽车交通。

1.3.3　城市客运交通发展模式

城市客运交通包括私人交通和公共交通两种方式。研究一个城市的客运交通发展模式，即研究这两种方式在客运交通中所处的地位以及各自所占比重的大小。

1.3.3.1　以私人交通为主的客运交通模式

这种模式以美国的部分城市为代表。

在20世纪50年代之后，美国的城市发展出现了大规模的郊区化，为小汽车的大量使用提供了有利的条件,从而形成小汽车相对自由发展的客运交通模式。

以小汽车出行为主的客运交通模式,较适合于具有广阔土地资源的组团分散式的城市,比如洛杉矶的城市面积散布在2万平方公里的范围内,其私人小汽车的增长几乎不受任何条件的约束,千人机动车拥有量达到700~800辆。

私人交通方式的无限制发展,使得道路供给与交通需求的矛盾日益尖锐。交通严重堵塞,事故频发,道路通行能力下降,废气与噪声污染严重,市民出行的舒适度降低,这一切使城市在经济与政治等方面蒙受了巨大损失。

随着交通公害、能源危机的增加,美国也在逐步改变城市客运交通方式。历届政府都对复苏公共交通作过努力,早在20世纪60年代,政府颁布了"公共交通法",引导大城市交通向大容量快速轨道交通转化。80年代,又有环境保护法的规定,要求相应发展公共交通代替小汽车出行,但代价极其巨大。每年60亿美元以上的投资用于公共交通建设,也只能解决1.5%~2.0%的小汽车乘客量,收效甚微,短时期难以改变。90年代,联邦政府批准了1992~1997财政年内补贴公交315亿美元,推出公交免费政策,以刺激居民选择公共交通出行。

1.3.3.2 以公共交通为主的客运交通模式

(1)以地面公共汽车为主的公共交通客运体系

代表城市:库里蒂巴

库里蒂巴是巴西东南部的帕拉南州的首府,也是巴西城市化进程中发展最快的城市之一。通过一系列将公共交通系统和城市规划结合的政策,库里蒂巴已经成为今天第三世界国家中为数不多的可持续发展城市。

在建设初期,该市政府并没有一味地追求轨道交通,而是结合自己城市的特点,寻找到了一种运营成本低、服务质量好、效率高、易于实现的交通解决办法——建立快速公交系统。到目前为止,库里蒂巴拥有公交专用路组成的骨干快速公交系统,其上运行着双铰接公交车,每小时运送速度可达30~40km。

除了快速公交线,还有其他公交支线、联络线,地面公交成为库里蒂巴市公共交通体系中的主力,75%的市民出行乘坐公交车。库里蒂巴地面公交系统的成功实施使它成为世界上公认的公共交通模范城市,受到联合国和世界银行专家的一致好评。

(2)大运量轨道交通为主的公共交通客运体系

代表城市:东京

东京是世界上最重视公共交通的城市之一,它的城市轨道交通发展在世界各大城市中首屈一指。

早在20世纪20年代,东京就建成了10条铁道线。在20~50年代又大量新建和改建城市快速轨道交通,线路在市区以高架为主,也有少量的地铁。1955年以后,尤其在60~70年代,在稳步发展国铁、私铁从事城市客运的同时,大力发展地铁。至2007年,东京建成14条地铁线路,营运里程达到392.5km;城市电气铁道方面,东京圈的城市电气铁道分为两部分,一部分为JR(Japan Rail)所属,另一部分为私铁。JR(国铁)线路共计17条,全长887.2km;私铁总计33条线路,全长963.1km.。

东京的轨道交通客运量占全市客运总量的60%左右。无论是在东京市区还是东京都市圈,轨道交通在城市客运中都占有主导地位。

(3)多元化、多层次的公共交通客运体系

代表城市:香港

香港只有 1 070km^2 的土地资源,且其中大部分土地是陡斜的山坡和荒芜的岛屿。人口多,土地资源匮乏,使得香港政府必须寻找一个既能顾及各类乘客的不同需求,又能最大限度地利用有限道路空间的交通发展战略。

大力发展公共交通,严格限制私人小汽车的增长,更经济地使用道路,是香港政府一贯采取的交通政策。因此,香港的公共交通已经成为城市客运交通的主体,个体交通所占的比例很小。

香港具有多种类型的公共交通工具,包括地铁、轻轨、铁路、公共汽车、出租车和渡轮等,它们共同组成了多元化、多层次的现代化公共客运体系。香港七成以上的市民出行都采用公共交通工具,对解决城市交通问题起到了极为有效的作用。如今,香港的公共交通在全球都享有盛名。

1.3.3.3 私人交通与公共交通并重的客运交通模式

这种模式兼顾了汽车工业和公共交通两方面的发展:一方面出于推动经济增长的考虑鼓励市民购买并使用小汽车;另一方面又投入巨资大力发展轨道交通,以期构筑能与小汽车相竞争抗衡的公共交通系统。

韩国的首尔为了发展本国的汽车工业,对私人汽车采取了购买和使用放开的政策,与此同时又以一年大于 20km 的超常规建设速度发展轨道交通,从而使得私人汽车和轨道交通的出行比重各占 30%。

1.3.3.4 我国城市客运交通模式发展

我国国情决定了不适合采取"以私人交通为主的客运交通模式"。我国大多数城市的成长历程与发达国家主要城市的成长有两个本质的区别:第一,我国大城市在机动化之前,就已经形成了高密度的城市结构;第二,我国城市在开放经济后突然面对的是一个完全成熟的跨国汽车工业。这两点意味着我国城市没有机会像伦敦、纽约、波士顿等城市那样,有一个相对较缓慢的城市交通系统与小汽车发展相互适应与进化的过程,更不可能出现像洛杉矶那种专为小汽车化设计的城市。

我国人口多,人均国土面积、人均石油储量都很低,远达不到世界的平均水平。这些因素决定了我国的城市化将更多地表现在人的工作性质的改变,而不是土地使用功能的改变;城市建设将更多地向立体空间展开,而不是在平面上展开。由于,用于城市建设的土地将十分有限,决定了小汽车在我国的发展也将十分有限。

相比西方国家,我国的城市化进程起步较晚,但发展速度快。农村剩余劳动力在短时间内快速涌入了城市,城市空间的拓展跟不上城市发展的步伐,使得城市走向了被动交通规划的道路。城市建设的先天不足也要求限制小汽车在我国的充分发展。

为保证我国客运交通健康和谐的发展,应注意加强以下四方面的建设。

(1)加快轨道交通的发展步伐

轨道交通具有容量大、效率高、占地少、污染少等特点,是满足大规模出行需求最有效的城市交通工具。一些曾经大量发展小汽车替代常规公共交通的城市,大都出现了小汽车过量引发的城市病。重视加快轨道交通的发展,已经成了大城市公共交通现代化的成功之路。可见,加快轨道交通的发展步伐,符合我国特大城市和大城市交通发展的需要。但由于其造价高,我国在资金不足的情况下,这方面的任务还很重。

(2)加强快速干道的建设

轨道交通在我国主要集中在特大城市和少量大城市。不考虑建设轨道交通的城市,构筑并建设好若干快速干道将有助于保持城市交通的畅通,解决城市交通的主需求。对于已经建设或将来建设轨道交通的城市,快速干道的建设同样必要。因为轨道交通毕竟是集约交通方式,只能在客流集中的路段提供服务,它不太可能散布到城市的每个角落,次级客流的服务依然需要常规公共交通。此外,小汽车的适度发展是不可能阻挡的,它同样需要快速干道建设。

(3)建设好公交专用线和公交专用道

公交专用道是指在城市道路中划定专供公共汽车行驶的车道,公交专用线是指专供公共汽车行驶的道路和街道,世界各国经验表明,公交专用线和公交专用道是体现"公交优先"的良好举措。

(4)倡导共享程度较高的小汽车

之所以要限制小汽车的发展,主要在于它的低效率,但小汽车在方便、满足个人偏好等方面有着公共交通不可比拟的优越性,它的发展壮大具有内在的动力。法国有个"自驾俱乐部",它的效率比私家车要高得多。

城市客运交通模式的选择与实施关系到国家经济的良性发展、人们出行的方便程度,以及一个城市的形象,关系到社会的方方面面,良好的客运交通模式是社会经济发展的有力支持。

第 2 章　城市客运交通系统构成

2.1　城市客运交通系统构成及特性

2.1.1　城市客运交通系统的组成

城市客运交通作为城市交通的一部分,是经济发展的基础。随着社会经济的发展、城市地域范围的扩展、城市人口的增加和科学技术的进步,城市客运的各种交通方式也在不断发展,为现代城市居民出行提供了多样化的交通选择。

目前,城市客运交通系统主要由私人交通和公共交通两大部分组成。

1)私人交通

私人交通泛指徒步和以自用车为交通工具的出行,包括私人小汽车、自行车、摩托车、电动自行车、步行等交通方式。

2)公共交通

公共交通(Mass Transit)是指城市中供公众乘用的、经济方便的各种交通方式的总称。公共交通系统由线路、交通工具、场站设施等物理要素构成。公共交通包括:轨道交通(有轨电车、地下铁道、轻轨、市郊铁路、新交通系统等)、道路公共交通(快速公交、常规公交、出租车、无轨电车等)。

本章主要对构成城市客运交通系统的城市轨道交通系统、快速公共交通系统、常规公共交通系统、出租车、私人小汽车以及非机动车交通进行论述。

2.1.2　城市客运交通方式特性

2.1.2.1　公共交通方式特性

公共交通工具有载运量大,运送效率高,能源消耗低,相对污染小和运输成本低等优点。在交通干线上这些优点尤其明显。

1)轨道交通特性

相对于其他城市客运交通方式,轨道交通,建设、运营成本高,运输成本低,能源和环境污染较小,运输效率高。

(1)市郊铁路特性

市郊铁路(Suburban Railway)是高运量轨道交通系统,一般服务于城市与卫星城镇之间、城市中心区与郊区之间、郊区与郊区之间以及城市与其他设施(如机场、开发区、旅游区等)之间,单向运输能力一般在4.5万~7万人/h之间。随着城市范围的扩大,市郊铁路已不再局限于市郊结合部,而是泛指以市中心为核心,辐射周围地区的快速轨道交通系统(有时也称城市快速铁路)。市郊铁路平均运营速度很高,在50~100km/h之间;列车编组也非常灵活,可根据不同线路和时间段内流量的变化进行调整，一般可按 6 – 12 节编组；市内站距通常为 1.5 ~ 3km，郊区一般为 5 ~ 10km。图 2-1 所示为市郊铁路。

图 2-1　高运量轨道交通系统——市郊铁路

(2)地下铁道特性

地下铁道(Subway，英国称 Underground，欧洲也称 Metro)属于大运量轨道交通系统，其单向运输能力一般在 2.5 万 ~5 万人/h 之间。地下铁道使用专门设计的轨道和车辆，运营速度为 30 ~ 40km/h，主要取决于站距。一般服务于人口在 100 万以上的特大型城市。地下铁道具有路权专用、运行时间可靠、安全性高的特点；但是地下铁道往往建设投资巨大，运行费用高。图 2-2 所示为柏林和上海的地下铁道。

a)　　　　　　b)

图 2-2　大运量轨道交通系统——地下铁道

a)柏林地铁；b)上海地铁

(3)轻轨特性

现代轻轨交通系统是在传统的有轨电车的基础上发展起来的一种中运量城市轨道交通系统，其单向运输能力一般在 1.5 万 ~3 万人/h 之间，运营速度为 15 ~ 35km/h。轻轨具有节能环保、技术先进、对城市环境的适应性强、建设费用较低等优点。图 2-3 所示为轻轨系统。

图 2-3　轻轨系统

(4)有轨电车特性

世界上第一条有轨电车线路于1881年在德国柏林近郊建成,1888年美国里士满市建成了世界上第一个投入商业运营的有轨电车系统。经过100多年的运用和技术更新,现代有轨电车技术在车辆及控制系统、轨道系统等方面已经有了质的飞跃。现代有轨电车车厢长度一般为20~40m,列车载客量达150~300人,单向运输能力为0.5万~0.8万人次/h;如果将两列列车串联起来,单向运输能力可达1万~1.2万人次/h。有轨电车的设计速度可达70~80km/h,在城市中心地区的运行速度一般为20km/h左右,在郊区的运行速度可达30km/h。如果在城际铁路上运行,运行速度则可达到70km/h。图2-4所示为上海张江有轨电车。

(5)新型轨道交通特性

新型轨道交通系统(日本称AGT,法国称VAL)是一种在专用的轨道体系上运行的轨道交通系统。列车用特制的橡胶轮承重和走行,并利用侧面导向轮沿导轨向前运行,因此已不属于传统的钢轮钢轨体系,轨道结构复杂,一般用特制的混凝土或钢板构成。新型轨道交通系统属于中运量的轨道交通系统,单向运输能力为5 000~15 000人次/h,高于地面公交线路,但建设成本又远低于地铁和轻轨系统;系统运行于专用轨道,不受其他车辆干扰,运输效率较高;节约能源,基本上没有噪声污染,有利于保护环境。图2-5所示为采用橡胶轮胎的新交通系统。

图2-4　上海浦东张江有轨电车

图2-5　采用橡胶轮胎的新交通系统

2)道路交通

(1)快速公交系统特性

在快速公交系统中,如果公交专用道设计合理,且运营控制比较有效,其运营车速一般可以达到20km/h以上,单向运输能力在2.5万人次/h左右。如果采用全封闭独立的公交专用道路(公交专用高架道路),则可像地铁(轻轨)那样以编组行车方式运营,其运营车速可达到40km/h左右,单向运输能力可达到约2.4万人/h,与轻轨交通的水平基本相同;若采用6辆单车(额定载客100人/车)编组,发车间隔为1min,则最大单向运输可达到3.6万人次/h。图2-6所示为库里蒂巴的快速公交系统。

(2)常规公交特性

常规公交与其他交通方式使用同一道路系统,运营速度为12~20km/h,单向车道运输能力为6 000~8 000人次/h,适宜的出行时间在30min内。如果采用公交专用道,其运营速度可以达到20km/h以上,每小时客流量为2万人次/车道。常规公交成本低、投入少、人均资源消耗和环境污染较小。

(3)无轨电车特性

无轨电车有绿色公交之称,最大的优点是环保。跟普通的公交车相比,无轨电车本身不会

a)　　　　　　　　　　　　　　b)

图 2-6　库里蒂巴快速公交系统

排放废气，对环境的影响比公交车少。因为电价较便宜，使用无轨电车的成本更低。噪声较小亦是使用电动机及轮胎的无轨电车的优点之一。跟有轨电车或轻轨相比，无轨电车的另一优点是投资较少，而且无需对道路进行大量改造。无轨电车的输送能力、运营速度和常规公交基本相同。图 2-7 所示为荷兰无轨电车。

图 2-7　荷兰无轨电车

(4)出租车特性

出租车是城市公共交通的重要组成部分，在方便居民出行、树立城市形象等方面具有重要的作用。与其他公共交通方式相比，出租车最大的优点是便利、快捷，它可以提供门到门的服务。但是与其他公共交通相比，由于车内载客能力有限，出租车是道路空间利用效率低的服务方式。

各种公共交通方式的特性对比详见表 2-1。

各种公共交通方式的特性对比　　　　表 2-1

公共交通方式	单向服务能力（万人次/h）	运送速度（km/h）	适宜乘车时间（min）	最佳乘行距离（km）	适宜城市规模（万人）
常规公交	0.6～0.8	12～20	8～30	1～10	<50
无轨电车					
轻轨	1.5～3	15～35	10～60	3～30	>100
有轨电车					
地铁	2.5～5	35～40	10～50	5～50	>100

2.1.2.2　私人交通方式特性

私人交通方式方便了人们的出行，机动灵活，可以实现“门到门”出行。但是这些自用交通工具载运量小，运输效率低，道路利用率不高。

1)私人小汽车特性

小汽车的特点是直达、便捷，在道路容量不受限制的情况下，为用户最优的交通方式，但对于道路使用而言是不经济的。私人小汽车的大量使用，还会消耗大量能源，并产生大量的有害排放物，产生严重的环境问题。现在中国城市中私人小汽车的平均行驶速度为20～40km/h。

2）自行车特性

相对于其他交通方式，自行车具有机动灵活、节约能源、无环境污染、节约短距离交通时间和促进身体健康等优点。但自行车交通也有着受自然气候地理环境的影响大、载运效率低等缺点。

自行车的平均速度为12～15km/h，视体力和出行长度而变化。城市出行中使用自行车作为交通工具的平均出行距离约为4km，一般为2.5～5.5km。当出行距离小于5km时，自行车优于公共交通。

3）步行特性

步行作为一种最基本的交通方式，它仍是现代城市客运交通系统中不可缺少的组成部分。步行交通方式受人的体力条件、自然条件等因素的制约，步行速度通常为4～5km/h，适宜出行距离为400～1 000m，极少超过5km。因此，步行适合短距离出行，或作为其他出行方式的辅助方式，是一种非常灵活的受设施条件限制较少的交通方式。只要人们的身体条件许可，均可自由选择步行作为其出行方式，因此，步行交通方式在城市客运出行中所承担的比例相对稳定。

各种私人交通方式的特性对比详见表2-2。

各种私人交通方式的特性对比 表2-2

私人交通方式	平均速度（km/h）	平均出行距离（km）
私人小汽车	20～40	—
自行车	11～14	6～10
步行	4～5	0.4～1

2.2 城市轨道交通系统构成

城市轨道交通是大型城市基础设施项目，对城市的建设和发展有较大的影响，对于拥有城市轨道交通的特大城市和大城市，主要考虑交通量和走廊内的出行特征时，通常构建以轨道交通线路为骨架，常规公共交通为主体，分工明确、功能互补、换乘方便的多层次、一体化的公交线网模式。城市轨道交通起源于1863年的伦敦地铁。目前在我国已有北京、上海、广州、南京、天津、深圳、成都、沈阳、长春、大连、重庆和武汉等城市数十条轨道交通线路建成并投入运行。

2.2.1 城市轨道交通概述

2.2.1.1 城市轨道交通概念

城市轨道交通（Urban Rail Transit）是指在城市及附近地区，以列车形式沿封闭或部分封闭的专用轨道按班次运行的各种公共客运交通方式的统称，也可简称为轨道交通。它具有节能、省地、运量大、全天候、无污染（或少污染）又安全等特点，属绿色环保交通体系，符合城市可持续发展的原则。城市轨道交通种类繁多，按照用途可分为城市铁路、市郊铁路、地下铁道、轻轨交通、城市有轨电车、独轨交通、磁悬浮线路、新交通系统等。其中，地下铁道（Subway或Metro）是指列车沿全封闭线路运行的大运量城市轨道交通。地下铁道通常设在地下隧道内，也包括在城市中心以外地区从地下转到地面或高架桥上的部分。轻轨交通(Light Rail Transit)是指列车沿封闭或部分封闭线路运行的中运量运行的城市轨道交通。轻轨交通通常设在地面或高架桥上,也包括在城市中心地区转到地下的部分。

2.2.1.2 城市轨道交通分类

目前,世界上对轨道交通类型的划分并不完全一致,主要由于各国城市轨道交通的发展水平、建设标准和技术经济参数等存在一定的差异。

按照不同的划分标准,轨道交通的类型主要包括以下几种。

(1)按照客运能力大小一般将轨道交通划分为高、大、中、低四种。低运量轨道交通为单向客运能力小于每小时1万人次的轨道交通方式;中运量轨道交通为单向客运能力为每小时1万~3万人次的轨道交通方式;大运量轨道交通为单向客运能力为每小时2.5万~5万人次的轨道交通方式;高运量轨道交通为单向客运能力为每小时4.5万~7万人次的轨道交通方式。

图2-8 磁悬浮系统

(2)按车体与轨道间的作用形式及原理可划分为轮轨系统和磁悬浮系统。地下铁道、市郊铁路、轻轨交通等轨道交通系统属于轮轨系统,是依靠车轮与轨道的接触来导向和行驶;磁悬浮铁路(Maglev Railway)是指通过电磁力实现列车与轨道的非接触支承导向和驱动的轨道交通,它包括中低速磁悬浮交通(最高行驶速度不超过每小时120km)和高速磁悬浮交通(最高行驶速度可达每小时500km)。图2-8所示为磁悬浮系统。

(3)按运行轨道的构成可划分为双轨系统和独轨系统。独轨轨道是指列车在一根轨道梁上运行的轨道交通方式,包括跨座式和悬挂式两种。我国重庆2005年建成的独轨系统,线路长13.5km,设车站14个,其中有2.3km、3个车站在地下段。图2-9所示为城市独轨交通系统。

图2-9 城市独轨交通系统(左为跨座式,右为悬挂式)

(4)按敷设方式或构筑物的形态可划分为地下(隧道)、地面和高架三种形式。

(5)按照导向方式可划分为轮轨导向和导向轮导向。

(6)按照运行线路与其他交通的隔离程度可划分为路权专用、路权混用和采取一定隔离措施但在平交路口受信号控制的路权有限专用三种形式。

(7)按服务范围和运营组织方式可划分为服务于中心城的市区轨道交通、市郊铁路和区域快速铁路等。

2.2.1.3 城市轨道交通构成

下面重点以城市轨道交通常见的地铁和轻轨的构成及设施设备情况进行说明。

城市轨道交通(地铁和轻轨)由车辆与车辆段、线路、车站与区间、机电通信设备和控制中心五个部分组成。

1)线路

城市轨道交通线路是指承受列车荷载,实现列车导向和换轨功能的轨道交通设施的总称,包括路基、轨道和道岔。城市轨道交通线路按其在运营中的作用,分为正线、辅助线和车场线。地铁的线路敷设方式,应根据城市总体规划和地理环境条件因地制宜地选择,一般在城市中心地区宜采用地下线,其他地区条件许可时宜采用高架线或地面线。

2)车站

车站是吸引客流和疏散客流,为乘客提供乘车服务的基本设施。车站主要由站厅和站台组成。按相对地面的位置分类,车站可分为地下、浅埋、地面和高架车站;按车站运营性质分类,车站可分为中间站、折返站、换乘站、枢纽站、联运站和终点站;按车站站台形式分类,车站可分为岛式、侧式及岛—侧混合式站台;按设计施工方法进行的结构分类,车站可分为明(盖)挖法、锚喷暗挖法、盾构法、顶管法和沉管法等。

3)车辆与车辆段

城市轨道交通车辆主要是指地铁车辆和轻轨车辆,一般有带驾驶室的拖车(A 型)、无驾驶室带受电弓的动车(B 型)和无驾驶室不带受电弓的动车(C 型)三种形式,当采用6 节编组时,其排列为 A-B-C-C-B-A。车辆段是车辆运营管理、停放及维修保养的场所。一般一条线设一个车辆段,线路长度超过 20km 时,也可设一个车辆段和一个停车场。

4)机电通信设备

从运营管理的角度划分,机电通信设备包括:供电系统(包含电力监控系统)、信号系统、通信系统、售检票系统、环境监控系统、空调通风系统、给排水及消防系统、电扶梯系统等。

5)控制中心

城市轨道交通控制中心(简称控制中心)是对轨道交通全线所有运行车辆、车站、区间进行总的监视、控制、协调、指挥、调度和管理的中心,该中心主要为满足运营的各种功能要求。因此,控制中心又可称作轨道交通系统的“大脑”。根据其控制范围的不同,分为集中式、分散式和区域式等三类。

2.2.2 城市轨道交通线路

2.2.2.1 线路的分类

城市轨道交通(地铁和轻轨)线路可以按不同依据进行分类。

1)依据规划分类

城市轨道交通线路受城市空间形态、用地布局、建设条件等因素影响,线路间相互组合形成了特定的线网形态结构。基本的线网结构可以分为放射状、网格状和环状三个类型,各种线网形态对比分析如表 2-3 所示。高效的轨道交通线网既要满足出行方向的多种选择,又需要尽量降低出行中的换乘量,因此,国内外大城市和特大城市线网结构通常是表 2-3 中所述几种形态的组合体。

轨道交通线网形态对比分析 表2-3

形态	模式	优点	缺点	典型示例
放射状	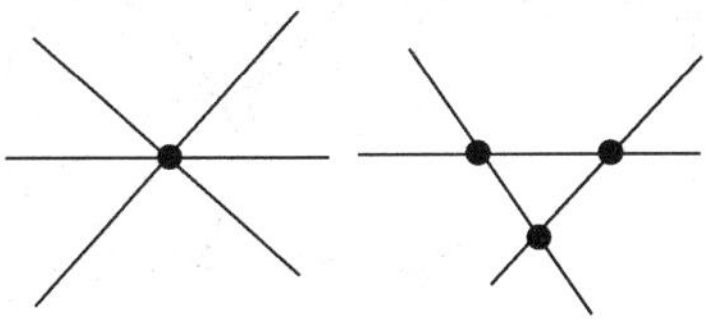	网络结构简单;便于到市中心的出行;支撑强中心形成;适合实际交通需求最大的主要走廊	不同线路间缺少换乘机会;外围地区之间联系不便;中心区服务功能较为重复	伦敦、莫斯科、东京、巴黎、芝加哥、首尔
网格状	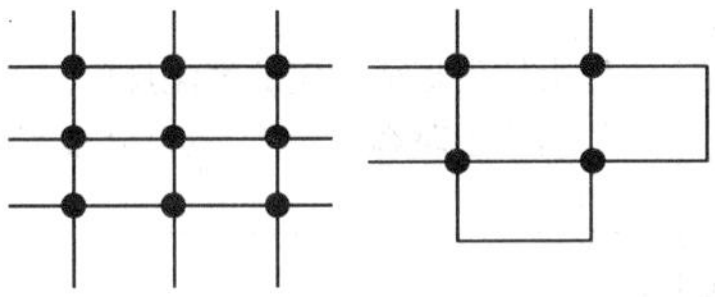	能够提供多种换乘方案;服务密度分布较为均匀;适合覆盖大范围城区	网络结构复杂;造成多次换乘;受地形和城市结构约束	墨西哥城、巴塞罗那、纽约、大阪
环状	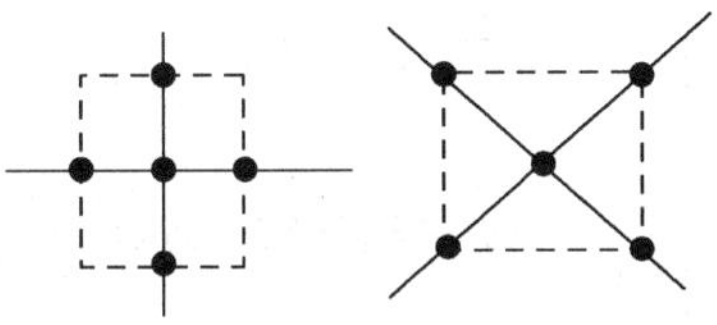	提高线网间换乘的可能性;增强网络连通性和可达性;适合于多中心布局的城市	除非沿高交通需求走廊布设,否则会增加出行里程;不利于往返中心区的交通出行	莫斯科、东京、伦敦、马德里、首尔、柏林、名古屋、北京、上海

2)依据运营分类

城市轨道交通线路按其在运营中的作用,分为正线、辅助线和车场线。正线是指供载客列车运行的线路,包括区间正线、支线、车站正线及站线;辅助线是指为空载列车提供折返、停放、检查、转线及出入段作业的线路,包括折返线、临时停车线、渡线、车辆段出入线和联络线;车场线是指供场区作业、停放列车的线路,它包括车底(空车)停留线、检修线及综合基地内各种作业线和试车线等。

城市轨道交通线路按地面高程差异分为地面线、高架桥线和地下线。地面线形的坡度应与城市道路相当,以减少工程量;地下线的埋深受到所在地区工程地质、水文地质条件限制,还与隧道施工方法、地面建筑物和地下构筑物的情况等因素有关;高架线应充分注意城市景观,考虑机车牵引能力,坡度尽量延长。

3)依据其服务范围分类

城市轨道交通线路依据服务范围可分市域线和市内线。市域线的功能定位为:城区段解决既有客流的交通需求,老城改造提升,带动城市建设和发展;市郊段引导规划落实和沿线组团发展建设,有时可能是超前投入,预留发展条件;通常通过大型换乘枢纽锚固网络结构。市内线的功能定位为:解决既有客流的交通需求;老城改造提升,带动城市建设和发展;有时市内线为市域线的一部分。

2.2.2.2 线路特征

城市轨道交通线路依据其不同的分类具有不同的线路特征,下面重点针对市域线和市内线来说明线路特征,如表2-4所示。

市域线与市内线主要技术特征比较 表2-4

项　　目	市　域　线	市　内　线
线路形态	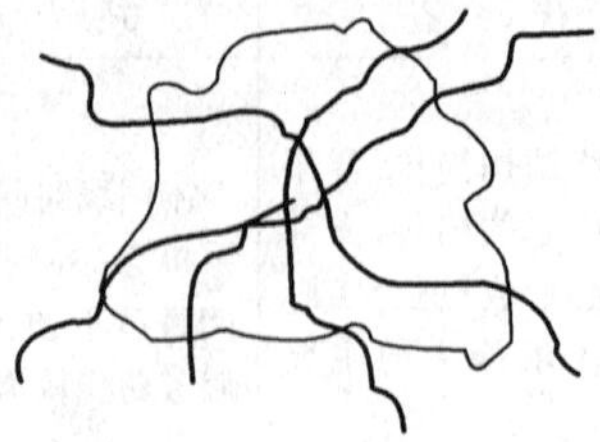	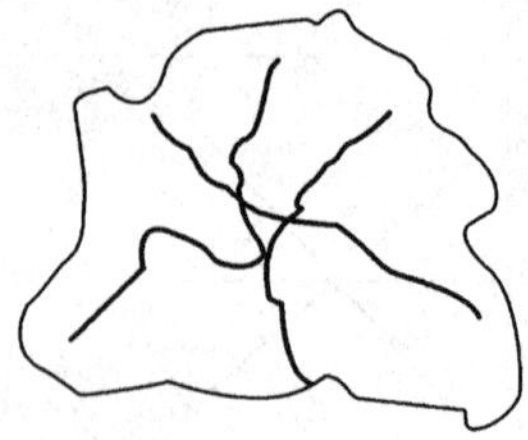
	贯穿城区，两端连接市郊新城或卫星城	在城区内沿既有客运走廊布设
客流	1. 城区段客流量大，郊区段为未来吸引客流，郊区组团与中心城的沟通和交流特征明显； 2. 全日客流分布相对均衡，高峰小时客流适中	1. 沿线已形成一定的客流规模； 2. 高峰小时客流量大，全日分布不均衡
选线布站	线路较长，市区段采用地下线，郊区段多采用高架或地面线，车站间距大，平均站间距一般超过2km	线路长度适中，以地下线居多，车站间距1km左右
运营组织	1. 可有多个交路套跑，并形成针对中心城和郊区段适应性行车间隔； 2. 若客流需求明显，可采取越行方式（是否单独设越行线需要技术经济综合必选确定），舒适度要求较高	单一交路居多，行车间隔小，可以小编组高密度
速度	车辆最高时速可超过100km，平均旅行时速40～50km左右，全程走行时间大于1h，但线路两端到中心城走行40～50min	车辆最高时速一般80km，平均旅行时速35km左右，全程走行时间小于1h
牵引供电系统	直流1 500V或750V、架空接触网或三轨供电，牵引所间距1～4km，也可采用电气化铁路的制式，即交流单相工频25kV方式，牵引所可结合主变电所一并设置，间距可达几十公里	直流1 500V或750V、架空接触网或三轨供电，牵引所间距1～4km，一般单独设置主变电所以采集城市电网电源
建设运营管理	城市当地政府投资建设，组建运营公司进行管理，若需要与国铁接驳，也可共同协商确定	城市当地政府投资建设，组建运营公司进行管理

2.2.3 城市轨道交通车站

依据《地铁设计规范》（GB 50157—2003）中有关车站的一般规定有：

（1）车站的总体布局，应符合城市规划、城市交通规划、环境保护和城市景观的要求，妥善处理好与地面建筑、地下管线、地下构筑物等之间的关系。

（2）车站设计必须满足客流需求，保证乘降安全、疏导迅速、布置紧凑、便于管理，并具有良好的通风、照明、卫生、防灾等设施，为乘客提供舒适的乘车环境。

（3）地铁各线路之间及与其他轨道交通线路交会处的换乘站，换乘设施的通过能力应满足预测的远期换乘客流量的需要。不能同步实施时，应预留接口。

（4）车站的站厅、站台、出入口通道、人行楼梯、自动扶梯、售检票口（机）等部位的通过能力应按该站远期超高峰客流量确定。超高峰设计客流量为该站预测远期高峰小时客流量(或客流控制时期的高峰小时客流量)乘以 1.1 ~ 1.4 超高峰系数。

(5)车站设计宜考虑地下、地上空间综合利用。

(6)车站应建设无障碍设施。

(7)地下车站的土建工程宜一次建成。地面车站、高架车站及地面建筑可分期建设。

城市轨道交通车站分布应考虑以下影响因素:大型客流集散点、城市规模大小、城区人口密度、线路长度、城市地貌及建筑物布局、轨道交通路网及城市道路网状况、乘客对站间距的要求。图 2-10 所示为南京地铁车站。

图 2-10　南京地铁车站

2.2.3.1　车站的分类

依据车站站点在城市中所处的位置及其周边地区开发功能进行划分,如表 2-5 所示。

轨道交通站点分类　　表 2-5

地域	站点分类	分类说明
综合换乘枢纽		城市对外交通的主要客运站场,如机场、火车站、长途汽车站等,与轨道交通共同形成城市大型综合交通换乘枢纽
主城	公共中心型	通常为市级商业中心,大型公共设施较多,人流、客流密集,一般有两条以上轨道线路形成换乘
	通勤型	周边以居住人口或就业岗位为主,客流以上下班通勤出行为主
	中间型	中间一般车站
	交通接驳型	位于主城边缘,服务范围较广,可能含其他市内交通设施,通常形成地区交通枢纽
新区	轨道终点型	通常位于轨道交通线路的转角处或终端站,服务于周边较大范围,为片区接驳型车站
	公共中心型	新区商业中心,可辐射整个新区甚至更外围城镇
	通勤型	周边通常为大规模的居住区或工业区,日常客流较为稳定
	中间型	其他一般站点

根据不同站点的分类,结合交通组织要求,车站乘客换乘模式、换乘方式及其对换乘设施的要求如表 2-6 所示。

车站换乘设施的配置要求 表 2-6

换乘模式	换乘方式	换乘设施配置要求
直达换乘	步行换乘	作为直达换乘方式以及其他换乘方式的间接过程,各类型车站都必须确保合适的步行空间
临时停车换乘	公交中途换乘	各类型站点都应该配置,尽量设置港湾式车站
	出租车中途换乘	除城市公共中心车站不宜设置外,尽量采用港湾式停靠
	小汽车接送换乘	在城市郊区车站较为常见,对外综合枢纽可设置专用临时停车滞留空间,一般车站宜采用路边临时停靠
停车换乘	非机动车停车换乘	城市公共中心车站不宜设置,其他站点均需配置
	公交首末站	在轨道交通服务空白区设置,车站一般为交通接驳型
	小汽车停车换乘	常见于具有较大范围集结点的车站,一般在市中心区的外围,对商业中心车站严格控制
	出租车停车候客	在对外综合换乘枢纽集中设置,接驳站配置少量出租车候客位

2.2.3.2 车站特征

(1)车站总体布置

①车站平面形式应根据线路特征、营运要求、地上和地下环境及施工方法等条件确定。站台可选用岛式、侧式或岛侧混合式等形式。

②车站竖向布置根据线路敷设方式、周边环境及城市景观等因素,可选取地下一层、地下多层、路堑式、地面、高架一层、高架多层等形式。但地下车站宜浅,车站层数宜少。有条件的地下或高架车站应尽量考虑将站厅和设备及管理用房设于地面。

③换乘车站应根据地铁线网规划、线路敷设方式、地上及地下周边环境、换乘量的大小等因素,可选取同车站平行换乘,同站台平面换乘,站台上下平行换乘,站台间的十字形、T 形、L 形、H 形等换乘及通道换乘形式,且应形成在付费区内换乘。

④车站出入口与风亭的位置,应根据周边环境及城市规划要求进行合理布置。出入口位置应有利于客流吸引和疏散;风亭位置在满足功能要求的前提下,尚应满足规划、环保和城市景观的要求。

⑤地铁车站,应设公共厕所,并应根据需要与可能在靠近位置设置自行车和汽车的停放场地。

(2)车站站间距

地下铁道车站,应设置在交通枢纽、地铁线路之间及与其他轨道交通线路交合处、商业、居住、体育、文化中心等大的客流集散点。车站间的距离应根据现状及规划的城市道路布局和客流实际需要确定,一般在城市中心区和居民稠密地区宜为 1km 左右,在城市外围区应根据具体情况加大车站间的距离。

(3)车站平面

车站乘客通过各部位的最大通过能力,宜符合表 2-7 的规定。

车站各部位的最大通过能力　　表 2-7

部位名称			每小时通过人数(个)
1m 宽楼梯		下行	4 200
		上行	3 700
		双向混行	3 200
1m 宽通道		单向	5 000
		双向混行	4 000
1m 宽自动扶梯		输送速度 0.5m/s	8 100
		输送速度 0.65m/s	不大于 9 600
人工售票口			1 200
自动售票机			300
人工检票口			2 600
自动检票机	三杆式	磁卡	1 500
		非接触 IC 卡	1 800
	门扉式	磁卡	1 800
		非接触 IC 卡	2 100

车站各建筑部位的最小宽度和最小高度,应符合表 2-8 规定。

车站各部位的最小宽度　　表 2-8

名　称	最小宽度(m)
岛式站台	8
岛式站台的侧站台	2.5
侧式站台(长向范围内设梯)的侧站台	2.5
侧式站台(垂直于侧站台开通道口)的侧站台	3.5
通道或天桥	2.4
单向公共区人行楼梯	1.8
双向公共区人行楼梯	2.4
与自动扶梯并列设置的人行楼梯(困难情况下)	1.2
消防专用楼梯	0.9
站台至轨道区的工作梯(兼疏散梯)	1.1

2.2.4 城市轨道交通车辆与车辆段

2.2.4.1 车辆

城市轨道交通车辆主要是指地铁车辆与轻轨车辆,它是城市轨道交通工程的最重要的设备,也是技术含量较高的机电设备。城市轨道交通车辆应具有先进性、可靠性和实用性,应满足容量大、安全、快速、舒适、美观和节能的要求。

地铁与轻轨车辆主体结构一般有 7 个组成部分。

(1)车体。分有驾驶室和无驾驶室两种,车体设有底架、端墙、侧墙和车顶等。

(2)动力转向架和非动力转向架。装设于轨道和车辆之间,是车辆的走行部分,作用是牵引和引导车辆沿着轨道行驶,同时承担和传递来自车体及线路的各种载荷并缓和其动力作用。它是保证车辆运行品质的关键部件。

(3)制动装置。它是保证列车安全运行必不可少的装置,在动车与拖车上都要设置制动装置以保证车辆按需要减速或在规定的距离内停车。除常规空气制动装置外,还有再生制动、电阻制动和磁轨制动等。

(4)牵引缓冲连接装置。车辆编组成列运行必须借助于连接装置,即所谓车钩,为了改善列车纵向平稳性,一般在车钩的后部装设缓冲装置,以缓和列车冲动。另外还必须设置连接车辆之间的电气和空气的管路。

(5)受电装置(或称变流装置、受流器)。它从接触导线(接触网)或导电轨(第三轨)将电流引入动车的装置。按受流方式分为杆形受流器、弓形受流器、侧面受流器、轨道式受流器(第三轨)和受电弓受流器等。地铁和轻轨常用第三轨受流器、受电弓受流器方式。

(6)车辆内部装置。包括服务于乘客的车体内固定附属装置和服务于车辆运行的设备装置。前者有车灯、广播、通风、取暖、空调、座椅、拉手等;后者有蓄电池箱、继电器箱、主控制箱、电动空气压缩机组、风缸、电源变压器、各种电器开关和接触器箱等。

(7)车辆电气系统。指车辆上的各种电器设备及其控制电路。按作用和功能分为主电路系统、辅助电路系统和电子控制电路系统。

2.2.4.2 车辆段

城市轨道交通(地铁和轻轨)车辆段分为检修车辆段(简称车辆段)和停车场两种。

(1)车辆段的业务范围

①列车的运行和在段内编组、调车、停放、日常检查、一般故障处理和清扫洗刷;

②车辆的技术检查、月修、定修、架修和临修;

③运营线路列检所的列车检查、一般故障处理和清扫;

④运营线路折返站乘务四级换班室的业务工作;

⑤段内设备和机具的维修及调车机车的日常维修工作。

(2)停车场的业务范围

①列车的运行和在段内编组、调车、停放、日常检查、一般故障处理和清扫洗刷;

②车辆技术检查、月修等工作。

车辆的厂修(或大修)和车辆段内设备的大修,可由地铁专设的车辆设备修理厂或委托其他工厂担当,也可选定一个车辆段增加车辆厂修任务。

(3)车辆段的位置应符合的要求

①保证列车进入正线安全、可靠、方便、迅速、运行经济;

②避开工程地质及水文地质不良地段;

③有利于电力线路、各种管道的引入和道路的连接;

④场地高程具有良好的自然排水条件;

⑤具有远期发展余地。

车辆段总体布置根据作业要求及地形条件,可采用尽端式或贯穿式。图 2-11 所示为上海轨道交通 1 号线车辆段。

2.2.5 城市轨道交通机电通信设备

城市轨道交通工程是一项庞大的系统工程,它涉及建筑设计、工程结构设计与施工、车辆与动力、通风空调与采暖、给水和排水、牵引供电、电梯和扶梯、通信与信号、防噪、防灾、运营管理和集中调度等多方面内容。该系统工程的安全可靠运营,得益于以城市轨道交通车辆与机电通信设备的高度协调配合。

图 2-11 上海轨道交通 1 号线车辆段

2.2.5.1 信号系统

信号系统的主要作用是保证行车的安全和提高线路的通过能力,包括信号装置、联锁装置、闭塞装置等。信号装置是指示列车运行条件的信号及附属设备;联锁装置是保证在车站范围内,行车和调车安全及提高通过能力的设备;闭塞装置是保证在区间内行车安全及提高通过能力的设备。

在车站上,铺设有许多条线路,线路之间用道岔连接。列车在车站内运行的路径,叫做进路,进路由道岔位置决定。进路由信号机防护,道岔位置不对,或者进路上有车,防护此条进路的信号机就不能开放,从而保证列车的运行安全。道岔、进路和信号三者之间相互制约、相互依存的关系称为联锁,实现联锁的设备叫做联锁设备。把许多道岔、进路和信号机用电气方法集中控制和监督,并实现它们联锁的设备,叫做电气集中设备。由车站向区间发车时必须确定区间内无车,还要防止两个车站在同一线路上向同区间发车。这种按照一定的方法组织列车在区间内的运行,一般称为行车闭塞,用来联络的设备称为闭塞设备。常用的闭塞设备有自动闭塞、半自动闭塞及电气路签(牌)闭塞等。

2.2.5.2 通信系统

通信系统是构成轨道交通各部门之间有机联系、实现运输集中统一指挥、行车调度自动化、列车运行自动化、提高运输效率的必备工具与手段。

通信系统按其用途来分,可分为:地区自动通信、专用通信、有限广播、闭路电视、无线通信以及子母钟报时系统、会议系统、传真及计算机通信系统;按信息传输的媒介可分为:有线通信和无线通信,有线通信又可分为光缆和电缆通信。地铁通信是既能传输语言,又能传输文字、数据、图像等各种信息的综合数字通信网。

2.2.5.3 供电系统

供电系统是为轨道交通车辆与系统运营提供电能的。列车是电力牵引的电动列车,其动力是电能;此外,轨道交通中的辅助设施包括照明、通风、空调、排水、通信、信号、防灾报警、自动扶梯等,也都依赖电能。

供电系统电源一般取自城市电网,通过城市电网一次电力系统和地铁供电系统实现输送或变换,然后以适当的电压等级供给地铁各类设备。

根据用电性质的不同,供电系统可分为两部分:由牵引变电所为主组成的牵引供电系统和以降压变电所为主组成的动力照明供电系统。

2.2.5.4 环境控制与车站设备

为了保证轨道交通安全正常运行,应在轨道交通内设置环境控制设备和各类必需的车站辅助设备,包括:通风、空调、给排水、消防、自动扶梯、直升电梯、动力、照明、旅客引导等系统设备。现代化程度较高的轨道交通系统还配置了自动售检票系统、车站设备自控系统、屏蔽门等。

给排水系统用来提供轨道交通运营中生产、生活和消防用水,收集并排除地下渗透水和生产、生活产生的废水、污水。轨道交通给水系统的水源一般取自城市自来水。

轨道交通消防系统分中央和车站两级。中央级的主要功能是:监视全线消防设备状态;火灾时,指挥全线消防抢险活动;控制全线有关消防设备的运行。车站级的主要功能是:监视车站消防设备运行情况,接受各类报警信息;控制车站及相邻区间内消防设备的动作,实施灭火活动;与中央级间进行必要的信息传输。

轨道交通车站里的辅助设备包括:自动扶梯、直升电梯、卷帘门、防洪门、旅客引导、照明、售检票系统、车站设备自控系统等。根据需要还可设置屏蔽门和防核辐射门等。

2.3 快速公交系统构成

2.3.1 快速公交概述

快速公交系统在国外已发展了30多年。目前,世界上包括巴西、美国、加拿大、澳大利亚、法国、日本、韩国等国家在内的许多城市已建成快速公交系统。在我国,快速公交系统的技术经济特性已经被各级政府所重视,国家六部委联合下发的国办发〔2005〕46号文《关于优先发展城市公共交通的意见》,对快速公交系统给予了足够的重视。我国第一条全封闭大容量快速公共交通系统已于2005年12月在北京开通。目前,昆明、济南、杭州、合肥、枣庄、常州、盐城、厦门、广州、郑州等城市都已相继开通了快速公交系统。

2.3.1.1 快速公交系统概念

根据《快速公共汽车交通系统设计规范》(CJJ 136—2010),快速公交系统是以大容量高性能公共汽电车沿专用车道按班次运行,由智能调度系统和优先通行信号系统控制的中运量快速客运方式,简称快速公交,英文缩写为BRT(Bus Rapid Transit)。

2.3.1.2 快速公交系统组成

1)线路

快速公交线路可以采用与轨道交通类似的单一线路或是多条组合线路。快速公交线路的组成比轨道交通具有更多的灵活性。因为快速公交系统的线路可以在主干线上互相组合以及在主干线的起点或终端向外进一步延伸。

2)场站

快速公交场站包括车站与车场。快速公交车站是乘客上下车，完成集散或换乘的场所，是影响快速公交运行效率的一个关键因素。通常快速公交有各种类型的车站，其位置适中，方便服务社区。快速公交车场主要指停车保养场，是为快速公交车辆提供维修及存放的专门场所。

3)专用路权

专用路权保证了快速公交效益和效率的实现。

4)车辆

车辆是快速公交的核心部分。车辆性能将直接影响车速、服务可靠性以及乘客的舒适程度。

5)运营管理系统

运营管理系统包括三大子系统：售检票系统可减少现金流通，便于乘客上车及换乘，减少乘客及车辆在停靠站的逗留时间，提高车辆运行速度；乘客信息系统可以提供给乘客快速可靠的有关路线、车辆到达时间等信息，从而提高服务质量，增加客源；控制系统用以控制快速公交车辆运行时间及位置。

2.3.2 快速公交线路

2.3.2.1 面向规划的线路功能分类

快速公交线路可根据其在城市公交系统中所承担的作用功能分为四类，不同作用或服务功能的快速公交线路其规划布局形态各有差异，如图 2-12 所示。

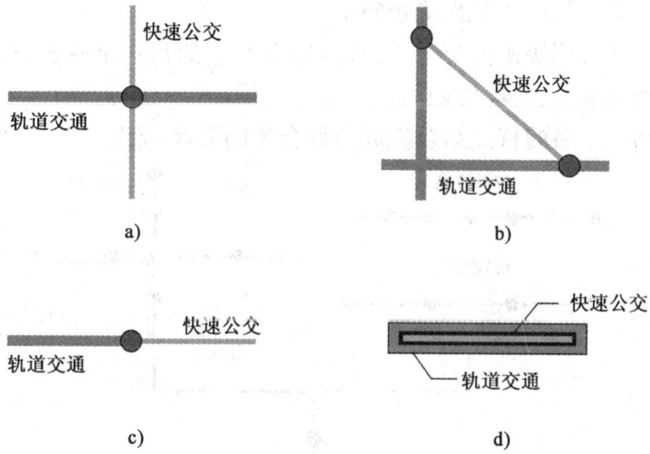

图 2-12 快速公交线路功能分类

(1)快速公交线路与其他公共交通系统服务于不同的客运走廊，以交通功能为主，见图 2-12a)。这种关系较为常见。因各自特性不同，其他公共交通线路比如地铁服务于核心区内客流强度很大的走廊，而快速公交布设于中等强度的走廊上。这类快速公交线路以交通功能为主，可称为骨干型线路。骨干型快速公交线路可与轨道交通线路共同构成城市公交骨架。

(2)快速公交线路联络其他公共交通系统，起辅助功能，见图 2-12b)。这类快速公交线路虽然也有部分交通功能，但其主要侧重于联络其他公共交通线路，形成完整的网络，并加大线网的密度，可称之为辅助型快速公交线路。

(3)快速公交线路与其他公共交通系统位于同一走廊上，起延伸拓展作用，见图 2-12c)。

利用快速公交作为轨道交通的延长线不失为降低公共交通系统造价的好办法，虽然有可能会增加换乘次数，但只要合理规划线路，并解决票制票价问题，就能取得良好的效果。

(4)快速公交线路与其他公共交通线路位置重叠，作为过渡或替代，见图2-12d)。快速公交作为其他公共交通系统的过渡或替代是其非常重要的功能。快速公交先于轨道交通建设，可以解决发展中国家资金短缺的问题，并为轨道交通培育客流，待快速公交系统负荷达到上限时再升级成轨道交通系统。快速公交的这个特点尤其适用于近期客流不大的客运走廊。

2.3.2.2 面向运营的线路布设分类

快速公交线路可以分为单线式和复线式两种，见图2-13。单线式线路指在快速公交通道上只布设一条线路；复线式线路指若干条快速公交线路共用同一通道。从布线特征分析，单线式线路与轨道交通线路相像，都是在主要通道上布设干线，再通过大量支线集散客流；复线式线路则具有常规公交的特点，多条线路在通道上重合，满足多样化的出行需求。《快速公共汽车交通系统设计规范》(CJJ 136—2010)建议：线路运营长度应结合系统的客流预测、运营组织模式等因素综合确定，宜为10～25km。

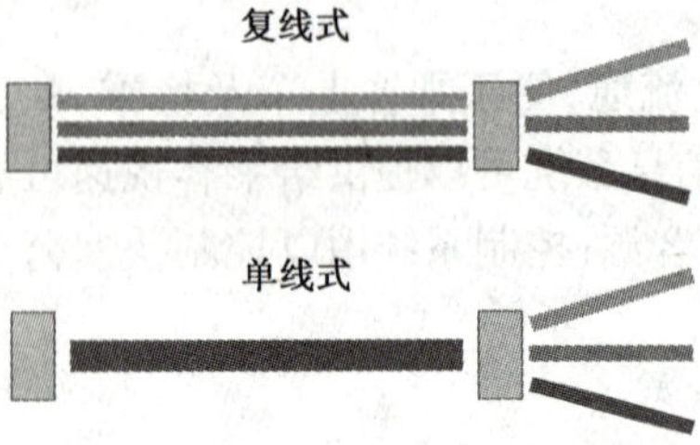

图2-13 快速公交线路的布设形式

由于线路特征不同，复线式线路又可以分为以下几种情况(图2-14)：

A型：在开设站站都停靠的普通线路的同时，增开快速线路，这种快速线路只停靠部分客流量较大的站点。由于停靠站点少而节省时间，其运行速度能得到较大的提高，甚至接近于轨道交通的运行速度，非常适合于长距离出行。

B型：若干条线路共用快速公交通道，线路停靠经过的每一个站点，但是这些线路的起终点互不相同，将该类型称为异向式线路。

C型：将以上两种线路的特点结合就成为混合式的C型线路。

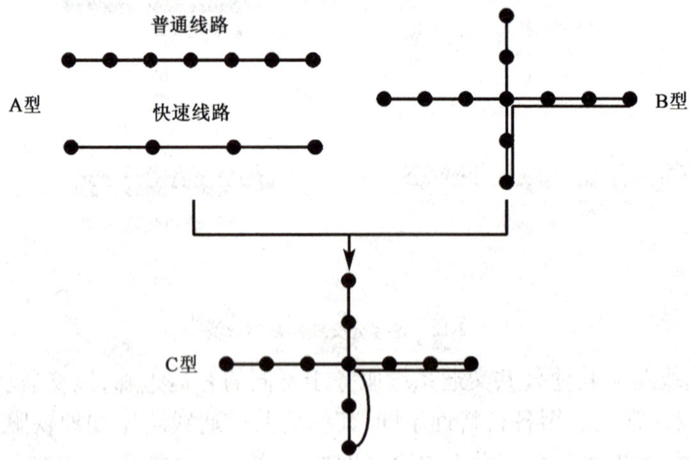

图2-14 不同类型的复线式线路

2.3.3 快速公交场站

2.3.3.1 快速公交车站

特别建造的轨道交通式快速公交车站，具有检售票、等候车、上下客、行车信息发布等功能。这是快速公交不可缺少的组成部分。《快速公共汽车交通系统设计规范》(CJJ 136—2010)建议:快速公交车站站间距以600~800m为宜。

1)快速公交车站分类

(1) 按车站功能划分,可分为中途停靠站、换乘站和首末站

①中途停靠站:规模较小,只提供乘客上下服务,较少地考虑与其他公交线路和交通方式的换乘问题。

②换乘站:规模较大,除提供本站附近乘客上下车的服务外,还需要重点考虑与其他公交线路和交通方式的换乘问题。

③首末站:规模很大,应具有足够的场地提供车辆停放、调度和维修,同时须配备停车场和必需的生活服务设施以方便快速公交与其他交通方式的换乘和乘客候车。

(2)按售验票方式划分,可分为开放式车站和封闭式车站

①开放式车站:站内不设售验票系统,功能相对简单,宜于维护。开放式车站一般用于车上售票的收费方式,车站的造价较低。

②封闭式车站:封闭式车站设有收费区和不收费区的隔离措施。车站须设置售验票系统,并需要工作人员职守。封闭式车站用于车下售验票的收费方式,车站的造价较高。

(3) 按车站位置划分,可分为为路中型车站和路侧型车站

①路中型车站:路中型车站适用于路中型专用道形式,具体又可分为岛式车站和侧式车站,这种车站的规划与设计必须慎重考虑行人通道问题,避免造成对其他交通方式的干扰。车站造价较高。

②路侧型车站:路侧型车站适用于路侧专用道形式,其设计可简单化,交通组织类似于常规公交车站,只是配合快速公交车辆的构造其设计有所不同。

2)快速公交车站特点

快速公交系统相对于常规公交而言,对车站改进详见表2-9。

快速公交车站特点及改进 表2-9

序号	改进内容	主要特点	目的
1	增加车站停车位	满足多辆公交同时进站上下服务	提高通行能力
2	增加车站超车道	满足车辆的跳站运行	提高运行速度和运量
3	建设独立车站	为乘客提供更舒适的候车空间、为更高级的车站设施布设提供平台	提高舒适性
4	站台高度	实现乘客水平上下车	提高运行速度
5	整合智能技术	乘客实时出行信息和车辆运行信息	保证运行可靠性
6	整合检票系统	实行车外售票	提高运营速度
7	车站综合开发	结合交通、商业、居住等实现整合式的土地发展	实现可持续发展

2.3.3.2 快速公交车场

快速公交车场,主要包括各类停车、保养场,是为快速公交车辆提供维修及存放的专门场所。由于快速公交车辆与普通公交车辆有所差别,停车保养场站用地、保养技术以及维修设备都有特定要求,需单独规划建设。

停车保养场站是为快速公交车辆提供加油、加水、内外部清洗等日常服务,以及为车辆的燃料储存和发放的场所。承担营运快速公交车辆的高级保养任务及相应的配件加工、修制和

修理，线路营运车辆下班后为其提供合理的停放空间、场地和必要的设施。一般由服务车间、维修车间、车辆大修车间及车辆存放区域四部分组成。

2.3.4 快速公交车辆

快速公交系统的车辆往往采用不同于普通公交的改良型公交车，具有铰接式大容量、多车门、两边开门、乘坐舒适和智能型等特点，并可使用清洁能源。一般应采用橡胶轮胎、低底板、色彩鲜艳并统一的公交车辆，以方便乘客上下车，并体现其品牌效应，与普通公交车辆相区别。近年来，快速公交车辆动力系统由原有的柴油发动进一步扩展到电动或其他能源驱动。车辆长度由原有的9m和12m发展到更大尺寸或双层公交车。图2-15所示为快速公交车辆。

图2-15 快速公交车辆

图左上为燃料电池车，图中上为清洁柴油车，图右上为混合电池车。

快速公交车辆的客门有单开门或双开门、内摆门、外摆门或侧移门等多种设计，根据站台设计和车厢内的布置作选择。一般快速公交车辆选择双开门，铰接车单侧客门数量为3~4扇不等，位置视要求而定。为了在车厢预留更多的乘客站立面积，外摆门和侧移门更受青睐。

与传统公交车辆相比，快速公交系统对于车辆的改进主要在表2-10所示几个方面。

快速公交车辆的技术改进 表2-10

序号	改进内容	主要特点	目的
1	普通公交车辆	与常规公交采用车辆相同，一般为单铰普通型	降低成本
2	加长公交车辆	采用单铰或双铰车辆，最长可达18m	提高车辆载客能力
3	增加车门	配合车辆加长，增加上下车辆通道	减少停站时间
4	改进车内设计	底板平面化设计、增加舒适座椅、优化空间布局	提高乘客使用舒适性
5	车辆外观改进	独特标志性外观形状设计	加强系统形象塑造与识别
6	增加先进辅助驾驶技术	结合智能交通技术实现车辆精确定位和自动导航	提高运行速度
7	采用新型环保推动系统	选择清洁燃料(电力、天然气等)	提高运行速度、降低环境污染

2.3.5 快速公交专用路权

快速公交的专用路权，根据与社会交通的隔离情况，可以分为快速公交专用道路和快速公交专用车道两类。

（1）快速公交专用道路是指快速公交享有绝对的专用路权，通常是专为快速公交建设的封闭道路，完全不会受到其他交通方式的干扰。

（2）快速公交专用道指快速公交在路段上享有专用路权，但在通过交叉口和部分过街设施时仍然采用平面交叉的形式，通常会采用必要的公交优先通行设施，减少通过这些冲突点的运营延误。快速公交专用车道通常利用鲜明的色彩或不同的铺装材料与普通机动车道加以区分（图 2-16），便于识别。

图 2-16　标识鲜明的快速公交专用道

快速公交路段专用道的基本类型可以分为以下三类：

（1）快速公交内侧专用道；

（2）快速公交外侧专用道；

（3）快速公交次外侧专用道。

《快速公共汽车交通系统设计规范》（CJJ 136—2010）建议：快速公交专用道车道宽度不应小于 3.5m，港湾停车道宽度不应小于 3m。专用道设计车速为 40 ~ 60km/h。

2.3.6 快速公交运营管理系统

2.3.6.1 售/检票系统

快速公交售检票系统是快速公交与常规公交的主要区别之一：设置恰当的售检票系统，是保证快速公交运营效率的重要手段；售检票系统的改善可便于乘客乘车及换乘，减少乘客上下车、车辆停站等时间，提高车辆运营速度，其方便程度和设置合理与否是快速公交运营单位服务水平的重要体现之一。

快速公交系统的售检票系统一般采用与轨道交通类似的售检票体系。售检票往往是在车站或枢纽点上完成的，以便于乘客快速上下车。如，快速公交采用大型铰接车辆及站下售检票，可以保证所有车门同时上下客，以提高整个系统的运营能力与效率。快速公交的售检票系统一般需要与整个快速公交系统的运营管理体制相一致。表 2-11 所示为部分城市快速公交售检票系统。

部分城市快速公交售检票系统一览表　　表 2-11

城市	蒙特利尔	渥太华	魁北克城	基多	库里蒂巴	阿雷格里港	圣保罗
票据种类	现金、换乘票、月(日)票	现金、换乘票、月(日)票	现金、换乘票、月(日)票	现金、车票	现金	现金	现金、磁卡
检票地点	驾驶员	驾驶员及自动验票系统	驾驶员	车站	车站	随车检票员	随车检票员

快速公交售检票系统主要由硬件部分和软件部分组成。硬件部分包括：中央计算机系统、编码系统、密钥管理系统、车站计算机系统和车站售检票系统终端设备、票卡、运营辅助设备、培训设备和软件系统等构成。售检票系统终端设备是实现自动售检票功能的最终执行设备，各个车站需要根据具体情况设置。售检票系统终端设备主要包括：自动售票机、半自动售票机、自动充值机、自动检票机(包括进站、出站、双向、宽通道检票机)、便携式验票机等。而软件部分则是指快速公交的票制和票价。

快速公交售检票系统的功能，除了基本的售检票外，还可以通过设计合理的票卡来收集乘客的出行信息，为优化公交线网、合理调配运力服务。

2.3.6.2　乘客信息系统

快速公交乘客信息系统为乘客提供全方位、多层次的信息服务，能够达到方便乘客出行、吸引出行者乘坐快速公交车、改善公交形象、提高服务质量的目的，见图 2-17。乘客信息服务包括车内信息服务和车站信息服务。

1)车站信息服务(图 2-18)

车站信息服务包括：以语音和文字形式动态预告下一班车到达时间及其当前所处的站间位置；提供乘车指南、乘客须知、文明宣传等信息播报；车辆进出站自动语音提示。

2)车内信息服务

车内信息服务包括：播报车辆进出站及相关服务信息；显示车辆当前位置及换乘信息等；实时发布社会新闻、娱乐信息等。

图 2-17　快速公交乘客信息系统

图 2-18　车站信息服务

2.3.6.3　控制系统

在快速公交系统中，控制系统的功能主要有两个部分，即调度及信号。

(1)调度系统主要对驾驶人员在驾驶过程中提供指示，以确保高可靠性、车辆间距的稳定性及乘客安全。

(2)信号系统控制线路及时刻表,这些系统在混合交通流的街道可以给公交车以优先权。使用公交信号优先和其他智能交通技术来改善公交服务质量。

《快速公共汽车交通系统设计规范》(CJJ 136—2010)建议:系统发车间隔应根据客流需求、车辆配置、车站容量、系统服务水平、沿线信号控制等因素综合确定。高峰时段发车间隔宜为1~3min,非高峰时段发车间隔宜为3~6min。

在封闭的专用路、专用车道路段和设站台屏蔽门的车站站区,快速公交车辆的行驶速度不应大于60km/h;通过不设站台屏蔽门的车站站区时,行驶速度不应大于30km/h。

2.4 常规公交系统构成

2.4.1 常规公交概述

城市常规公交系统是目前世界各国最常见、使用最广泛的公共交通工具,是大部分城市公共交通的主体,是大城市和特大城市公共交通系统的基础。城市常规公共交通系统是沿着固定路线,安排固定班次巡行服务于都市地区的一种使用胶轮带动的公交车运输系统,有固定的停靠站、行驶线路、时刻表和票价。常规公交系统主要由线路、场站、车辆和运营管理系统等组成。

(1)线路。车辆按确定的路线、时刻表行驶,收取固定票价,停靠规定车站,形成公共交通线路。公共交通线路有固定的线路和站点名称,若干条线路形成城市的公交线路网络。

(2)站场。站场根据其服务特性可分为两大类:一类主要为客流服务的线路沿线各类站点、候车设施、终点站、换乘枢纽;另一类主要为车辆服务的停车设施、保养场、修理厂等。

(3)车辆。常规公共交通的载运工具为汽车和无轨电车,以运营车辆为主,配备维修车辆。

(4)运营管理系统。城市公共交通系统通常还包括各类运营管理系统,包括:调度系统、通信与监控系统以及配电系统等。

2.4.2 常规公交线路

2.4.2.1 线路的分类

线路是常规公交系统组成中最核心的部分,多条线路交错成网就成了常规公交线网。从规划、运营等不同角度,常规公共交通线路可进行不同的分类。

1)面向规划的线路分类

通常根据城市特点、客运系统结构和客流特征,可以将地面公交线路分为骨干线路、区域线路和接驳线路3类,每类线路和对应特征如下。

(1)骨干线路:在有轨道系统的城市,它为中运量的快捷线路,作为轨道交通的补充,承担部分中长距离的客流。在没有轨道系统的城市,它在城市主要客运通道上提供快速、可靠的公交服务。为了保证运营车速,骨干线路应尽量在公交车专用道(专用路或专用街)上行驶,要求有相对独立的道路空间、配套的信号控制优化系统和车辆运行监控系统,运营车速可达到20km/h以上,其主要功能是提高地面公共交通服务的可靠性与竞争力。

(2)区域线路:连通轨道交通线网和地面公交骨干线网,构成地面公交线网的主体。区域线主要承担中短距离的出行，要求密度高、覆盖广，保障公共交通的出行便利，并随区域开发及时延伸。

(3)驳运线：为地面公交骨干线路和轨道交通提供接驳服务，起到减少步行到站距离、改善公共交通服务质量的作用。驳运线既可以设置在大型住宅区或公共活动中心，承担零星客流的收集，并驳运到最近的区域公交枢纽或轨道交通站；也可以深入到生活居住区、学校、商业区、公共活动中心，提供一端到门的短途客流服务。驳运线也包括社区巴士。

2)面向运营的线路分类

常规公交线路运营特征主要体现在运营时间、票制票价等方面，根据公交线路的运营特征进行分类，便于线路的管理和运营指标的统计分析。

(1)根据运营时间特征，常规公交线路可分为全日线、夜班线、白班线和高峰线等。各个城市根据客流的特征线路运营时间各不相同，如南京城市公共交通线路分为白班线和夜班线，白班线运营时间为5:00～23:00，夜班线运营时间为23:00～5:00。白班线是公共交通主要线路类型，覆盖其他类型的线路，承担绝大部分客运任务；夜班线路联系交通枢纽、医院、工厂和住宅区，保证城市昼夜延续的各类活动的正常进行；全日线运营时间一般较长，用于客流持续稳定的线路；高峰线只在客流高峰时段运营，主要用于客流时间分布差异较大的线路。

(2)根据计价方法，常规公交线路可分为一票制线路和分级计价线路。前者通常为市区行驶的线路，线路长度一般控制在13km在内，通常采用无人售票方式；后者一般使用在郊区线路中，通常采用有人售票方式。

2.4.2.2 线路特征

常规公交线路特征主要包括线路网密度、线路非直线系数、线路长度等方面，见表2-12。

常规公交线路特征　　表2-12

线路	线路特点	具体特征		
		特大城市	大城市	中小城市
骨干线	运力大、线路长、绕行少，沿快速路、主干路敷设	城区内线路日客运量大于15 000人次；非直线系数一般小于1.2；平均站距500～800m；运送速度应大于18km/h；提供优先路权	日客运量城区内线路大于10 000人次；非直线系数一般小于1.2；平均站距500～800m；运送速度应大于20km/h；提供优先路权	日客运量城区内线路大于5 000人次；平均站距500m左右；运送速度应大于25km/h
区域线	中等运力、填补干线服务空白，走向相对灵活，沿主干路、次干路敷设	日客运量一般大于5 000人次；线路长度一般不超过14km；平均站距300～500m	日客运量一般大于3 000人次；线路长度一般不超过12km；平均站距300～500m	
驳运线	运力较小、线路较短、设置灵活，沿次干路、支路敷设	日客运量小于5 000人次；线路长度一般不超过10km；平均站距300m左右	日客运量一般小于3 000人次；线路长度一般小于8km；平均站距300m左右	

线路网密度应结合不同区域分别计算，一般城市中心区、主城区密度应适当提高，外围地区稍低。根据相关规范，中心区公交线网密度应达到3～4km/km^2；城市外围地区应达到2～

2.5km/km^2。

一般来说骨干线非直线系数应尽可能降低，一般不宜超过1.2；区域线非直线系数可以根据客流情况适当增大，一般不宜超过1.4；而驳运线主要服务与片区内的公交出行客流情况，非直线系数不做要求。

线路的单程长度用线路长度控制。市区常规公交线路的一般长度宜为8~12km，线路平均长度一般为城市当量半径的1/2~2/3。郊区线路长度可根据实际客流情况延长。

2.4.3 常规公交场站

常规公交场站包括公交车站和公交车场两部分，其中公交车站包括首末站、中途停靠站和枢纽站；公交车场包括综合车场、保养场和中心停车场。

2.4.3.1 场站分类

1)公交车站

公交车站可分为中途停靠站、首末站和枢纽站，各种车站的功能各不相同。

(1)中途停靠站：是供线路运营车辆中途停靠，为乘客上下车服务的车站，一般有路边停靠站和港湾式停靠站两种。路边停靠站用站牌确定停站位置，也可采用标线固定停靠站位。主要交通性干道要求建港湾式停靠站，以减小对动态交通的影响。

(2)首末站：为运营车辆的到、发和乘客的上、下车服务，是一种将车辆掉头、停放、上下客和乘客候车等多种设施合在一起的小型服务性起、终点站，也是行车调度人员组织车辆运行，驾售人员休息和车队人员学习的地方。

首车站规模划分是依据服务车辆数决定：车辆数大于50辆为大型站；26~50辆为中型站；少于25辆为小型站。还可根据服务线路数，将其分为一般终点站和服务性终点站。一般终点站指1~2条线路的首末站，配置驾售人员休息室、停靠泊位、候车站台、行车道(回车道)、蓄车位和绿化面积。服务性终点站是一种将车辆掉头、公共汽车停放与上下客、旅客候车和调度用房等多种设施合在一起的小型站场，通常为2~4条线路提供终点作业服务，其发车港湾通道一般不超过4条。

(3)枢纽站：通常为多条公交线路的交汇处和集散点，是城市客运交通体系的重要组成部分，是连接城市对外和市内客运、私人交通和公共交通以及公共交通内部转换的重要环节，是若干种交通方式连接的固定构筑物(有固定位置或固定换乘设施)。

在3条或3条以上主要公交线路的首末站、与其他重要交通设施的交会处、多条公交线路交会处都应设公交枢纽站，并停备一定数量的公交车辆。公交枢纽站设置的地方包括：航空港、火车客运站、长途汽车站、客运码头、轨道交通站点、大型居住区、市区内客流中心等，一般布设在干道一侧或另辟专用场地。枢纽站一般至少要设置4条发车通道，其中至少有一条要加宽以便超车。还应该提供调度室、用餐与停车区及其他辅助设施。

2)公交车场

公交车场是公交公司运营管理的基层单位。车场的主要技术业务是：组织车辆运行；当客运高峰过后或夜间车辆不需要运行时，车场又是车辆停放保管的场所；对车辆执行预防性技术保养，使车辆始终处于技术完好状态；对有故障或肇事车辆及时进行修理。公交车场按功能可划分为综合车场(包括停车场和保养场)、保养场和中心停车场，见表2-13。

公交车场分类 表2-13

名　称	主要功能
综合车场	为公交车辆的停放、保养和维修服务，兼有管理指挥功能
保养场	承担运营车辆的高级保养及相应的配件加工、修制和修车材料、燃料的储存、发放等任务
中心停车场	为线路运营车辆下班后提供合理的停放空间、场地和必要设施，并对车辆进行低级保养和重点小修作业

公交场站是城市公共交通系统的重要组成部分，应与城市公共交通发展规模相匹配，用地才有保证。公交场站布局，主要根据公共交通的车种、车辆数、服务半径和所在地区的用地条件设置。公交停车场宜大、中、小相结合，分散布置；车辆保养场布局应使高级保养集中，低级保养分散，并与公共交通停车场相结合。

此外，公交营运公司还应设有培训场，主要培训公交驾驶、修理、管理等方面的技术人员。培训场应配有办公楼、教学楼、宿舍、驾驶教练场地、修理试验场地及其他生活设施。

2.4.3.2 场站特征

常规公交车站的特征主要表现在站点覆盖率、站间距、车站换乘等方面，公交车场的特征表现在其规模和用地等方面。

《城市公交线网优化技术指南》中指出，以300m为半径，对于特大城市站点覆盖率中心区达到90%，建成区达到50%；对于大城市，中心区达到80%，建成区达到50%；对于中小城市，中心区达到70%，建成区达到50%。也即城市中心区、主城区以300m覆盖率计算，应保证乘客步行5min左右即可到达公交站点；外围地区以500m覆盖率计算，应保证8～10min即可到达公交站点。

根据相关技术指南，公共交通站间距一般设置应满足：常规市区线路站间距为500～800m，郊区线为800～1 000m；大站快车市区线站间距为1 500～2 000m，郊区线为1 500～2 500m。具体可参见表2-14。

保养场用地指标 表2-14

保养场规模（辆）	每辆车的保养场用地面积（m^2/辆）		
	单节公共汽车和电车	单节公共汽车和电车	单节公共汽车和电车
50	220	280	44
100	210	270	42
200	200	260	40
300	190	250	38
400	180	230	36

注：此表引自《城市道路交通规划设计规范》（GB 50220—95）。

公交站点之间的换乘，在路段上同向换乘距离不应大于50m，异向换乘距离不应大于100m；对置设站，应在车辆前进方向迎面错开30m。

综合车场的工作半径不应大于8km，每处用地面积可按500m^2计算；保养场分大中型和小型两种，小型保养场年保养能力200辆，大中型年保养能力500辆，其用地面积主要由规模和服务的车型所决定，见表2-14；中心停车场的规模应根据其所服务的车辆型号和车数确定，其规划用地每标准车150m^2。

2.4.4 常规公交车辆

常规公交车辆是指有固定的线路和车站,供公众乘用的汽车。相比于一般大型客运车辆,常规公交车具有座位少、容量大,速度相对较低的特点,同时由于常规公交一般运行于市区,也要求其具有一定的安全性、稳定性和环保性。

2.4.4.1 常规公交车辆分类

公共交通系统服务水平与公交车辆性能密切相关,主要从车体构造等角度和动力推进系统对公交车辆进行分类。

1)根据车体构造划分

从车体构造上看,公交车可分为下列几个主要类型:

(1)小型公交车:一般长5~7m,有12~20个座位,容量可达20~35人。小型公交车通常运行于运量需求较低地区,如都市近郊低居住密度社区,或作为运输主线的辅助系统,但也可以作为CBD内的循环线或特定区间的串连服务系统。

(2)标准公交车(Standard Bus):美式标准公交车长约12.2m,宽2.6m,欧式标准公交车则长10~12m,宽2.5m,容量可达80人,是都市公交车运输车队中的主力。

(3)铰接公交车(Articulated Bus):是将两个车体铰接为一体,使内部相通。铰接公交车一般长16~18m,可容纳100~125人,常被用来满足旅客运量较高的路线。除了一般的铰接公交车外,德国还生产了一种高容量的双铰接公交车(Double Articulated Bus,SGG),可用于都市次运输走廊的中量运输或捷运铁路故障时的支援及特定区间的直接输送,可设置72个座位,153个站位,容纳225人,约为标准公交车的两倍,一般铰接公交车的1.5倍以上。

(4)双层公交车(Double - decker Bus):具有两层车厢,内部有楼梯。其长度为9~11m,高4~4.5m,容量在65~100人之间,比标准公交车高。伦敦是使用双层公交车最有名的城市。车身漆成朱红色,穿梭环绕市区各处,成为该市特征之一。与标准公交车相比,双层公交车具有较高的容量,同时也让旅客具有较佳的视野,在应用上较适合于长途而旅客上下量不大的路线。但其高度较高,往往成为应用的限制条件之一。

表2-15所示为城市公交车车型与载客量。

城市公交车车型与载客量 表2-15

车 型	车长(m)	座位数(个)	载客量(人)*
小型公交车	5~7	12~20	20~35
标准公交车	10~12	24~48	80~95
单铰接车	16~18	43~60	130~190
双铰接车	25~27	70~94	225~270
双层公交车	9~11	50~70	65~100

注:*取决于座位数及站立空间。

我国的公交车车辆类型甚多,按载客量分,有小型(载客60~90人)、中型(载客90~130人)和大型铰接车与双层客车(载客130~180人)。大型公交车对缓解上下班客运高峰时间的乘客拥挤起了很大作用。近年来,为了适应不同乘客不同层次的需求以及实际运营中的灵活性和经济性,又出现了微型公交车。

2)根据动力推进系统划分

根据动力推进系统的不同,公交车主要可分为使用柴油发动机的柴油发动机的柴油公交车(Diesel Bus 或通称 Motor Bus)、电力发动的无轨电车(Trolley Bus)、混合动力公交车等。

柴油公交车具有油料廉价、容易保养、动力强等优点,但会产生废气、噪声等公害,以及有较大振动。无轨电车由电力驱动,因此可获得快速而平稳的效果,且不产生废气与噪声,但是由于必须附带架空输电设备,在初期投资及营运后的保养费用方面较柴油公交车高,同时运行区域也仅限于设有架空线的路线地区。

与传统公交车相比,混合动力公交车油耗降低20% ~50%,噪声降低25% ~30%,氮氧化物排放减少40%,颗粒物质排放减少95%,环保水平达到欧 V 水平。同时由于混合动力车辆不需要离合器、变速箱等一系列机械传动设备,车辆的故障率降低,保养维修费用也相比降低了32%。而且驾驶员可以体验到更好的加速性能,乘客可以拥有更加安静和舒适的乘车环境。因此,混合动力公交车是未来常规公交车辆主要发展方向之一。

2.4.4.2 常规公交车辆指标

常规公交车辆的指标包括保有量、容量及速度等。

常规公交保有量反映了一个城市的公共交通发展水平,大城市应每800 ~1 000 人一辆标准车,中、小城市应每1 200 ~1 500 人一辆标准车。

常规公交容量是车辆座位数和站位数的总和,提高容量可以增加单位车辆可容纳的乘客数,但是也会造成技术速度的降低和站点上下客时间的延长。

常规公交运送速度是线路长度与单程行驶时间的比值,一般为16 ~25km/h,其大小受到客流和站点分布的影响。

2.4.5 常规公交运营管理设施

常规公交系统运营管理设施以调度为主,涵盖通信与监控等几个方面。

常规公交企业的车辆通过调度的方式,为乘客提供安全、方便、迅速、准点、舒适的乘车服务,最大限度地节省人们的出行时间,同时为完成企业的营运计划和各项经济技术指标而开展生产。从执行调度工作的手段上,常规公交运营调度工作可分为人工调度和智能调度。

人工调度是调度人员按照行车作业计划控制车辆运行,合理分布车辆行车间距,尽快恢复营运秩序,保证车辆的均衡载客营运。该方法对调度人员的依赖较高,信息化水平较低。人工调度可分为常规调度和异常调度两大类:其中常规调度是当全线行车情况基本上符合行车作业计划方案,车辆处于正常运行时的调度工作;异常调度是当线路因各种原因造成行车秩序紊乱,车辆运行偏离行车作业计划时的调度工作。

智能调度是在现有公交车辆实时调度理论和方法的基础上,综合运用通信、信息、控制、计算机网络、GPS/GIS 等现代高新技术,根据实时的客流信息、车辆位置信息、交通状态信息等,通过对公交车辆的实时监控、调度指挥,实现对公交车辆的智能化管理,从而使公交车辆高效、平稳运行,保证公交系统总体服务水平。智能调度系统功能包括运营车辆监视、运营调度优化、事故处理紧急救援等。

2.5 城市其他客运交通系统

2.5.1 出租车

出租车是一种不定线路、不定车站、以计程或计时方式营业、为乘用者提供门到门服务的较高层次的公共交通工具。它能够提供类似于私人小汽车提供的个人化服务，但同时具有公共交通方式的公用化特性。

2.5.1.1 出租车的特点

出租车是城市交通的重要组成部分，是城市公共交通的重要补充，和城市其他公共交通一起，为城市人群的流动提供着高效优质的服务。出租车能够充分根据乘客的需要，提供灵活、方便、直达的运输服务，并可以较好地满足人们对于乘车空间和私秘性的要求，这些特性决定它是城市客运系统中不可或缺的客运方式。其主要特点如下：

(1)流动性。出租车的运营线路、起讫点、运距等均由乘客的出行确定，这种服务过程上的被动性，在给予乘客最大限度方便的同时，也使得车辆在运营过程中总是处于流动状态。

(2)持续性。为了实现单车效益的最大化，出租车营运时间往往较长。在保证经营者必要休息的前提下，单台出租车的持续工作时间往往大大超过单台定线公共汽车的工作时间，在给居民出行带来便利的同时，也给道路交通安全带来了一定的隐患。

(3)分散性。由于旅客在出行时间、方位、距离等方面的多样性，再加上出租车招手即停的特性，决定了出租车经营在时间和空间上的分散性。

(4)独立性。在运营过程中，出租车的驾驶、核收票款和提供相关服务均由驾驶员一人承担，所有出租车在统一管理的前提下，运营过程中形成了独立服务、独立经营的个体，这使得相应的行业管理难度加大。

(5)即时性。主要指出租车提供的交通运输服务在时间上和空间上与需求完全结合在一起，而公共交通运输系统的其他方式由于受运输方式特性的限制，需求在时间和空间上的结合有一定的差距，需要出行者调整出行以被动的适应。

(6)服务快捷。出租车行车速度快，而且不受运行线路的限制，可以根据道路交通信息及时调整运行线路，是满足人们及时出行的有效方式，也是机场、码头、车站等交通枢纽服务功能完善的重要标志。

(7)经营方式灵活多样。乘客乘坐出租车可以在指定的站点候车或路边招手停车，也可以通过电话传呼电召；同时可以根据出行需求选择一次性服务或者包车服务。

2.5.1.2 出租车调度系统

随着我国各大城市出租车数量的不断增加，其在城市内的分布不均匀，一方面使得我国出租车空驶率高达50%以上，而一些发达国家仅在20%左右，造成资源浪费；另一方面，又造成城市交通拥挤和环境污染。出租车调度系统是解决该问题的重要手段，使城市、市民、驾驶员、出租车公司均获得较大的经济效益和社会效益。

出租车调度系统是将全球卫星定位系统(GPS)、地理信息系统(GIS)、无线集群通信技术以及出租车行业先进管理技术相结合的应用系统。

出租车调度系统具有提供用车信息给驾驶员、实时监控车辆运行、顾客电话预约、科学调度车辆等功能。应用出租车调度系统，可以起到以下作用：

(1)驾驶员可直接获得用车信息，减少空驶，增加运营收入；遇紧急情况，可迅速报警、并进行实时监控，保障驾驶员和乘客的安全；

(2)市民可用电话预约用车，提高乘客服务水平；

(3)提高出租车公司的经济效率、服务信誉，有利于企业创造品牌，提升企业整体形象；

(4)科学调派车辆,有助缓解交通拥堵,降低城市污染,改善现代城市的生活环境;

(5)信息查询、广告发布等增值服务功能。

2.5.2 小汽车

相对于固定线路的公共交通方式,小汽车交通为人们提供了高效率和高质量的出行方式。小汽车作为人类肢体的延伸,提供了方便、个性化的"门到门"的服务,与以轨道交通为主体的公共交通相比,小汽车交通体现了速度和舒适度的优势。小汽车交通快速、舒适、灵活,可以提供门到门的服务,是现代城市优越的交通手段。同时,私人小汽车的发展还有助于建立合理的城市用地布局,解决居住在郊区、工作岗位在市中心地居民上班问题,同时缓解市中心土地利用的压力,拉动郊区房地产的开发等作用。

但是小汽车也存在着不容忽视的缺点,如对城市环境的污染(废气、噪声、振动等)严重,消耗能源大,与公共交通相比,单位乘客占用车行道面积大,运输效率较低等。小汽车是城市中单位乘客运行成本最高的客运交通工具之一,这种高成本不仅体现在使用者的成本高,而且其社会成本和边际成本也很高,社会资源的消耗大(能源、土地、环境等)。随着拥有量的增加,城市交通供需的矛盾日益突出,交通拥挤加剧,如果不对城市私人小汽车交通出行进行有效的管理,将会造成城市交通系统的拥堵,严重影响城市经济运行和日常活动。

2.5.3 自行车

自行车(Bicycle)亦称单车或两轮车,是以脚踩踏板为动力的人力驱动交通工具,是一种灵活、方便、经济、不耗能、无污染的绿色环保的交通工具。1791 年法国人 C·西佛拉克在玩具木马上加装两个木轮,它是自行车诞生的起点。

我国素有"自行车王国"之称,自行车在城市交通发展的历史中扮演着重要角色。近年来,我国经济发展和城市化进程较快,自行车在大城市中的服务比重逐步下降,如广州由 1984 年的 34.0% 下降到 2005 年的 8.2%。

以自行车作为短距离交通工具有下列优点:

(1)方便个人出行,可直接从出发点到目的地;

(2)购置费用少,保养维修费用省,不消耗能源;

(3)不排放废气,不产生噪声;

(4)停放方便,便于换乘其他交通工具;

(5)有益身体健康。

但是自行车是利用简单机械原理,以人力为动力驱动的,所以速度和爬坡能力有限。自行车交通限于靠人力驱动的特点,运行速度一般为每小时 10~20km,在风雨天或陡坡路段使用不便,也不宜作为远距离交通工具。其适宜出行的时空区域合理范围为 30min 车程或 6min 范围以内,其主导时空区域的范围为 20min 车程或 4km 范围以内。

第3章　城市客运交通系统规划

3.1　城市客运交通系统规划概述

客运交通系统对城市各种活动均有重要的影响，包括居住、工业、商业和服务等。因此，城市客运交通系统规划与土地规划、城市形态、区域特征和生活方式有着密切的联系。客运交通系统的线路、枢纽、场站等设施需要长期、综合、统筹规划的支持，否则难以满足城市发展的需求，并与其他城市公共设施协调，以及获得稳定的投资来保证系统的建设和运行。

客运交通系统规划的复杂性，在于它从来就不仅仅是一个单纯的技术问题或技术过程，它还涉及社会资源的重新分配；不仅仅是设施布局和建设规划，还包括政策、系统运行与管理等方面。因此，客运交通系统规划必须与所有相关的城市规划、城市经济与社会的各个方面相结合。同时客运交通系统规划还必须符合环境保护以及老年人、残疾人等特殊群体的有关规定。

3.1.1　规划层次和内容

3.1.1.1　城市客运交通系统规划概念

规划是指进行比较全面的长远的发展计划，是对未来整体性、长期性、基本性问题的思考、考量和设计未来整套行动方案。城市客运交通系统规划是指根据城市发展规模、用地布局和道路网规划，在客流预测的基础上，确定城市客运交通系统结构和模式，并对系统内各组成部分分别就线路网络、换乘枢纽和场站设施等做相应规划，使城市客运交通系统的客运能力满足市民出行的需求。城市客运交通系统规划不仅需要考虑系统目标与达到该目标的策略，还需考虑客运交通系统与城市土地利用及与整个城市发展的关系。

客运交通系统的使用与运行涉及政府、提供交通服务的企业（运营者）和使用者（城市居民）3个方面，使用主体不同，对系统的期望也有所不同，进而规划目标也不同。客运交通系统规划的法定编制者和编制过程在各个国家、甚至各个城市均可能有所不同。客运交通系统规划以政府为规划主体，但运营企业也制订各自的运行管理规划。不同主体对客运交通系统规划的需求如表3-1所示。

不同主体对客运交通系统规划的需求　　表3-1

主　体	需求内容	主　体	需求内容	主　体	需求内容
政府	增强经济和生产力 系统财政支持 系统可持续性 环境影响 投资效果	运营者	投资回报 资产利用 服务水平 竞争能力	城市居民	票制票价 服务水平 换乘便利性

3.1.1.2　客运交通系统规划的两种模式

目前常用的规划体系是"城市总体规划——城市综合交通规划——城市客运交通系统规划"的三层规划系统。城市客运交通系统作为三层规划系统的底层系统，受到两个上层系统的制约。过去一直采用的自上而下的规划模式，其特点是下层规划无条件接受上层规划的约束，下层规划对上层规划无反馈作用，该规划模式已难以适应日益活跃的各系统和不同地域、不同发展阶段的要求，由此产生了上层规划约束下层规划、下层规划反馈调节上层规划的相互协调的规划模式。在相互协调的规划模式下城市客运交通系统规划受城市总体规划和城市综合交通规划的约束，同时城市客运交通系统规划又可反馈调节城市总体规划和城市综合交通规划，形成了动态反馈调节的过程，如图 3-1 所示。

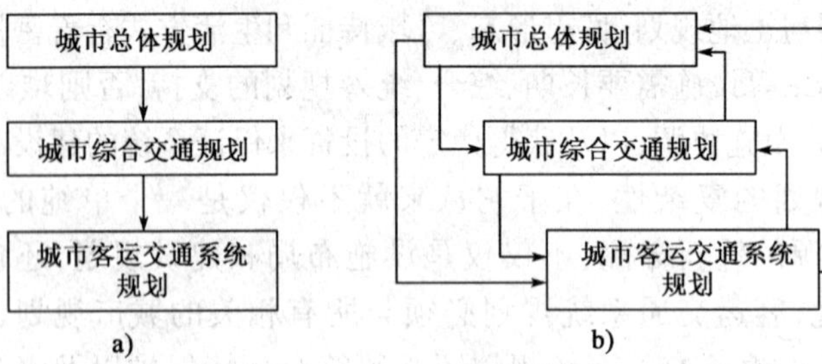

图 3-1　两种规划模式

a）自上而下的规划；b）相互协调的规划

3.1.1.3　城市客运交通系统规划分类

城市客运交通系统规划是城市综合交通规划的主要内容，涉及客运交通发展战略与政策研究、设施建设规划、系统管理规划等。由于城市规模和客运管理体制的差异，规划的主体和侧重点不同。

（1）从规划角度可分为战略与政策研究、建设规划和管理规划。

（2）从规划时限可分为远景规划（20 年）、远期规划（10～15 年）和近期规划（3～5 年）。

（3）从规划内容可分为公共交通规划和私人交通规划。

（4）从交通方式可分为轨道交通规划、快速公交规划、常规公交规划和城市其他客运交通规划（包括出租车、小汽车和非机动车规划等）。本章下文按此分类方式进行叙述。

规划从不同角度划分的结果相互对应，不同的规划时期对应的客运交通规划内容侧重点有所不同，如表 3-2 所示。

不同规划时期城市客运交通系统规划内容　　表 3-2

阶　段	远 景 规 划	远 期 规 划	近 期 规 划
规划时限	20 年	10～15 年	3～5 年
规划角度	战略和政策研究	建设规划	管理规划
规划内容	公共交通和私人交通整体发展战略和政策研究，着眼于政策和目标	客运交通系统线网、场站、枢纽等规划，着眼于系统构建	运营调度和线路、枢纽场站布局、车辆等优化调整，着眼系统局部优化

续上表

阶　段	远景规划	远期规划	近期规划
交通调查	社会环境系统广泛的、重点性调查	土地利用,交通系统较为全面的调查	交通系统内较细致的调查
综合分析	需求分析,考虑系统外部平衡	需求分析与现状分析相结合,兼顾系统内外部平衡	现状分析,考虑系统内部平衡
方案设计	城市客运交通模式选择、重大项目规划	交通结构选择,主要项目与方案	局部调整,详细的方案与实施计划
评价内容	以社会、经济、环境综合影响评价为主	系统评价和社会经济评价	系统内部的技术经济评价

城市客运交通系统规划考虑的期限越长,研究涉及的范围越广,研究内容、相应采用的模型和得到的结果也更为宏观,如图 3-2 所示,因而有"近期宜细,远期可粗"的规划原则。研究的范围还受到城市客运交通系统发展速度的影响。

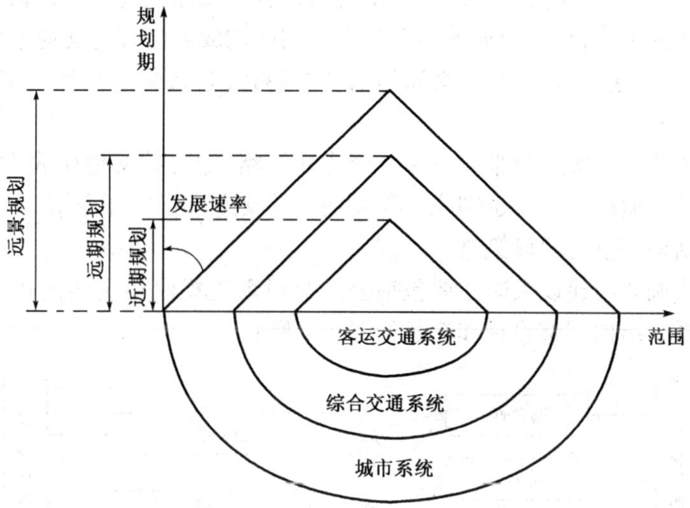

图 3-2　不同规划期及其研究范围

3.1.1.4　城市客运交通系统规划内容

城市客运交通系统规划以政府为主导,主要考虑交通政策与对客运交通系统发展的导向和调控作用以及资金的筹集持续发展。规划编制一般分为发展战略研究、多模式公共交通系统整合性规划、公共交通系统实施性规划三个方面,如图 3-3 所示。

1)城市客运交通系统发展战略研究

(1)规划目标

城市客运交通系统发展战略研究属于城市客运交通系统的远景规划,一般为 20 年,要求每 5 年要进行重新评估与调整,规划主要侧重于客运交通系统战略层面规划。其规划研究目标为:

①确定城市客运结构,适应城市长期发展的需要;

②确定主要的基础设施格局、建设目标及投资、建设计划。

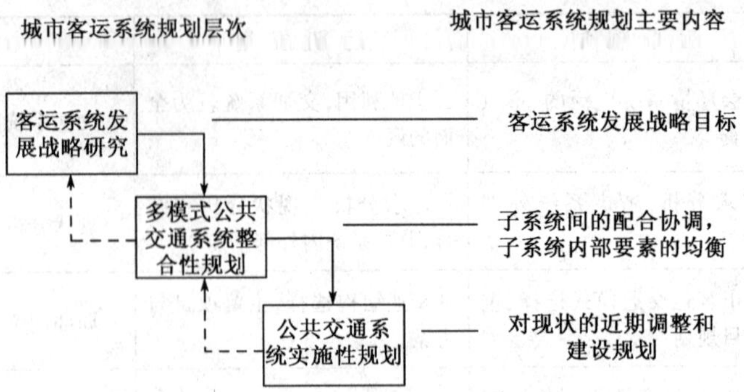

图 3-3　城市客运交通系统规划层次和主要内容

(2)规划内容

①城市客运交通系统目标

城市客运交通系统规划目标主要是确定公共交通、私人交通在城市客运交通系统中的地位,以此来确定城市客运交通发展模式。典型的城市客运交通发展模式包括:以公共交通作为城市客运交通系统的主体,私人交通辅助公共交通共同构成城市客运交通系统,以公共交通为导向的模式;以私人交通为主导,公共交通为辅助的模式;公共交通与私人交通并重发展的城市客运交通模式。

目前国内外的研究和实践越来越青睐公交优先策略,把公共交通优先发展作为解决城市交通问题的一个重要途径。本章也围绕优先发展公共交通进行展开介绍。

②公共交通结构调整与建设策略

公共交通结构调整与建设策略主要包括公共交通系统规模和主导模式、运量分析和结构调整。公共交通系统结构调整目标和途径如图 3-4 所示。

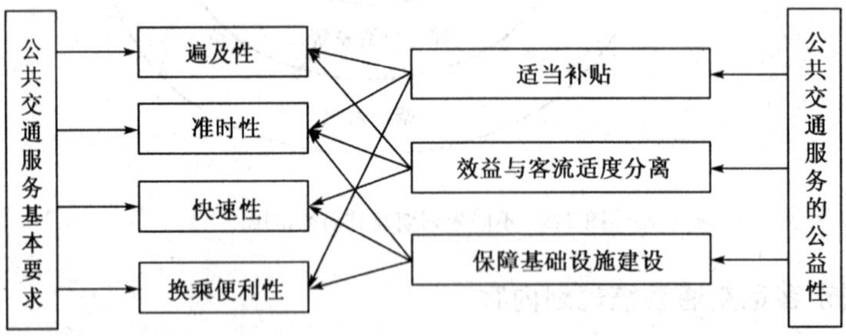

图 3-4　公共交通系统结构调整目标和途径

公共交通的各种方式根据不同的功能定位,合理分工,紧密衔接,确定城市公共交通的骨架、干线、支线和补充。一些大、中城市和特大城市宜采用轨道交通作为城市交通的主体,发挥大容量、快速交通的优势,主要承担中长距离的出行;公共汽(电)车作为城市交通的基础,发挥覆盖面广的优势,主要承担中短距离的出行,并为轨道驳运服务;出租车作为城市交通的补充,发挥灵活服务的优势。按照公众利益优先和效率最优原则,实施公交优先政策,即优先保证合理的公交用地,优先保证公交资金投入,优先保证公交高效运营,优先保证公交的换乘方便,不断提高公交方式出行比重,逐步形成以公共交通为主、个体交通为辅的交通模式。表3-3为典型的城市公共客运交通系统组成。

典型的城市公共交通系统组成　　表 3-3

<table>
<tr><th colspan="2">组成部分</th><th>地位</th><th>布置位置</th><th>承担功能</th></tr>
<tr><td colspan="2">轨道交通、快速公交</td><td>公交系统骨架</td><td>在客流走廊布置</td><td>服务于中长距离、大中规模的客流，包括市区区域之间客流以及区内干线客流</td></tr>
<tr><td rowspan="4">常规公交</td><td>公交干线</td><td>公交系统主体</td><td>在主城区干道密布成网</td><td>服务于主城区各个区域的客流，并与轨道交通和快速公交形成良好的接驳</td></tr>
<tr><td>公交支线</td><td>公交干线补充</td><td>在主城区支路、街巷布置</td><td>为公交干线输送客流</td></tr>
<tr><td>城乡公交</td><td>公交系统重要组成部分</td><td>以外围的中心乡镇为核心，成放射状分布</td><td>服务于外围乡镇，加强主城区与外围乡镇的联系</td></tr>
<tr><td>旅游公交</td><td>公交系统重要组成部分</td><td>连接对外客运枢纽、重要旅游景点</td><td>服务于客运枢纽与风景区</td></tr>
<tr><td colspan="2">出租汽车</td><td>常规公交补充</td><td>—</td><td>提供点到点的服务</td></tr>
<tr><td colspan="2">公共自行车</td><td>公交系统补充</td><td>公共交通场站、重要旅游景点、大中专院校、主要居民区、大型公共设施点</td><td>服务于短距离出行，与公交系统接驳</td></tr>
</table>

③政策分析

政策分析中的政策包括公共财政和投资政策、基础设施系统建设政策与公共交通设施用地安排、交通管理政策和交通管制措施、公交优先的政策与措施、公共交通的道路使用权优先措施。公共交通运营管理模式的研究包括专营权制度设计、委托经营的合同管理与牌照管理、公共机构的职能与监管等。

④骨干公共交通网络和设施规划

骨干公共交通网络和设施规划包括：轨道交通网络布局规划，如轨道网总里程、轨道网布局和枢纽布局、轨道线路建设计划、线路和场站规划等；快速公交系统网络规划与场站设施规划，以及投资、运行与环境影响评估；常规公交发展规划，如常规公交线网布局与场站设施需求，枢纽选址与用地控制，车辆发展规模、车型与更新等。图 3-5 是典型的城市公共交通线网布局。

2）多模式公共交通系统的整合性规划

多模式公共交通系统的整合性规划定位于远期规划，规划期限一般为 10 ~ 15 年。重点解决各个子系统的配合、衔接，以及子系统内部网络、设施、车辆等各个要素之间的发展均衡问题。

对于具有一种以上公共交通方式的大、中型城市，由于设施条件、系统结构的变化，特别是地铁（MRT）、轻轨（LRT）等轨道交通的兴起，自动导向的新交通系统（AGT）、快速公交（BRT）等新形式的出现，整合规划尤其重要，如轨道线路规划建设完成并投入运行后，地面公交线路的调整，设置公交专用道后，公交线路调整和站点设施调整等。

（1）整合目标：使客运资源配置趋于合理均衡，系统功能清晰和人性化，系统效率提升。

（2）整合要素：客运枢纽，公交场、线、站、车，专用道，运营模式、票价等。

（3）整合内容：公共交通结构网络化趋势；各种公共交通方式的功能、服务定位与运行目标，相互衔接关系与规划原则；地面常规公交系统的结构调整，建立多层次的服务系统，如轨道交通 + 中运量准快速优质主干公交、地面主干公交线路、高密度常规公交线路/区域公交线以

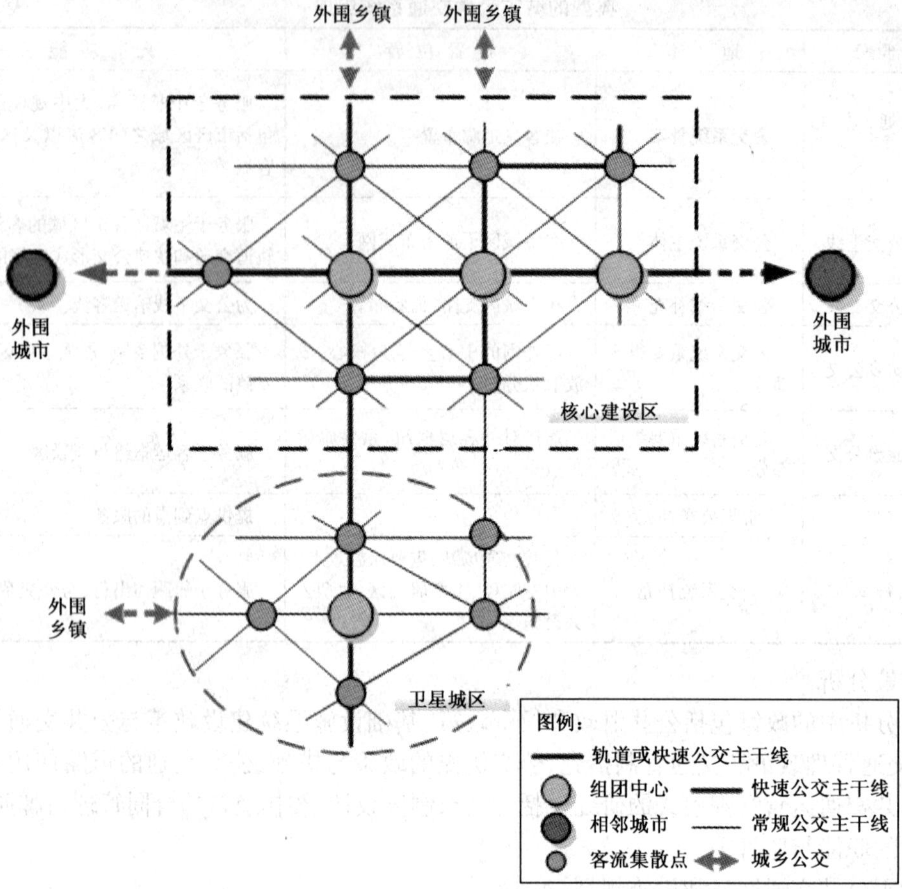

图 3-5　典型的城市公共交通线网布局

及小运量便捷公交/驳运公交；系统整合的基础设施需求与建设规划，如枢纽站、车场、首末站建设规划，公交专用道网络建设，场站布局与用地控制；系统评价的技术、方法，如公交服务评价体系和制度设计；定价与影响分析，以及票制、票价体系和清分规则；促进公共交通与城市经济社会和谐发展，地面公交网络规划调整的政策支持与体制改革等。

3）公共交通系统实施性规划

实施性规划属于近期的子系统专项规划，一般是分区域、分方式的 3～5 年规划。

（1）规划目标

根据现状条件与发展趋势，调整与规划线路、网络、运行方式及时刻表，制定专用道、场地等基础设施的建设规划以及车辆购置与更新计划等，并评价近期实施性规划与远期和远景规划的一致性。

（2）规划内容

①公交线网调整原则、调整方法和调整方案，包括线路调整规划总体方案、市郊超长线路调整方案、越江线路调整方案、重大交通基础建设项目完成后的线路调整方案以及公交服务盲区的线路新增方案。

②公交线路调整的实施保障和年度计划，包括线路调整的时机和条件、线路调整的实施要求以及线路调整年度计划。

③定价方案和财务分析。

3.1.2 规划流程及要点

3.1.2.1 城市客运交通系统规划流程

完整的城市客运交通系统规划工作包括规划目标分析、规划流程设计、规划主体内容、规划检验到规划实施的全过程,如图 3-6 所示。其中规划的主体内容又包括调查分析、战略规划、系统规划与评价以及系统保障。

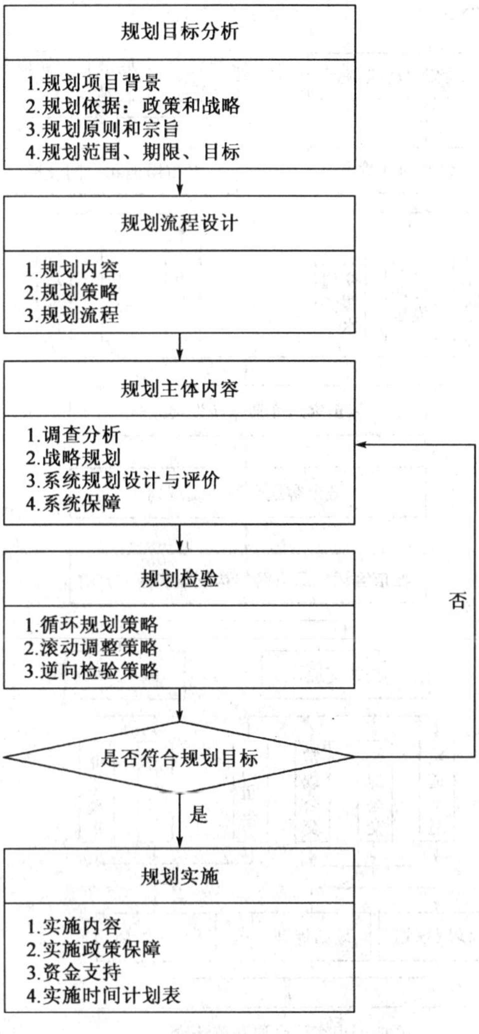

图 3-6　城市客运交通系统规划工作流程

3.1.1.2 城市客运交通系统规划要点

1)规划目标分析

规划目标分析是价值判断的直接体现,是规划工作的起点。一般考虑以下几方面的内容:

(1)规划的项目背景;

(2)规划依据,包括国家政策和城市发展战略;

(3)规划的宗旨和原则,包括规划的原则、宗旨、思想方法、技术路线和应达到的要求;

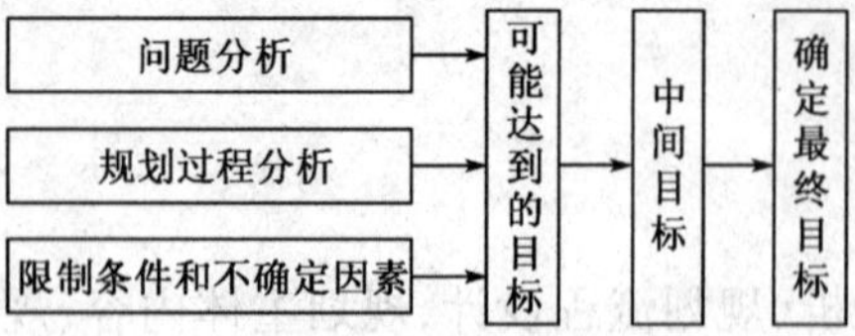

图 3-7 规划目标分析

(4)规划范围、期限和目标，规划目标按规划期可分为近期目标、远期目标和战略目标。

典型的目标分析如图 3-7 所示。

2)规划详细流程设计

城市客运交通系统规划流程设计是依据规划目标、原则、范围和依据，确定规划内容、规划策略和规划实现过程。城市客运交通系统规划详细流程为调查分析—战略规划—系统规划与评价—系统保障。详细内容如图 3-8 所示。

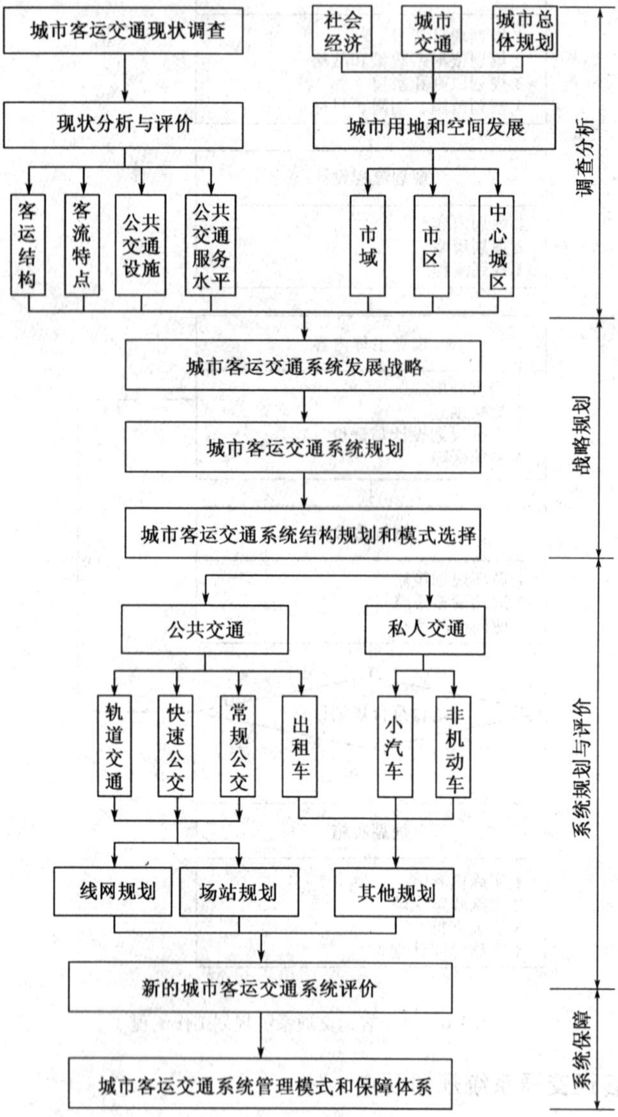

图 3-8 城市客运交通系统规划详细流程

3)规划主体内容

从城市客运交通系统规划流程可以看到，其规划内容可分为调查分析、战略规划、系统规划与评价以及系统保障四部分。

(1)调查分析

调查分析包括两方面内容,现状客运交通系统调查分析以及城市总体规划分析。通过对现状客运交通系统调查可分析出现状客运交通系统结构、客流特点、公共交通设施(线网和场站)和公共交通服务水平等;通过对城市总体发展分析可得出城市用地和空间发展,进而可将城市划分为中心城区、市区和市域,方便不同层级间和层级内部客运交通规划。

(2)战略规划

通过研究国内外客运交通发展战略,结合先进的战略理念如城乡统筹、交通分区、和谐交通、绿色交通、一体化交通等,研究城市客运交通系统发展的主体方向。交通发展战略规划包括城市综合交通体系发展与城市发展的关系,交通资源配置的原则和策略,各交通子系统的功能定位、相互关系和发展策略,重大交通发展政策等。

(3)系统规划与评价

基于选定的客运交通结构和模式,对城市轨道交通进行线网和站点规划,对快速公交和常规公交进行线网和场站枢纽规划,对其他城市客运交通(如出租车、小汽车和非机动车等)进行相应的规划,整体形成城市多元化、协调发展的城市客运交通系统规划方案,并对方案进行评价。

(4)系统保障

新的城市客运交通系统需要一定的保障措施使其实现并发挥良好的作用,包括政策保障、资金保障、道路资源优先、专用道、票制票价等。系统保障措施包括规划实施的管理机制和对策,保障规划实施的技术经济政策和对策等。

4)规划检验

规划过程往往带有局限性,如规划中依据社会经济发展和城市总体规划进行需求预测,并按预测结果规划城市客运交通系统。而实际上城市客运交通系统本身对客运需求量有着很大的影响,因此有必要对规划的过程进行检验。规划检验可分为规划实施前的事前检验和实施后的事后检验,常采用循环规划策略、适应性(滚动调整)规划的策略和逆向检验策略,后者是一种相对简单而有效的规划检验方法,例如,在方案设计后,由网络流量逆向推算交通分布量和生成量,与正向预测过程比较,检验规划过程的可靠性。

5)规划实施

规划实施是规划方案实现和发生作用的过程,它要求规划中进行实施方案设计,即在方案评价比选的基础上得到推荐方案之后,还要对所推荐的方案计算各种指标和详细说明方案的特点,并制订实施计划。近期方案实施计划在说明和计划的内容上较具体,以便尽快付诸实施;远期方案实施设计则较粗略。实施方案应尽可能使得规划方案在节省资金的同时发挥最大效益。

实施方案设计主要包括:

(1)实施的内容,如线路实施、场站建设、设备配置、材料购置、技术经济政策、企业机制和技术改革与培训及援助等;

(2)实施的资金政策保障情况;

(3)实施时间计划表。

总之,城市客运交通系统规划包括从目标分析、规划流程设计、规划主体设计、规划检验到规划实施的全过程。

3.2 城市轨道交通规划

城市轨道交通是指在城市及附近地区,以列车形式沿封闭或部分封闭的专用轨道按班次运行的各种公共客运交通方式的统称,也可简称轨道交通。同时又泛指城市中在不同形式轨道上运行的大、中运量城市公共交通工具,是当代城市中地铁、轻轨、单轨铁路、自动导向、短途磁悬浮等轨道交通的总称。它具有运能大、速度快、安全准时、节能环保、乘坐舒适等特点,同时也能够有效地缓解地面交通压力,提高出行效率,以及引导城市发展。城市轨道交通规划包括线网规划和车站规划两部分。城市轨道交通规划包括城市轨道交通线网规划和车站规划两部分内容。

3.2.1 轨道交通线网规划

3.2.1.1 轨道交通线网规划原则

城市轨道交通线网规划是城市总体规划的一项专业规划,是宏观性的控制规划,是指导性的实施规划,而且是近期与远景兼顾的长远性规划。因此线网规划的年限应与城市总体规划的年限一致,分为近期规划、远期规划与远景规划。线网规划应遵循"依据总体规划、支持总体规划、超前总体规划、回归总体规划"的总原则,与总体规划相互滚动、动态发展。同时,线网规划要满足以下几条一般原则。

(1)线网规划要与城市发展规划紧密结合,并适当留有发展余地;

(2)满足城市主干客流的交通需求;

(3)规划线路要尽量沿城市干道布设;

(4)线网中的线路布置要使线网密度适当、乘客换乘方便、换乘次数少;

(5)城市常规公共交通网与轨道交通线网要衔接配合好,充分发挥各自的优势;

(6)线网中各条规划线路上的客运负荷量要尽量均匀;

(7)线网规划需与城市的性质、地貌和地形相联系;

(8)环线的设置要因地制宜,不可生搬硬套。

3.2.1.2 轨道交通线网规划方法

轨道交通线网规划方法主要有两类,一是定性分析为主,定量分析为辅;二是定量分析为主,定性分析为辅。常用的点、线、面要素层次分析法,功能层次分析法和逐线规划扩充法属于定性分析为主,定量分析为辅的方法;主客流方向线网规划法、效率最大规划法和客流最短路分配法属于定量分析为主,定性分析为辅的方法。

(1)点、线、面要素层次分析法

该方法以城市结构形态和客流需求的特征分析为基础,对基本的客流集散点、主要的客流分布、重要的对外辐射方向及线网结构形态进行分层研究。

点代表局部、个性的问题,即客流集散点,是轨道交通设站服务、吸引客流的发生点。在进行轨道交通线网规划时,将主要的客流集散点连接起来,有助于轨道交通吸引客流,便于居民出行。

线代表方向性的问题,即轨道交通客运走廊的布局。客运走廊是分析和选择线路的基本因素。而城市道路网络的布局又会影响线路走向和线网构架形式,所以线的研究重点就是寻找客流主方向及交通走廊,并将城市大客流集散点串联起来。轨道交通线路走向与主方向一致,可增加乘客的直达性,既方便乘客,又提高轨道交通经济效益。

面代表整体性、全局性的问题,即线网的结构和对外出口的分布形态。其决定因素包括城市地位、规模、形态、对外衔接、自然条件、土地利用格局以及线网作用和用地、交通需求、线网规模等特征。

(2)功能层次分析法

该方法根据城市结构层次和市区的划分,将整个城市的轨道交通网按功能分为3个层次,即骨干层、扩展层和充实层。骨干层与城市基本结构形态吻合,是基本线网骨架;扩展层是在骨干层的基础上向外围扩展;充实层是为了增加线网密度,提高服务水平。

(3)逐线规划扩充法

该方法是以原有的轨道交通路网为基础,进行线网规模扩充以适应城市发展。为此,必须在已建线路的基础上调整规划已有的其他未建线路,扩充新的线路,将每条线路依次纳入线网后,形成最终的线网方案。

(4)主客流方向线网规划法

该方法基于城市土地利用和产业结构调整对交通需求分布特征的影响,根据现状和规划道路网的交通分配结果确定主客流方向,然后沿该方向提出若干线网规划方案。

(5)效率最大规划法

该方法以路线效率最高为目标和原则,根据已知条件搜索出路线效率大的一条或几条,作为最优轨道交通路线集来研究线网基本构架。

(6)客流最短路分配法

该方法是在完成交通需求预测后,剔除步行和短距离的自行车出行客流,然后按照最短路分配法在现有或规划道路网上进行分配,得到客流集中的走廊,然后根据轨道修建条件、城市总体规划、土地使用规划等轨道交通布局影响因素与总体规划互动影响分析,对走廊进行适当调整后作为轨道交通线网的初始方案。

3.2.1.3 轨道交通线网规模

研究轨道交通线网规模的目的是从宏观上探讨城市轨道交通建设的合理规模,作为制订线网规划方案的参考。因为它并未同具体的轨道交通线路的布线等联系起来,所以只是从宏观上给出判断轨道交通合理规模的上下限,是支持定性分析的参考数据,但不能作为轨道交通各条线路布线的依据。

由于交通需求和交通供给是动态的平衡过程,因此合理规模也是相对的。城市轨道交通线网合理规模的计算要采取定量计算和定性分析相结合的方法。

(1)按交通需求推算线网规模

轨道交通线网规模可以从出行总量与轨道交通线路负荷强度之间的关系推导而来,具体公式如下:

$$L = \frac{Q\alpha\beta}{\gamma} \tag{3-1}$$

式中:L——线网长度(km);

Q——城市出行总量(万人次);

α——公交出行比例;

β——轨道交通出行占公交出行的比例;

γ——轨道交通线路负荷强度[万人次/(km·d)]。

(2)按人口总数推算线网规模

城市的人口总数反映了城市的人口规模,以人口总数为基础的人口线网密度指标实质上反映了人口规模对轨道线网规模的影响程度,其公式为:

$$L = M\delta \tag{3-2}$$

式中:L——线网长度(km);

M——城市市区总人口数(百万人);

δ——人口线网密度指标(km/百万人)。

我国城市地少人多,轨道交通的发展刚刚起步,人口密度指标取值不能过高,各城市可根据具体情况酌情考虑。

(3)按线网服务覆盖面推算线网规模

线网规模分析中估计的成分很多,因此从多方面、多角度进行估算是很有必要的。这里再介绍一种按线网服务覆盖面计算线网规模的方法。

轨道交通线网作为一种公交网络应该具备一定的线网密度,对于呈片状集中发展的城市,人口就业密度比较平均,这时候就要求城市建成区都应处于轨道交通的吸引范围之内。根据这一特点,可以利用城市建成区面积和线网密度的关系推导线网规模,即:

$$L = S\rho \tag{3-3}$$

式中:L——线网长度(km);

S——城市建成区面积(km^2);

ρ——线网密度(km/km^2)。

(4)按城市面积和估算轨道交通年客运量推算线网规模

城市面积界定了区域内交通的分布范围,即轨道交通覆盖范围的上限。设城市形状、城市人口密度及其分布情况、人口结构、社会经济发展水平均保持不变,则城市面积的增加显而易见将引起轨道交通覆盖范围的增加,从而使轨道规划线网规模扩大。而考虑极端情况:若城市面积小于一定限值,处于居民步行可达范围之内,则无论城市人口密度及其分布等其他因素如何改变,设置轨道交通线网都将是不必要的。城市的人口总数反映了城市的人口规模,但若由这一指标来确定线网规模显然是存在缺陷的,因为最终决定轨道规模的应该是城市规划年度的轨道交通客运量,它不仅与城市人口总数有关,还决定于整个社会经济发展水平、居民出行习惯以及轨道交通线网方案等因素。

基于上述考虑,采用如下计算公式:

$$L = \lambda S^{\alpha} p \tau \tag{3-4}$$

式中:L——轨道交通线网长度(km);

S——城市建成区面积(km^2);

p——城市规划年度轨道交通年客运量估算值(百万人次);

λ、α、τ——无量纲参数。

由于轨道交通客运量在很大程度上依赖于轨道交通线网方案,而轨道交通线网规模又是确定轨道交通线网方案的先决因素,因此本公式不但可采用规划年度轨道交通客运量的估算值以确定线网规模,还可以在整个方案计算完成后采用客流预测得到的轨道交通客运量验证所选线网规模的正确性。

根据世界上地铁发展较为完善的几座城市的有关数据,λ、α、τ的取值一般分别为2.401、

0.298、0.322。

3.2.1.4 轨道交通线网形态

一个城市的轨道交通线网一般由 3 条以上线路构成，这些线路互相组合，并受到各个城市具体的人文地理环境等条件的制约，形成了千姿百态的线网规划形态。轨道交通线网的线路越长及条数越多，所构成的线网就越复杂。轨道交通线网最基本的形式有网格式、无环放射式和有环放射式三种。

(1)网格式

网格式线网是对线网构架整体而言，路网中的各条线路纵横交叉，形成方格网，呈格栅状或棋盘状，如图 3-9 所示。其特点是平行线路多，相互交叉次数少，线路走向比较单一，基本路线关系多为平行与十字形交叉两种，线形顺直，工程易于施工。

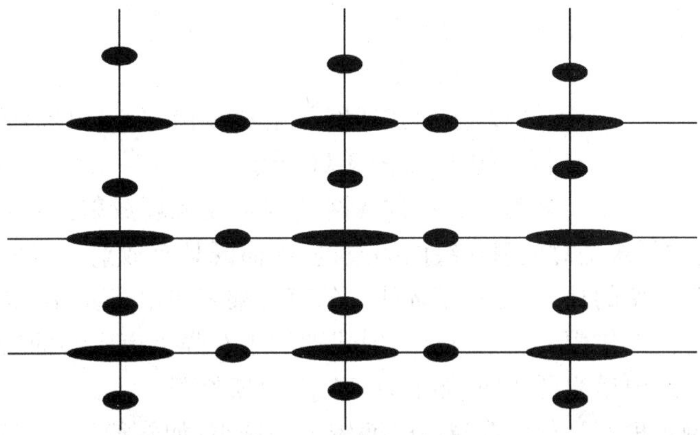

图 3-9 网格式线网

这种形式的轨道线路的优点是分布比较均匀，客流吸引范围比例较高；线路按纵、横两个走向，多为相互平行或垂直的线路，乘客容易辨识方向；换乘站较多，纵、横线路间的换乘方便。其缺点，一是线路走向比较单一，对角线方向的出行需要绕行，市中心与郊区之间的出行常需换乘，有时可能要换乘多次；二是平行线间的换乘比较麻烦，一般需要 2 次及 2 次以上的换乘。如果结合城市主干网必须采用这种形式时，应尽量将交叉点布置在大的客流集散点上，以减少换乘次数，方便乘客。据前苏联的有关研究，网格式线网的运输效率较有环放射式线网低 18%。

网格式线网适合于市区呈片状发展，而街道呈方格网式布局的城市。目前采用这种线网形式的城市有北京、大阪和墨西哥城等。

(2)无环放射式

无环放射式线网由若干条经市中心的直径或从市中心发出的向外放射线而形成的，轨道交通线集中于城市中心区，其交会点是大型换乘中心，其原始形态如图 3-10 所示。

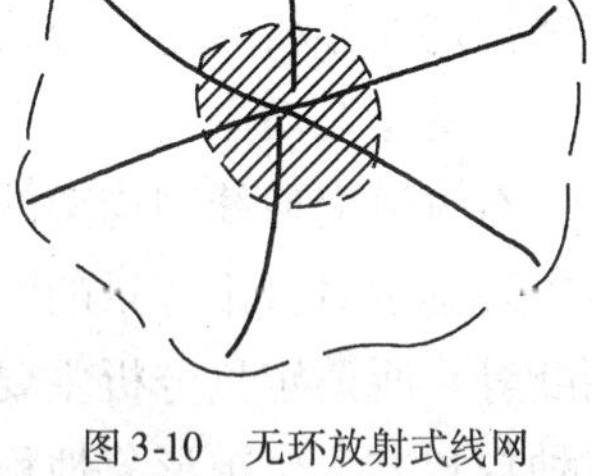

图 3-10 无环放射式线网

这种类型的线网可使整个区域至中心点的绕行程度最小，全市各地至中心的距离最短，因此线网中心点的可达性很好，市中心与市郊区之间的联系很方便，有利于市中心客流的疏散，也方便了市郊居民到市中心的工作、购物和娱乐出行，对乘客非常方便，有助于保证市中心的活力，维持一个强大的市中心。由于各条线路之间互相交叉，任意两条线路之间均可实现直接换乘，因此这种线网连通性很好，线网任意两车站之间最多只需换乘一次，是换乘次数最少的一种形式。但由于没有环行线，圆周方向的市郊之间缺少直接的轨道交通联系，市郊之间的居民出行需要经过市中心区的换乘站中转，绕行距离长，或者需要通过地面交通方式来实现，交通联系不便，且不便程度随着城市规模的扩大而增大。比较有代表性的无环放射形线网是捷克布拉格的轨道交通线网。

当3条以上轨道交通线路在同一点交会时，其换乘站的设计、施工及运营都很困难，这种车站一般会在4层以上，旅客换乘不便，日常费用也高，同时庞大的客流量也难以疏解，因此一般将市中心的一点交叉改为在市中心范围内的多点交叉，形成若干X形、三角形线路关系，这样既有利于换乘站的设计与施工，又有利于乘客的集散，还有利于扩大市中心区的范围。

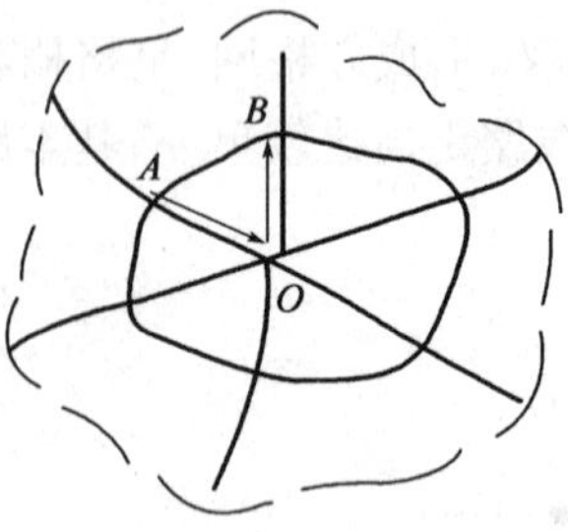

图3-11　有环放射式线网

(3)有环放射式

有环放射式线网是由穿越市中心区的径向线及环绕市区的环行线构成，如图3-11所示。

有环放射式线网结构是在无环放射式线网结构的基础上加上环行线形成的，这种形式是对放射式线网的改进，因而既具有放射式线网的优点，又克服了其周边方向交通联系不便的缺点，方便了环线上的直达乘客和相邻区域间需要换乘的乘客，并能起到疏解市中心客流的作用。由于有环放射式适用于有强大市中心的城市，世界上许多大都市均采用有环放射式轨道交通线网，如上海、巴黎、莫斯科等。

在一些轨道路网规模不是很大或建设时期较短的城市，如新德里等，环线一般只有1条；而在一些轨道交通线网规模较大、轨道交通发展比较成熟的城市，如北京、莫斯科、东京等，会出现2条或2条以上的轨道交通环线。

与无环放射式线网一样，有环放射式线网在市中心区交会成一点是不利的，可改进成为在市中心区范围内多点交叉。但是轨道交通毕竟是个方向固定的交通系统，受技术条件的限制，线路间的转换不能像汽车那样灵活，通过旅客换乘的办法实现，换乘的时间消耗是明显的，因此轨道交通的环线作用受到限制。

3.2.1.5　轨道交通线网构架方法

线网构架受众多因素的影响，如何对它们进行归纳，并沿一定的思路将分析过程系统化，是保证线网构架科学合理的关键。线网构架方法，业内人士曾进行过大量探索工作，比如尝试利用交通预测模型归纳城市主要客运走廊，进而形成轨道交通线网等。这些方法的效果大多不佳，原因在于构架研究是一项综合性很强的工作，许多影响因素很难量化。因此，构架研究应坚持定性分析与定量分析相结合、以定性分析为主的研究方法。

1)基本思路

对轨道交通线网构架的研究应采用定性分析和定量分析相结合的方法进行。所谓定性分析主要是指对城市背景的深入分析，对方案工程问题的比较论证，对远景各种边界条件的合理判断等。所谓定量分析主要是指利用先进的预测模型，对远景交通需求分布进行预测。因此，这种规划方法也被形象地称为“规划师和模型师的有效结合”。这里的理论基础主要来自城市规划学和交通工程学中的相关理论。它既可避免主观臆断，又可避免过于依赖模型而失去对模糊边界条件的合理把握，比较符合我国的实际情况。

大城市轨道交通线网是一个覆盖数百平方千米的庞大而复杂的系统工程，所以线网构架方案研究必须分类、分层进行。“面”、“点”、“线”既是3个不同的类别，又是3个不同层次的研究要素。

“面”的分析：即整体形态控制，拟定轨道交通线网基本构架；

“点”的分析：即线网服务对象的甄选，城市大型客流集散点分析；

“线”的分析：即交通走廊分析，线网内各线路可能的路径分析。

(1)整体形态控制——拟定轨道交通线网基本构架

①城市背景研究，它是轨道交通规划的基础，包括以下3个方面：

a.城市总体规划中对轨道交通线网规划有影响的城市结构和形态、土地利用布局、人口与就业分布、社会经济发展水平、大型建设项目、环境和文化保护等方面的规划意图。

b.城市交通规划中明确的城市交通发展战略、道路网结构、合理的交通结构、交通枢纽布局、公交网络以及中小城市轨道交通线网规划构想等。

c.城市远景交通宏观分析，该部分主要针对总体规划和综合交通规划的局限，通过对城市远景土地发展和交通分布的宏观分析，对轨道交通线网的基本形态作必要的深化、调整和补充。

②轨道交通线网基本构架拟定，主要包括以下内容：

a.根据背景研究提供的资料，对线网规划的前提条件进行研究。

b.对轨道交通线网基本构架形态做出科学判断，提出线网内线路的组成和功能分工，作为形成候选线网方案的基础。

(2)城市大型客流集散点分析

作为城市客运的骨干系统，城市轨道交通要串联城市大型客流集散点，因此要分析这些客流集散点的规模等级、建设顺序、相互关系和可能的变化，并以此作为规划线网构架的基础。

(3)交通走廊分析与线路路径的可行性

①交通走廊分析

a.考虑到客流吸引与施工需要，轨道交通一般沿城市干道敷设，线网构架需要选择交通干道作为轨道交通线路的敷设走廊。

b.可入选用来敷设轨道交通的交通走廊较多，因此要对这些走廊进行分析和筛选，从宏观角度对走廊成为轨道交通可能性进行分析，并形成初步的优劣划分。

c.交通走廊分析主要从现状条件、规划条件、主要工程难点、沿线土地利用性质、走廊在城市道路网中担负的功能、对整体轨道交通线网的影响这几个方面进行。

②形成线网局部线路的不同比选方案，即候选线网方案

a.经过交通走廊分析，可对各局部线网采用轨道交通的条件形成初步的优劣划分。

b.为便于进行交通测试，使线网的局部选择不同交通走廊时的交通分析具有可比性，需要归纳成几个不同的线网方案，将局部交通走廊的比选变成不同线网方案之间的对比，如图3-12所示。

2)研究过程

线网构架方案研究工作是从宏观分析逐层深入到各专题定性、定量分析的探索过程，大致可分为以下几个阶段。

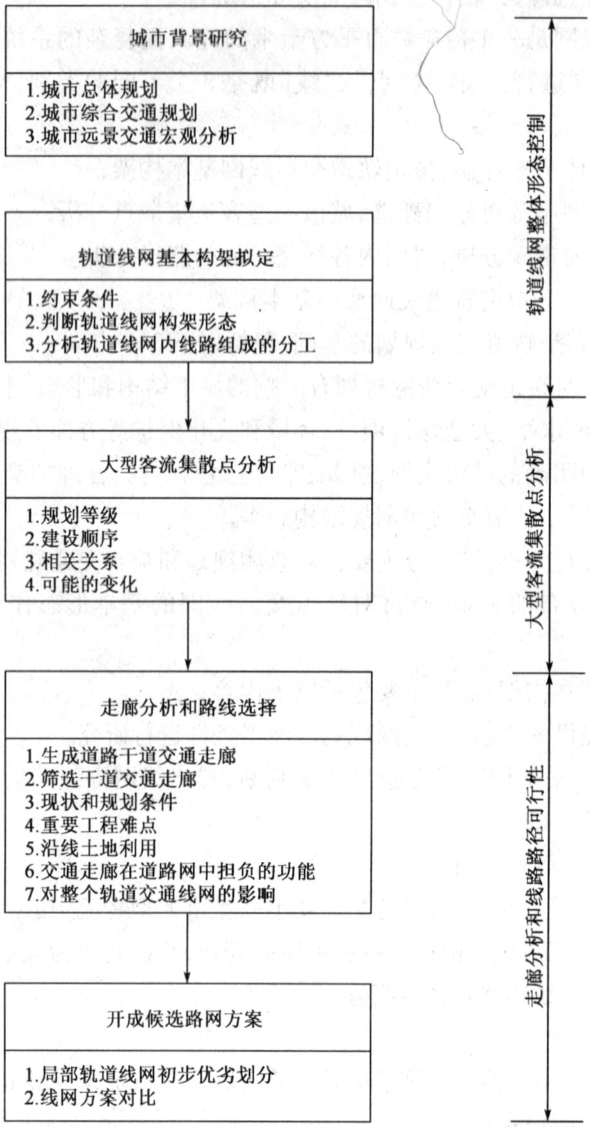

图 3-12　轨道线网构架思路

(1)方案构思

根据线网规划范围与要求,分析城市结构形态与客流特征进行"点"、"线"、"面"层次分析,通过现场勘探,广泛搜集资料,从宏观入手对线网方案进行初始研究,构思线网方案。这些方案除有各自的特点外,还有许多共性,成为线网构架方案研究的重要基础。

(2)归纳提炼

对初始构思方案进行分类归纳后,并经内部筛选提炼,拿出其中的部分方案,向各有关单位征求意见,并要求提出补充方案。经过以上"筛选—方案补充—再筛选"的提炼过程,形成基础方案。这次筛选中,保留各种有较强个性的方案,合并共性方案,尽量全面听取各种思路和观点,形成代表不同政策倾向、不同线网构架特征和规模的方案。

(3)方案预选

以基础方案为基础,以线网规划的技术政策和规划原则为指导,根据合理规模和基本构思要求，进一步选择出几个典型的、不同线路走向和不同构架类型的方案，成为初步预选方案。

(4)预选方案分析与交通测试

前几个阶段的方案深化主要以定性分析为主，从这一阶段开始需要通过定量分析对方案作进一步的论证，用交通模型进行测试，进入定性与定量分析相结合的系统分析阶段。

(5)调整补充预选方案，并选出候选方案

通过分析和测试，预选方案均各自存在优点和不足之处，需要进行优化完善。在此基础之上，还可以对方案进行补充。由于补充方案只是通过定性分析进行的优化，其线网整体性能是否真正得到优化还是未知的。因此接下来要对补充方案进行同等条件下的交通测试，进一步以定量分析论证，确认补充方案是优化方案，并推荐为候选方案。

(6)推荐最终方案

在以上定性与定量分析基础上再采用线网方案评价系统，对预选方案分组评价、排序，推选出优化方案。

3.2.2 轨道交通车站规划

3.2.2.1 轨道交通车站布局规划

1)车站分布影响因素分析

(1)与城市发展、用地布局及规划模式相关的因素

①客流分布形态

城市用地结构及规划引起的城市客流的分布特征是影响站点布设的最主要因素。城市交通客流的基本特征在于其时空分布的不均匀性，从而导致了线路断面上客流分布的不均匀，这一特征就决定了轨道站点分布的不均匀性。另外，客流的产生、分布、方式和路径的选择并不是一个单向的作用机制，而是一种相互反馈的动态平衡机制。随着时间的推移，城市轨道交通客流存在一个演变的过程，这种客流的动态变化性要求为站点的后续建设留有余地，为下一步建设打好基础。

②城市土地利用结构及分布形态

土地利用结构及用地规划模式的不同所产生的城市人口密度、建筑密度、工作岗位密度及商业区的集中程度等对客流的产生及其流向有着重要影响，它们直接关系到客流集散点的集散强度及分布状态，进而影响着站点的分布状态。其主要表现在以下两个方面：一是，一个城市的土地利用结构决定了这个城市的交通运输需求；二是，轨道交通线路及站点影响区内的用地功能组织和建筑规划组织对乘客选择交通工具具有极其重要的影响，并直接关系到居民的出行时间消耗。

③城市性质及空间扩展形态

城市的性质与地位，在战略上决定着城市人口、用地的发展规模和潜力以及对外部区域的影响力，亦决定着轨道交通是否有规划建设的必要性。城市轨道交通站点的分布状态与城市形态的发展态势是相互影响、相互制约的。一方面，城市所采取的空间扩展模式不同，导致轨道站点的空间布局模式也将有明显差别；另一方面，轨道交通站点的不同分布形式也直接影响着城市空间形态的扩展模式。

④城市的经济水平

轨道交通建设需要巨大的投资，而轨道线路的建设主要是轨道站点的建设。据不完全统计，仅一个地铁地下车站的投资就达2亿元人民币左右，相当于修建几千米隧道或区间线路的投资。为此，城市的经济水平不仅需要能够承担轨道交通的建设费用，而且对吸引客流规模也有直接的影响作用。同时，轨道交通吸引客流规模的大小直接制约着轨道站点的规划布局，因而城市的经济水平对轨道站点的布设也有着重要的影响。

(2)与路网结构形态相关的因素

①城市道路网和常规公交网的形态结构

轨道交通站点必须通过道路网和常规公交网来集散客流，以达到与周边用地衔接并为之提供可达性的目的。它是通过轨道交通站点与常规公交站点及对外交通枢纽的衔接换乘来实现的，常规公交枢纽与对外交通枢纽对轨道交通站点的布设也具有重要影响。

另外，轨道交通线路一般沿城市道路进行布设，道路网的格局将影响轨道交通线路的走向，而道路网的节点处通常也是客流的重要密集场所，这也为轨道交通站点的选址提供了一种参考。

②轨道交通线网自身结构

轨道交通线网自身结构对站点布设的影响主要体现在轨道交通线网结构和线路的形式对站点布设的要求上。进行站点布设时，必须考虑与整个线网的协调，不能一味地、单纯地为布设站点而布设。另外，轨道交通线路有地下、地面和高架3种形式，不同形式线路所衔接的站点的内部设施布局和换乘方式也将不同，相应的对车站具体位置的选择也有不同的要求。

(3)其他影响因素

①列车行驶技术的要求

列车在站间行驶，单纯从列车性能发挥角度来说，希望站间距均匀分布，并且在一定范围内站间距越大越好，这样能充分发挥列车运行速度快的优势。但因客流分布等其他因素的影响，站间距的均匀分布受到种种约束。站间距只能当作一种约束条件来考虑，需综合考虑多种影响因素来布设轨道站点。

②工程影响因素

地铁线路的线形、坡度及车站的埋深、数量、车辆类型等直接影响着轨道交通的工程造价及运营效率和安全，因此站点布设时也要考虑施工的可能性。

③城市人文、地理条件

城市的地质、地形、地貌等自然条件会限制轨道站点的规划选址以及站点内部设施的布局形态，并对站点的建筑结构形式产生深远的影响。

站点的规划布局必须遵守国家对历史文物、自然风景区等方面的保护性法规，当站点的选址与之相抵触时必须避让。另外，地面标志性建筑物及地下设施等对站点的选址也有一定的影响，在进行站点布设时也要考虑保护城市人文地理环境不被破坏。

2)车站分布原则

车站分布的基本原则如下：

(1)车站应设置在大型客流集散点和交通枢纽，这有利于与其他交通方式衔接和客流发展倾向的引导。

(2)与城市土地利用规划的调整和发展意图相匹配。

(3)有利于沿线大型建设项目的配合。

(4)有利于规划的实施。

(5)应考虑地形、地质、水文条件，满足工程实施方面的要求。

(6)满足运营在最短站距、旅行速度等方面的要求。

3)站距

轨道线路的走向基本确定后,车站布置的主要内容就是如何确定车站的合理间距。车站间距不仅是轨道路网规划和系统运行的重要影响因素,而且会影响轨道乘客的出行时间和轨道交通出行的需求量。要确定合理的车站间距,应综合考虑乘客出行时间、运营费、工程费以及车站在城市中的地位等多方面因素。

对于平均站距,世界上有两种趋向:一种是小站间距,平均为1km左右;一种是大站间距,平均为1.6km左右。车站之间距离的选定应根据具体情况确定,站间距离太短会降低运营速度,增大能耗和配车数量,同时,多设车站也会增加工程投资;站间距离太大,会使乘客感到不适,特别对步行到车站的乘客尤其如此。香港地铁平均站距为1 050m,其中港岛线仅为947m,而莫斯科地铁平均站距1.7km左右。一般来说,在市区车站间距应在1km左右,在郊区不宜大于2km。

4)车站的规模

轨道交通车站规模是指车站站台外廓尺寸、层数和车站用房面积的大小等。在进行车站总体布局之前,要确定车站规模。轨道交通车站规模主要根据本站远景预测客运量确定,包括日均乘降客流量、高峰小时乘降客流量、所处位置的重要性、站内设备、车站用房面积和该地区远期发展规划等因素,其中客流量是最主要的因素。

地铁车站规模一般分为3个等级。在大城市和特大城市中,车站规模按3个等级设置;中等城市可设2个等级。表3-4和表3-5分别是地铁和轻轨车站规模等级。

地铁车站规模分级 表3-4

车站规模	适用范围
大型站	适用于客流量大、地处大型客流集散点、大型交通枢纽、大型商业中心以及地理位置十分重要的车站
中型站	适用于客流量较大、中型交通枢纽、地处市中心或较大居住区的车站
小型站	适用于客流量较小、地处郊区的车站

轻轨车站规模分级 表3-5

车站规模	日均乘降客流量(万人次/d)	高峰小时乘降客流量(万人次/h)
特大型站	>100	10.0
大型站	20~100	2.0~10.0
中型站	5~20	0.5~2.0
小型站	<5	<0.5

3.2.2.2 轨道交通换乘车站规划

(1)站台换乘

站台换乘也称"零距离换乘",将两条轨道交通系统的四条线路分别两两合用一个岛式站台,使得两条轨道交通系统的部分乘客实现在同一站台上的换乘,或者是通过连接站的天台或地道就可以换乘另一条线路的车辆,从而方便乘客。这种换乘方式非常方便,但车站的工程量较大,线路交叉实现比较困难,一般需要两条轨道交通线路同步设计、同期施工。根据两线站台的设置方式,站台换乘可分为站台同平面换乘(即并列式)和站台上下平行换乘(即行列式)两种形式,如图3-13所示。

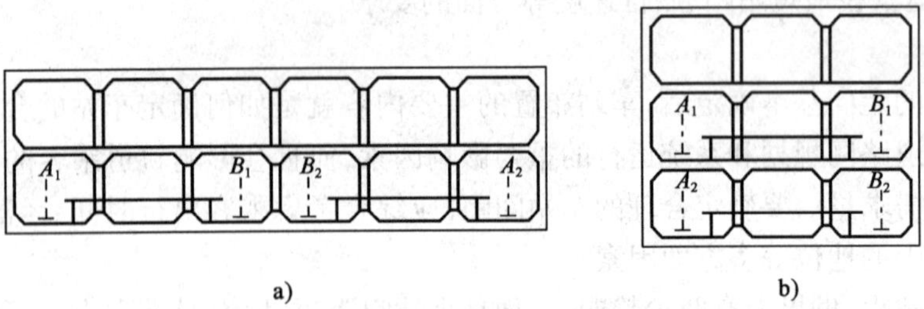

图 3-13 站台换乘的两种方式

a)站台同平面换乘;b)站台下平行换乘

(2)节点换乘

在两条轨道交通线路交叉处,将两线隧道重叠部分的结构做成整体的节点,并采用楼梯或自动扶梯将两座车站的上下站台连通,从而形成节点换乘。乘客通过该楼梯进行换乘,换乘高度差一般为5~6m,各个方向的换乘均可通过一次上楼梯或下楼梯完成,因此换乘也很方便。节点换乘方式依两线车站交叉位置不同,有十字形、T形和L形3种布置形式。

(3)站厅换乘

站厅换乘是设置两条线或多条线的公用站厅,或相互连通形成统一的换乘大厅,乘客下车后无论是出站还是换乘,都必须经过站厅,再根据导向标志出站或进入另一站台继续乘车。由于下车客流只朝一个方向流动,减少了站台上人流交织,乘客行进速度快,在站台上的滞留时间减少,可避免站台拥挤,同时又减少了楼梯等升降设备的总数量,增加了站台有效使用面积,有利于控制站台宽度规模。站厅换乘方式是较为普遍的一种换乘方式。

(4)通道换乘

如果两轨道线路的车站靠得很近,但又无法建造成同一车站,那么可以采用通道换乘的形式。这种换乘方式是通过专用的通道以及楼梯或自动扶梯将两座结构完全分开的车站连接起来,供乘客换乘。通道可以连接两个车站的站台或站厅的付费区,也可以连接两个车站站厅的非付费区。通道长度不宜超过100m,应有一定的坡度,并朝向换乘客流较多的方向。

(5)混合换乘

在进行实际的换乘枢纽规划设计时,若单独采用某种换乘方式不能奏效时,可采用上述两种或多种换乘方式的组合,形成混合换乘布局模式,以达到改善换乘条件、方便乘客使用、降低工程造价的目的。例如,同站台换乘方式辅以站厅或通道换乘方式,可使所有的换乘方向都能换乘;结点换乘方式在岛式站台中必须辅以站厅或通道换乘方式才能满足换乘要求;站厅换乘辅以通道换乘方式可减少预留工程量等。这些组合的目的是力求车站换乘功能更强大,既保证具有足够的换乘能力,又使得工程实施容易及乘客使用方便。

另外在三线或三线以上相交的换乘枢纽中,单独采用某一种换乘方式往往难以保证实现所有方向的换乘,或换乘设施的布置相当困难,如果采用混合换乘方式则能收到满意的效果。上海轨道交通规划路网中的多线换乘枢纽大都采用混合换乘方式,如徐家汇站、人民广场站、东方路站、上海火车南站站等。

(6)站外换乘

站外换乘是乘客在车站付费区以外进行换乘,实际上是没有专用换乘设施的换乘方式。一般在以下情况下采用:①高架线与地下线之间的换乘,因条件所迫,不能采用付费区换乘的方式;②两线交叉处无车站或两车站相距较远;③规划不周,已建线未作换乘预留,增建换乘设施又十分困难。

站外换乘方式往往是缺少线网规划或其他重大困难无法克服而造成的后遗症。由于乘客增加一次进出站手续，步行距离长，再加上在站外与其他人流混合，因而很不方便。对轨道交通来说，站外换乘方式是一种系统性缺陷，因此在线网规划中应尽量避免。

总的来说，轨道交通换乘方式与线路走向、车站埋深、换乘客流量、地面环境、施工技术水平以及经济发展水平等各方面因素密切相关，因而在远期换乘客流量预测的基础上，应因地制宜地选择既能充分满足换乘需求又经济合理的方式。各种换乘方式的功能特点及优缺点见表3-6。

轨道交通换乘方式比较 表3-6

<table>
<tr><th colspan="3">换乘形式</th><th>功能特点</th><th>换乘</th><th>优缺点</th></tr>
<tr><td rowspan="2">站台换乘</td><td colspan="2">并列式站位</td><td rowspan="2">某些方向在同一站台平面内换乘，其他方向需通过通道、楼梯或站厅换乘</td><td rowspan="6">两线换乘</td><td rowspan="2">换乘直接、换乘量大，部分客流换乘距离较大</td></tr>
<tr><td colspan="2">行列式站位</td></tr>
<tr><td rowspan="4">节点换乘</td><td rowspan="3">十字形</td><td>岛式与岛式</td><td rowspan="4">通过一次上下楼梯或自动扶梯，在站台与站台之间直接换乘</td><td>一点换乘，换乘量小</td></tr>
<tr><td>岛式与侧式</td><td>两点换乘，换乘量中</td></tr>
<tr><td>侧式与侧式</td><td>四点换乘，换乘量大</td></tr>
<tr><td colspan="2">T形、L形换乘</td><td>相对十字换乘，步行距离长</td></tr>
<tr><td rowspan="2">站厅换乘</td><td colspan="2">并列式站位</td><td rowspan="2">各线共用站厅换乘，或将各站厅相互连通换乘，乘客需各上下一次楼梯</td><td rowspan="5">两线或多线换乘</td><td rowspan="2">客流组织简单，换乘速度快，但引导标志设置重要</td></tr>
<tr><td colspan="2">行列式站位</td></tr>
<tr><td>通道换乘</td><td colspan="2">T形、L形、H形站位</td><td>通过专用的通道进行换乘</td><td>换乘间接，步行距离长，换乘能力有限，但布置灵活</td></tr>
<tr><td>混合换乘</td><td colspan="2"></td><td>同站台换乘、节点换乘、站厅换乘以及通道换乘中两种或两种以上方式的组合</td><td>保证所有方向的换乘得以实现</td></tr>
<tr><td>站外换乘</td><td colspan="2"></td><td>没有设置专用换乘设施，在付费区以外进行的换乘，乘客需增加一次进出站手续</td><td>步行距离长，各种客流混合，是由路网规划的系统缺陷造成</td></tr>
</table>

3.3 城市快速公交系统规划

快速公交系统（Bus Rapid Transit，简称BRT）作为轨道交通的替代或者过渡的交通方式，具有低造价、低维修费用、占地少、建设周期短、运营速度快、运量大、灵活和环保、易形成网络等特点，能有效地缓解交通拥挤，降低居民出行成本，提高运输质量和效率，因此，科学合理的快速公交线网规划和站场布局将会在很大程度上缓解城市交通拥堵、出行困难的紧张局面。

3.3.1 快速公交线网规划

合理的快速公交线网布局规划直接关系到快速公交系统运营的效率。如何科学合理地做好快速公交线路的布设，以充分发挥快速公交的经济效益和社会效益，是城市快速公交线网布局规划的关键环节。

3.3.1.1 布局原则

1）总体原则

（1）线网总体布局必须与城市形态发展、土地利用发展、经济发展水平、道路设施的建设等多方面相互协调。一味地强调交通设施对土地的配合作用,而否认交通对土地利用的导向作用,将使得公交线路被动发展,形成无序状态。

(2)应将城市快速公交系统放在整个城市交通的大系统中考虑,在时间和空间上力求建立与城市交通需求相适应的,不同运量、不同服务水平的多种交通方式协调构成的多层次的、立体的城市交通体系。这就要求城市快速公交规划与城市道路交通规划、城市公共交通规划相协调。处理好与快速公交和常规公交等其他公共交通方式的衔接和配合。

(3)力求线网的服务效率最大,即以最少(必须)的投入提供最多最有效的服务。这主要体现在以下两个方面:

①为更多的乘客提供服务,尤其是中长距离的乘客服务。

②尽可能选择最佳方案,使乘客步行与候车时间之和降到最小。

2)线路走向原则

(1)与地铁和轻轨混合使用时,快速公交线路的布置与轨道交通的换乘紧密结合,起到与轨道交通换乘功能,往返于轨道交通站点。

(2)线形尽可能简洁、避免过多的曲折和路口的左转,以便充分发挥专用道的有利条件,提高运行速度,减少对其他交通流的消极影响。

(3)线路走向要与中长距离出行的乘客流向相吻合,特别要与大型客流发生源(如集中修建的大型住宅区)、大型交通吸引区(点)(如市级商业中心、大型铁路客运枢纽)之间客流的流量、流向相一致。

(4)在一般情况下,不宜和现有的、拟在近期修建的快速轨道交通线重叠,只有当轨道交通客运能力不足时,需要快速公交作为补充时才可以重叠,在中远期规划的轨道交通线路上先开辟快速公交作为过渡方式。

3.3.1.2 布局模式

1)按线路形态分类

(1)穿越形线路[图3-14a)]

穿越市中心区的线路,使车辆调度、交通的集散较为方便,直接满足城市中心区的运量需求,用以形成都市快速干线公交系统的主干线。通常这种线路形态不考虑与其他地区间的联系,因此容易造成城市中心区过多的转车次数,增加转乘的不方便并且增加了市中心的交通负荷。

采用这种形态的线路,通常是单独使用快速公交,并在城市公共交通系统中发挥骨干作用。

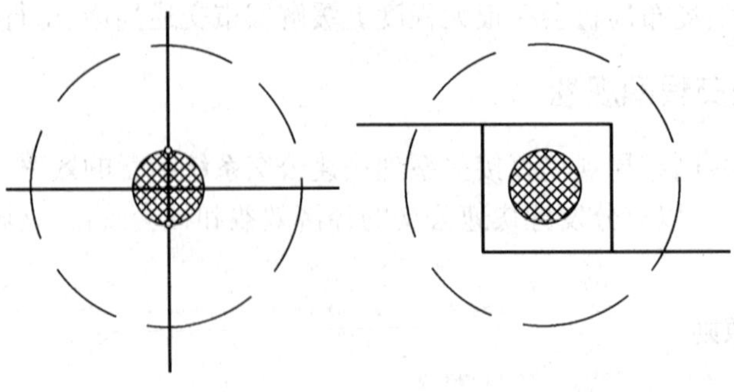

a)　　b)

图3-14　穿越形和双L形线路

(2)双 L 形线路[图 3-14b)]

由呈双 L 状的线路穿过市中心区，以成对相扣的方式形成路网，这种路网具有平衡路线两端运量、减少转车次数、使整体系统运转更具弹性的优点。与网格状线网相比，双 L 形线网形态可同时服务东西走向与南北走向两个方向的客运需求，而网格状线网必须在东西向及南北向之穿越形线路都布设完成之后，才能发挥穿越形路网形态的功能；与辐射状路网相较，它的折线形线路在市中心区附近相互衔接，使其服务范围可涵盖较大的面积，又可以满足市中心区外部运输走廊部分的客运需求，因此线路布设具有很大的弹性。

与前述的穿越形线路一样。采用这种形式的线路，通常是单独使用快速公交，并在城市公共交通系统中发挥骨干作用。

(3)切线形线路[图 3-15a)]

垂直于穿越性线路或双 L 形线路，服务非向心的特殊客运需要，这种路线为不经过市中心区的过境路线，通常为外围边缘区的两个重要节点之间的连线。

采用这种形态的线路，通常情况下轨道交通为穿越形线路或双 L 形线路，承担大部分向心客流，而不经过中心区的客流则由快速公交的切线形线路承担。

(4)主支形线路或接驳形线路

这种线路为主干线的延伸，主线与支线属于同一快速干线系统，主线一般为轨道交通，支线为快速公交线路，通常服务运输需求比较少的地区，满足接驳的客运需求。

有些城市在建设轨道交通时盲目地将线路延伸到城市边缘，从城市用地、客流需求或是道路交通状况等方面考虑建设轨道交通可能是不经济的。因为虽然根据城市的远期总体规划，在规划交通服务范围内会有较大幅度的土地开发以及人口与职工数的增加，但是近期的客流需求可能不需要使用轨道交通。另外由于城市边缘或是城市新开发区，建设快速公交所需要的道路条件较成熟。因此可以将快速公交的终点与轨道交通的起点紧密地结合在一起，使用快速公交作为轨道交通的延伸来降低投资与公交运营成本。美国迈阿密市第一条快速公交走廊就是采用这一形式。

(5)环状线路(图 3-16)

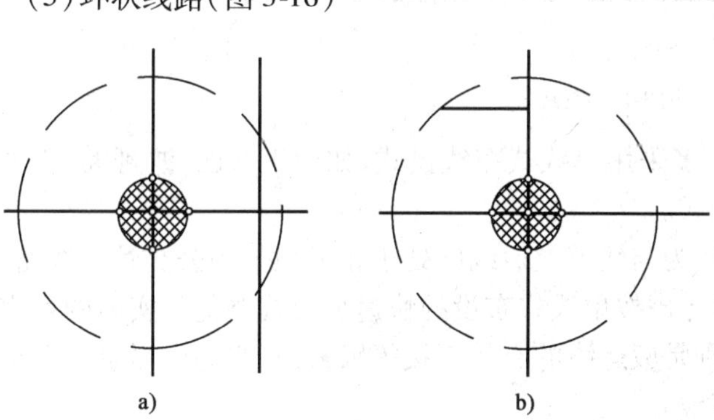

图 3-15　切线和主支形线路

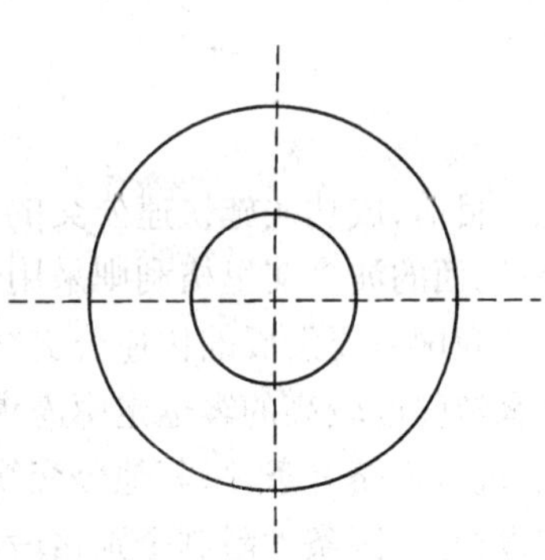

图 3-16　环形线路

城市外围，以中心区外一定半径范围，成封闭环状的线路。环线的基本作用是弥补放射形快速干线网结构的不足，起到缓解市中心客流的作用，减轻市中心区线路的负荷，并提高环线方向乘客的直达性。

通常配合环状线路的是连通城市的各个重要节点的轨道交通或快速公交的辐射线路或穿越性线路，并作为其他线路的辅助线路。一般情况下环线客流需求快速公交就能满足，且可以利用城市环状快速路,给快速公交提供较好的运营环境。

2)按单复线选择分类

快速公交的线路可以采取与轨道交通类似的单一线路或是多条组合线路。快速公交线路的组成比轨道交通具有更多的灵活性。因为快速公交系统的线路可以在主干线上互相组合以及在主干线的起点或终端点向外进一步延伸。

(1)单线式

与轻轨和地铁类似的单一线路,各线独立运行,如图3-17所示。采用干线与支线相结合,主要通道终点处是规划的一个综合换乘站,在此可转乘支线公交车进入小社区。优点是线路负荷强度大、易组织运营。缺点是换乘不方便、服务范围较小、网络可达性差。

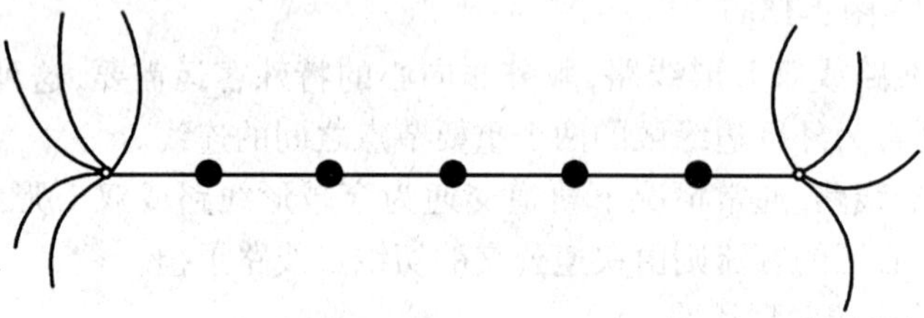

图3-17 单线式

(2)复线式

复线式是不同目的的线路穿梭于同一主干通道上,在某一点处,这些公交车都离开主干道继续其各自行程,可能在公交专用道也可能不在公交专用道上,如图3-18所示。复线式的优点在于它在高出行需求通道上提供了集中服务,同时又可分散公交车进入小社区而无需换乘,服务范围大,网络可达性好。缺点是线路负荷强度低,在同一通道上不易运营组织,可能会导致支线线路的空乘,特别是在使用大型铰接车的情况下。

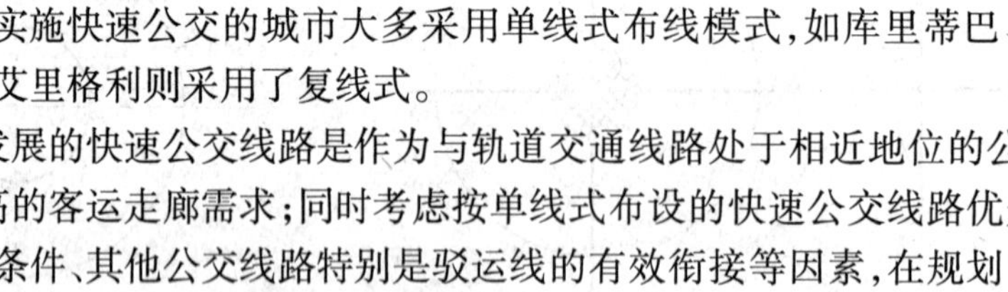

图3-18 复线式

目前,成功实施快速公交的城市大多采用单线式布线模式,如库里蒂巴、波哥大、雅加达等;巴西的波多艾里格利则采用了复线式。

我国所要发展的快速公交线路是作为与轨道交通线路处于相近地位的公交骨干线路,满足客流强度较高的客运走廊需求;同时考虑按单线式布设的快速公交线路优先实施的可实施性、现有道路等条件、其他公交线路特别是驳运线的有效衔接等因素,在规划中尽量采用单线布设模式,因条件限制个别路段存在复线。

3.3.1.3 规划方法

1)快速公交线网布设条件

快速公交线网布设不同于常规公交,必须满足某些客观条件才可发挥快速公交系统的最大效益。一般来说,可在以下城市区域和走廊布设快速公交线路:城市中心区具备道路条件的客流规模达不到轨道交通要求的干道、中心区与城市外围地区之间的放射型道路、连接市中心与外围组团和卫星城的客流干道、大型组团式卫星城和城市新区内部主干道、中远期规划待建的轨道交通走廊、有与之平行分流机动车流量的客流干道。除此之外，还应满足一些具体的量化条件。

(1)客流量

客流量是快速公交线路开设是否合理可行的重要衡量指标，客流需求过高则会因为快速公交的设计运输能力有限而不能满足需求，客流需求过低则失去快速公交线路设置的意义，造成道路空间资源的浪费，因此，设置快速公交线路要考虑快速公交的最大运输能力和最低客运量。

(2)公交行驶速度

设置快速公交专用道是保障快速公交车辆正常行驶速度的最有效措施，其目的主要是减少社会车辆对公交车道的占用和横向干扰。一般认为路段公交车辆的行驶速度明显低于机动车平均速度时，有必要设置公交专用道以保证公交行驶速度。特别是大城市的主要交通走廊和通勤出行量大的交通干道，应保证公交车辆具有较高的运行速度。

(3)路段车道数

为保障设置快速公交专用道后道路上的其他机动车仍可以交织和超车，剩余的机动车道数单向不应少于两车道，即路段双向机动车道数低于 6 条不宜设置快速公交专用道。实际上多数公交专用道的设置都优先考虑双向 6 车道以上的路段。

(4)交叉口进口车道数

为了降低快速公交车辆在交叉口的延误，应结合快速公交的流量和转向在交叉口进口车道尽可能设置专用或优先排队道。考虑到尽量不对社会车辆进口造成挤压，只有进口车道数不低于 4 条时才可以考虑设置快速公交专用进口道。在设置了专用进口道的情况下可根据需要将快速公交车站设于进口方向一侧。

实际上在快速公交线网布设时，往往无法满足以上所有的布设条件，而且甚至会出现快速公交线网布设条件之间相互冲突的情况。比如在中心城区布设快速公交线路时，虽然客流量很大，但是由于中心区城区用地紧张或者部分主干道由于历史原因无法拓宽，即出现满足条件(1)而无法满足条件(2)和(3)的情况；又比如在城市外围地区，尽管道路条件很好，路况非常适合布设快速公交线路，但客流量往往又无法满足快速公交布线的要求，即出现满足条件(2)和(3)而无法满足条件(1)的情况。因此，快速公交线网布设其实是一个不断权衡的过程，在具体操作时应根据实际情况灵活运用。

2)快速公交线网布设流程

在快速公交通道上布线时，首先应立足于单线式线路，在此基础上考虑有无可能设置复线式线路。如果通道上有条件的话，就可以围绕换乘枢纽来优化网络，设置复线式线路时必须考虑快速公交通道的最大容量(最多能容纳的线路条数或者单位时间内通道断面上允许通过的最大车辆数)。网络优化的目标是使系统的平均路径出行时间最短。

快速公交线路布设的整个流程如图 3-19 所示。

3)快速公交布线方法

(1)布设单线式线路

布设单线式线路时可能也会有多种方案，但总的原则是尽量使每条线路都保持顺直，以利于快速公交车行驶和在交叉口实现信号优先。

具体操作时可以先拟定不同的方案，然后将客流 OD 在快速公交网络中分配，以出行时间最少的方案为最佳选择。另外，需注意检验每条线路上的运行车速是否能够达到要求，如不满意可调整线路走向。

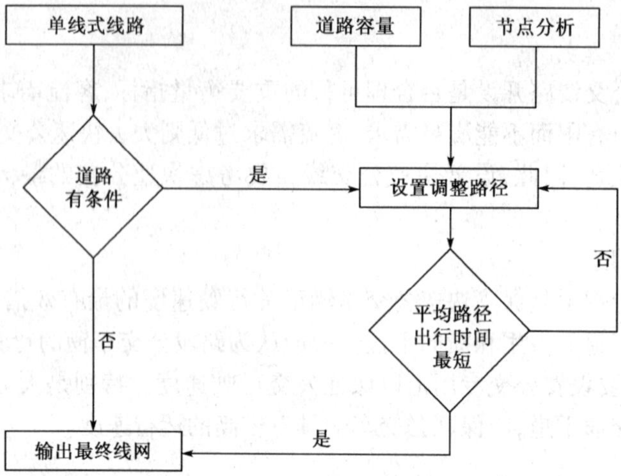

图 3-19　快速公交线网布设流程

(2)选取可以设置路径的通道

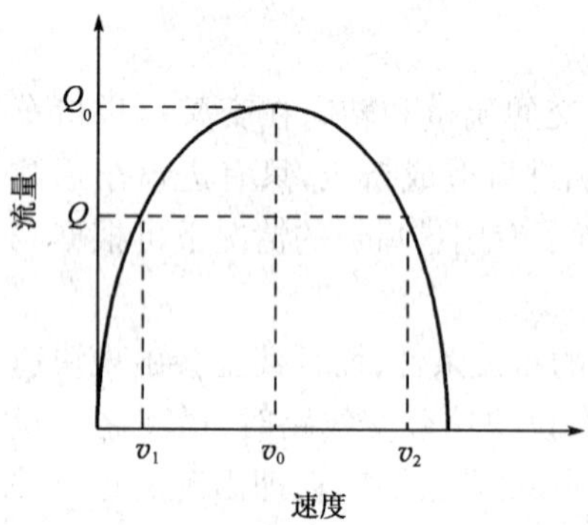

图 3-20　交通流量—速度关系图

快速公交通道的容量约束条件对复线式线路的布设有着重大的影响。快速公交通道的容量约束包含两方面的含义:第一是指通道的物理条件,布设复线式线路要求至少站点处有超车道,双向四车道最佳,如果道路条件不允许,还是适宜按单线式布设线路;第二是指在服务水平一定的前提下,单位时间内通道断面上所能通过的车辆数是有限制的。

根据交通流量与速度之间的模型关系,当路段上交通流量一定时,机动车辆的行驶速度可能有两种情况,如图 3-20 所示。

也就是说,当快速公交通道上的客流运送量一定时,快速公交车的运行速度可能会呈现不同状况。出现这种现象是因为随着不同线路的增多,系统也变得复杂,车辆间的相互干扰增大,从而导致车辆运行速度的降低。

当然,快速公交的运行速度不仅与通道流量有关,站点停靠时间、站间距和交叉口控制形式等也是影响因素,需要综合考虑。

先考察各个通道处的路段条件,将具备超车条件的通道筛选出来。然后根据这些通道上布设单线所承担的客流来测算可能的发车频率,由单位时间内通道断面允许通过的最大车辆数来判断是否还能增加线路。将两次筛选后得到的通道称为路径通道,路径通道应尽可能形成网络。

(3)选取换乘节点

任意两条线路相交就会产生一个物理意义上的节点,在节点处不同线路上的客流可以换乘,称之为换乘节点。换乘节点在网络中非常重要,设置路径前应对换乘节点处的客流特征进行分析。

客流介数是反映网络中节点的重要程度。节点的介数为网络中所有的最短路径中经过该节点的数量比例;介数反映了相应的节点或者边在整个网络中的作用和影响力。换乘节点的一个重要功能是供客流中转，因此必然会有大量的客流经过。这里将快速公交网络中换乘节点 i 的客流介数定义为：

$$J_i = \frac{V_i}{V} \tag{3-5}$$

式中：J_i——换乘节点 i 的客流介数；

V_i——经过换乘节点 i 的客流量；

V——出行客流总量。

通过客流 OD 在网络中的最短路分配可以计算得到各个换乘节点的客流介数，客流介数值越大说明节点越重要。一般而言，城市中心地区换乘节点的客流介数较大，大型换乘枢纽也主要分布于该地区。

定义客流换乘比例系数 δ 为在节点处换乘人数占经过该节点总人数的比例，以此判断换乘节点的效率。

总的来说，在单线式线路布设完毕后，可以进行客流测试，得到各个换乘节点的客流介数和客流换乘比例系数这两个指标。根据指标的大小，筛选出需要路径连接的换乘节点。应注意所有路径通道上都必须有被选出的换乘节点。

(4)设置路径

路径除了连接换乘节点外，还可以连接线路的首末站，由于这两种节点是可以事先确定的，所以称为固定节点。另外，路径还可能连接首末站与换乘节点之间的客流量较大的中途站。路径连接中途站的个数需要综合考虑，若连接过多，会影响路径上的运行车速；若连接过少，则可能会遗漏客流集散量大的站点。因为连接的中途站位置事先不能确定，将除首末站与换乘节点之外的路径连接的站点称为非固定节点。

将每两个固定节点之间的路径通道称为一个单元。在每个单元里，路径有若干个非固定节点可以连接，当众多单元整合在一起时，整个网络里路径连接节点形式的数量就可能是成千上万，如图3-21所示。如此众多的组合形式不可能全部列出，必须利用近似寻优的方法求解，一般可以采用遗传算法，具体在此不详细论述。

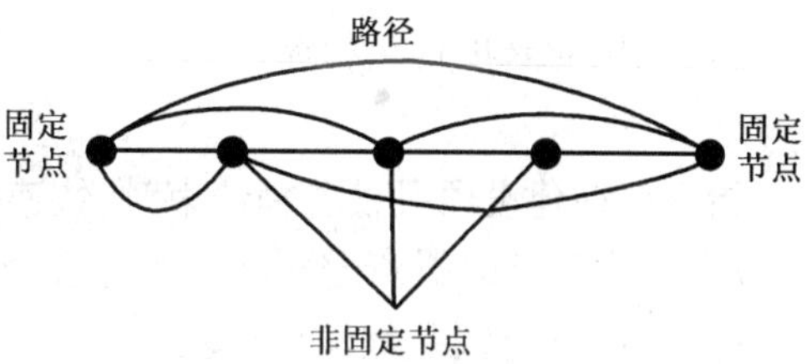

图3-21　单元中路径的不同连接方式

对于一般的城市来说，可能绝大部分快速公交通道都是双向两车道，此时在通道上设置两条线路即可结束。对于个别开辟双向四车道的通道来说，还有可能再设置线路。

4)线网的生成

线网的生成分市区级线网、市域级线网和局域级线网三步依次进行。

线网首先是生成连通市中心与城市副中心的市区级线网，一般为一条环线、数条径线的形式。数条径线将穿越市中心并在此相交，由市中心向城市的各个方向放射，在保持线路尽量直线的情况下，尽可能地连接更多的城市大型换乘点，环线连通城市的副中心与其他的大型换乘点。这样形成的骨干线网将满足现状多数城市交通需求走廊的要求，对于一些骨干线网需要以轨道交通为主的大型城市，快速公交必须跟轨道交通有效配合组织线网，在空间上起到补充的作用、在时间上起到替代的作用。

在生成市区级线网之后，开始生成连通卫星城与骨干线网的市域线网。枢纽之间客流量很大,但沿途客流量较小,快速公交将发挥大站快车的作用。市域线网尽可能利用郊区主要公路,尽可能地经过集镇,以方便乡间乘客的换乘和带动沿途经济的发展,形成沿快速公交线的经济增长带,有利地促进城市向多中心轴线式布局发展。

市域级和市区级线网形成后,还剩下局部区域的换乘点的连接问题,在规模大、换乘点多的卫星城内可按中心城区的骨干线网形式布设该区域的加密线网;在市区范围内用加密线网连接剩余的节点,覆盖交通走廊。

3.3.1.4 快速公交线网优化

快速公交线网布局优化与常规公交线路有所区别,下面介绍6个常用的快速公交线网优化检验指标。

(1)单条线路长度优化检验

$$l_{min} \leqslant l_i \leqslant l_{max} \tag{3-6}$$

式中:l_{max}、l_{min}——分别为快速公交单条线路长度的上限和下限。

线路长度与城市的规模、城市居民的平均乘距大小等有关。路线过长,会增加系统的运营费用,线路过短不利于运营调度,也增加了乘客的换乘次数。现行《城市道路交通规划设计规范》建议线路长度的限值按如下计算:

$$l_{max} = v \cdot T_{max}/60 \tag{3-7}$$

式中:v——快速公交的平均运营车速。根据已有案例来看,快速公交的运营车速一般在20~35km/h,建议取值为25km/h;

T_{max}——城市95%居民的单程出行时间(min),按现行《城市道路交通规划设计规范》给出。

由此可得出快速公交线路的最短长度限制l_{max}为8km,最长限制距离l_{max}为18km(中小城市)、25km(大城市)。

(2)线网总长度优化检验

$$\sum_{ieR} l_i \leqslant L_{max} \tag{3-8}$$

指当存在建设项目投资额约束时,快速公交线网总长不能超过总投资金额允许的最大值L_{max},L_{max}可由基建总投资金额除以快速公交每公里的基建费用预算值得到。

(3)线路非直线系数优化检验

公共交通线路长度与起、终点站间空间直线距离之比,称为路线的非直线系数,环形线路的非直线系数是对线路上的主要枢纽点(或最远的两节点)间来衡量。

$$\left[\frac{l_i}{d_i}\right] \leqslant \left[\frac{l}{d}\right]_{max} \tag{3-9}$$

式中:l_i——快速公交路线i的实际长度(km);

d_i——线路起终点站间空间直线距离。建议快速公交非直线系数小于1.05~1.10。

(4)线路客运能力优化检验

$$Q_i \leqslant Q_{i\,max} \tag{3-10}$$

式中:Q_i——快速公交线路i的最大断面直达客流流量;

$Q_{i\,max}$——快速公交线路i经过折算后的直达客流客运能力(人);

$$Q_{i\,max} = C_i \cdot \gamma \cdot \alpha \tag{3-11}$$

式中:C_i——快速公交线路i单向客运能力(人次/h),世界上已开通快速公交的单向客运能力在10 000~35 000人次/h之间,北京南中轴快速公交为15 000人次/h,建议取为

15 000 人次/h；

γ——为考虑运输能力和服务水平影响的系数，可取 $\gamma=0.85$；

α——不换乘系数，在计算直达乘客的线路运载能力时，可根据现状的调查结果代替，根据国内城市的一般情况，可先取为60%。由此可计算，得到 $Q_{i\max}=7\,650$ 人次/h。

(5)线路开设的最低客流量优化检验

$$Q_i^{\text{sum}} \geqslant Q_{\min} \tag{3-12}$$

式中：Q_i^{sum}——快速公交线路 i 的客流总量(人次/h)；

$Q_{\min}$——为快速公交线路开设最低客流量(人次/h)，只有当客流量超过常规公交运载能力才应布设快速公交线路。根据现行《城市道路交通规划设计规范》，常规公交单向客运能力可取为8 000 人次/h，折算后，得到 $Q_{\min}=4\,080$ 人次/h。

(6)线路断面客流量均衡性优化检验

$$Q_i/\bar{q}_i \leqslant \mu \tag{3-13}$$

式中：Q_i——快速公交线路中最大客流量；

$\bar{q}_i$——快速公交线路平均断面客流量。

μ——一般不宜超过1.5。

3.3.2 快速公交站点规划

快速公交站点是公交乘客集散或换乘的节点，因此站点规划关系到快速公交系统运营的效率。合理规划快速公交首末站、中途站、换乘站，有利于充分发挥快速公交的经济效益和社会效益，是城市快速公交系统规划的重要环节。

3.3.2.1 快速公交站点规划原则

1)首末站规划原则

(1)快速公交首末站的设置应该与城市道路网络的建设和发展相协调，适宜建设在客流的集散点附近和主要客流的同侧。

(2)快速公交首末站的位置应该靠近大量客流的集散地，如汽车站、火车站、码头、大型住宅区中心等，快速公交首末站的选址应该确保其站点设置后不对道路交通造成严重的影响。

(3)快速公交首末站的规模应该由站点所服务的线路配备的车辆数和选用的车型来决定，通常配备的车辆数与快速公交的线路形式(复线、干支结合)有关。

(4)快速公交首末站的作用还与其站点附近的用地情况有关，如果站点附近没有空地位置，其首末站可以不具有停放和保养快速公交车辆的功能。因而快速公交车辆就需要利用其附近的道路掉头并且在路侧或路边的空地上做暂时的停靠，所以其站点周边范围内应该具有较充足的道路和停车用地。

(5)由于快速公交准点率比较高，一条线路需要的停车空间就要比相同发车频率的常规公交需求小；当首末站具有停放快速公交车辆的功能时，与起始站点相连的出入口道应为交通饱和度不高、服务水平良好的道路，且尽量避免将其设置在交叉口附近，如果有必要可以设置信号控制，减少快速公交对道路交通的干扰。

2)中途站规划原则

(1)快速公交线路通过的区域往往是现在或将来的高密度用地区域。快速公交中途站应该设置在快速公交线路沿途经过的客流集散中心附近。

(2)如果快速公交中途站沿街布设,其站址选择宜设置在能够完成快速公交车辆停放和通行任务的地方,并且能够提供快速公交站点所需要的用地。

(3)快速公交中途站所在道路断面的位置应该由专用道的位置来决定。

(4)快速公交中途站的站距受站点所在区域条件、乘客出行需求和交叉口间距等因素的制约。

(5)快速公交中途站附近往往需要规划停车设施,以便为还需要使用其他交通方式的乘客提供便利的换乘条件。

3)换乘站规划原则

在对快速公交换乘站进行规划时要尽可能做到将快速公交、常规公交接运线路、私家车交通相互隔离,并给予快速公交与其他交通方式换乘的优先权。

(1)对 P + R 设施(Park&Ride)和多种交通方式之间的换乘设施,我们可以将其设置在快速公交线路的一边或者两边,最好将快速公交的换乘设施设置在通向市中心的一侧。

(2)在进行快速公交换乘站规划的过程中,还要尽可能地考虑到缩短乘客到快速公交的步行距离,并且最大限度地减少乘客与公交车辆之间的交织冲突。

(3)通常规定一个快速公交停车位每小时可以停靠 6 辆快速公交车,当快速公交与接运线路之间的联系比较方便、快捷时,其运营能力将会更大。一般情况下一个快速公交车位与接运线路之间的联系最好不要超过 2 ~ 3 个,否则会大大增加快速公交候车区域的面积。

(4)快速公交车辆在客流量不大或者受规模限制的换乘站,可以在同一位置上下客,但是对于大运量的枢纽站点,为了实现乘客的快速上车,只有对上下客进行分离,其先后顺序为:首先在下客区下客,然后将车辆停靠在特定区域,最后到上客区上客。

(5)选址应充分考虑城市土地利用、社会经济和自然状况。其次还应考虑与其他交通方式的衔接,以实现集约换乘。快速公交能否实现科学合理的运营,在相当程度上取决于换乘枢纽功能保障,所以公交换乘站的数量和规模须与公交车辆发展的规模相协调。公交换乘站站址一旦选取并建成使用,不宜轻易变更。

3.3.2.2 快速公交站点规划设计

1)快速公交站间距确定

在快速公交线路长度相同的条件下,站距越长,站点则越少,进出站加、减速的损失时间就越少,从而可以获得较高的运送速度,节省长距离乘客的乘车时间。但站距增大又会增加乘客到站的走行时间,因此快速公交的站距应适当选择。

影响快速公交站距的主要因素包括专用道的类型、客流需求大小和到站采用的出行方式等。

(1)通常专用道的独立性越高,对运送速度要求就越高,相应的站距应增大以满足快速、可靠的运送需求;而对于城市一般街道的快速公交专用道,受交叉口信号和横向交通干扰较大,站间距应适当缩小以方便乘客乘车。

(2)土地开发强度较高、人口、岗位密度分布较大的区域,公交需求往往较大,站距不应过大,以提高站点直接服务覆盖率。

(3)站间距大小还与到站采用的出行方式有关。国外交通发达城市到达快速公交站点的主要方式为步行、公共汽车和小汽车,针对不同方式的站间距如表 3-7 所示。针对我国现阶段大城市的交通构成特点,在城市中心区基本以步行到站为主;在城市外围地区,自行车到站将占较大比例;而在城市郊区,尤其在主城区与外围组团的接口处,到站的主要方式有可能为公共汽车。

国外城市快速公交的站点间距 表3-7

主要到站方式	间距(mile)	间距(km)
步行	0.25~0.33	0.40~0.53
公共汽车	0.5~1.0	0.80~1.61
小汽车	2.0	3.22

综合考虑上述三种影响因素,结合我国城市发展实际,在不同城市区域快速公交站点的平均间距取值一般为:中心区600~900m,中心区外围800~1 200m,郊区1 000~1 500m。

上述站距是针对站站停靠(Stop-Stop)的快速公交,对于大站快线(Express)和直达线(Nonstop),站距必须根据所服务的客流特性作相应调整:①大站快车主要为沿线大型客流集散点服务,站距应根据实际集散点的分布确定;②直达线是为两端客流提供服务,一般布设在城市中心区和外围组团之间,主要为上下班的通勤客流服务。这两种组织形式的线路要求站点设有完善的配套设施,便于快速公交与其他交通方式的换乘。

2)快速公交站点的设置形式

(1)快速路上快速公交停靠站点的设置

运行于快速路上的快速公交系统,其停靠站点一般通过设置辅助设施使行人与主线上的社会车辆隔离。

当道路上客流量不是很大时,快速公交车辆较少时,为了使车道得到充分利用,快速公交车辆可以和其他车辆混行,当快速公交车辆在快到达停靠站点时进入快速公交专用减速车道,减速停靠,离开停靠站后加速进入加速车道。其根据地面交通的特点可以分为处于路段和交叉口的布设两类。当沿线的客流量足够大时,可以在快速路的中间设置公交专用道。

①快速公交站点处于路段上的设置形式(图3-22~图3-24)

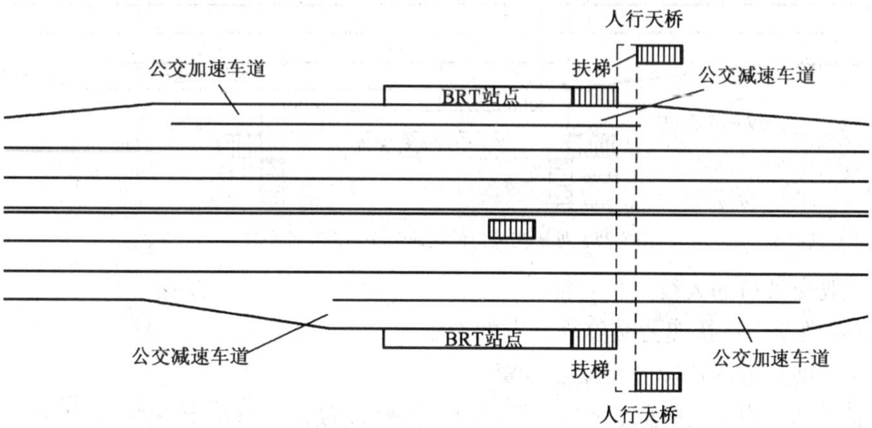

图3-22 处于路侧的快速公交站点平面布置图

从快速公交站点出来的乘客可以通过扶梯上下人行天桥,通过人行天桥完成客流的疏散和换乘;同样也通过人行天桥来聚集路段上客流。

②快速公交站点处于交叉口上方的设置形式(图3-25)

高架车站可以建在交叉口的上方,充分利用交叉口的空间,减少道路两侧建筑物的影响。其客流的聚集和疏散是通过建设中层的“口”字形人行天桥来完成。而“口”字形人行天

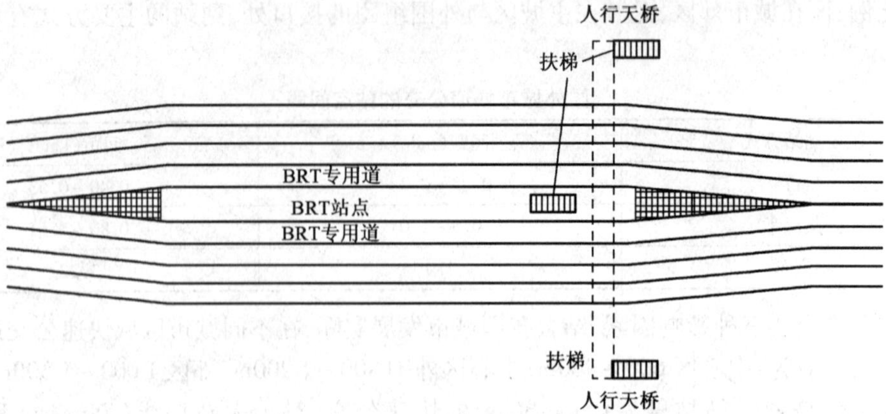

图 3-23　路中央快速公交专用道的站点平面布置图

图 3-24　处于路段的快速公交站点横断面示意图

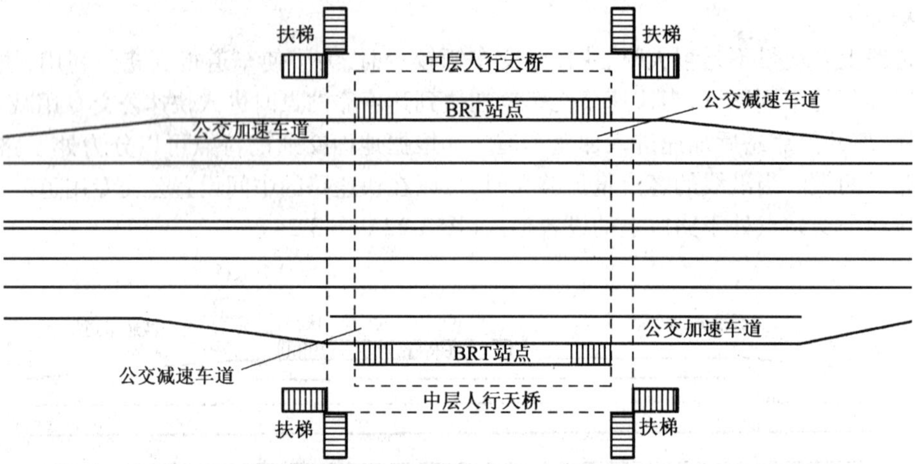

图 3-25　处于交叉口的快速公交站点平面布置图

桥也具有一般交叉口的人行天桥功能。

(2)路面型专用道快速公交停靠站点的设置

①无非机动车道的快速公交站点设置

没有非机动车道时,快速公交站点就可以沿路侧设置在人行道上,根据具体的道路和交通条件可以设计成直线式停靠站和港湾式停靠站。

a. 直线式停靠站

直线式停靠站即无港湾式,靠路右侧设置的公交专用道,公交车直行直接停靠,沿路中设置的公交专用道,公交车要经过一段交织段变换车道至路边停靠。

这种形式的停靠站没有超车设施,一般设置在道路宽度有限,且不易拓宽的路段,要求公交车上、下客流量较少,高峰时段公交车的到达不出现“列车化”现象。若不能满足这些条件,则这种类型的停靠站会造成一定的交通拥挤。因为如果乘客量过大且公交车到达频率较高，则会出现前面车辆还没离站，后面车辆又到达的情况，如果是画线隔离式的公交专用道，后面的公交车辆要超车时就会占用相邻社会车辆的车道，迫使社会车辆并入其他车道，而造成交通流的紊乱；如果是用硬质设施隔离的公交专用道，后面的公交车辆就无法超车，只能等待前面的公交车离站，增加了车辆的延误。

b. 港湾式停靠站

港湾式停靠站可以将道路在局部拓宽，也可以压缩人行道，使公交车在原有车道外停靠，预留出超车道。

这种停靠站对道路宽度要求较高，但因为有超车道，能够保证公交专用道的畅通，减少公交车辆的延误，同时也可避免公交车对社会车辆的干扰，保证社会车辆的正常运行。在有条件的路段应尽量设置港湾式公交停靠站。

②有非机动车道的快速公交站点设置

有非机动车道时公交车的停靠将受到更多的干扰。停靠站的设置可以有以下三种形式：

a. 停靠站设置在机非隔离带上，为直线式，如图3-26所示。这种形式的停靠站对非机动车没有干扰，但对其他社会车辆干扰较大。因此适用于道路宽度有限，非机动车流量较大，机动车流量不大的路段。

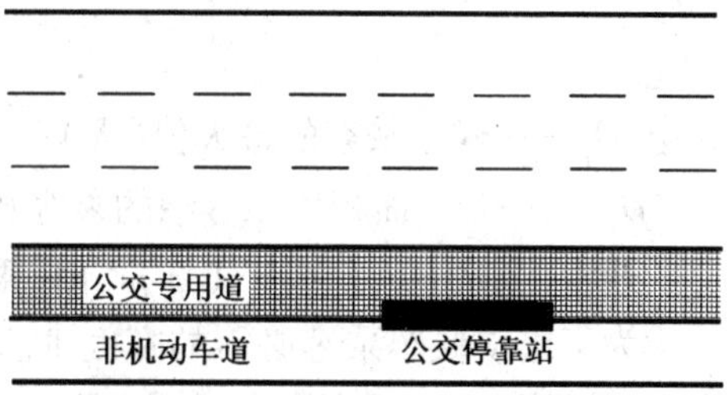

图 3-26　机非分隔带上直线式停靠站

b. 将道路在停靠站的断面处向外拓宽，非机动车道向路外侧移动，公交专用道的右侧相应拓宽，停靠站设置在公交专用道与非机动车道之间，形成港湾式，如图3-27所示。这种形式的停靠站通过道路断面拓宽设置公交车辆的超车道，对非机动车干扰不大，只是稍稍改变一下方向，对其他社会车辆干扰也很小，适用于道路宽度可以适当改造的路段。

c. 道路宽度不变，快速公交专用道向两侧拓宽，右侧占用部分非机动车道，形成港湾式，左侧占用部分社会车辆的车道，相邻社会车辆的车道也相应向左侧偏移，宽度减小，停靠站设置在公交专用道与非机动车道之间，如图3-28所示。这种形式的停靠站通过占用两侧相邻车道而提供公交车辆的超车道。由于占用了部分非机动车道，因此对非机动车的干扰较大；而社会车辆只是改变行车方向，相邻车道宽度是渐变的，因此所受干扰不大。此种形式适用于道路宽度有限、非机动车流量不大的路段。

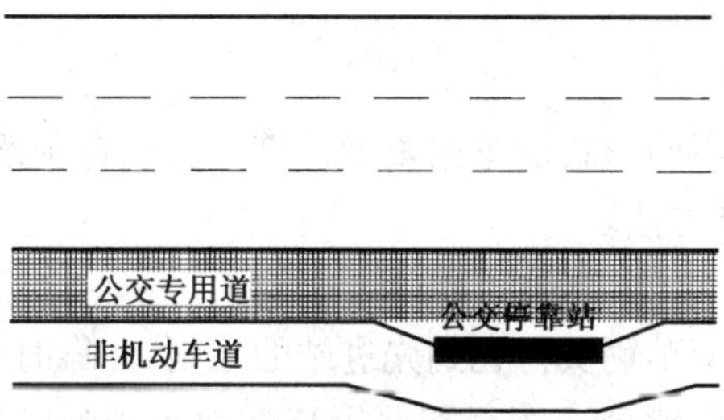

图 3-27　机非分隔带上右拓宽港湾式停靠站

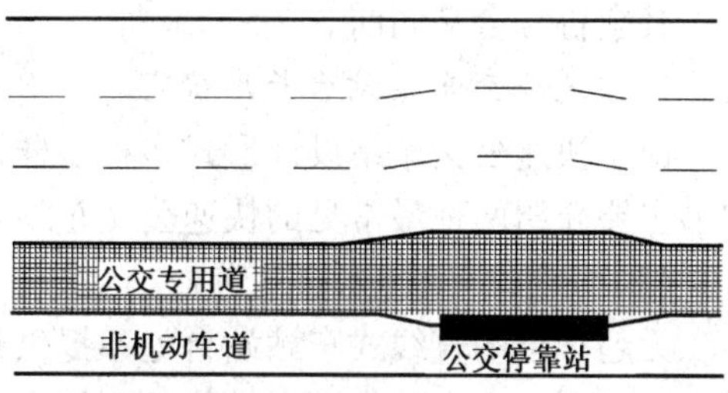

图 3-28　机非分隔带两侧拓宽港湾式停靠

3）快速公交车站站台宽度的确定

快速公交车站站台的宽度会影响到车站运营的效率，同时也会影响到候车乘客的舒适程度。车站站台的尺寸主要由该车站进出站的乘客数量决定。站台总宽度的计算方法如下：

$$W_p = l + W_h + W_c \tag{3-14}$$

式中：l——基于安全方面的考虑需预留出的宽度(m)；

W_h——候车乘客必需的宽度(m)；

W_c——流动乘客必需的宽度(m)。

正常情况下，在合理的服务水平范围内，一个1m宽的行人通道1h可以通过大约2 000人。基于这个标准，流动乘客必需的宽度为：

$$W_c = \frac{P_{ph}}{2\,000} \tag{3-15}$$

式中：P_{ph}——每小时流动乘客的预测值(人/h)；

2 000——每小时通过1m宽的行人通道的乘客数[人/(h·m)]。

候车乘客所必需的最小面积应该是候车乘客的最大值与$1m^2$面积所能容纳的乘客数量的商。候车区域必需的最小面积计算方法：

$$A_w = \frac{Q_p}{D_w^{max}} \tag{3-16}$$

式中：Q_p——候车乘客的最大值(人)；

D_w^{max}——$1m^2$面积所能容纳的乘客数量(人/m^2)。

通常，当站立面积小于1/3 m^2时，乘客会感到不舒适，所以D_w^{max}一般取为3人/m^2。

为了求得候车乘客必需的宽度W_h，假设候车区域的最小长度L_p等于快速公交车辆的长度L_b，则可以求得候车乘客必需宽度：

$$W_h = \frac{A_w}{L_b} \tag{3-17}$$

式中：L_b——快速公交车辆的长度(m)。

以上只考虑了单停车位快速公交车站站台宽度的设计，对于有多个停车位的快速公交车站的站台宽度还可以进一步压缩，由于车站长度的增加并不影响流动乘客必需的宽度和站台两侧的安全宽度，因此，压缩的主要是候车乘客必需的宽度。实际的车站站台宽度计算公式如下：

$$W_p' = l + \frac{W_h}{N} + W_c \tag{3-18}$$

式中：N——快速公交车站的设计停车位数(个)；

其余符号含义同前。

4)快速公交车站站台长度确定

由于快速公交车站设计形式多种多样，而各种不同形式的车站长度计算方法也有所差异，本书主要介绍两种最常见的快速公交车站长度计算方法。

(1)直线式车站(无超车道)

无超车道的直线式车站站台处不提供超车，公交车辆实行先到先进站的原则，停靠时只需保持与前车的安全停靠距离就能顺利停靠，离站时每辆公交车都需要等待前面车辆驶离后才可开出。图3-29为该种车站的长度示意图。

经过以上分析可知，车站单个停车位的长度应包括公交车本身的长度以及两停靠公交车辆之间的安全停车间距，而车站的长度则是所有停车位长度之和。所以无超车道的直线式车

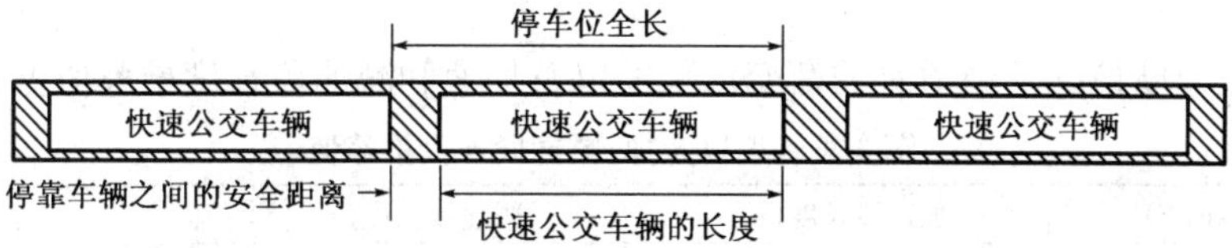

图 3-29　无超车道的直线式车站长度示意图

站长度计算公式如下：

$$L = (n-1)L' + L_b$$
$$L' = L_b + d \tag{3-19}$$

式中：n——车站停车位数量（个）；

L'——车站单个停车位的全长（m）；

d——两停靠公交车辆之间的安全停车间距，一般取 1.5m；

L_b——快速公交车辆长度（m）。

以 18m 长的公交车为例，由式（3-16）可得不同停车位数的直线式公交车站站台长度，见表 3-8。

无超车道的直线式车站长度　　表 3-8

停车位数（个）	1	2	3	4
站台长度（m）	18	37.5	57	76.5

（2）港湾式车站

港湾式车站至少应包括车辆驶入和驶出渐变段、车辆驶入减速和驶出加速段以及停靠区域等，如图 3-30 所示。

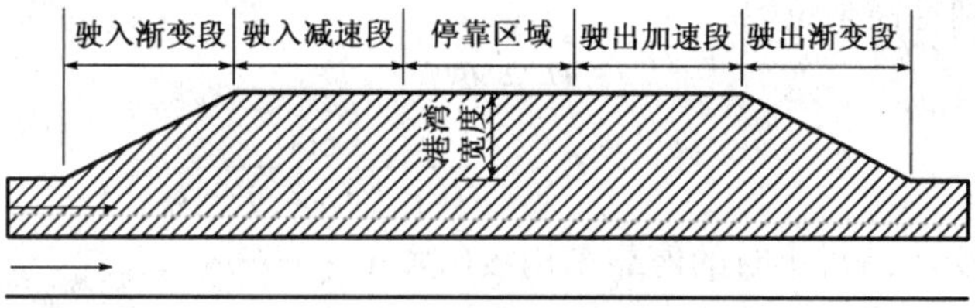

图 3-30　港湾式车站的站长组成示意图

①停靠区域长度设计。快速公交车站的停靠区域长度可以按照直线式车站的停靠区域长度设计。

②港湾宽度设计。当路段交通流速度在 50km/h 以下时，车站港湾的合适宽度应该取 3.5m，在道路和用地条件受限的情况下，宽度可以适当减少，但下限不应该小于 3m。

③驶入、驶出渐变段长度设计。驶入和驶出渐变段的长度随不同路段公交运行速度而有所变化，为了保证公交车辆能安全、顺畅地驶入和驶出车站，驶入渐变段长度与宽度比值的下限不应小于 5:1，驶出渐变段长度与宽度比值的下限不应小于 3 : 1，如渐变段宽度为 3m，则驶入渐变段长度至少为 15m，驶出渐变段长度至少为 9m。

④减速和加速段长度设计。在车站内部设置加速段，公交车辆在驶出港湾时的速度接近直行交通流的运行速度，能很大限度地减少公交车辆的出站延误。当车站设在交叉口下游时可以省去驶入减速段及渐变段，当车站设在交叉口上游时可以省去驶出加速段及渐

变段。

不同路段速度情况下最适宜的渐变段长度以及加速和减速段长度推荐值见表3-9。

渐变段长度以及加、减速段长度推荐值 表3-9

路段速度(km/h)	加速段长度(m)	减速段长度(m)	渐变段长度(m)
20	14	10	24
30	27	18	34
40	44	29	40
50	69	44	54
60	97	59	64

在进行站台长度设计时,还要考虑客流量的大小,当乘客数量大时,站台过短会引起拥挤。因此,在根据上述方法计算出停车区域长度后,还应根据客流情况对设计长度进行适当的调整。

5)快速公交车站停车位数量确定

停靠能力是快速公交车站设计研究的核心内容之一,所谓停靠能力是指单位时间内所能停靠的最大车辆数。其中,停车位的多少是影响停靠能力的重要因素,它直接决定停靠站的使用效率。停车位设计过多,导致车站长度过长,造成车辆停放无序,增加行人走向停靠车辆的时间;停车位设计不足,则引起车辆站外排队,增加停靠站延误时间,并影响专用道上其他公交车的正常通行。因此,在进行快速公交车站设计以前,首先应确定停车位的数量。否则,若实际停靠需求与停车位的设计能力不符,就会造成能力的不足或浪费,尤其对封闭式站点(不易变动)很不利。

当快速公交专用道采用单线运营、发车频率不高、沿线交叉口间距较大或者实行公交信号优先控制时,公交到站分布均匀,这时车站停车位数量可以通过对比公交流量和单车位停靠能力计算得到。在连续交通流情况下认为停靠能力受信号扰动较小,因此,基于连续交通流情况的停靠能力公式来确定停车位数:

$$Q = C_b N_b \tag{3-20}$$

$$C_b = \frac{3\,600}{D(1 + C_V Z_a) + t_c} \tag{3-21}$$

式中:Q——快速公交车站每小时的停靠车辆数(辆/h);

C_b——单个停车位每小时的停靠车辆数[辆/(h·停车位)];

N_b——多停车位车站的有效停车位数(停车位),通常快速公交车辆进出车站互不影响时,车站设计停车位数1~5所对应的有效停车位数分别为1.00、1.85、2.60、3.25、3.75;

D——BRT车辆平均靠站时间(s);

C_V——靠站时间变化系数;

Z_a——与靠站排队出现概率相关的变化系数;

t_c——相邻BRT车辆离站与进站之间的间隔时间(s)。

3.4 常规公交规划

城市常规公共交通系统是指在城市道路上运行的公共电车、汽车组成的交通系统,不包括轨道交通、出租车交通等非常规公共交通形式。现阶段,在我国城市公共交通系统中,常规公共交通是主体,因此,不特别说明时,城市公共交通即指常规公共交通。常规公交规划包括线网规划和场站规划两部分,其中,线网规划包括远期线网规划和近期线路的调整,场站规划涉及了常规公交与其他交通方式之间的换乘。

3.4.1 常规公交线网规划

3.4.1.1 规划的目的、方法及基本内容

(1)常规公交线网规划的目的

①为城市居民提供安全、高效、经济、方便和舒适的服务;

②提高公交营运效率,促进公共交通的发展;

③建设良好的城市交通环境,推动土地开发和城市发展。

城市公共客运交通系统的规划方案是在多个备选系统方案的设计、模拟、规划和评价的基础上比较得到的。备选系统方案来源于专家咨询和交通方式结构设计,每个备选方案可能只是一组交通结构和交通发展政策的约束。在系统方案确定后,进行进一步的方案设计,其核心内容就是城市公交网络的规划。

(2)常规公交线网规划的方法

城市公交线网规划的方法通常有如图3-31和图3-32所示两种。

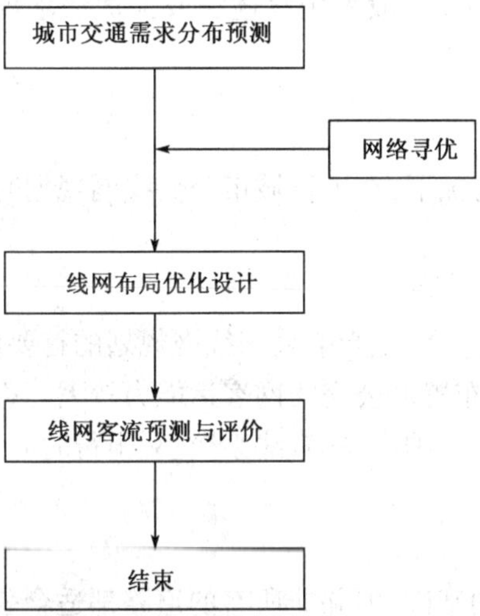

图3-31 公交线网规划的解优法

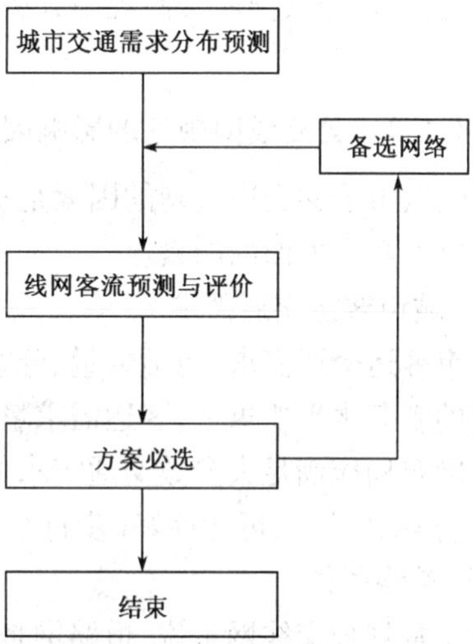

图3-32 公交线网规划的证优法

①解优法(或正推法),即根据对城市交通需求的预测,通过求特定目标函数的最优解,获得规划线网。

②证优法(或验算法),即对一个或几个线网备选方案进行评价,证实或选择较优方案。在实践应用中,两种方法常结合使用,如:将解析规划线网与经验线网共同构成备选线网集;对解析规划得到的线网根据实践经验进行调整;对经验线网进行解析规划调整等。

(3)城市公交线网规划的基本内容

城市公交线网规划的主要内容包括:

①交通需求分布预测

获得交通需求分布量(OD矩阵)一般有两种方法:按传统方法,根据居民出行调查和城市土地利用状况按“四阶段法”进行预测;由于居民出行调查工作量较大,公交系统内部规划和

近期规划常常采用基于线路客流量调查的客流估算方法。

②线网布设

线网布设一般在单条路线规划的基础上,考虑线网的整体规划,常采用以下方法:

a."逐条布线,规划成网"法。按路线直达客流量最大布线,可将城市公交线网规划分为起讫站点拟定和线网生成两个部分,对所有起讫站点间可能的路线按直达客流量最大"逐条布设"。

b.经验法。采用事先设定的公交线网方案,如方格线网、辐射型线网等,如"台北市大众运输路线研究规划"。

c.拟合客流法。在系统最优客流分配的基础上,用"取大法"/"舍小法"截取网络得到初始网络。

③线网客流预测与评价

城市公交线网客流预测是指将前面预测的城市公共交通需求分布量(OD 矩阵)分配到拟采用的公共交通网络上,确定公共交通网络中每一条公共交通线路的断面客流量及站点上下客流量。

城市公交线网评价是指根据城市的形态及预测的线网客流量,对设计的公共交通网络布局方案进行网络形态及交通质量等多方面的评价。

总之,城市公共交通线网规划方法较多,灵活性较大,一般采用解优法或证优法求得较优可行解。

3.4.1.2 公交线网规划的影响因素

影响城市公共交通规划的因素是多方面的,一般情况下,在进行城市公交线网规划时应主要考虑以下几个方面的因素。

(1)城市客运交通需求

城市客运交通需求,包括数量、分布和出行路径的选择,是影响公交线网规划的首要因素。在一定的服务水平要求下,客运需求量大的区域,要求布置的公交线网客运能力较大。理想的公交线网布局应满足大多数交通需求的要求,具有服务范围广、非直线系数小、出行时间短、直达率高(换乘率低)、可达性好(步行距离短)等特点。

(2)道路条件

对于常规公交线网来说,道路网是公共交通网络的基础,但并非所有的道路都适合公交车辆行驶,要考虑道路几何线形、路面条件和容量限制因素。道路条件较差,如转弯半径过小、坡度陡长、路宽不足时,就不适合常规公交车辆行驶。可以将所有适合于常规公交车辆行驶的道路定义为公交线网规划的"基础道路网"。当"基础道路网"中有较大空白区时,应对道路网络规划提出反馈意见,以保证"基础道路网"能满足公共交通网络布设的要求。

(3)场站条件

起(终)点站可作为公交线网规划的约束条件,也可在路线规划后,根据路线配置的车辆确定起(终)点站及其规模;一般的常规公交站可以在路线确定后,根据最优站距和车站长度的限制等情况确定。

(4)车辆条件

影响线网规划的车辆条件包括车辆物理特性(长度、宽度、高度、质量等)、操作性能(车速、加速能力、转弯半径等)、载客指标(座位数、站位数、额定载客量等)和车辆数。考虑其中物理特性和操作性能与道路条件的协调,可以确定公交线网规划的“基础道路网”。车辆总数、车辆的载客能力、每条路线的配车数和客运量有如下关系:

$$N_l \cdot C_l \propto P_l, \forall l \in L \tag{3-22}$$

$$\sum_{l \in L}^{n} N_l = N \tag{3-23}$$

式中:N_l——路线 l 的配车数(标台数);

C_l——标准车的载客能力(人);

P_l——路线 l 的客运量(人);

L——路线集;

N——城市公交车辆总数(标台数)。

由车辆总数、车辆的载客能力和路线的配车数可决定路线总数。车辆总数可作为线网规划的限制条件,也可先规划线网,根据路线配置车辆,得到所需的总车辆数,再考虑数量的限制。

(5)效率因素

效率因素指公共交通线网单位(如每公里、每班次等)投入获得的服务效益,反映路线效益的指标有:每月行驶次数、每车次载客人数、每车公里载客人数、每车公里收入、每车次收入、营运成本效益比等。它不仅反映路线的运营状况,还反映路线经过地区的客运需求量和路线的服务吸引能力,因而在规划中,应特别考虑路线/线网效益因素。

(6)政策因素

城市公共交通系统与交通管理政策(如车辆管制与优先、服务水平管理、票价管理等)、社会公平保障政策(如照顾边远地带居民出行)、土地发展政策(如通过开辟公共交通路线诱导出行、促进沿途地带的发展)有关。

3.4.1.3 常规公交线网规划的目标函数

城市公共交通网络对城市居民的生活有着很大影响,公共交通网络的规划与设计,必须以公交乘客分布量(OD 矩阵)为依据,以方便居民出行为目的,并兼顾公交企业效益。因此,在规划或设计公共交通网络时,必须考虑以下目标对公共交通网络进行规划。

①为更多的乘客提供服务;

②使全体乘客的总出行时间更小,这要求尽可能地缩短出行距离,减少换乘数次等;

③路线/线网的效率最大;

④保证适当的公交线网密度,即良好的可达性;

⑤保证线网的服务面积率,减少公交盲区。

可见,城市公交线网规划是一个多目标规划的问题,但这些目标不是全部独立的,处理这个多目标问题有多种方法,常用有:

(1)将多个目标合并成为一个目标函数

如采用费用最小的目标函数,其中的一个典型目标形式是在已知固定需求条件下所有乘客的乘车和等车时间费用与车辆运营费用之和最小,即:

$$\min C_r = C_b \sum_{l \in r} \frac{Q_l}{C} l_l + \frac{C_p}{V} \sum_{j, j \in A_i} q_{ij} \cdot l_{ij}^l \cdot \delta_{ij}^l + \frac{1}{2} C_w \sum_{j, j \in A_l} \left(q_{ij} \cdot \delta_{ij}^l \cdot \frac{C}{Q_l} \right) \tag{3-24}$$

式中:C_r——公交线网系统的总费用(元/h);

C_b——运营费用单价(元/h);

C_p——乘车时间单价(元/h);

C_w——等车时间单价(元/h);

Q_l——路线 l 的最大断面流量(人);

q_{ij}——节点 i,j 间的公交需求 OD 量;

C——车辆的平均载客能力(人);

V_r——车辆的平均运行速度(km/h);

l_l——路线 l 的长度(km);

l_{ij}^l——路线 l 站点 i,j 间的距离(km);

δ_{ij}^l——经过节点 i,j 的客运 OD 需求量在路线 l 上分配的比例;

R——路线集合;

A_l——路线 C 的节点(站点)集合。

(2)先对一个核心目标求最优解

先对一个核心目标求最优解,对其他目标以约束条件形式获得可行解,或保留多个最优解,进行多目标决策分析。

(3)对所有目标采用多目标综合决策方法

国内一些研究通过对总出行时间、直达率、道路覆盖率、通车密度、OD 客流完成率和公交公司效益最大 6 项目标进行规范化,用加权求和的方法评价方案的好坏。

对各种形式的目标函数进行分析,并研究相应的规划实例,可知前述各种规划目标是相关的。例如,目标③(采用每车公里的运送的人公里形式)意味着:

a. 在需求决定供给的规划模式下(可不考虑目标①),总出行需求量是已知的,提高运营效率意味着必须缩短路线长度(目标②)。

b. 在变需求的情况下,提高运营效率意味着必须缩短乘客出行时间(即目标②),保证一定的线网密度(目标④),以增大公交竞争力,吸引更多的乘客(目标①)。

目标⑤(OD 客流完成率)可作为约束条件,加入约束集。

可见,路线/线网效率最大是合理的规划目标,即:

$$\max E_R = \frac{B_R}{C_R} \tag{3-25}$$

$$B_R = \sum_{\substack{l\in R\\ i,j\in A}} q_{ij}^l \cdot l_{ij}^l \cdot \delta_{ij}^l \tag{3-26}$$

或

$$B_R = \sum_{\substack{l\in R\\ i,j\in A}} q_{ij}^l \cdot \delta_{ij}^l \tag{3-27}$$

$$C_R = \sum_{l\in R} l_l \tag{3-28}$$

或

$$C_R = \sum^{l\in R} l_l \cdot \frac{Q_l}{c} \tag{3-29}$$

式中:E_R——线网 R 的路线效率;

C_R——线网 R 的系统效益;

B_R——线网 R 的系统费用;

q_{ij}^l——路线 l 上从站点 i 到站点 j 的 OD 客流(通过)量(人);

其余符号含义同前。

线路最短路布设与各目标都有关，且最短路线接近最优解。也在各种线网规划方法中均有所体现。此外，一般都只考虑直达客运量，体现了规划阶段系统的最优思想并简化了计算。

3.4.1.4　城市公交线网规划的约束条件

如前所述，公交线网规划的影响因素及约束条件较多，一般来说，约束条件可分单条路线的约束条件和线网整体的约束条件两类。

(1)单条路线的约束条件

①路线长度

$$l_{min} \leqslant l_r \leqslant l_{max}, I \in R \tag{3-30}$$

式中：l_{max}、l_{min}——路线长度的上、下限(km)；

线路长度与城市的规模、城市居民的平均乘距等有关。路线过长，会增加系统的运营费用；线路过短不利于运营调度，也增加了乘客的换乘次数。现行《城市道路交通规划设计规范》建议线路长度的限值如下计算：

$$l_{max} = v \cdot T_{max} \tag{3-31}$$

式中：v——常规公交的平均营运车速，设为15km/h；

T_{max}——城市95%居民的单程出行时间(min)，按现行《城市道路交通规划设计规范》给出。

按T_{max}值计算得到的公交线路长度如表3-10所示。

最大出行时耗、主要公交方式及常规公交线路的长度上限　　表3-10

城市规模		T_{max}(min)	主要公共交通方式	l_{max}(km)
大	>200万人	60	大、中运量快速轨道交通公共汽、电车	15
	100~200万人	50	中运量快速轨道交通公共汽、电车	11.5
	<100万人	40	常规公交、电车	10
中		35	常规公交	8.75
小		25	常规公交	6.25

l_{min}按运营要求取值约为5km，对于特定的公交线路，其长度有一个最优值。市区公交路线的平均长度是城市的半径(大城市)或直径(中、小城市)，即：

$$\begin{cases} l \approx \sqrt{\dfrac{S}{\pi}}(\text{大城市}) \\ l \approx 2\sqrt{\dfrac{S}{\pi}}(\text{中小城市}) \end{cases} \tag{3-32}$$

或

$$l \approx kL_{bus} \tag{3-33}$$

式中：l——市区公交线路的平均长度(km)；

L_{bus}——城市居民的平均乘距(km)；

k——系数，$k=2 \sim 3$；

S——城市面积(km^2)。

②路线非直线系数

公共交通线路长度与起(终)点站间按道路最短路径长度之比，称为路线的非直线系数，环形线路的非直线系数是相对线路上的主要枢纽点(或最远的两节点)间来衡量的。

$$\left[\frac{l_l}{d_l}\right] \leqslant \left[\frac{l}{d}\right]_{\max} \tag{3-34}$$

式中：l_l——路线 l 的长度(km)；

d_l——线路起(终)点站间空间直线距离(km)；

现行《城市道路交通规划设计规范》规定：

$$\left[\frac{l}{d}\right]_{\max} = 1.4 \tag{3-35}$$

③起终点条件

线路规划中考虑的场站限制条件主要是起终点站位置与用地。

$$S_l \in S \tag{3-36}$$

式中：S_l——路线的起终点；

S——起终点可行集。

路线的起终点可以先确定，也可以选出起终点的可行集，而将其确定纳入路线搜索的过程中。

④路线客运能力

$$Q_t \leqslant Q_{l\max} \cdot r \tag{3-37}$$

式中：Q_t、$Q_{l\max}$——路线 l 的最大流量断面客运量及客运能力(人)；

r——考虑运输能力储备和服务水平影响的系数，可取 $r = 0.85$。

公交路线的单向客运能力与车辆的载客能力、发车频率、站点的形式和通过能力、道路的几何条件、交通条件以及公交客流分布等诸多因素有关。各因素的影响是复杂的，如车辆载客能力因素应根据实际的载客情况和公众的承认程度而定，建议在线网规划中采用经验值，按表3-11取值。

公共交通的路线单向客运能力 表3-11

公共交通方式	运送速度(km/h)	发车频率(车次/h)	单向客运能力(千人次/h)
常规公交	16～25	60～90	8～12
无轨电车	15～20	50～60	8～10
有轨电车	14～18	40～60	10～15

⑤站点中转量约束

$$T_R[i] \leqslant T_{R\max}[i] \tag{3-38}$$

式中：$T_R[i]$、$T_{R\max}[i]$——线网 R 上第 i 节点的中转乘客量和最大中转乘客能力(人)。

常规公交线路主要是上客量限制，建议中间站的上客量在180～450人(高峰小时)之间，起点站上客量在500～2 000人(高峰小时)之间，与车型发车间隔等有关。

⑥道路通行能力

$$\sum_{l \in R} \frac{Q_l}{C} \cdot \eta^l \cdot \beta_a \cdot \delta_a^l \leqslant C_a, \forall a \in A \tag{3-39}$$

$$\delta_a^l = \begin{cases} 0, & \text{线路 } l \text{ 经过路段 } a \\ 1, & \text{否则} \end{cases}$$

式中：η^l——路线 l 上常规公交的车型换算系数(当量小汽车单位)；

β_a——路段 a 的常规公交车辆占用系数，$\beta_a = 1$ 时为常规公交专用道路；

C_a——路段 a 的道路通行能力(当量小汽车单位)；

其他符号同前。

⑦线路的断面流量均衡性约束

线路 I 的断面客流不均衡系数 μ_I 定义为线路中最大断面客流量 Q_I 与平均断面客流量 $\bar{q}_I$ 之比，即：

$$\mu_I = Q_I \Big/ \bar{q}_I \tag{3-40}$$

一般情况下，μ_I 不宜超过 1.5。

⑧复线条数

在规划中采用复线条数约束是对公交路线的分布均匀性、站点停靠能力的综合考虑。一条道路上设置的路线数：

$$N_a \leqslant 3 \sim 5 \tag{3-41}$$

式中：N_a——路段 a 的路线条数。

也可采用线网的重复性指标 η 来反映线网整体的路线重复情况，若 η 较小，则线网分布较均匀。

$$\eta = \frac{\sum\limits_{I \in R} l_I - \sum\limits_{a \in A} l_a \cdot \delta_a^R}{\sum\limits_{I \in R} l_I} \tag{3-42}$$

$$\delta_a^R = \begin{cases} 0, & \text{线路 } R \text{ 经过路段 } a \\ 1, & \text{否则} \end{cases}$$

式中：l_a——线段的长度（km）。

（2）线网整体的约束条件

线网整体的约束条件除对单条路线的综合约束（如线网平均路线长度、平均路线非直线系数、线网重复性指标、场站布置的协调等）外，还应考虑线网密度、乘客换乘系数、线网的车站服务面积率、居民出行时耗、车辆保有量等指标。

①线网密度

公交线网的密度是指城市有公交线路服务的每平方公里用地面积上有公交线路经过的道路中心线的长度，它反映了居民接近线路的程度。常规公交保有量一定，公交线网密度过高或过低，都会造成非车内出行时间（候车时间与步行时间）的增加，公交线网密度在 2.5km/km² 左右时，非车内时间最短，如图 3-33 所示；当线路发车间隔固定时，候车时间接近常数，线网密度可增至 4km/km²，但增加线网密度必须增加常规公交保有量，否则候车时间增大，如图3-34所示。

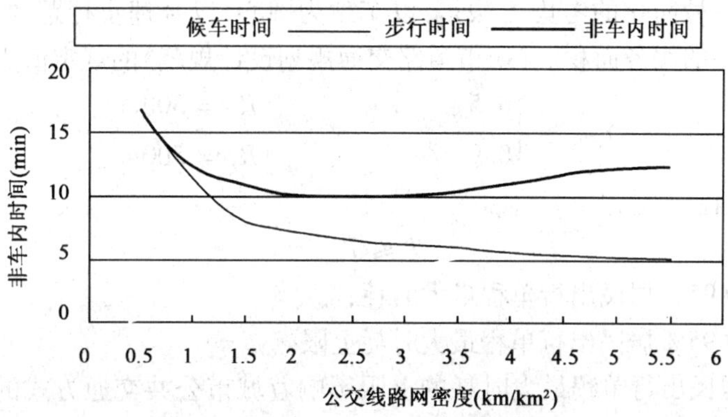

图 3-33　公交线网密度和非车内出行时间

现行《城市道路交通规划设计规范》中线网密度的下限为：

$$\beta_{\min} = \begin{cases} 3 \sim 4(\mathrm{km/km^2})(\text{市中心区}) \\ 2 \sim 2.5(\mathrm{km/km^2})(\text{市边缘区}) \end{cases} \tag{3-43}$$

线网密度受道路网密度的影响，通常用公交线网的道路网覆盖率来衡量线网在道路网上的密度。规划区的公交线网的道路网覆盖率为：

$$D_m = \frac{l_{Rm}}{l_{Am}} \tag{3-44}$$

式中：D_m——第 m 区公交线网的道路网覆盖率；

l_{Rm}——第 m 区公交路线长度(km)；

l_{Am}——第 m 区道路网长度(km)。

线网密集度反映公交线网分布的均衡性：

$$\delta = \frac{\left[\frac{\sum_{m-1}^{z} D_m - \overline{D}}{z-1}\right]}{\overline{D}} \tag{3-45}$$

式中：δ——城市的线网密集度，δ 较小，说明线网分布较均匀；

$\overline{D}$——所有小区公交线网的道路网覆盖率的平均值；

z——小区总数。

②乘客换乘系数

一般情况下，城市居民单程出行的换乘次数不超过 3 次。现行《城市道路交通规划设计规范》中整个网络平均换乘系数为：

$$\overline{X} \leqslant \begin{cases} 1.5 & (\text{大城市}) \\ 1.3 & (\text{中、小城市}) \end{cases} \tag{3-46}$$

③线网的车站服务面积率

$$\gamma_R = \frac{S_R}{S} \geqslant \gamma_{\min} \tag{3-47}$$

式中：γ_R、$\gamma_{\min}$——线网 R 的车站服务面积率和最小允许服务面积率；

S_R——线网 R 的常规公交站的服务面积($\mathrm{km^2}$)；

S——城市用地面积($\mathrm{km^2}$)。

常规公交站的服务范围一般是指车站合理步行区范围，与居民出行点的分布和通向车站的道路路径有关，一种简化的考虑方法是：以车站为圆心，以合理步行距离(服务半径 R_s)画圆，圆面积即为车站的服务面积。《城市道路交通规划设计规范》的规定值为：

$$\gamma_{\min} \leqslant \begin{cases} 0.5 & R_s = 300\mathrm{m} \\ 0.9 & R_s = 500\mathrm{m} \end{cases} \tag{3-48}$$

④居民出行时耗

$$T \leqslant T_{\max} \tag{3-49}$$

式中：T——城市中 95% 居民出行单程最大时耗；

$T_{\max}$——城市中 95% 居民出行单程最大时耗上限。

城市中 95% 居民出行单程最大时耗的上限影响着城市公共交通方式的选取，现行《城市道路交通规划设计规范》中单程最大时耗的上限与交通方式的关系如表 3-10 所示。

⑤常规公交车辆保有量

按现行《城市道路交通规划设计规范》的要求，常规公交车辆保有量应满足：

对大城市

$$\frac{1}{1\ 000} \leqslant \frac{N_R}{P} \leqslant \frac{1}{800}[0,1] \tag{3-50}$$

对中小城市：

$$\frac{1}{1\ 500} \leqslant \frac{N_R}{P} \leqslant \frac{1}{1\ 200} \tag{3-51}$$

式中：P——城市人口数；

N_R——线网 R 的常规公交车辆数(折算为标台数)。

总之，线网规划中需考虑的约束条件很多，可分为对单条路线的约束和线网整体的约束两类，前者需在逐条布线的过程中需考虑每一路线，后者需在线网形成或线网客流预测后(即在评价过程中)考虑。

3.4.1.5 公交线网规划算法

(1)单条路线规划

组成线网的公交路线常有现状路线、经验布设路线、各种最短路线、实际或最优分配客流拟合路线、搜索规划路线以及它们的合并、组合和延长路线等。其中，搜索路线是通过对所有可能路线进行优选获得，从理论上说是最好的，且便于计算机实现；最短路线大大简化了路线，且符合路线布设的要求。这里介绍在小区邻接网络上的路线搜索法，在道路网络中的搜索方法与此类同。

①路线搜索法

路线搜索法的基本原理是：从起点(交通区)出发，向其所有邻接交通区扩展，再以各邻接交通区为新起点，继续向所有邻接交通区作连续的扩展，直至到达路线长度限制。对到达的每一节点，考虑约束条件和目标函数，从而求得满足约束条件的所有可能路线中，效率最大的一条或几条路线。这实际上是一个以起点为根点，在交通区邻接网络中进行树状搜索的过程，如图 3-34 所示。

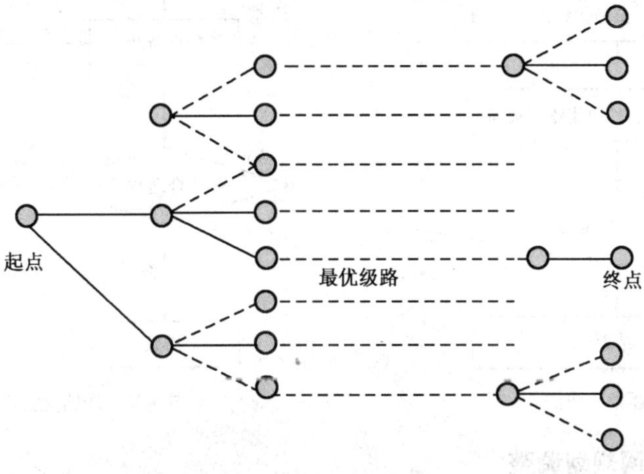

图 3-34 线路搜索法示意图

该方法是典型的人工智能搜索方法,搜索法属于 NP 算法(Nonpolynomially-Bounded Algorithms)。在具体操作时,可以建立启发函数,加快搜索,对起终点均已确定的情况,还可以进行双向搜索。

一种减少计算复杂度的简化算法是:每搜索一步即以当前最优路线为最后结果,而不进行搜索的递归,称之为"简化搜索法",这种方法属于 P 算法(Polymomiallly-bounded Algorithm)。

②路线效率递推公式

路线搜索的过程中,到达某一节点时,当前路线效率的递推计算公式为:

$$A_R(1,1)=0,E_R(1,1)=0;$$

$$A_R(1,i)=A_R(1,i-1)+\sum_{j-1}^{i-1}q_R(i,j)\cdot\delta_R(i,j)+\sum_{j-1}^{i-1}q_R(j,i)\cdot\delta_R(j,i)$$

$$E_R(1,i)=\frac{A_R(1,i)}{l_R(1,i)}; \tag{3-52}$$

式中: $A_R(i)$——路线 I 从起点到节点 i 的客运(周转)量(人公里);

$q_R(i,j),q_R(j,i)$——从节点 $i(j)$ 到节点 $j(i)$ 的客运(周转)量(人公里);

$E_R(i)$——路线 I 从起点到节点 i 的路线效率(人);

$I_R(i,j),I_R(j,i)$——路线 I 上从节点 $i(j)$ 到节点 $j(i)$ 的长度(km);

$\delta_R(i,j),\delta_R(j,i)$——节点 $i(j)$ 和 $j(i)$ 间的方式竞争参数,对最短路路径选择,有:

$$\delta_R(i,j)=\begin{cases}1,t_R(i,j)=l_R(i,j)/V_I\leqslant t_c(i,j)=I_c(i,j)/V_I\\0,t_R(i,j)=l_R(i,j)/V_I>t_c(i,j)=I_c(i,j)/V_I\end{cases} \tag{3-53}$$

(2)线网整体规划

线网整体规划是从整体最优出发对线网进行规划。对于整个公交线网所有可能布线形式的搜索,计算量太大,难以实现。一般是通过逐条布线法、路线优选/淘汰法以及路线组合优选法组成线网,通过路线的合并、组合和延长等方法进一步规划,并考虑实际条件进行调整。逐条布线法、路线优选/淘汰法(如图 3-35、图 3-36 所示)都不能同时考虑全部路线。

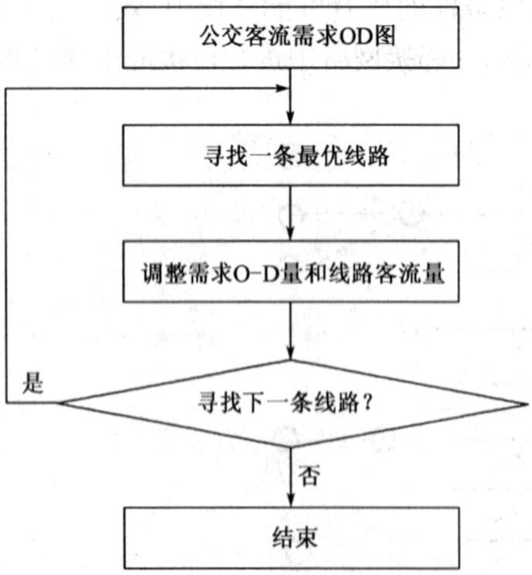

图 3-35 逐条布线法

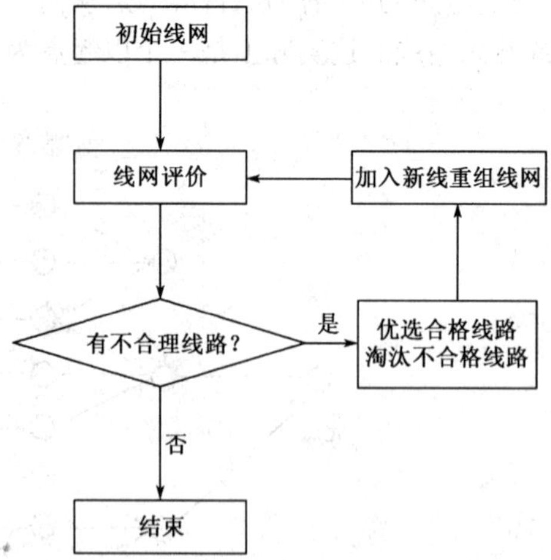

图 3-36 线路优选/淘汰法

3.4.1.6 公交线网规划调整

公交线网规划调整的意义在于:

(1)对于近期规划,一般只能部分地改变现状线网,因此需根据现状网络对线网的规划方案进行调整。

(2)线网生成中,顺序地每次考虑一条或几条路线的规划,因此得到的结果并不是线网整体最优,如逐条布线法对后布设的路线是不利的,可能是不良路线。

(3)规划过程中难以考虑全部约束条件,如对整个线网的约束及与客流量有关的约束需在线网客流分配后考虑,由此可能会要求进行线网规划调整。

(4)在交通需求分布基础上进行的网络规划引入了大量的假设条件,得到的是模型的最优解,而非实际最优解。且交通需求受供应(线网布设)的影响,考虑这些因素也要对线网进行调整。

根据规划调整的目标,可按最差线路调整法和最大改进调整法(图3-37)进行调整,每次可以调整一条线路,也可以调整多条线路。

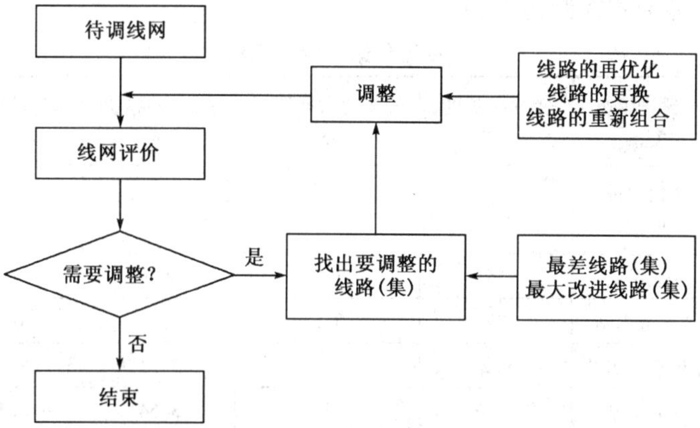

图3-37 线路调整法的流程

线路规划即将要调整的线路从线网中去掉,重新搜索规划线路;线路更换即在备选线路集中,选出最适合的线路代替要调整的线路;线路调整即将几条线路组合生成新的线路以改进原有较差的线路。综合采用以上方法,用重复线、穿城线(增加直捷性)、绕行线(避开不利道路)、改变走向、连接和分割等方法进行现状线网的调整及对未来公交网络的规划。

3.4.2 常规公交场站规划

3.4.2.1 公交场站规划的标准

公交场站根据服务对象与服务功能,可分为起(终)点站、中间站、停保场等。其中起(终)点站包括一般终点站、服务性终点站、枢纽站、总站和停车场等类型。实际上,一处站场往往同时具备多个功能而形成综合场站。常规公交场站的规划应结合城市规划的合理布局、计划用地进行,做到保障城市公共交通畅通安全、使用方便、经济合理的要求。

1)起(终)点站

(1)一般终点站

一般终点站指1~2条线路的首站或末站,应配置驾售人员休息室、停靠泊位、候车站台、行车道(回车道)、蓄车位和绿化面积,其建设规模根据所服务的车辆数确定,用地面积可按每车 50～100m² 控制。终点站必须有标志明显、严格分离的出口和入口。1 条线路首、末站布置 2～3 个泊车位。1 个候车站台宽度不小于 2.0m，长度不小于 50m。

按照常规公交车辆夜间全部进场停放的要求，首、末站只考虑线路运营必需的停车位和蓄车位，无需考虑夜间常规公交车辆停放面积。

一般公交线路首、末站停靠泊位形式有线性停靠泊位和锯齿形泊位（独立进出站）两类。对于线性停靠泊位，常规公交车辆进出站有非独立进出站、独立出站和独立进出站 3 种规则。车辆非独立进出站时，车辆间的安全间距约为 1.0m；独立出站时，车辆间的安全间距约为 3.0m；独立进出站时，车辆间的距离应使得车辆整个车身能够平行并靠近站台（≤0.25m）停靠。

对于不同泊位形式，一辆 10～12m 车长的公交车停车所需要的最小停靠面积见表 3-12。线性泊位非独立进出站车辆停靠面积不小于 80m²，独立进出站车辆停靠面积不小于 155m²；锯齿形泊位车辆停靠面积控制为 120m²。

公交泊位最小停靠面积 表 3-12

泊位形式		车辆进出站关系	停靠位长度（m）	停车道占地宽度（m）	站台占地宽度（m）	单位停靠宽度（m）	单位停靠面积（m²）
线性泊位	非倾斜式	非独立进出站	13	3.5	2.5	6.0	78
		独立出站	15	3.5	2.5	6.0	9.0
		独立进出站	25	3.5	2.5	6.0	150
	45°倾斜	非独立进出站	9.2	5	3.54	8.54	79
		独立出站	10.6	5	3.54	8.54	91
		独立进出站	17.1	5	3.54	8.54	152
锯齿泊位			20	3.5	2.5	6.0	120

注：①独立进出站前车车尾与后车车头间距取 13m。锯齿形泊位行驶车道宽度取 4.0m，前车车尾与后车车头间距取 8.0m。
②单位停靠宽度＝停车道占地宽度＋站台占地宽度；单位停靠面积＝停靠位长度×单位停靠宽度。

（2）服务性终点站

服务性终点站是一种将车辆掉头、常规公交停放与上下客、候车和调度用房等多种设施合在一起的小型站场，需要容纳若干线路。通常为 2～4 条线路提供终点作业服务，其发车港湾通道一般不超过 4 条，最小用地要求为 2 000m²。

服务性终点站通常由停车坪、回车道（兼站内行车道）、生产调度及生活性建筑、候车廊、简单维修位及绿地等组成。设施与用地规模应根据营运线路所配营运车辆数量、线路多少及站的等级确定。服务性终点站用地面积按每标准车 90～100m² 计，另加回车道、候车廊等面积，绿化用地按占全站用地的 15% 控制。

（3）枢纽站

枢纽站为 3 条以上主要公交线路的起（终）点站，或与其他重要交通设施的交会处。多条公交线路交会处也应设公交枢纽，并停备部分车辆。

一般情况下，枢纽站至少要设置 4 条发车通道，其中至少有一条要加宽以便超车。应该提供调度室、用餐与停车区及其他辅助设施。枢纽站平均每标准车用地 120m²。香港的成熟时交通设施规划标准中，要求枢纽站最小用地为 4 000m²。表 3-13 为公交枢纽最小用地面积。

公交枢纽最小用地面积　　表 3-13

枢纽站	停靠位数	首末站线路数	公交用地面积（m^2）	其他面积（m^2）	合计（m^2）	绿化面积（m^2）	总计（m^2）
首末站	3(1 个发车位、2 个蓄车位)	18	7 128	720	7 848	1 385	9 233
		10	3 960	400	4 360	769	5 129
		5	1 980	200	2 180	385	2 565
		3	1 188	120	1 308	231	1 539
		1	396	40	436	77	513
途经站	1	—	234	0	234	41	275
	2	—	315	0	315	56	371
	3	—	396	0	396	70	466

注：①根据规范，绿化按照总面积 15% 计算预留。

②其他面积包括调度室、休息室等。

③途经线路按 3 条线路共用一条候车廊计算，候车廊所需停靠位 2 ~3 个。

④根据地铁出入口到公交站点步行距离控制在 50 ~100m 的要求，公交用地面积不应大于 9 500m^2。

(4)公交总站

公交总站可分为两类：一类仅具备客运服务功能，通常设在城区人流集散点和主要的运输枢纽，便于为就业、购物或娱乐活动提供服务，为与其他交通方式的换乘提供方便；另一类总站除客运服务功能以外，还兼具管理指挥功能，与停车场、停保场等形成大型公交综合场站，一般用地在 4km^2 以上。

一个常规公交总站应包括至少 8 条发车港湾通道，其中有 2 条通道应加宽，以便让始发车超越停车。此外还必须提供驾售人员用餐时的车辆停放区、调度室、员工餐厅、公共卫生间及其他配套设施，用地不小于 8 000m^2。用地紧张的大城市，综合车场用地每标准车应不小于 200m^2，规范规定车场用地按每辆车 150m^2 计，另加 6 000m^2 的保修、办公、洗车、测试、油库等场地。

2)中间站

公交线路中间站有一般路边停靠站和港湾式停靠站两种。站台长度由途经线路数和高峰时段停靠车辆数确定。停靠站选址应充分考虑乘客上下车和换乘方便，选择在客流集散点附近。一般停靠站应纳入城市道路、交通工程项目统一规划、建设，在规划上不要求预留用地。

路边停靠站用站牌确定停车站位置，也可以采用标线固定停靠站位。为保证常规公交车辆出站的便利性，可在车站前方设禁停标线。路边停靠站一般上、下行错开，但不宜超过 50m。如果道路宽度大于 22m，可以不错开。如果有停车廊，长度为 1.5 ~2 倍车长，宽度不小于 1.2m。路边停靠站可以用划分线路的方式规定站位和优先进入行车道。

港湾式停靠站主要设置在交通性干道，以减小对动态交通的影响。港湾式停靠站的规模由常规公交乘客需求量决定，香港现行的标准是港湾式通道不小于 21m ×6m，以便超越停候车及消防车作业。港湾式停靠站有深港湾和浅港湾两种，其区别是站位是否占用行车道。在以下几种情况下，应设置成港湾式停靠站：机非混行的道路，且机动车只有一车道，非机动车的流量较大(1 000 辆/(m · h))，人行道宽度不小于 7.0m 时；机非混行的道路，高峰期间机动车饱和度大于 0.6，且非机动车饱和度也大于 0.6，人行道宽度不小于 7.0m 时(准港湾停靠站，非机动车交通流在驶进公交停靠站时上人行道行驶)；机动车专用道路，外侧流量较大(不小于该车道通行能力一半），且外侧机动车道与人行道总宽度不小于8.25m时；沿分隔带设置的公交停靠站，最外侧机动车道与分隔带总宽度不小于7.0m时。

3）公交停保场

公交停保场指用于常规公交车辆下班后停放及进行等级保养和维修的场地，停保场规划每标准车用地为150m²。其担当营运车辆的高级保养任务及相应的配件加工、燃料储备、存取等任务。保养场可分为大中型、小型两种，小型保养场年保养能力200辆，大中型保养场保养能力为500辆左右，大中型车场每标准车用地200～250m²，小型保养场每标准车用地250m²。

此外，公交营运公司还应设有培训场，主要培训公交驾驶、修理、管理等方面的技术人员。培训场配有办公楼、教学楼、宿舍、驾驶教练场地、修理试验场地及其他生活设施。

3.4.2.2 常规公交起（终）点站规划

（1）起（终）点站规划原则：

①公交起（终）点站的设置应与城市道路网的建设及发展相协调，宜选择在紧靠客流集散点和道路客流主要方向的同侧；

②公交起（终）点站的选址宜靠近人口集中、客流集散量较大而且周围留有一定空地的位置，如居住区、火车站、码头、公园、文化体育中心等，使大部分乘客处在以该站点为中心的服务半径范围内（通常为350m），最大距离不超过700～800m；

③起（终）点站的规模应按所服务的公交线路所配营运车辆的总数来确定。一般配车总数（折算为标准车）大于50辆的为大型站；26～50辆的为中型站；小于26辆的为小型站；

④与公交起、终站点相连的出入口道应设置在道路使用面积较为富裕、服务水平良好的道路上，尽量避免接近平面交叉口，必要时出入口可设置信号控制，以减少对周边道路交通的干扰。

（2）公交起（终）点站布局规划方法

①公交起（终）点站选址模型

公交起（终）点站根据其规划原则，主要设置在公交客流比较集中的地方，一般会有几个备选地址，以集散客流从公交起（终）点站至各自目的地的时间最小为目标建立选址优化模型，确定起（终）点站的选址，模型如下：

$$\min T_A = \sum_P T \tag{3-54}$$

式中：T_A——居民按正常行走速度从公交起（终）点站到目的地的总出行时间（min）；

T——单个乘客的总出行时间（min）；

P——公交起（终）点站集散客流量。

②公交起（终）点站规模确定

公交起（终）点站的用地规模主要取决于该站点服务公交线路的配车数、线路公交车辆夜间停放率等因素，应该在同时满足公交车辆运行和提供夜间车辆停放用地需求时，选择两者中取值较大的，模型建立如下：

$$d_1 = \max\{W \cdot D_1, W \cdot r_1 \cdot D_2\} \cdot r \tag{3-55}$$

式中：d_1——公交起（终）点站的用地规模（km²）；

W——公交起（终）点站服务线路的总配车数（每标准车）；

D_1——每标准公交车对起（终）点站的用地需求（km²/标准车）；

r_1——夜间停放在公交起（终）点站中的比例（%）；

D_2——每标准公交车队停车场的用地需求(km^2/标准车);

r——用地规模修正系数。

3.4.2.3 常规公交中间站规划

(1)常规公交中间站规划原则

①中间站应设置在公共交通线路沿途所经过的各主要客流集散点上;

②中间站应沿街布置,站址宜选择在能按要求完成车辆的停和行的两项任务的地方;

③交叉口附近设置中间站时,一般设在距交叉口50m以外,在大城市车辆较多的主干道上,宜设在100m以外;

④中间站的站距受乘客出行需求、常规公交车辆的运营管理、道路系统、交叉口间距和安全等多种因素的影响,应合理选择,平均站距在500~600m之间,市中心区站距宜选择500m,城市边缘地区和郊区的站距宜选择600m;百万人口以上的特大城市,站距可大于600m;不同的车辆类型和区域条件下站间距范围如表3-14所示。

典型的车型与站距分类表

表3-14

常规公交车辆与服务类型	最大设计速度(km/h)	站台速度(km/h)	站间距(直线距离)(m)		
			CBD地区	非CBD地区	
				传统系统	现代系统
市内常规公交	80~105	13~23	150~300	150~200	300~460
区域性常规公交	80~105	20~30	150~300	360~900	600~1 500
快速常规公交	80~105	25~50	*	1 200~9 000	1 500~4 500
有轨系统	65~95	13~25	150~300	150~250	300~460
轻轨系统	80~105	25~55	300~600	—	600~1 500
地铁系统	80~110	25~55	300~750	500~1000	1 000~2 500
区域快速MRT	110~135	55~90	600~900	—	1 800~9 000

*注:通常只有1~2个首末站在CBD或与CBD相连。

(2)中间站布局规划方法

中间站的规划主要是对中间站间距的研究。一般而言,较长的车站间距可提高常规公交的平均运营速率,并减少乘客因停车造成的不适,但乘客从出行起点(终点)到上(下)车站的步行距离增大,并给换乘出行带来不便;站间距缩短则反之。最优站间距规划的目标是使所有乘客的"门到门"出行时间最小。

中间站间距的规划主要考虑乘客总出行时间,并与车辆性能和运营要求有关。对于大容量捷运交通(MRT)系统,车站的造价也是一个重要的影响因素。进行中间站间距规划还应考虑间距对需求的影响和各种客运交通方式之间的协调。从长期的影响来看,站间距的增大会使乘客短途出行量减少,吸引长距离的出行。这里介绍一条线路上,使所有乘客出行时间最小的站间距的求解问题。

①最优站距目标函数

进行公交中间站最优站距的规划是以线路上乘客总出行时间最小化为目标,模型可表达为:

$$\min T_A = \sum_P T \tag{3-56}$$

式中:T_A——线路上所有乘客的总出行时间(min);

T——单个乘客的总出行时间(min);

P——线路上所有乘客的集合。

如考虑与站距有关的主要出行时间,则有:

$$T = T_1 + T_2 + T_R + T_S \tag{3-57}$$

式中:T_1——由出行起点到上车站的步行时间(min);

T_2——由下车站到出行终点的步行时间(min);

T_R——出行途中常规公交的行驶时间(min);

T_S——出行途中常规公交的停车时间(min)。

②模型约束变量分析

a. 常规公交的行驶时间

常规公交行驶时间可由下式表达:

$$T_R = K\left(T_P + T_{\text{IN}} + \frac{D_S + L_A + L_D}{v_N}\right) \tag{3-58}$$

式中:K——常规公交途中经过的车站数;

T_P——乘客上、下车完成后,常规公交驾驶员的操作反应时间及车辆启动时间(s);

T_{IN}——车辆进出站受干扰的延误时间(s),与道路交通状况、车站类型和使用车站线路数量有关;

D_S——公交路线的站间距(m);

L_A——车辆加速到正常速度所需行驶的距离(m);

L_D——车辆由正常速度减速至静止所需行驶的距离(m);

v_N——常规公交的正常行驶速度(m/s);

b. 常规公交的停车时间

常规公交的停车时间 T_S 受车辆上、下乘客数和乘客上、下车时间的影响较大,计算公式可表达为:

$$T_S = \sum T^U + \sum T^D = \overline{T^U} \cdot \sum_{i=n}^{m} P_i^U + \overline{T^D} \cdot \sum_{i=n}^{m} P_i^D \tag{3-59}$$

式中:T^U、T^D——一个乘客的上下车时间(min);

P_i^U、P_i^D——站点 i 的上、下乘客数(人);

n、m——乘客出行的起点、终点站,$m > n$;

$\overline{T^U}$、$\overline{T^D}$——乘客上、下车的平均时间(min),与站台的高低、车门大小、售票方式等有关,取值参见表3-15和表3-16。

典型的上/下车时间 表3-15

上/下车	站台条件	售票条件	上车时间(每通道乘客)(s)
上车	高站台	站台入口处售票	1.0
		站台出口处售票	2.0
	低站台	单个硬币或代用券	3.0
		多硬币	4.0 +
		预付车费,上车时检票	4.0 ~ 6.0
		上车买票	6.0 ~ 8.0 +

续上表

上/下车	站台条件	售 票 条 件	上车时间(每通道乘客)(s)
下车	高站台	车门处不检票	1.0
		车门处检票	1.7
	低站台	检票或办理转车手续	2.5 - 4.0

* 注:每通道宽 55 ~ 60cm,假设每通道平等的利用。

多车门上/下车时间统计值 表 3-16

车门数(上/下车)	每乘客上/车时间(s)	车门数(上/下车)	每乘客上/车时间(s)
一个车门	1.5	三个车门	0.7
二个车门	0.9		

c. 乘客到/离站时间

乘客按出行时间最小选取上、下车站,如图 3-38 所示。

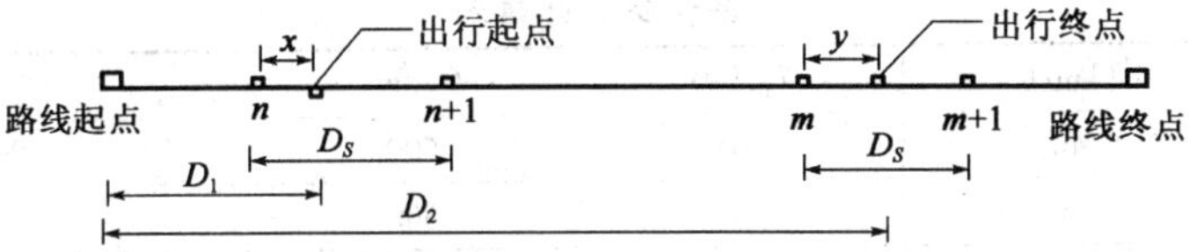

图 3-38 乘客的上、下车站示意图

乘客到、离公交站点的最短出行时间为:

$$T_1 = \min\left(\frac{D_S - x}{v_M}, \frac{x}{v_M} + T_P + T_{\text{IN}} + \frac{D_S + L_A + L_D}{v_N}\right) \tag{3-60}$$

$$T_2 = \min\left(y/v_M, \frac{D_S - y}{v_M} + T_P + T_{\text{IN}} + \frac{D_S + L_A + L_D}{v_N}\right) \tag{3-61}$$

式中:T_1、T_2——乘客到、离公交站点的最短出行时间(s);

X——乘客出行起点到终点 n 的距离(m);

Y——乘客出行终点到站点 m 的距离(m);

v_M——乘客的步行速度(m/s);

$n, n+1$——与乘客出行起点相邻的连续两公交站点序列;

$m, m+1$——与乘客出行终点相邻的连续公交站点序列,$m > n+1$;

其余符号含义同前。

d. 总时间计算

总时间为乘客到离公交站点的时间与常规公交行驶时间之和,可表达为:

$$T = \min\left(\frac{D_S - x}{v_M}, \frac{x}{v_M} + T_P + T_{\text{IN}} + \frac{D_S + L_A + L_D}{v_N}\right) + (m - n - 1)\left(T_P + T_{\text{IN}} + \frac{(D_S + L_A + L_D)}{v_N}\right) + \min\left(y/v_M, \frac{D_S - y}{v_M} + T_P + T_{\text{IN}} + \frac{D_S + L_A + L_D}{v_N}\right) \tag{3-62}$$

式中各符号含义同前。

e. 决策变量 D_S 的约束条件

实际计算中,公交站点间距 D_S 有上下限的约束:

$$D_{S_{\min}} \leqslant D_S \leqslant D_{S_{\max}} \tag{3-63}$$

其中,考虑乘客到常规公交站的最大容忍步行距离,令:

$$D_{S_{\max}} = 2R_S \tag{3-64}$$

式中:R_S——公交中间站的服务半径(m)。

另外,站距不应小于车辆加速达到正常运营速度再减速停止所需的最小行驶距离,假定加速度与减速度相同,则 $D_{S_{\min}}$ 可表达为:

$$D_{S_{\min}} = v_N(v_N/a + T_P + T_{IN}) \tag{3-65}$$

式中:a——加速度(m/s^2),设车辆尽快地加速,考虑站立乘客的安全与舒适的要求,通常有 $a \leqslant 1.52m/s^2$;

其余符号含义同前。

③中间站布局规划实例计算

公交路线站间距的规划常用模拟搜索的方法确定。假设乘客沿路线均匀分布,$v_M = 1.22m/s$,$T_P = 3.7s$,线路总长度为10km,计算得到的最优站距如表3-17所示。

最优站距计算表 表3-17

序　号	v(km/h)	T_{IN}(s)	D_S(m)	停车情形假设
1	40	0	500	公交专用道
2	40	5	500	港湾式停车
3	40	8	560	港湾式停车
4	40	10	600	路边停车
5	40	12	640	路边停车
6	40	15	680	路边停车
7	40	20	800	路边停车
8	40	40	1 050	路边停车
9	40	60	1 150	路边停车
10	25	20	650	混行、干扰较多
11	25	30	800	混行、干扰较多
12	80	5	700	公交专用路

可见,车辆行驶速度越快,站间距越大;停车干扰较多时,站间距也将增大。若考虑停车成本(如轮胎磨损、耗油等)与空气污染等因素,站距还会增大。此外,具体规划是还需根据道路条件、交叉口位置调整站点的具体位置。

由以上结论可知,公交路线站距过大,使非车内时间增加,反之则车内时间增加。以所有乘客的出行时间最小为目标,可求得最优站距值。

3.4.2.4 公交停保场规划

1)规划原则

停保场是为线路营运车辆下班后提供合理停放空间的必要设施,并按规定对车辆进行低级保养和重点小修作业,同时承担车辆的高级保养和检修任务及相应的配件加工、材料和燃料的储存、分发等工作,是用来保证公交车辆高效、安全运行的。公共交通车辆停保场布局规划,主要涉及合理规模的确定和场址的正确选择。确定其合理规模的主要原则如下:

①在近期内是车辆保养工作量与保养维修能力基本平衡;

②高级保养作业要相对集中,低级保养作业要相对分散,以便能提高保养装备的水平和综合维修的能力,又便于及时、就地进行车辆的日常维护和检查。同时还可以节省一次性投资和

经营费用。

正确选址的原则，需在车辆行驶里程最小的前提下，综合考虑以下条件：

①根据城市建设总体规划，公交线网规划及停保场的规模，在市区中间地带提供多个可供选择的场地，以便择优；

②场址应远离居民生活区，避免公共汽车噪声、尾气污染对居民的直接影响；

③场址要避开城市主要干线和铁路线，避免与繁忙交通线交叉，以保证车辆停保场出入口的顺畅；

④被选地段最好有两条以上的城市道路与其相通，保证在道路阻塞或其他意外事件发生的条件下，能使公交车进出停保场和完成紧急疏散；

⑤选择地块的用地面积要为其后续发展留有余地，同时又不至于形成对附近街区未来发展的影响。

2）停保场的布局规划

（1）停保场的选址模型

设有 n 个需求点 r 它们各自的坐标是(x_j, y_j) $(j=1,2,\cdots,n)$，公交枢纽的坐标为(x_0, y_0)。用重心法求得的最适合的$(x_1^\Lambda, y_1^\Lambda)$

$$x_1^\Lambda = \frac{\sum_{j=1}^{n} r_j W_j / d_j}{\sum_{j=1}^{n} r_j W_j / d_j}, y_1^\Lambda = \frac{\sum_{j=1}^{n} r_j W_j x_j / d_j}{\sum_{j=1}^{n} r_j W_j / d_j} \tag{3-66}$$

式中：W_j——公交枢纽和各交通小区间的客流量；

d_j——从公交枢纽到各交通小区的直线距离；

r_j——从备选公交枢纽到备交通小区的平均速率（速度的倒数，即单位距离所需要的时间）。

重心法的算法比较复杂，可采用迭代法计算，其关键是给出枢纽的初始位置，将整个交通区域的重心作为初始地点。在实际应用中也可以采取任选初始地点的方法，还可以根据各交通小区的位置和客流分布情况选取初始地点。尽管初始地点的确定方法并没有统一规则，但根据地理重心来确定初始地点还是相对比较合理的，这可以减少计算量、降低盲目性。具体算法如下：

①列出符合条件的公交 OD 矩阵；

②选取地理图形任何一点（常选地理重心）为备选枢纽地点(x_0, y_0)；

③确定从公交枢纽到各交通小区的直线距离；

④确定从备选公交枢纽到各交通小区的平均速率（速度的倒数，即单位距离所需要的时间）；

⑤将上述各量带入式(3-66)，求得$(x_1^\Lambda, y_1^\Lambda)$；

⑥反复迭代，直到$(x_i^\Lambda, y_i^\Lambda)$与$(x_{i-1}^\Lambda, y_{i-1}^\Lambda)$的坐标值相差很小（在一个交通小区内）为止。

（2）公交停保场的用地规模

公交停保场的用地规模主要取决于营运车辆数、保养率和故障率。计算公式如下：

$$d_2 = W_1 \cdot r_2 \cdot D_2 \cdot r \tag{3-67}$$

式中：d_2——公交停保场的用地规模（km^2）；

W_1——公交服务线路营运车辆数（标准车）；

r_2——公交停放比例、保养率和故障率之和（%）；

D_2——每标准公交车对停保场的用地需求(km^2/标准车)；

r——用地规模修正系数。

3.5 城市其他客运交通系统规划

城市其他客运交通系统包括了出租车、小汽车、非机动车等，它们是城市客运交通的重要组成部分，其中出租车属于城市公共交通系统的次级组成部分，小汽车和非机动车构成城市客运私人交通，它们是城市客运交通的辅助形式。在积极和大力发展公共交通的宏观政策引导下也需要高度关注私人交通系统的规划和发展。

3.5.1 出租车

作为公共交通的组成部分，出租车以其舒适、便捷、方便等特点吸引着大量的城市出行者，但是城市道路资源、能源消耗、空间资源、环境制约等都对出租车的拥有和使用造成了限制，因此需要对城市出租车合理规模和停靠站进行规划，为城市居民提供安全、舒适、高效的出租车乘坐环境。

3.5.1.1 出租汽车合理规模的确定

1)出租车拥有量影响因素

(1)城市性质和城市职能

《中华人民共和国城市规划法》中规定，城市各项建设和各项事业的发展，都要服从和体现城市性质和职能的要求。城市客运发展政策应根据城市的性质和职能来制定，这必然会影响出租汽车行业的政策导向。城市第三产业发展情况则会直接影响出租车需求。比如，城市人口中从事商业和服务业等工作的人就要比从事各种工业工作的人选择出租车出行的概率高。因此城市性质和城市职能是影响城市出租车拥有量的重要因素。城市性质和城市职能可用第三产业所占比重等指标来衡量。

(2)社会经济发展水平

正如城市规划是城市社会经济发展水平的集中反映一样，出租车交通规划的制订和实施，也必须和城市社会经济发展水平相适应。

交通运输的发展促进了社会经济的发展，社会经济的发展对交通运输又不断提出新的要求。人们出行需求的多层次差异性日益突出，已不再满足于简单地实现空间位移，而更加强调门对门的以"方便、准时、安全、舒适"为标准的运输需求，出租车正是以此为标准的运输方式。由于生活水平的提高，人们支付能力增强，有更多的人选择出租车出行。这一切都为出租车供给的增加提供了条件。社会经济发展水平可用地区生产总值、人均消费性支出等项指标来衡量。

(3)城市规模和城市布局

不同城市规模及城市用地面积和状况决定了不同的城市道路网的规模和分布形态。城市规模的扩大，导致城市空间的扩大，从而使得居民出行距离线性增长，使中长距离的出行在城市居民总体出行中所占的比重越来越大，一定程度上影响着居民出行方式的选择。而现有常规公交的运行速度低，不能满足人们的"准时"要求，迫使一部分人转向出租车，使得出租车的需求量增大。出租车的出行距离一般集中在3~16km的范围，因此若一个城市的布局促使中长距离的出行比例较大,则有利于出租车的发展。

城市规模可用行政区域土地面积、建成区面积等项指标来量化。城市布局对出行量的大小、出行距离长短和空间分布是有明显影响的。购物中心和就业岗位集中区与居民居住区相距的远近,影响到出行的平均距离,也影响到居民对出租车的需求程度。

(4)城市人口的总量和构成

城市人口由常住人口、暂住人口和流动人口构成,而暂住人口又分暂住时间较长者和暂住时间较短者。由于出租车的服务对象主要是中低收入者和外来暂住者,这使得不同人群选择出租车的概率也不同,因此在确定出租车拥有量时除了考虑人口总量以外,还需要考虑人口的构成。城市人口的总量和构成可用总人口、流动人口比等项指标来量化。

(5)城市交通基础设施和城市公交服务质量

城市道路交通网络、干道、停车场数量及交通枢纽等对出租车有直接影响,主要体现在三个方面:一是城市道路网密度越高,干道越多,道路面积越大,出租车的运行速度越快,服务面扩大,则出租车的需求量增加;二是城市内有许多弯弯曲曲的小街小巷,常规公交难以到达,这部分居民在一定条件下将很有可能选择出租车作为代步工具;三是各运输枢纽布局相对不集中,转乘不方便,出租车可能成为换乘的首选方式。城市交通基础设施可用城市道路面积、人均城市道路面积、道路网密度等项指标来衡量。

城市公交对出租车也有直接的影响。一个城市在公交优先的政策导向前提下,公交路网密度越大,发车频率越高,车况越好,人们选择公交的概率越大,选择出租车的概率相对减小。城市公交服务质量可用实有公共气(电)车营运车辆数、全年常规公交客运总量、每万人拥有常规公交车辆数等项指标来衡量。

(6)城市地理自然条件

城市的地理环境位置、地形和气候对人们选择交通方式的习惯和偏好会产生极大的影响,因而对出租车的需求也有一定影响,这主要表现在三个方面:一是天然阻隔在一定程度上影响了城市交通结构,使出租车需求受到一定影响。如被长江分隔的南京,由于长江大桥的交通压力大,出租汽车在江南、江北来往受到限制,影响了人们对出租车的需求;二是城市地形、地貌影响城市交通方式,在地势平坦的城市,人们选择自行车、步行作为出行方式概率大,选择公共交通的概率相对小,如成都市;在地势崎岖、不平坦的城市,选择公共交通的概率就相对大一些,如重庆市;三是气候条件影响人们选择出行方式,在多雨、酷热、严寒地区或季节,人们选择公共交通的概率就相对大,对出租车的需求相对较高。

(7)旅游吸引能力

随着经济水平的提高,人们对交通方式舒适性、安全性和便捷性的要求越来越高。而出租车舒适、安全、便捷的特点正好满足了这些外出乘客的需求。城市出租车交通在一些自然文化旅游资源丰富的城市凸显出了更大的作用。多数旅游者到陌生的城市以后,对当地的地理、住宿、景点、公交线路等情况不熟悉,在经济条件允许的情况下,不可避免地把出租车列为自己首选的出行方式。旅游资源丰富的城市其出租车每年承担的流动人口客运量占了出租车整个客运量的一半,目前出租车承担的流动人口客运量呈明显的上升趋势。大量的游客为城市出租车市场提供了丰富的客源,因而对城市出租汽车的客运量发展有着较大的影响。旅游吸引能力可用旅游收入、旅游人数等项指标来衡量。

(8)城市客运发展政策和政府行业管理政策

城市客运结构该如何划分,关键在于城市客运发展政策和政府行业管理政策导向是鼓励还是限制，这在很大程度上直接影响出租车的拥有量。政府在确定出租车拥有量时不是单纯地为了满足供需平衡，除了明确出租车行业现状和阶段定位以外，还从可持续发展的角度出发，考虑城市交通的拥堵情况、道路资源与能源消耗以及环境问题。

此外，政府的出租车行业管理政策还考虑出租车行业的稳定性，譬如对出租车经营权价格的管理。各地方政府根据本地的实际情况制定出行业管理政策，对于规范出租车市场和行业的发展具有积极作用。具体的政策涉及牌照管理制度、价格水平管理、经营权投放模式、服务水平等。城市客运发展政策和政府行业管理政策可用私家车数量、常规公交数量、出租车起步价格、每公里价格、单车日营业收入等指标来衡量。

2)出租车拥有量确定方法

要合理地确定城市出租车拥有量，首先应选择合适的预测方法，较典型的出租车拥有量预测方法有供需平衡法和空驶率法。

(1)供需平衡法

供需平衡法认为只有在供给与需求平衡的前提下，出租车行业的经济效益和社会效益才能达到最佳状态。因此，考虑根据实际的出租车运输需求来确定出租车总量供给，以城市居民的客观出行需求和客运结构合理化为基本出发点，最大限度地满足居民出行对出租车的需要，拟定其合理可行的规划。

①交通出行结构变化分析

通过对全人口出行结构、出行总量和客运结构的具体分析预测，确定各种交通方式分担率，从而得出出租车在客运市场中所占的比例。

②出租车出行需求量预测

出租车出行需求量是总出行量的一部分。因此，首先预测规划期城市人口总出行量。总出行量取决于城市人口数量和日人均出行次数，即：

$$Q_{总} = \sum A \cdot E_K, K = 1,2,3 \tag{3-68}$$

式中：$Q_{总}$——城市总出行量(万次/日)；

A——城市人口数量(万人)；

E_K——日人均出行次数(次/人日)；

K——人口分类，$K=1$ 代表常住人口，$K=2$ 代表暂住人口(停留三天以上)，$K=3$ 代表流动人口(停留三天以下)。

城市人口(A)包括常住人口(A_1)、暂住人口(A_2)和流动人口(A_3)。

$$A = A_1 + A_2 + A_3 \tag{3-69}$$

人均出行次数即出行强度，是反映交通特征的基本参数指标。

根据出行调查以及客流预测模型预测规划期的常住人口人均出行次数；暂住人口中由于务工经商及暂住一月以上的，其暂住目的明确，居住时间较长，具有相对稳定性特点，其出行方式特征接近常住人口，这部分暂住人口的出行次数按常住人口出行次数计算。余下部分暂住人口的出行次数参照流动人口预测；流动人口人均出行次数可参照过去的预测资料，结合经济、社会的发展来预测。

综合上述分析，总出行量由两部分构成，即常住人口、流动人口，而暂住人口已分别计入 A_1 和 A_3 中。规划期总出行量预测为：

$$Q_{总} = A_1E_1 + A_3E_3 \tag{3-70}$$

公共交通 OD 出行量与出租汽车 OD 出行量分别为：

公共交通 OD 量 = 公共交通日均客运量(万人)/公共交通换乘系数

出租汽车 OD 量 = 单车日载客次数 × 每车次载客人数 × 车辆总数 × 工作车率

通过上述两公式计算出基期城市公共交通客运交通系统结构中,出租车出行与公共交通出行各自所占比重。同时考虑交通系统及结构的发展变化趋势和有关参数,对出租车的分担率(出行结构比重)进行定性与定量修正,确定规划期出租车在公共交通客运结构中的分担率,通过确定的合理分担率预测出租车出行总需求量(客运量)。则规划期出租车出行需求量为:

$$Q_t = Q_{基年} \times 公共交通出行比重 \times 出租车出行比重 /(1 - 出租车出行比重) \quad (3\text{-}71)$$

出租车发展规模预测计算公式为:

$$N_t = \frac{Q_t}{P_t W} \quad (3\text{-}72)$$

式中:N_t——第 t 年出租车需求量(辆);

Q_t——第 t 年出租车出行需求量(万人次/日);

P_t——第 t 年出租汽车单车日载客量(人次/日车);

W——工作车率。

(2)空驶率法

空驶率法是从出租车所完成的城市居民和流动人口出行周转量入手,并结合出租车空驶率,对城市出租车拥有量进行计算的方法。相关的指标包括如下:

①有效行驶:出租车载客时的行驶状态,相应的行驶里程称为有效行驶里程。

②无效行驶:出租车在未载客时的行驶状态,相应的行驶里程称为无效行驶里程。

③行驶总里程:一天中有效行驶里程与无效行驶里程之和。

④平均运营速度:出租车全天行驶总里程与运营时间之比,平均运营速度与出租车行驶速度以及驾驶员等客、休息时间的长短有关。

⑤出租车平均空驶率:将一天中无效行驶里程与行驶总里程之比称为空驶率。

⑥平均有效车次载客人数:出租车在运营中,平均每次有效行驶时所运载的乘客数。

出租车承担的城市居民出行周转量可用下式计算:

$$W_1 = R_1 \cdot A_1 \cdot P_1 \cdot D_1 \quad (3\text{-}73)$$

式中:W_1——出租车承担的城市居民出行周转量(万人·km);

R_1——城市居民人口总量(万人);

A_1——城市居民人均出行次数;

P_1——城市居民出行方式结构中出租车所占的比例;

D_1——城市居民出租车方式平均出行距离(km)。

出租车承担的流动人口出行周转量可用下式计算:

$$W_2 = R_2 \cdot A_2 \cdot P_2 \cdot D_2 \quad (3\text{-}74)$$

式中:W_2——出租车承担的流动人口出行周转量(万人·km);

R_2——流动人口总量(万人);

A_2——流动人口人均出行次数;

P_2——流动人口出行方式结构中出租车所占的比例;

D_2——流动人口平均出租车方式出行距离(km)。

考虑到出租车在运营过程中,每次有效行驶所运载的乘客数不同。为完成客运需求,全市出租车所必须的总有效行驶里程可用下式计算：

$$L_{有} = \frac{W_1}{S_1} + \frac{W_2}{S_2} \tag{3-75}$$

式中：$L_{有}$——全市出租车总有效行驶里程(万·km)；

S_1——城市居民乘坐出租车时平均有效车次载客人数(人)；

S_2——流动人口乘坐出租车时平均有效车次载客人数(人)。

空驶率的计算公式为：

$$K = 1 - \frac{L_{有}}{Tvn} \tag{3-76}$$

式中：K——空驶率；

T——一天当中出租车平均运营时间(h)；

v——出租车平均运营车速(km/h)；

n——城市出租车总量。

将上式变换得城市出租车总量计算公式为：

$$n = \frac{L_{有}}{(1 - K)Tv} \tag{3-77}$$

另外，城市中的出租车并不都处于运营状况，大约有10%的出租车由于年检、修理、接受处罚或驾驶员个人情况等原因而没有投入运营。考虑到一定的弹性，认为一个城市中一般有10%左右的出租车未投入运营。因此，城市出租车拥有量应为：

$$N = \frac{L_{有}}{0.9(1 - K)Tv} \tag{3-78}$$

除了供需平衡法和空驶率法外，常见的城市出租汽车拥有量的确定方法还有比例法、指数平滑预测法、统计回归分析法、神经网络法等。

3.5.1.2 出租车停靠站规划

1)设置原则

出租车停靠站包括路边式和港湾式两种，路边停靠站设置方法较简单，通常设在道路交通状况良好，交通量不大的城市次干道或支路；港湾式停靠站宜设置在人流量大、密集，且具有大量搭乘出租车需求的场所，应尽量靠近大型公共社区、小区和换乘交通工具的入口和出口处。出租车港湾式停靠站设置宜遵循下列原则：

①站点规模满足乘客出行需求；

②妥善处理站点与其他交通的相互关系；

③适当控制站点用地规模，节约用地。

2)停靠站参数选择

出租车港湾式停靠站由停靠车道段、驶入段和驶出段三部分组成，而路边式停靠站设置与港湾式停靠车辆段规划类同。

(1)停靠车道宽度

出租车设计车型外廓尺寸一般为4.8m×1.8m，停放方式属于平行式、前进停车，横向间距0.6m，与墙、护栏及其他构筑物间横向净距0.6m。在满足车辆与侧视安全间距的要求下，停靠处车道宽度至少为2.4m，一般取2.5m；如果考虑与相邻行车道的安全间距，则停靠处车道宽度至少为2.7m，一般取3.0m。

(2)停靠车道段长度

停靠车道段长度可根据停靠出租车数量×单车停靠长度确定。单车停靠长度根据设计车型长度和安全间距确定。小汽车间纵向净距 1.20m,与墙、护栏及其他构筑物间纵向净距 0.5m,则单车停靠长度可取 6m。

(3)驶入段长度

驶入段为减速车道。一般车辆减速经历发动机减速和制动器减速两个阶段。

①发动机减速。用发动机制动持续时间 t 的行驶距离 s_1 表示。

$$s_1 = v_0 t - \frac{1}{2}a_1 t^2 \tag{3-79}$$

式中:v_0——初速度(m/s);

t——发动机制动器作用时间(s),取 3s;

a_1——减速度(m/s^2),按下式计算:

$$a_1 = \frac{g}{1+\varepsilon}\left(\mu + \gamma + \frac{RA}{W}v_0^2\right) \tag{3-80}$$

式中:g——重力加速度(m/s^2);

ε——加速阻力比;

μ——滚动摩擦因数;

γ——发动机阻力系数;

R——空气阻力系数(kg·s^2/m^4);

A——汽车迎风面积,即正面投影面积(m^2);

W——车质量(kg)。

②制动器减速

从踏下制动器开始以后行驶的距离 s_2,可按下式计算:

$$s_2 = \frac{1}{2a_2}(v_2^2 - v_1^2) \tag{3-81}$$

式中:v_1——用制动器减速前发动机制动减速后的行驶速度(m/s);

v_2——最终行驶速度(m/s),取 0;

a_2——减速度(m/s^2),按下式计算:

$$a_2 = \frac{g}{1+\varepsilon}\left(\mu + f + \frac{RA}{W}v_1^2\right) \tag{3-82}$$

式中:f 为制动阻力系数,乘客无不舒服感觉的限度为 0.35,以小于 0.25 为宜。制动器减速不同于发动机制动时的减速度,其特点是驾驶员可以自由调节,所以 a_2 是主要的函数。f 取0.25 和 0.35,其余参数同上,可计算得到用制动器减速行驶距离。

驶入段长度由发动机减速段和制动器减速段组成,如考虑发动机减速在主线车道完成,则出租车停靠站驶入段长度即为制动器减速段,按进入驶入段时出租车速度在 20~30km/h 考虑,则驶入段长度可取 7~15m。

(4)驶出段长度

驶出段为加速车道,长度可按下式计算:

$$L = \frac{v^2}{2a} \tag{3-83}$$

式中:L——驶出段长度(m);

v——初速度(汇入主线速度)(m/s);

a——平均加速度(m/s^2)。

初速度可选用主线计算行车速度的50%,结合城市道路的计算行车速度选取范围,可取20~25km/h。

汽车在平坦路段上的加速度按下式计算:

$$a = \frac{g}{1+\varepsilon}\left[\frac{75\eta(\mathrm{BHP})}{WV} - \mu - \frac{RA}{W}v^2\right] \tag{3-84}$$

式中:g——重力加速度(m/s^2);

η——机械效率;

μ——滚动摩擦因数;

A——汽车迎风面积,即正面投影面积(m^2);

R——空气阻力系数($kg \cdot s^2/m^4$);

V——行驶速度(m/s);

BHP——轴马力(有效输出功率)(kW);

ξ——加速阻力比;

v——初速度(m/s);

W——车质量(kg)。

驶出段长度随着平均速度的增加而迅速加长,结合城市道路实际交通和土地可利用状况,建议平均速度取值在20~25km/h范围内,驶出段长度对应为12~23m。

3.5.2 小汽车

随着经济的发展,小汽车以其灵活、舒适、便捷等特点受到中高收入和商务出行群体的青睐,小汽车已经成为城市客运交通的重要组成部分。但是由于城市道路资源、土地资源、空间资源有限,加之城市居民对城市环境的要求越来越高,都在一定程度上限制了小汽车的拥有和使用。对于不同规模城市,应控制小汽车拥有量,并对停车场和使用政策作出相应规划。

3.5.2.1 小汽车趋势预测

1)回归分析法

人均GDP是影响小汽车拥有量和小汽车拥有率的一个重要因素,对记录的历史数据年份小汽车拥有率及人均GDP的数据进行二者的相关性分析,确定模型的标准化回归系数为,对小汽车拥有率和人均GDP进行线性回归分析,得到回归方程。再根据历史人口数据记录对预测年份的人口进行预测,最终得到预测年的小汽车拥有量。

2)二次指数平滑法

二次指数平滑法是对一次指数平滑值再进行一次平滑,二次平滑是利用平滑值对时间序列的线性趋势进行修正,进而建立线性平滑模型进行预测,其中,霍特Holt模型适用于有趋势的时间序列。

由于小汽车拥有量随时间变化而不断增加,根据搜集到的小汽车拥有量的历年数据,用时间序列法对小汽车拥有量进行预测,运用统计分析软件选择指数平滑法中的霍特Holt模型来拟合预测,对于平滑参数的选择采用格点方法,以找出相对最优模型,对于初始值选择采用自动选择。

3.5.2.2 小汽车停车规划

小汽车停车场包括公共停车场和建筑物配建停车场两大类。其中公共停车场又包括路边公共停车场和路内公共停车场。停车规划就是确定停车需求和停车场建设目标,并制订达到该目标的步骤、方针及方法的过程。

1)停车需求

停车需求是指各种出行目的驾驶员在各种停放设施中停放车辆的要求。一般而言,停车需求分为以下两大类。

①基本停车需求:这是由车辆保有引起的停车需求,也即夜间停车需求,主要是指居民或单位车辆夜间停放的要求。这类停车需求可以从各区域车辆注册数估计出来,一般不涉及复杂的技术方法。

②社会停车需求:这是由社会、经济活动产生的各种出行所形成的静态交通需求,也称为日间交通需求。由于出行活动目的、地点和时间等均不易掌握,这类需求分析就显得十分复杂。

2)停车规划目标

停车规划以满足日益增长的停车需求为目标的同时,还应综合考虑城市社会、经济以及城市整体交通发展的目标。因此,停车规划首先应当与上位规划(如城市总体规划、城市综合交通规划等)、政策(如城市交通政策、停车政策等)保持一致。

停车设施规划的具体目标应与城市的经济发展和机动化水平、交通系统规划及停车需求特征相一致。主要包括以下几点。

①确定总量控制下的规划建设

总量控制是规划宏观调控、实施可持续发展战略的重要手段,是横向协调的重要保证。近期停车规划必须具有一定的超前性和指导性,应当确定近期控制规划建设规模,既要满足基本停车需求,又要最大限度地实现社会、经济和环境的综合平衡。

②指导城市停车设施建设有序发展

停车规划应逐步跟上城市发展与机动车发展的速度,合理引导停车设施在路内与路外所占的比例,优先解决停车矛盾突出地区的问题,明确停车设施建设的过程和必备条件,鼓励发展占地少、安全性能好、存取方便的立体机械化停车设施。

③形成良性发展的停车设施建设市场

停车设施的建设形成具有充分活力的市场,才能吸引各种民间资金投入到该市场,使停车设施的建设真正落到实处,否则规划的一切目标仍将难以实现。

3)停车规划流程

城市停车规划思路可归纳为:

①对现状停车设施进行调查,收集停车实况及停车者行为决策等信息;分析停车设施特征及停车行为特征。

②在综合调查与分析的基础上,结合停车发展策略进行停车需求预测。通过总体规划阶段停车需求预测,确定停车的宏观策略和用地平衡中的停车用地规模;通过局部分区规划阶段停车需求预测,确定局部地区的详细停车需求。

③以需求预测结果为依据,确定满足一定需求比例下研究区域的停车设施布局规划,主要包括公共停车场布局规划及配建停车规划,也即对公共停车场进行布局规划,确定路外公共停

车场及路内公共停车场的选址、规模;对配建停车场进行规划设施,确定建筑物配建停车指标。

④在布局规划的基础上,对停车场进行设施设计——确定机动车停放方式和停发方式,设计停车场通道,对停车场内部进行交通组织设计等。

⑤制订停车场运营管理策略,确定停车场建设资金筹措方法及运营管理模式。

3.5.2.3 小汽车使用政策

未来20年汽车的发展对于我国的社会系统、经济系统和生态系统都是一个严峻的挑战,但同时也是极大的机遇。当务之急是必须尽快地逐步完善各项功能和措施,用可持续发展的观点对城市小汽车交通进行引导和建设。

①合理调整城市空间结构和用地使用功能。对城市人口密度过高状态必须加以疏解,这是解决城市交通问题"釜底抽薪"的办法,也是改善城市环境,保持城市可持续发展的根本措施。

②落实优先发展公共交通政策,规划公共交通运行条件。公共交通系统具有私人交通不可替代的长处,从城市的整体效益看,它是一种耗能少、效率高的交通方式,人均耗油少,既节约能源又减少城市污染,人均占用土地也小。

③采取交通限制措施,把握好"车"与"行"及其"停"的协调发展。私人小汽车进入家庭是时代发展的趋势,但不可能很快普及。城市交通应作为一项社会公益性事业,从积极方面作好思想和物质准备,适应小汽车增长的新趋势。但是发展私人小汽车毕竟不是解决大城市交通拥挤的根本出路,城市交通现代化并不等于小汽车普及化。

总之,我国的城市小汽车发展起步较晚,经济快速增长所带来的交通问题,在我国尚刚刚开始出现。根据发达国家的经验,我们应积极协调好"社会利益"、"消费者的利益"、"合理的交通结构"这三者的关系,走中国城市小汽车可持续发展之路。

3.5.3 非机动车

随着经济的发展,很多城市城市都在以惊人的速度和规模修建景观大道、环路工程和高架快速路工程,城市的社区与社区之间被这些非人行尺度的交通空间无情地分割。随着城市的蔓延、通勤距离的加大、小汽车的逐渐普及并成为道路的主宰,步行者和自行车使用者不断被排挤并饱受尾气、噪声和安全的威胁。

工业革命以来,人类对理想城市进行了不懈的探索,如乌托邦、田园城市、绿色城市和生态城市等。人们最终认识到城市是自然的一部分,回归自然,把自然引进城市,已成为理想城市的归宿。非机动车绿色通道正是这种思想和意识的具体实施途径之一。

1)非机动车绿色通道的意义

非机动车绿色通道规划的意义在于:

①为步行和自行车使用者创造安全、健康的通行环境;

②为步行和自行车使用者创造适宜的通行空间;

③促进社区之间人与人的交往;

④很好地连通了居住、休闲、公建等活动场所;

⑤为城市中的野生动植物提供了栖息地和通道。

2)非机动车绿色通道的规划

(1)规划目标

①以优先、大力发展公共交通为基础,促进非机动车与城市公共交通系统的衔接,保证良好的换乘环境;

②以城市道路为依托,建立与城市土地利用相协调的非机动车廊道;

③以慢行区划分为依据,优化、整合区内非机动车网络;

④建立、完善自行车租赁系统;

⑤建立、完善非机动车管理体制和公共政策。

(2)规划内容

非机动车绿色通道网络可划分为廊道、集散道、连通道、休闲道4个等级。非机动车与轨道交通、BRT、常规公交等车站形成四级换乘枢纽,通过将各级换乘枢纽连接构成非机动车绿色通道网络。

①一级换乘枢纽:主要包括轨道交通枢纽站及测算换乘规模大于1 000辆自行车的轨道交通中途站,承担服务周边大型居住区、大型工业园区及高教园区等非机动车强出行源的换乘需求。

②二级换乘枢纽:主要包括一般轨道交通车站、BRT首末站及测算换乘规模大于500辆自行车的BRT车站、常规公交枢纽站或首末站,承担周边居住用地、工业园区等非机动车较强出行源的换乘需求。

③三级换乘枢纽:主要指换乘规模较小(100~500辆自行车)的BRT中途站、常规公交枢纽站或首末站及对外交通枢纽站,服务周边一般性非机动车出行。

④四级换乘枢纽:主要指服务周边零散出行,换乘规模小(100辆自行车以下)的BRT中途站及常规公交中途站。

构建自行车租赁系统(公共自行车系统),提倡短距离出行向自行车交通转换,有效衔接轨道交通、BRT、常规公交,大大提升公交服务范围,实现公交出行的门到门。形成由系统控制中心、公共自行车租赁点、区域调度中心、信息发布系统组成的公共自行车系统构架。租赁点主要由公交点、居住点、公建点、休闲旅游点、大专院校点5类构成。

3)非机动车绿色通道的实施

非机动车绿色通道在实施的过程中,尽量利用道路、河流、绿地、广场、步行街等现有的绿色空间,辅以部分专门开辟的绿色通道,将现有的和规划的大型绿地如公园、环城绿带、游园、大型居住区中心绿地以及市区绿地、单位绿地等相连接,通过现有绿色空间的挖掘利用,增加可操作性,进行分阶段和分区域实施。

①在社区或单位内部建立

我国城市的单位或社区都是规模较大的集体,因此,首先应该保证单位或社区内部的步行及自行车通行的顺畅,从而促进和加强内部人员的交流,改善他们的通行环境,为他们的工作、生活、休闲创造舒适、安全的绿色通道。另外,在实施过程中,尽量沿着单位内部的绿地、水体等绿色开敞空间开辟。

②在社区与社区之间建立

在我国,城市里的社区基本上都是一个个相对独立的单位,相互之间以围墙相隔,再加上小而全的功能构成,使得社区居民之间的交往相对较少。高架桥、“水泥峡谷”的修建,进一步阻碍了社区居民之间的交往。因此,在社区之间建立非机动车绿色通道将社区的中心绿地连接起来,在利用现有绿地的同时,辅以部分专门开辟的绿色通道,这样保证其通达性、连续性和可及性。

③在居住区与商业区之间建立

根据调查，我国城市 50% 以上的居民出行的主要交通方式是自行车，而且近年来平均出行距离已从 1980 年代的 3～4km 提高到 5km，这个距离是自行车使用的合理范围，而且这个距离与目前的城市次级商业中心服务半径相当，因此，在居住区与商业区之间建立非机动车道是可行的。在实施过程中，尽量沿居住区的中心绿地、市区绿地与商业步行街开辟非机动车通道。

④在社区与公园、广场之间建立

休闲是人们生活的重要的组成部分之一，人们在紧张的工作之后，去公园、广场进行休闲、交流。在居住区与公园、广场之间建立非机动车绿色通道，将新建居住区以及传统单位的中心绿地与公园广场连接起来，就像 1865 年美国景观设计之父奥姆斯蒂德（Olmsted）在伯克利的加州学院与奥克兰之间规划的穿梭于山林的休闲公园道一样，不但为人们在到达公园与广场之前营造了一个进入公园的气氛，而且也起到将公园、广场的景观尽量向居住区和单位延伸的作用。

⑤在城市边缘社区建立

对于城市内部的建成区尤其是旧城区来说，由于受长期以来已经建成的道路系统的阻碍，开辟非机动车绿色通道难度相对较大，而在城市边缘的开发区建立非机动车道则相对容易很多。城市在不断扩展和蔓延，在城市边缘社区建立非机动车绿色通道，可以为以后更大规模的城市能形成良好的非机动车通道网络打好基础。

第4章　城市客运交通系统运营管理

4.1　城市客运交通系统运营管理概述

城市客运交通管理是在既有的客运系统组成机构、技术经济特性、客流与需求管理的基础上，对线路规划、车辆运行时刻表、人员排班计划等与运营组织相关的工作进行统筹管理，以实现客运系统高效有序的运行、乘客便捷出行等目标。

从管理对象出发，城市客运交通运营管理可以分为城市轨道交通运营管理、公交（包括常规公交和快速公交 BRT）运营管理、出租车运营管理、私人交通（包括机动交通和非机动交通）管理和整个城市客运交通网的运营管理。

从管理内容出发，城市客运交通运营管理可以分为运营模式管理、车辆调度管理、车辆运行组织管理、技术管理、制度管理、服务质量管理、票务管理等。

本章的后几节内容主要是从运营模式，运营计划编制的原则、方法，调度方式及票制票价等几方面介绍城市客运交通各子系统的运营管理，重点介绍了城市轨道交通运营管理、公交（包括常规公交和快速公交 BRT）运营管理。

城市客运交通系统运营管理的目标是通过实现人员集中管理、车辆集中停放、计划统一编制、调度统一指挥，为乘客提供安全、方便、迅速、准点、舒适的乘车条件。

城市客运交通运营管理的总体技术流程包括编制运营计划、下达运营计划和执行运营计划。

（1）编制运营计划是指由运营部门按规定统一编制所辖线路的行车时刻表、行车计划、人员配班计划。

（2）下达运营计划是指将运营计划下达给调度部门，公布行车计划，驾售人员提前确认自己的工作任务，按计划出勤。

（3）执行运营计划是指调度员按运营计划组织线路运营、进行实时调度，驾售人员按调度指令行车。具体的运营作业模式如图 4-1 所示。

实现上述运营作业还需要一定的技术支持，特别是运营作业计划编制，车辆运行定位、监控系统，运营辅助调度系统。

1）运营作业计划编制

运营作业计划是客运交通运输组织管理的最核心内容，其目的是通过合理的人力、运力安排来满足客流需求，达到资源的优化配置。运营作业计划编制包括三个方面的内容，如图 4-2 所示。

2）车辆运行定位、监控系统

为了及时地向调度员提供车辆状况的实时信息，使调度员能够采取措施保证运营的正常进行，需要采取车辆定位子系统、无线通信子系统、网络通信子系统、地理信息子系统等现代信息技术对车辆的运行过程进行监控。

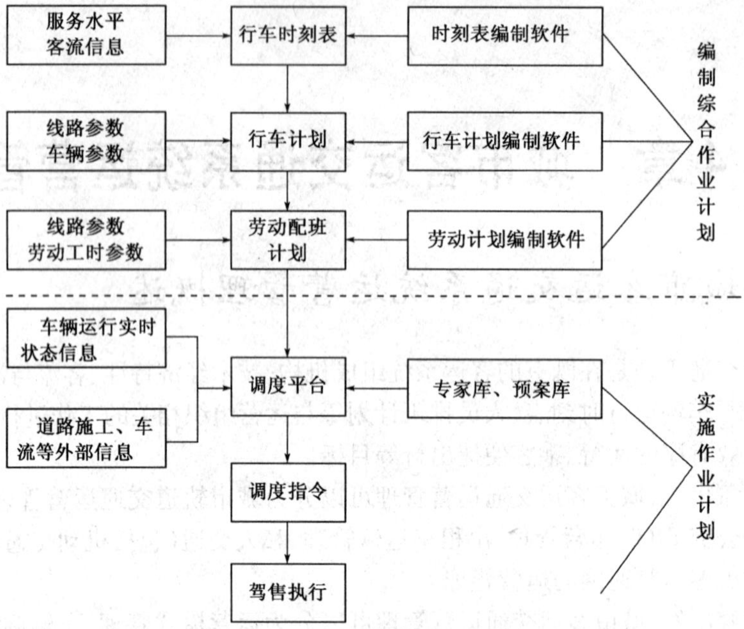

图 4-1　运营作业模式图

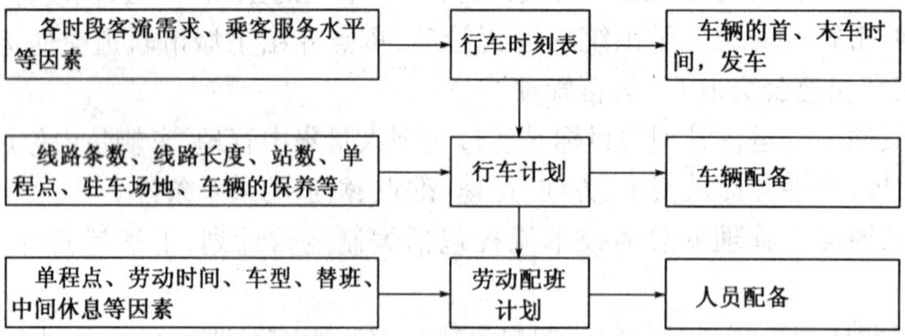

图 4-2　运营作业计划编制流程图

3）运营辅助调度系统

运营辅助调度系统是调度员工作的平台，利用监控、定位系统得到信息，通过预案为运营指挥过程提供支持。

公共交通企业必须加强运营管理工作，只有通过周密严格的运营计划，才能实现更好的服务，才能掌握流动、分散、连续、多变的客流规律，才能把局部动态和整体动态在时间、空间上的分配纳入到运营组织之中。

4.2　城市轨道交通系统运营管理

从运营功能角度，城市轨道交通大致可以分为三个子系统。

（1）列车运行系统：包括隧道、站台、线路、车辆、牵引供电、信号、通信、控制中心、车站行车等。

（2）客运服务系统：包括车站及其照明、售检票及计算中心、导向及预告措施、消防、环控、自动扶梯、电梯、车站服务等。

(3)检修保障系统:为保障上述设备性能良好,能随时启动重新投入运行而具备的检修手段及检修能力等。

以上三大系统的运行目的是不间断地运送乘客安全、准时地到达目的地。它在为乘客服务的同时,也在不断地产生城市轨道交通唯一的产品——客运周转量,而这也是运营企业主要的经济来源。

针对城市轨道交通运营管理,从系统的角度出发,首先要进行城市轨道交通客流特征分析,在理解客流基本概念的基础上,进行客流调查和客流预测,总结客流的特征;依据客流特征制订客流计划、全日行车计划、列车运行计划和车辆配备运用及检修计划等运输计划;确定车站客运组织原则、售检票系统运用与管理方法、车站出入口组织方法、站内客流组织方法、突发客流组织与调整、客运服务质量控制等内容;最后进行行车组织与控制,明确并编制好列车运行图,依据列车运行图进行日常调整与调度指挥。

4.2.1 城市轨道交通客流特征分析

4.2.1.1 客流的概念

客流是规划轨道交通网络、安排工程项目建设顺序、设计车站规模和确定车站设备容量的依据,也是轨道交通系统安排运力、编制运输计划、组织行车和分析运营效果的基础。

1)客流

客流是指在单位时间内,轨道交通线路上乘客流动人数和流动方向的总和。客流的概念既表明了乘客在空间上的位移及其数量,又强调了这种位移带有方向性和具有起讫位置。客流可以是预测客流,也可以是实际客流。

2)断面客流量

断面客流量是指在单位时间内,通过城市轨道交通线路某一地点的客流量。这里,单位时间可以是一昼夜、一小时或其他的时间单位。显然,通过某一断面的客流量就是通过该断面所在区间的客流量。断面客流量可分为上行断面客流量和下行断面客流量,计算公式如下:

$$p_{i+1} = p_i - p_{下} + p_{上} \tag{4-1}$$

式中:p_{i+1}——第 $i+1$ 个断面的客流量(人);

p_i——第 i 个断面的客流量(人);

$p_{下}$——在车站下车人数(人);

$p_{上}$——在车站上车人数(人)。

3)最大断面客流量

在单位时间内,通过轨道交通线路各个断面的客流量一般是不相等的。最大断面客流量是指最大客流断面的客流量。上下行方向的最大客流断面一般不在同一断面。

最大断面客流量通常按高峰小时最大断面客流量和全日最大断面客流量计算。高峰小时最大客流断面和全日最大客流断面一般也不再同一断面。

4)高峰小时最大断面客流量

在以小时为单位计算断面客流量的情况下,分时断面客流量最大的小时称为高峰小时。轨道交通线路的高峰小时一般出现在早晨和傍晚,称为早高峰小时和晚高峰小时。高峰小时最大断面客流量是指高峰小时最大客流断面的客流量。高峰小时最大断面客流量是行车组织和车站设备容量确定的一项基础资料。

4.2.1.2 客流调查

客流是动态变化着的,但这种动态变化又是有规律的,可以在实践中了解它、掌握它,并根据客流的动态变化,及时配备与之相适应的运输能力,给乘客提供良好的服务。在运营过程中,要掌握客流在时间、空间上的动态变化规律,必须经常进行各种形式的客流调查。

客流调查问题涉及客流调查内容、调查地点和时间的确定,调查表格和设备的选用以及调查方式的选择等事项。根据不同的情况和不同的需要,城市轨道交通系统的客流调查种类主要有以下几种。

1)全面客流调查

全面客流调查是对全线客流的综合调查,通常也包括乘客情况抽样调查。这种类型的客流调查时间长、工作量大,需要较多的调查人员。但通过调查及对调查资料进行整理、统计和分析,能对客流现状及出行规律有一个全面清晰的了解。

全面客流调查有随车调查和站点调查两种调查方式。随车调查是在车门处对全天运营时间内所有运行列车的上下车的乘客进行调查;站点调查是在车站检票口对全天运营时间内所有在车站上下车的乘客进行调查。城市轨道交通系统采用后者。

全面客流调查的内容通常包括全线客流调查和乘客抽样调查两部分。全线客流调查一般应连续进行两到三天,在全天运营时间内,调查全线各站所有乘客的下车地点和票种情况,并将调查资料以5min作为间隔分组记录下来。乘客情况抽样调查通过问卷方式进行,内容包括乘客构成情况调查和某类乘客乘车情况调查两项。乘客构成情况调查通常在车站进行,而某类乘客乘车情况调查可在特定的地点进行。

2)乘客情况抽样调查

乘客情况抽样调查通过问卷方式进行,内容包括乘客构成情况调查和某类乘客乘车情况调查两项。

乘客构成情况调查在车站进行,被调查人数取全天在车站乘车人数的一定比例,调查表内容有年龄(老、中、青)、性别(男、女)、居住地(本地、外地)、出行目的(工作、学习、购物、游览、访友、就医、其他)等。该项调查的时间可选择在客流比较正常的运营时间段。

某类乘客乘车情况调查可在月票发售点或其他地点进行。被调查人数取某类乘客总数的一定比例,调查内容有年龄、性别、职业、家庭住址、到达车站的方式(步行、骑自行车、乘电汽车)和时间,上下车站、下车后到达目的地的方式(步行、骑自行车、乘电汽车)和时间,乘坐列车比过去乘坐电、汽车节省的时间等。

3)断面客流目测调查

断面客流目测调查是一种经常性的客流抽样调查,根据需要,可选择一或两个断面进行调查,一般是对最大客流断面进行调查,调查人员用目测估计各车辆内的乘客人数。

4)节假日客流调查

节假日客流调查是一种专题性客流调查,重点对春节、元旦、国庆节、双休假日和若干民间节日期间的客流进行调查。调查的内容包括机关、学校、企业等单位的休假安排,都市旅游业、娱乐业的发展程度,城市居民生活方式的变化等。该项调查一般是通过问卷方式进行的。

4.2.1.3 客流预测

客流预测采用城市交通客流预测模式,一是采用城市交通规划中的"四阶段"预测模式,分析和预测城市道路网的轨道交通系统的客流量。二是运用趋势外推法预测未来新建轨道交通线路的客流量。三是以车站确定的吸引区域来计算各站点、断面、线路的客流量。

常用的客流预测方法有定量预测方法和定性预测方法。定量预测方法主要有时间序列客流预测方法和移动平均法。定性预测方法使用较多的有德尔菲法等。轨道交通系统客流预测结果包括:站间双向到发客流量、全日和高峰小时的客流量、总客运量、各站进出客流量、全日客流的时段和断面分布以及全市总运量比重等。

4.2.1.4 客流特征分析

城市轨道交通客流与城市其他交通方式客流的时空分布特征大体上相一致。但由于城市轨道交通的运能、线路走向以及其车站的性质、规模、区位、列车到发时刻安排的不同,沿线客流的大小分布和车站客流的时间分布具有其本身的特征。其变化是城市社会经济活动和生活方式以及城市轨道交通系统本身特征的反映。影响城市轨道交通客流规模的因素有沿线土地的利用、经济发展水平、市区延伸发展的潜力、联运要求、城市管理水平、城市轨道交通的经营。

1)客流时间的分布特征

客流形态受外界因素影响而经常变动,在一定的时间和范围内,其变异程度具有某些规律性。掌握客流动态的变化规律,是轨道交通企业进行组织运营计划的基础。

一昼夜内各个单位时间的客流动态是不相同的。不同运能轨道交通的不同类型的车站,根据客流量在一昼夜不同时间内的分布情况,可以划分为以下几种分布类型。

(1)单向峰型:轨道交通的线路所处的交通走廊具有明显的潮汐特征,或车站周边地区用地功能性质单一时,车站客流分布集中,有早晚错开的一个上车高峰和一个下车高峰,如图4-3a)所示。

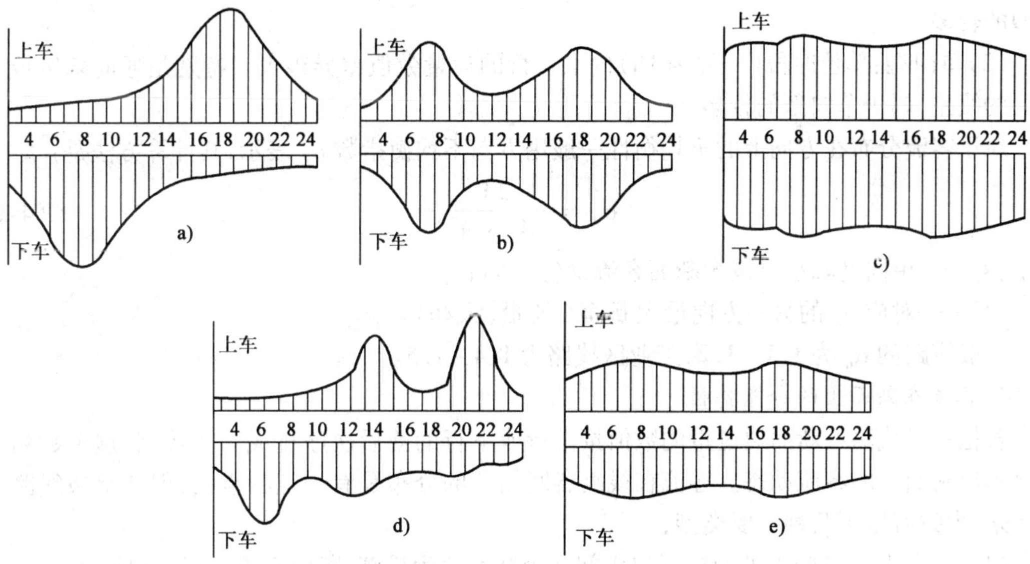

图 4-3 轨道交通客流时间分布特征

(2)双向峰型:公共交通的基本客流主要是由工作性客流而构成,在一天的运营时间内出现早、晚两个客运高峰,这种类型客流形态在许多大城市都是很典型的,如图4-3b)所示。

(3)全峰型:轨道交通线路位于用地已高度开发的交通走廊,或车站位于公共建筑和公用设施高度集中的地区时,客流分布无明显的低谷,双向上下车客流全天都很大,如图4-3c)

所示。

(4)突峰型:车站位于体育场、影剧院等大型公用设施附近,演出节目或体育比赛结束时,有一个持续时间较短的突变的上车高峰,一段时间后,其他部分车站可能有一个突变的下车高峰,如图 4-3d)所示。

(5)无峰型:当轨道交通本身的运能比较小或车站位于用地还没有完全开发的地区时,客流无明显的上下车高峰,双向上下车客流全天都较小,如图 4-3e)所示。

2)客流在时间上的不均衡规律

客流分布在时间上的不均衡性一般用时间不均衡指数 α_t 表示,其计算方法是:

$$\alpha_t = \frac{A_{max}}{\left(\frac{\sum A_t}{h}\right)} \tag{4-2}$$

式中:A_{max}——单向最大断面客流量(人/h);

A_t——单向断面分时客流量(人/h);

h——全日营业小时数量(h)。

线路往往以高峰小时的客流量作为确定配备车辆数的依据。高峰小时客流量的比重越大,需投入的车辆数越多。

3)客流在方向上的分布特性

一般线路都有上下行两个方向。同一时段内,有的路线双向客流几乎相等,有的路线双向客流的差异很大。空间客流分布在方向上有双向型和单向型两种形式。

(1)双向型:单位时段(一般为 1h)内上下行的运量数值接近相等。一般市区线路属于双向型的较多。

(2)单向型:单位时段(一般为 1h)内上下行的运量数值差异很大。特别是通向郊区或工业区的线路,属于单向型的较多。

对于客流分布在方向上的不均衡性一般用方向不均衡指数 α_d 表示,其计算方法是:

$$\alpha_d = \frac{2A_d}{(A_d + A'_d)} \tag{4-3}$$

式中:A_d——单向高峰小时最大断面客流量(人/h);

A'_d——对应 A_d 的另一方向最大断面客流量(人/h)。

一般线路的 α_d 为 1.1 ~ 1.2,工业区线路为 1.4 ~ 1.5。

4)客流在断面上的分布特性

若把一条线路各断面通过量的数值按上行或下行的前后次序排成一个数列,这个数列就能显示出断面上的客流动态。客流在线路各断面上的分布是有一定特点的,但从整条线路归纳起来,大致有以下几种主要类型:

(1)凸起型,即各断面的通过量以中间几个断面值为最高,断面客流呈现凸起形状。

(2)凹陷型,与凸起型的通过量分布特点正好相反,中间几个断面的通过量低于线路两端的通过量,全线路断面的通过量分布呈凹型。

(3)均等型,即各车站的上下车客流接近相等,沿线客流基本一致,不存在客流明显突增的路段。

(4)渐变型,即随着线路延伸,线路客流逐渐增大或逐渐缩小。

(5)不规则型,即线路各断面的通过量分布不能明显的表示为某种类似的形状。

断面不均衡规律用断面不均衡系数 α_h 表示。其计算方法是：

$$\alpha_h = \frac{nA_{max}}{\sum A_t} \tag{4-4}$$

式中：n——轨道交通所设区间数量；

其余符号含义同前。

α_h 达 1.5 以上的线路，要采取措施增大最大断面的运输能力，以保持线路各个断面运力与运量的平衡。

4.2.2 城市轨道交通运输计划

城市轨道交通系统是一个复杂的、技术密集型的公共交通系统，只有各部门、各工种、各项作业之间相互协调配合，才能保证列车运行安全，提高运输效率。运输计划在保证城市轨道交通运营各部门相互配合和协调上发挥着重要的作用。

城市轨道交通的用户主要是旅客，其运输计划的制定需要考虑旅客的需求特性及其变化规律。一般地，城市轨道交通系统的运输计划包括客流计划，全日行车计划，列车运行计划，车辆配备、运用与检修计划等。

4.2.2.1 客流计划

客流计划是指运输计划期间城市轨道交通系统线路客流的规划，是其他计划的基础和编制依据，是运输计划的重要组成部分。在建成新线投入运营的情况下，客流计划根据客流预测资料进行编制；在既有运营线路的情况下，客流计划根据客流统计资料和客流调查资料进行编制。客流计划的主要内容包括站间到发客流量，各站方向上下车人数，全日、高峰小时和低谷小时的断面客流量，分时最大断面客流量等。

最基本的站间客流资料可以用一个二维矩阵来表示，也可称为站间交换量 OD 矩阵。表 4-1 是一个五站间的 OD 矩阵，右下角中的数据为全线客流总量。

某五站间客流 OD 表（单位：人）　　表 4-1

始发 \ 到达	1	2	3	4	5	合　计
1	—	3 260	22 000	1 980	1 950	29 190
2	2 100	—	21 900	2 330	6 530	32 860
3	5 800	4 900	—	3 220	4 600	18 520
4	5 420	4 100	3 200	—	4 390	17 110
5	1 200	4 320	7 860	3 420	—	16 800
合计	14 520	16 580	54 960	10 950	17 470	114 480

注：本表数据来源于毛宝华《城市轨道交通系统运营管理》。

根据客流 OD 表可以统计各站上下车人数。每行之和为上车人数，每列之和为下车人数。如果要分方向，则还需要看车站的排列顺序。区间的断面流量可以在此基础上生成。表 4-2 是北京地铁按车站统计的一个流量表。

高峰小时的断面客流可以通过高峰小时的 OD 矩阵来推算。当没有高峰小时矩阵时，也可以采用全日矩阵来推算，这时一般还需要有客流的全日分布统计。

北京地铁车站流量表(单位:人)　　表4-2

站　名	西直门	车公庄	阜成门	复兴门	长椿街	宣武门
上车人数	29 160	23 358	19 459	84 011	14 728	16 252
下车人数	29 960	23 554	20 721	83 461	12 378	18 735
合计	59 120	46 912	40 180	167 479	27 106	34 987

4.2.2.2　全日行车计划

全日行车计划是营业时间内各个小时开行的列车对数计划,规定了轨道交通线路的日常作业任务,是科学地组织运送乘客的办法。它又是编制列车运行图,计算运营工作量和确定车辆配备数的基础资料。全日行车计划是根据营业时间内各个小时的最大断面客流量,列车定员人数和车辆满载率,以及希望达到的服务水平综合考虑编制的。

全日行车计划编制的依据包括以下几方面。

(1)营业时间计划:即城市轨道交通系统全日营业时间范围,它与城市居民的出行特点和文化背景、习惯有关。目前,世界上大多数城市轨道交通系统营业时间都在18~20h,个别城市是24h运营,如美国的纽约和芝加哥。

(2)全日分时最大客流断面分布:可根据上述客流数据推算。

(3)列车运载能力:它涉及列车编组、车辆定员等数据。列车编组辆数的确定以高峰小时最大断面客流量作为基本依据。在客流量一定的情况下,为达到一定的运能,除可采用增加列车编组辆数措施外,也可以采用缩短行车间隔时间的措施。车辆定员数的多少取决于车辆的尺寸、车厢内座位布置方式和车门设置数。

(4)设计实际满载率:满载率指实际载客量与设计载客容量之比,反映着系统的服务水平。一般地,满载率可取0.75~0.90。

全日行车计划的编制一般要在分时行车计划编制完毕的基础上汇总后完成。分时行车计划的列车开行对数计算式为:

$$n_i = \frac{p_{\max,i}}{(c_p \times \beta)} \tag{4-5}$$

式中:n_i——某小时 i 内应开行的列车数;

$p_{\max,i}$——该小时最大客流断面旅客数量;

c_p——列车的设计载客能力;

β——列车满载率。

全日列车开行对数为:

$$N = \sum n_i \tag{4-6}$$

在实际交通系统中,经常需要用到另一个指标来评价行车计划,即发车间隔 I_i(min);

$$I_i = \frac{60}{n_i} \tag{4-7}$$

提高服务水平和方便乘客是编制轨道交通系统全日行车计划时重点要考虑的因素。在高峰时段各小时应开行的列车对数要大于所需列车对数;在非高峰时段,要从综合考虑所需列车对数及保持一定的服务水平两方面来确定各小时应开行的列车对数,城市轨道交通系统一般行车间隔实际不宜大于10min。

4.2.2.3 列车运行计划

1)列车折返方式

由于大多数城市轨道交通系统的车站没有侧线,列车折返是设置列车交路需要考虑的一个重要任务。一般来说,列车折返方式可根据折返线位置情况分为站前折返和站后折返两种。

(1)站前折返方式(图4-4)

列车在中间站或终点站经由站前渡线进行折返作业。站前折返方式由于渡线设置在站前,可以在一定程度上减少项目建设的投资,缩短列车走行距离。但列车折返会占用区间线路,从而影响后续列车闭塞,并且对行车安全保障要求较高。城市轨道交通行车组织中较少采用这种折返模式,特别是在行车密度高、列车运行间隔短的条件下,一般不会采用站前折返方式。

(2)站后折返方式(图4-5)

列车在中间站、终点站利用站后渡线进行折返作业。站后折返方式车站发车采用平行作业,不存在进路交叉,行车安全,有利于提高列车的旅行速度,为国内外城市轨道交通通常采用的折返方式。

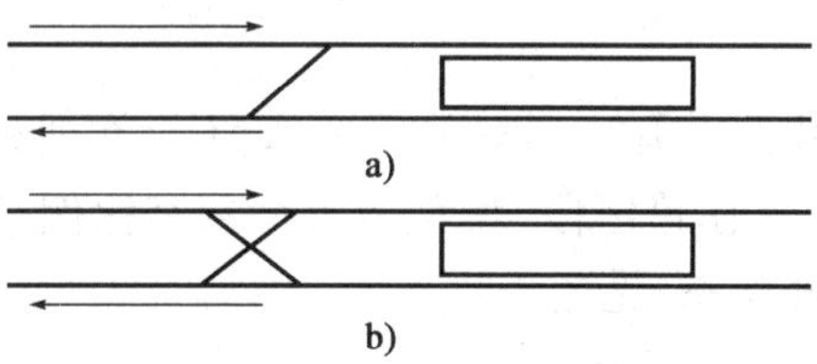

图4-4 站前折返方式图

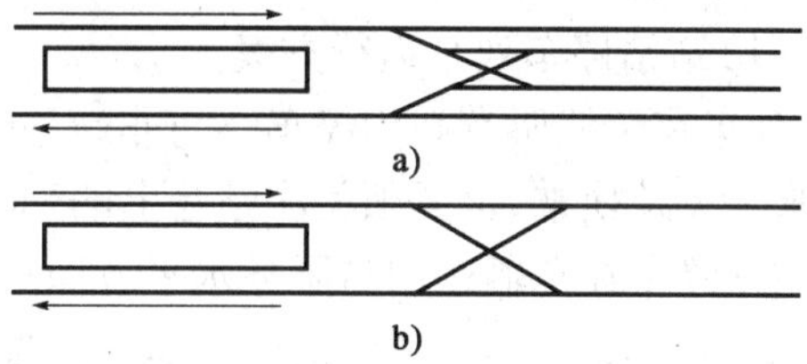

图4-5 站后折返方式图

2)列车交路计划

在轨道交通线路的各个区段客流量不均衡的情况下,采用合理的列车交路安排是运输计划的一个重要组成部分。列车交路计划规定了列车的运行区段、折返车站和按不同列车交路运行的列车对数。

合理的列车交路既能提高列车的车辆运用效率,避免运能虚靡,降低运营成本,又能给乘客提供较大的方便。因此,采用不同列车交路相结合的列车运行方式,能使行车组织做到经济合理。

根据轨道交通的特点,列车交路可分为长交路、短交路及混合交路三种类型(图4-6)。长交路是指列车在全线各站间运行,为全线提供运输服务,列车达到折返线/站后返回;短交路是指列车在某一区段内运行,在指定车站折返,它可为某一区段旅客提供服务;混合交路则是指线路上长短交路并存的情形。

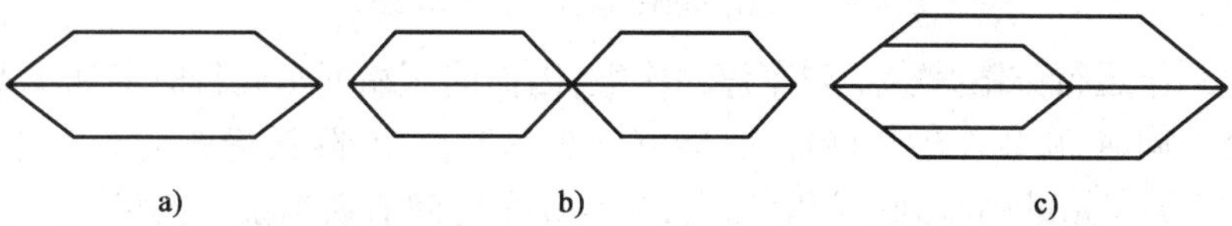

图4-6 不同类型的列车交路

a)长交路列车交路;b)短交路列车交路;c)混合交路列车交路

3)列车交路计划的确定

列车交路计划的确定应建立在对线路各区段客流量进行统计分析的基础上,充分考虑行车组织与客运组织的条件,进行可行性研究后加以确定。

首先,区段客流分析是列车交路计划确定的主要因素之一,也就是根据客流在时间上、空间上所表现出的不均衡性加以研究分析,作为列车交路计划确定的依据。

其次,行车条件决定了交路计划实现的可能性。城市轨道交通的线路设置由于其运营特点,不可能采取每个车站设置具备调车作业功能的线路,交路计划的实现只能在两个设有调车或折返线路的车站之间进行,同时还必须注意列车交路是否会影响到行车组织的其他环节,例如,是否会影响行车间隔、车站后续列车的接车等等。

第三,客运组织是确定列车交路计划的必要客观条件。由于列车交路计划的实现可能导致列车终到站的变化,相关车站的乘客乘降作业、列车清客、客运服务工作都会随之不断调整,对客运组织水平的要求比较高,如果客运组织得不力可能会直接影响到列车运行图的执行情况,因此,确定交路计划应该对客运组织的条件加以考虑。

4)列车停车运行方案

传统的城市轨道交通列车停站设计,总是安排列车站站停车,但从优化列车运行组织,提高列车旅行速度和节约乘客出行时间出发,根据具体线路的客流特点,可比选采用下面三种列车运行方案。

(1)站站停车列车运行方案

列车在全线所有站均停车。与非站站停车相比,线路上开行列车种类简单、不存在列车越行,乘客无须换乘、也无须关注站台上的列车信息显示。在跨区段、长距离出行乘客比例较大时,站站停车在车辆运用与服务水平方面均未达到最佳状态,见图4-7。

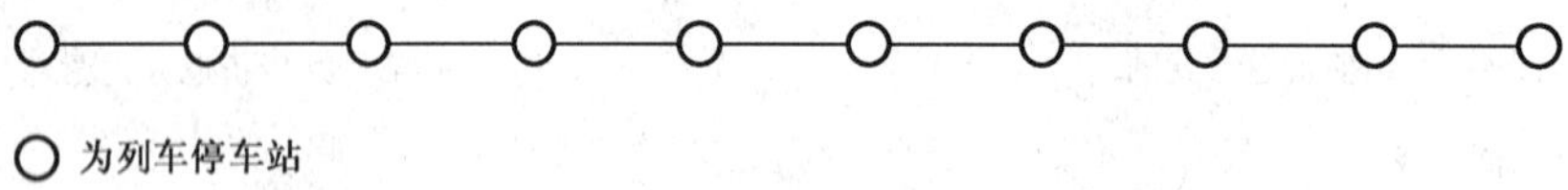

图4-7　站站停车列车运行方案停车示意图

(2)跨站停车列车运行方案

该方案将全线车站分成A、B、C三类。A、B两类车站按相邻分布原则确定,C类车站按每隔若干个车站(图中是每隔4个)选择1站的原则确定。所有列车均应在C类车站停车作业,但在A、B二类车站则分别停车作业,见图4-8。

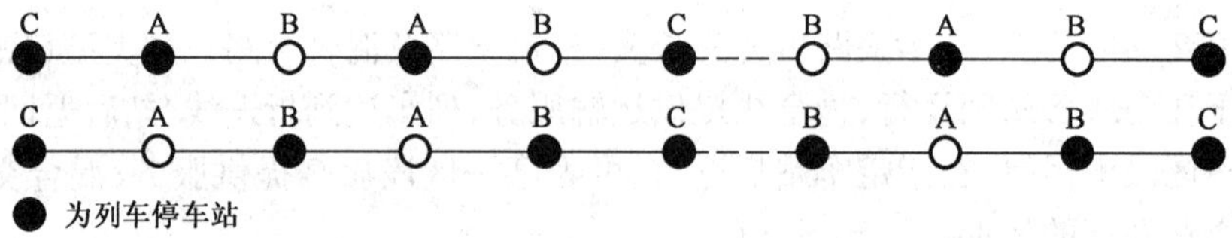

图4-8　跨站停车列车运行方案停车示意图

跨站停车列车运行方案减少了列车停站次数,因而能压缩列车旅行时间和乘客乘车时间、提高旅行速度。同时,由于车辆周转加快,能够减少车辆使用,降低运营成本。该方案的问题是:由于A、B两类车站的列车到达间隔加大,乘客候车时间有所增加;此外,在A、B两类车站间乘车的乘客需在C类车站换乘,带来不便。因此,该方案比较适用于C类车站客流较大,而A、B两类车站客流较小,并且乘客平均乘车距离较远的情况。

(3)分段停车列车运行方案

该方案在长短列车交路的基础上,规定长交路运行列车在短交路区段外每站停车作业,在短交路区段内不停车通过;而短交路运行列车则在短交路区段内每站停车作业;短交路列车的中间折返点作为换乘站，见图4-9：

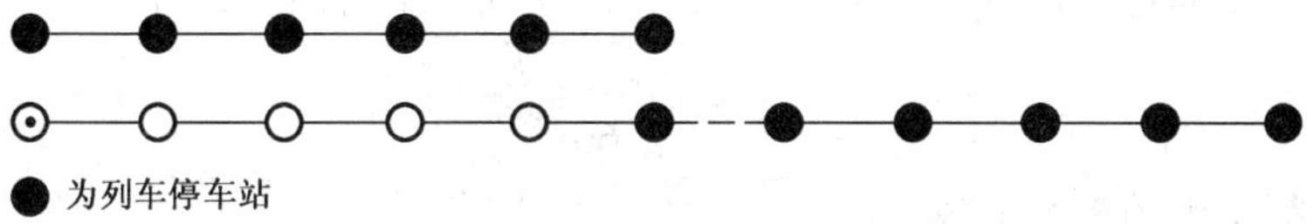

图4-9　分段停车列车运行方案停车示意图

分段停车列车运行方案减少了长交路列车的停站次数，因而能压缩长途乘客在列车上消耗的时间，列车旅行速度的提高也有利于加快长交路运行车辆的周转。该方案的主要问题是：上下车不在同一交路区段的乘客需要换乘，增加了在车站内消耗的时间。因此，采用分段停车列车运行方案的基本依据是乘客时间得到的总节约应大于增加的总消耗。

4.2.2.4　车辆配备、运用与检修计划

车辆配备计划指为完成全线全日行车计划所需要的车辆保有数量计划。车辆保有数计划包括运用车辆数、在修车辆数和备用车辆数三部分。

1）车辆运用

城市轨道交通系统是一个复杂的、技术密集的公共交通系统，具有高度集中和各个环节紧密联系、协调动作的特点。而车辆运用组织系统又是这个大系统中重要的组成部分之一，它在上级运营指挥部门的统一指挥下，按运行图制定的行车计划完成日常的车辆运用工作。

列车运转流程指的是每日列车运用过程，包括四个环节，即列车出车、列车正线运营、列车回库收车及列车场内检修及整备作业。这些作业由车辆运用部门各个岗位协同配合共同来完成。

列车发车工作流程分为制定发车计划、出乘作业及发车作业三部分，从制定发车计划开始到列车发出结束。其中制定发车计划可分为编制、下达发车计划与检修交车、确认计划两个环节。出乘作业可细分为驾驶员出勤、出车前检查、列车出库三个环节。

列车正线运行主要由乘务员（电动列车驾驶员）来完成。主要工作内容包括正线运行中的信息交流、正线交接班作业。正线运行中的信息流转包括：

（1）正线列车或其他行车设备发生故障时，驾驶员应及时报告行车调度员故障车次、故障时间、故障现象以及处理结果。

（2）行车调度员将故障车次/车号、故障情况以及其他相关信息通报维修部门。

（3）驾驶员除向调度员汇报行车有关故障信息外，还应将故障信息在报单上记录备案。

（4）运营中列车因故障而导致下线时，行车调度员应及时通知运转值班员。

列车收车工作分为接车及回库作业，其中回库作业可细分为列车入库、回库检查及收车、驾驶员退勤这三个环节。

2）运用车辆配备计划

运用车辆数是指为完成日常运输任务所必须配备的技术状态良好的可用车辆数。它与高峰小时开行的最大列车对数、列车旅行速度及折返站停留时间等因素有关，计算方法为：

$$n = \frac{n_{高峰}\theta_{列}\ m}{60} \tag{4-8}$$

式中：$n_{高峰}$——高峰小时开行的列车对数；

$\theta_{列}$——列车周转时间；

m——平均每列车编成辆数。

考虑到地铁车辆有时是以动车组形式编组,此时动车组可用下式计算:

$$n = \frac{n_{高峰}\theta_{列} L}{60} \tag{4-9}$$

式中:L——每列车内动车组组数。

列车周转时间是指列车在线路上往返一次所消耗的全部时间。它包括列车在区间运行时间、列车在中间站停留时间以及列车在折返站作业停留时间:

$$\theta_{列} = \sum t_{运} + \sum t_{站} + \sum t_{折停} \tag{4-10}$$

式中:$t_{运}$——列车在线路上折返一次各区间运行时间之和;

$t_{站}$——列车在线路上折返一次各中间站停站时间之和;

$t_{折停}$——列车在折返站停留时间之和。

3)在修与备用车辆计划

在修车辆是指处于定期检修状态的那部分车辆。车辆的定期检修是一项有计划的预防性的维修制度。车辆检修概念包括车辆检修级别和车辆检修周期,它们是根据车辆设计的技术性能、各部件在正常情况下的使用寿命以及车辆运用的环境等因素进行确定的。通过对车辆不同部件制定不同的技术标准、检修级别和检修周期,到期进行车辆的检修,可使车辆在经过定期检查后在整个检修周期内保持良好的技术状态。

轨道交通的检修级别通常分为日检、双周检、双月检、定修、架修和大修6种(表4-3)。

车辆检修级别、周期及停时 表4-3

检修级别	运用时间	走行公里	检修停时
日检	1日	—	—
双周检	2周	4 000km	4h
双月检	2月	20 000km	48h
定修	1年	100 000km	10 d
架修	5年	500 000km	25 d
大修	10年	1 000 000km	40 d

轨道交通系统为了适应客流变化,确保完成临时紧急的运输任务,以及预防运用车辆发生故障,必须要储备若干技术状态良好的车辆,这部分车辆成为备用车辆。备用车辆数可控制在运用车辆数的10%左右。备用车原则上停放在线路两端终点站或车辆段内。

4.2.3 城市轨道交通车站客运组织

城市轨道交通主要通过合理的客运组织来完成其大容量的客运任务。客运组织是通过合理布置客运有关设备、设施以及对客流采取有效的分流或引导措施来组织客流运送的过程。

客运组织的主要内容包括:车站售、检票位置的设置,车站导向的设置,车站自动扶梯的设置,隔离栏杆等设施的设置以及车站广播的导向,售检票数量的配置,工作人员的配备,应急措施等。

影响客运组织的因素较多,不同类型的车站其客运组织的内容有着较大的区别,中小车站的客运组织比较简单,而大车站、换乘站因客流较大、客流方向比较复杂,其客运组织也比较复杂。相对于岛式站台的车站,侧式站台的车站容易将不同方向的客流分开,但不利于乘客的换乘；售、检票设置较分散，不利于车站管理。

4.2.3.1 车站客运组织的原则

轨道交通客运工作的特点决定客运组织应以保证客流运送的安全，保持客流运送过程的畅通，尽量减少乘客出行的时间，避免拥挤，便于大客流发生时的及时疏散为目的。

在进行客运组织时应特别考虑以下几个方面的原则：

(1)合理安排售检票位置、出入口、楼梯，行人流动线简单、明确，尽量减少客流交叉、对流。

(2)与乘客换乘的其他交通工具之间顺利连接。人流与车流的行进路线严格分开，以保证行人的安全和车辆行驶不受干扰。

(3)完善诱导系统，快速分流，减少客流集聚和过分拥挤的现象。

(4)满足换乘客流的方便性、安全性、舒适性等一些基本要求。如适宜的换乘步行距离、恶劣天气下的保护、气温调节、为残疾人专门设计无障碍通道；又如照明、开阔的视野以及突发事件应急系统等。

这些客运设计的基本要求也是评价客流交通组织合理性的重要方面。

4.2.3.2 售检票系统运用与管理

1)售检票方式

从国外的经验和发展趋势来看，凡实行计程票价制，绝大多数都相应采取自动或半自动售、检票方式。虽然采用自动或半自动售、检票方式要增加设备投资，但优点十分明显，譬如能高效准确地售检票，既节约时间，节省大量劳动力，又避免因人为误解产生纠纷，确保乘客迅速通过售检票口。采用自动或半自动售检票方式还可以加强票务管理，减少人为因素影响，尤其在客流调查方面具有人工售检票无法比拟的优越性。

目前，世界各国城市提供售票服务的主要形式是人工发售或自动为主、人工为辅的方式，而且后者已经成为轨道交通售票服务的主流形式。采用自动售检票系统替代人工，可以提供更为准确的售票服务，提高服务效率和水平，并从长远发展角度来看，也可以提高企业的经济效益。国内城市轨道交通采用的售检票系统有人工售检票和自动售检票两种。

(1)人工售检票系统

人工售检票系统是单一的采用纸制车票作为介质，通过人工出售、人工检验票、人工统计的一种售检票系统。虽然设备比较简单、车票单一、投资成本低，但是分段计费效果差、不利于在复杂的城市轨道交通网络中应用，运营成本大，而且不利于统计和分析。

(2)自动售检票系统

自动售检票系统是由计算机集中控制进行自动售票、自动检票及自动结算的自动化管理系统，是地铁综合自动化管理不可缺少的重要组成部分。它基于计算机网络和多种形式的车票技术，对车票数据进行处理，实现自动发售车票，自动计费的功能；并将采集到的信息和数据进行存储、计算、分析，达到随时查看数据，及时了解运营情况，妥善管理的目的。

2)票制

票制是票价制定的简称，主要采用的票制方式有以下几种。

(1)单一票制：单一票制是指不论运营里程的长短，都实行一种价格。

(2)分段计程票制：按乘客乘坐列车距离远近，划分不同的票价等级。

(3)综合票制：综合考虑乘客运距、乘客占用收费区(如地下站台层，一般以检票口为界，检票口内即为收费区)时间、乘坐时间段(如节假日与工作日，高峰与低谷等)等因素核算票价。

3）票价

城市轨道交通作为城市公共交通的一个组成部分，带有公益性质，不能单纯追求盈利，票价的高低直接影响客流量和系统的吸引能力。因此，城市轨道交通系统票价制定应考虑：

（1）城市轨道交通系统运营成本；

（2）城市交通其他交通方式的票价水平；

（3）城市经济发展水平、市民生活水平以及乘客承受力；

（4）政策因素：物价政策、交通费补贴政策等。

票价的制定在考虑上述因素后，兼顾城市轨道交通运营企业的经济效益与城市发展的社会效益，确定较合适的票价，并随上述因素的变化而调整。

4.2.3.3 车站出入口组织方法

车站往往是乘客出行链中的重要节点，车站地区客流可以有多种交通方式进行接续和疏散，包括步行方式、自行车方式、常规公交方式、出租车方式以及其他方式（主要是自备车，包括私家小汽车及摩托车，还包括其他轨道交通方式）等。针对车站种类不同，其复杂程度亦不同，下面主要针对集中多种方式的换乘枢纽车站来说明。

针对车站出入口地区的客流接续和疏散，应特别考虑下面几个方面的原则：

（1）行人流动线简单、明确；

（2）行人流动线尽量与车辆流动线分离，保证行人安全；

（3）交通工具之间互相顺利连接；

（4）不同换乘工具之间的冲突最低；

（5）完善诱导系统，快速分流；

（6）周边道路与内部道路相协调。

落实在具体的设计中，这几方面主要体现在静态的停车场地的布置与设计，动态的人流组织、车流组织，以及相关的控制性管理措施。

（1）静态交通组织：主要是结合枢纽车站的设计和换乘客流方式，做好各类停车场（自行车、出租车、自备车等）的规划布局，合理布置常规公交站点。

（2）人流组织：行人组织主要是提供明确的通行空间，设置良好的诱导标志，引导行人通向指定的目的地，设置齐全的无障碍人行系统。在地铁各出入口设立明显的导向标志，方便乘客识别并根据导向指引进站乘车，在一些轨道交通比较发达的城市，几乎每隔500m即有一个明显的导向标志，便于乘客选择各出入口进站。

（3）车流组织：车站出入口地区周边道路交通需求不同，在周边道路数量多而布置复杂、交通压力大的情况下，可以对道路通行进行管制降低区域内的冲突点，比如采用单行措施，甚至可以封闭入口，将道路改为步行街。另外，常规公交电车、汽车往往是接驳城市轨道交通客流的一种重要方式，在运营调度和发车时刻安排方面可以加以调整，与城市轨道交通协调起来。

4.2.3.4 站内客流组织方法

轨道交通作为快速的大容量交通体系，在现代化的城市公共交通中起着相当重要的作用。轨道交通车站，作为供乘客乘降的场所，也是主要为乘客提供服务的场所，其服务于乘客的设备、设施主要有导向系统、广播系统、售检票系统、照明系统、火灾防护系统、车站站台屏蔽门系统、车站通风与噪声控制系统、车站空调系统。

轨道交通的选址、规模在轨道交通建设时已经确定，一般不能再改变，出入口及通道宽度、站厅及站台的规模一般在建设时根据预测客流量确定，在运营管理中如何正确设置售检票位置，合理布置付费区，进行合理的导向对客流组织起着很重要的作用。在布置时一般要以保证运营时最大客流量的畅通为原则，因此一般按以下要求进行布置：

(1)售检票位置与出入口、楼梯应保持一定距离。售检票位置一般不设置在出入口、通道内，尽量保证出入口和楼梯的畅通。

(2)保持售检票位置前通道宽敞。售检票位置一般选择站厅内宽敞位置设置，以便于售检票位置前客流的疏导，售检票位置应适当保持一定距离，避免排队时拥挤。

(3)售检票位置根据出入口数量相对集中布置。因城市轨道交通车站一般有多个出入口，为了减少乘客进入车站后的走行距离，一般设置多处售检票位置，但过多设置售检票的位置容易造成设备使用的不平衡，降低设备使用效率，并且不利于管理，因而售检票位置应根据车站客流的大小相对集中布置。

(4)应尽量避免客流的对流。客流的对流减缓了乘客出行的速度，同时也不利于车站的管理。因此车站一般对进出客流须进行分流，进出车站检票位置分开设置，保持乘客经过出入口和售检票位置的线路不至于发生对流。

换乘站一般客流比较大，同时客流流线复杂，客流组织相对于其他车站也较为复杂。换乘站根据不同的换乘方式在客流组织管理上应注意采用不同的方法，总的原则是应组织好换乘客流，缩短换乘路径，减少换乘客流与进出站客流的交叉、干扰。

(1)站内直接换乘：车站一般是两条线路平行交织，而且采用岛式站台。这种情况下要求站台能够满足换乘高峰客流量的要求，换乘楼梯或自动扶梯应有足够的宽度，以免发生乘客聚集和拥挤。

(2)站厅换乘：乘客在换乘过程中，须通过另一个车站的站厅或者两站共用的站厅达到另一个车站的站台。这种情况下下车客流朝一个方向流动，减少站台上人流的交织，乘客行进速度快。

(3)通道换乘：这种换乘方式下两个车站通过设置单独的换乘通道为乘客提供换乘。换乘通道设计应注意上下行客流的组织，更应避免双方向的换乘客流与进出站客流的交叉。

(4)组合式换乘：在这种条件下一定要确保换乘旅客客流顺畅，特别要做好客流的引导工作。

4.2.3.5 突发客流组织与调整

大客流是指车站在某一时段集中到达的，客流量超过车站正常客运设施或客运组织措施所能承担的流量时的客流。大客流一般在大型文体活动散场时或重要枢纽节假日期间发生。

大客流的组织应在保证疏散客流安全的前提下，尽快地疏散客流。大客流组织的主要措施包括：

(1)增加列车运能。根据大客流的方向，在大客流发生时，利用就近的折返线、存车线组织列车运行方案，增加列车运能，从而保证大客流的疏散。列车的运能是大客流组织的关键。

(2)增加售检票能力。售检票能力是大客流疏散的主要障碍，车站在设置售检票位置时应考虑提供疏散大客流的通道。在大客流疏散时，可采取事先准备足够的车票，在地面、通道、站厅增加设置售票点,增设临时检票位置来疏散大客流。

(3)采取临时疏导措施。在大客流组织中,临时合理的疏导对客流方向进行限制是一项很重要的组织措施。其主要包括出入口、站厅的疏导,站厅、站台扶梯以及站台的疏导,出入口、站厅的疏导主要是根据临时售检票位置的设置,限制客流的方向,来保持通道的畅通和出入口、站厅客流的秩序。站厅、站台扶梯以及站台疏导主要是为了尽量保证客流均匀上下扶梯和尽快上下列车,保证站台候车的安全。疏导措施主要有设置临时导向、设置警戒绳或隔离栅栏、采用人工引导以及通过广播宣传引导等措施。

(4)关闭出入口或进行进出分流。大客流往往是难以预测的,因此为了保证大客流发生时疏散客流的安全,在难以采取有效措施及时疏散客流时,可采用关闭出入口或对某部分出入口限制乘客进入车站的措施来阻止一部分客流或延长大客流疏散的时间。

4.2.3.6 客运服务质量控制

城市轨道交通工具作为一种现代化的交通工具,虽然是一个庞大和复杂的系统,但直接面对广大乘客就是轨道交通的客运服务工作。客运服务工作是直接反映轨道交通系统运营管理水平的重要标志之一,也是反映城市文明程度的一个窗口。

服务可定义为具有无形特征的一种或一系列活动,通常发生在顾客同服务提供者及其有形的资源、商品或系统相互作用的过程中,以便解决消费者的有关问题。地铁的服务是为乘客提供安全、便利、舒适、快捷的乘车、候车环境。服务内容包括:引导乘客进站、问询服务、售检票服务、组织乘降、出站验票。

轨道交通整个系统工作状态的好坏,直接表现在是否能安全、舒适、快捷地运送乘客,客运服务工作是反映轨道交通运营管理企业管理水平的重要标志,而且,服务质量对于一项服务产品的设计相当重要。服务质量是判断一家服务业公司好坏的最主要的依据。因此,服务质量的控制对于提高轨道交通运营管理企业的服务及管理水平有着重要的意义。

1)服务质量模式

服务质量模式是一项综合质量体系,是对轨道交通运营管理理念的研究和探讨,它由三个部分组成。

(1)企业形象:指公司的整体形象以及其整体魅力。城市轨道交通由于其面向大众、服务大众的社会特征,决定了轨道交通运营管理企业不仅要讲究经济效益,更要考虑社会效益。企业文化的发展以及企业良好的社会形象同样是企业管理水平的一种体现。

(2)技术性质量:即提供的服务是否具备适当的技术属性。这是服务质量技术上的保证,通过采用新技术,提高轨道交通的运行安全的保障力度,并为乘客提供一个舒适的乘车、候车环境。

(3)功能性质量:研究服务是如何提供的。对客运服务的整个流程进行分析研究、完善各项服务设备及辅助性服务设施,增强各类设施、设备的功能性和简便实用性,以更好地满足乘客的需求。

2)质量控制

(1)要对客运服务制定目标和各种规章制度及各岗位的工作标准。这个目标的确定直接影响着客运服务的质量,决定了客运服务质量的水准。

(2)要对客运服务进行现场管理。这是客运服务质量管理的实施、落实的有效手段。服务质量的现场管理,是以满足乘客的出行需求和精神需求为目的的。也就是要尽可能满足乘客对功能性、经济性、安全性、时间性、舒适性和文明性的要求。为了满足这些要求就要对人、设备、设施、方法和环境等五大因素进行控制。可以从以下几个方面来开展服务现场的质量管理工作：

①安全管理：对于任何一个行业来说，安全总是最根本的。离开了这个前提来谈服务质量就毫无意义。因此，我们必须把安全管理纳入到服务质量管理的范畴之中。

②操作管理：车站的服务主要是通过服务人员在现场的操作来体现。服务人员的操作水平直接反映了服务质量，所以操作管理就显得格外重要。

③设备管理：我们在强调服务质量的同时，相对忽视了处于静态的设施状况。这样的服务质量，肯定不会是高水平的服务质量。设备管理的好坏与服务质量的高低密切相关。

④卫生管理：卫生水平对车站来说确实是十分重要的。卫生管理的好坏直接影响到企业的形象。

（3）对客运服务进行跟踪是对车站客运服务质量管理的有效保障。因为，即使在完成了对客运管理模式的建立和加强了服务质量的现场管理之后，全面服务质量管理的体系仍然尚未彻底形成。虽然，现场管理可以从一个局部来保证服务的质量，但从客运服务的整个流程来看，还需要建立起一种有效的机制，来全面地考察服务质量的整体状况。

4.2.4 城市轨道交通行车组织与控制

列车运行图是城市轨道交通系统的综合计划，也是城市轨道交通各部门协同工作，维持全线列车与旅客组织的秩序，保证系统运行安全和旅客服务质量的前提和基础。日常调整与调度指挥也是城市轨道交通行车组织与控制的一项重要内容。本节重点介绍了列车运行图的作用、列车运行图的图解表示要素、列车运行图的种类、列车运行图的编制原则等；重点介绍了列车日常调整与调度指挥的工作内容与方法，包括固定闭塞系统和移动闭塞系统、行车调度概述、正常情况下的列车运行组织、特殊情况下列车运行组织等。

4.2.4.1 列车运行图

1）列车运行图的作用

列车运行图是利用坐标原理表示列车运行状况的一种图解方式。

（1）列车运行图是组织列车运行的基础

列车运行是一个很复杂的环节，只有各个部门、各工种、各项作业之间互相协调配合，才能保证列车安全和提高运输效率。列车运行图规定了各次列车占用区间的顺序、列车在一个车站到达和出发（或通过）的时刻、列车在区间的运行时分、列车在车站的停站时分、折返站列车折返作业时间及电动列车出入场时刻。列车运行图在保证城市轨道交通运营各部门的相互配合和协调动作上起了重要的组织作用。

（2）列车运行图是运行组织的一个综合性计划

运营生产是一个统一的整体，涉及城市轨道交通运营的各业务部门都需要根据列车运行图（图4-10）所规定的要求来安排工作。如：车站根据运行图所规定的列车到达和出发时刻，安排本站行车组织工作和客运组织工作；车辆维修部门每天运营前要整备好运营需求的列车数；车辆运转部门要根据列车运行图的要求确定列车的派出时刻和乘务员的作息计划；工务、通信、信号、供电、机电等部门也要求根据列车运行图的规定来安排施工计划和维修计划。因此，列车运行图是城市轨道交通运行组织的一个综合性计划。

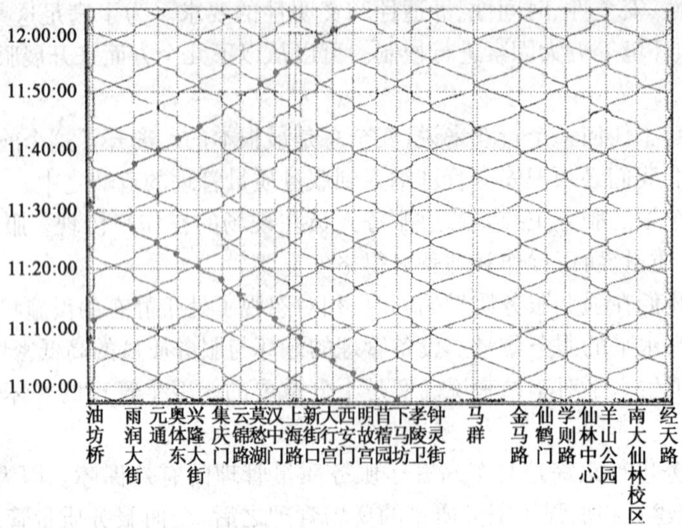

图 4-10　列车运行图示意

2）列车运行图的图解表示要素（图 4-11）。

列车运行图实际上是为运营调度部门提供一种组织列车在各站和区间运行的一种图解形式。列车运行图上的列车运行线与车站中心线的交点，即为列车到、发或通过车站的时刻。根据列车运行图格式不同的表示方法，这些表示时刻的数字或符号，一般填写在列车运行线与横线相交的钝角处。各部分的含义说明如下：

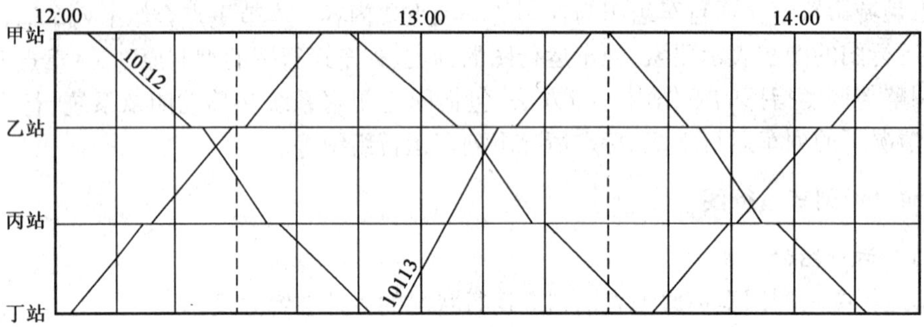

图 4-11　列车运行图的图解表示要素

（1）横坐标：表示时间变量，按要求用一定的比例进行时间划分，一般城市轨道交通列车运行图采用 1 分格或 2 分格，即每一分表示 1min 或 2min。

（2）纵坐标：表示距离分割，根据区间实际里程，采用规定的比例，以车站中心线所在位置进行距离定点。

（3）垂直线：是一族平行的等分线，表示时间等分段。

（4）水平线：是一族平行的不等分线，表示各个车站中心线所在的位置。

（5）斜线：列车运行轨迹（径路）线，一般用上斜线表示上行列车，下斜线表示下行列车。

（6）在列车运行图上，列车运行线与车站的交点即表示该列车到达、出发或通过的时刻。由于城市轨道交通列车停站时间较短，一般不标明到、发不同时间。

（7）在列车运行图上，每个列车均有不同的车号和车次。一般按不同的列车类别规定代号与列车号。如专运列车、客运列车、施工列车等；按发车顺序编列车车次，上行采用双数，下行采用单数。

3)列车运行图的种类

列车运行图是一种二维图,其横轴是时间,一般可根据其刻度细微程度分为一分格运行图、二分格运行图和十分格运行图,特殊情况下可以采用小时格运行图;纵轴是距离标志,其标志点按车站来定义,因此它不是等间隔的。

运行图的种类包括以下四种。

(1)一分格运行图:它的横轴以1min为单位用细竖线加以划分,10min格和小时格用较粗的竖线表示。这种一分格图主要在编制新运行图和调度指挥时使用。

(2)二分格运行图:它的横轴以2min为单位用细竖线加以划分,常用于市郊铁路运行图的编制。

(3)十分格运行图:它的横轴以10min为单位用细竖线加以划分,半小时格用虚线表示,小时格用较粗的竖线表示。这种十分格运行图主要供调度在日常指挥中绘制实际运行图使用。

(4)小时格运行图:它的横轴以小时为单位用竖线加以划分。这种小时格运行图主要在编制旅客列车方案图和机车周转图时使用。

在列车运行图上,以横线表示车站中心线的位置,一般以细线表示中间站,以较粗的线表示换乘站或有折返作业的车站。车站中心线有下列两种确定方法。

(1)按区间实际里程比率确定:即按整个区段内各车站间实际里程的比例来画横线。采用这种方法时,列车运行图上的站间距完全反映实际情况,能明显地表示出站间距离的大小。但由于各区间的线路和纵断面不一样,使列车运行速度有所不同,这样列车在整个区段的运行线往往是一条斜折线,既不整齐,也不易发现列车在区间运行时分上的差错,所以一般不采用这种方法。

(2)按区间运行时分比率确定:即按整个区段内各车站间列车运行时分的比例来画横线。采用这种方法时,可以使列车在整个区段的运行线基本上是一条斜直线,既整齐又美观,也容易发现列车在区间运行时分上的差错,故多被采用。

列车运行图上的列车运行线与车站中心线的交点,即为列车到、发或通过车站的时刻。根据列车运行图的格式不同的表示方法。所有这些表示时刻的数字或符号,都填写在列车运行线与横线的钝角处。

4)列车运行图的编制原则

(1)在保证安全可靠的条件下,提高列车的运行速度,缩小列车的运行时分。列车运行速度高是城市轨道交通系统的主要优势,在安全得到保证的前提下,可以通过提高列车运行旅行速度,压缩折返时间,减少出入库作业时间等方式,提高系统的运行效率和服务水平。

(2)尽量方便乘客:城市轨道交通系统是城市公共交通的重要组成部分,编制运行图时主要考虑列车发车间隔在满足运行技术前提下尽量选择最小值,从而减少乘客的候车时间。在安排低谷运行时,最大的列车运行图间隔不宜过大。如能改变列车编组,保持较小列车间隔,不失为一种节省运能并减少乘客候车时间的良策。

(3)充分利用线路的能力和车辆的能力。通常情况下,折返站的折返能力是限制全线能力的关键,因此必须对折返线的折返作业时间进行精确的计算,尽可能安排平行作业。当车辆周转达不到运营要求时,要合理安排车辆解决高峰客流组织。

(4)在保证运量需求的条件下,运营车数达到最少。在保证运量需求的条件下,综合考虑高峰时段列车运行速度、折返时间、列车开行方式等要素，使运营列车数量达到最少，从而降低系统的车辆保有量与运营成本。

5）列车运行图的编制步骤

在新线开通或线路客流量、技术设备和行车组织方式发生变化时都需编制列车运行图，其编制步骤如下：

（1）按要求和编制目标确定编图的注意事项；

（2）收集编图资料，对有关问题组织调查研究和试验；

（3）对于修改运行图应总结分析现行列车运行图的完成情况和存在问题，提出改进意见；

（4）确定全日行车计划；

（5）计算所需运用列车数量；

（6）计算所需运用列车与草图；

（7）征求调度部门、行车和客运部门、车辆部门的意见，对行车运行方案进行调整；

（8）根据列车运行方案铺画详细的列车运行图、列车运行时刻表和编制说明；

（9）对列车运行图的编制质量进行全面的检查，并计算列车运行图的指标；

（10）将编制完毕的列车运行图、时刻表和编制说明报有关部门审核批准执行。

6）列车运行图的指标计算

列车运行图编完后，必须对运行图的编制质量进行全面的检查，主要内容有：

（1）运行图上铺画的列车数和折返列车数是否符合要求；

（2）列车运行线的铺画是否符合规定的各项时间标准；

（3）列车在车站折返时，同时停在折返线的列车数是否超过该站现有的折返线数；

（4）换乘站的列车到发密度是否均衡；

（5）列车乘务员的工作和休息时间是否符合规定的时间标准。

在检查并确认运行图完全满足规定的要求后，就可计算运行图的各项指标。

①列车列数和折返列数。

②旅客输送能力。

计算公式为：

$$\text{旅客输送能力} = \text{旅客列车数} \times \text{列车定员} \tag{4-11}$$

③高峰小时运用列车数，早高峰和晚高峰分别计算。

④全日车辆总走行公里。全日车辆总走行公里是轨道交通车辆为运送乘客在运营线路上所走行的里程，它包括图定的车辆空驶里程和由于某种原因列车在中途清人或列车在少数车站通过后仍继续载客的车辆空驶里程。

计算公式：

$$\text{全日车辆总走行公里} = \sum(\text{旅客列车数} \times \text{列车编成辆数} \times \text{列车运行距离}) \tag{4-12}$$

⑤车辆日均走行公里（称日车公里），即每一运用车辆每日平均走行公里数。

计算公式为：

$$\text{车辆日均走行公里} = \frac{\text{全日车辆总行走公里}}{\text{全日车辆运用数}} \tag{4-13}$$

其中全日运用车辆数可近似地取早高峰小时的运用车辆数。

⑥车辆全周转时间

计算公式为：

$$车辆全周转时间 = \frac{全日营业时间 \times 运用车组数}{全日开行列车对数} \tag{4-14}$$

⑦车辆周转时间。

车辆周转时间与车辆全周转时间指标的区别在于:车辆在运营线路上完成一次周转所消耗的时间中不也括回库检修等时间。

⑧技术速度。

⑨旅行速度(又称运送速度)。

⑩满载率。

为了进一步评价新运行图的质量,除计算新运行图的各项指标外,应与现行运行图进行比较,分析各项指标提高或降低的主要原因。列车运行图经最后批准后,为了保证新图能够正确和顺利地实行,必须在实行新图之前做好下列准备工作:

(1)发布施行新图的命令;

(2)印刷并分发列车时刻表;

(3)拟订保证实现新图的技术组织措施;

(4)组织学习,使职工了解、熟悉新图规定的要求;

(5)根据新图的规定,组织各站段修订《行车工作细则》;

(6)做好车辆和驾乘人员的调配工作。

包括列车列数、能力、运营里程、周转时间、旅行速度、技术速度等。

4.2.4.2 日常调整与调度指挥

1)固定闭塞系统和移动闭塞系统

固定闭塞系统是采用地面固定信号机将线路分成若干个闭塞分区。每个闭塞分区只能被一列车占用,而且闭塞分区的长度不得小于驾驶员确认信号和制动停车所需要的距离之和。固定闭塞的实现主要是靠地面信号系统实施的。在通常情况下,地面信号机显示为路灯,列车才能占用,某些情况当地面信号机显示为黄灯时,也可以占用,但是在地面信号机显示为红灯时是绝对不能再前进而占用该闭塞分区的。

移动闭塞是目前线路利用效率更高的列车闭塞方式。与固定闭塞方式相比,移动闭塞相当于将区间分成了无数个细小的、连续的闭塞分区,它使得列车间的安全信息传递得更为频繁、及时和详细。因为移动闭塞系统能够比固定闭塞系统更优地确定列车的位置和传输列车信息,所以移动闭塞系统可以根据列车的动态运行确定更小的列车间隙。同样,取消固定闭塞所需的轨道设备也可以减少维修费用,并且利用列车和路边设备的传输信息通道也可以传输与列车实时运行有关的操纵信息,以提高管理能力和诊断故障设备。

移动闭塞是目前线路能力利用效率最高的列车闭塞方式,前行车对后行车的速度限制成为一个连续函数:

$$v_{d,\max} = f(d, v_{i,\text{forward}}) \tag{4-15}$$

即前行车对后行车的限速是前后行列车间距 d 及前行列车速度 $v_{i,\text{forward}}$ 的函数。前行车速度越高,后行车的限速值也越大;前后行列车间距越大,后行车的限速也就越大。

2)行车调度概述

(1)运输调度生产组织系统

城市轨道交通系统是一个复杂的、技术密集的公共交通服务,它具有高度集中和各个工作环节紧密联系、协同动作的特点,必须实行集中领导、统一指挥的原则。运输调度是城市轨道交通系统日常运输工作的指挥中枢，凡与运输有关的各部门、各工种都必须在运输调度的统一指挥下进行日常生产活动。

运输调度的基本任务是：科学地组织客流，经济合理地使用车辆及运输设备，挖掘运输潜力，提高运输效率和经济效益，组织与运输有关各部门密切配合，确保实现列车运行图，努力完成运输生产任务，为城市经济建设和人民生活服务。

在日常运输工作中，为统一指挥、有序组织运输生产活动，城市轨道交通系统设立控制中心。为对复杂的运输生产活动进行全面地指挥和监督，控制中心中实行分工管理原则，将整个运输生产活动按业务性质划分成若干部分，设置不同的调度工种分别管理一定的工作。如在控制中心，通常设有行车调度、电力调度和环控调度等调度工种。

值班调度主任是调度班组工作的组织者和领导者，其主要工作职责是传达、贯彻、执行上级有关文件、命令及指示，负责完成本班组各项运输指标，主持接班会、布置有关注意事项，检查全生产情况，掌握列车运行图执行情况，负责检修、施工和救援工作的把关，主持事故分析会等。

(2)行车调度

行车调度是调度机构的核心，行车调度员担负着指挥列车运行、贯彻安全生产、实现列车运行图、完成运输计划的重要任务。行车调度员是列车运行的组织指挥者，负责监控或操纵列车运行控制设备，掌握列车运行、到发情况，发布调度命令，检查各站、段执行和完成行车计划情况，在列车晚点或运行秩序紊乱时采取有效措施尽快恢复按图行车，负责施工要点登记，发生行车事故时要迅速采取救援措施，并向上级和有关部门报告，以及填写各种报表等。

列车运行是城市轨道交通系统日常运输生产活动的重要内容，行车调度员负有指挥列车安全、正点运行的责任。作为一个合格胜任的行车调度员，必须熟悉各种和运输有关的情况。

(3)行车调度控制方式

城市轨道交通系统的基本行车调度控制方式主要有调度集中和行车指挥自动化两种。车站控制是在特殊情况下采用的辅助方式。采用何种行车调度控制方式与采用的行车调度指挥设备类型有关。

①调度集中

行车调度员通过调度集中控制设备所管辖线路上的信号和道岔，办理列车进路、组织和指挥列车运行。这时，基本闭塞方法为自动闭塞法，列车运行以驾驶员操纵为主。在调度集中控制因故不能实现时，改为车站控制。车站值班员在列车调度员的指挥下，办理列车进路，接发列车。

调度集中控制设备是一种远程控制的信号设备。它的特点是区间采用自动闭塞，车站采用电气集中联锁，并用电缆把它们引接到指挥该线路列车运行的控制中心。控制中心的行车调度员通过操纵控制台上的按钮集中控制，管辖线路上的信号和道岔，直接办理各车站的接发车进路，指挥列车运行。行车调度员通过区间和车站线路表示盘，可以方便快捷地掌握线路上列车运行和分布情况、区间和站内线路的占用情况、各种信号机的显示状态和道岔开通位置等。

②行车指挥自动化

列车自动控制系统（ATC）是对列车运行安全过程或一部分作业，实现自动控制的设备的总称，具有列车运行自动化和行车指挥自动化功能。列车自动控制系统（ATC）由列车自动保护系统（ATP）、列车自动运行系统（ATO）、列车自动监控系统（ATS）三个子系统构成。其中，ATP子系统可以强制规定列车运行速度，保证前行与后续列车之间的安全行车间隔。ATO子系统能使列车按ATS速度进行平稳调速，使列车自动停在车站的正确位置。它是中心ATS系统对列车实现自动调整的前提。ATS子系统能监控列车运行状态，实时控制列车运行时刻表。

在行车调度员监控下，由双机冗余计算机组等设备构成的列车自动监控子系统（ATS）完成列车运行的控制任务。这时，基本闭塞方法为自动闭塞法，通常还采用列车自动保护（ATP）和列车自动运行（ATO）子系统，在ATS子系统因故不能使用时，改为调度集中控制。

ATS子系统的硬件组成包括：双机冗余计算机组和控制室内的显示盘、工作站、绘图仪、打印机等设备。该子系统的自动功能主要是跟踪正线运行列车、显示列车车次；根据存储的基本运行图或调整过的计划运行图，行车调度员可用人机对话方式生成当前使用运行图；自动排列列车进路；自动进行列车运行调整；自动绘制列车运行图和生成各种运行报告。该子系统的主要人工功能包括行车调度员直接办理进路和进行列车运行调整两类。

3）正常情况下的列车运行组织

（1）列车运行的基本概念

在双线行车情况下，城市轨道交通系统的列车通常是按右侧单方向运行。列车的定义为：以站外运行为目的按规定辆数编成的车组，并具备规定的列车标志。列车的标志是头部缓冲梁上方两个头灯显示白色灯光；尾部缓冲梁上方两个尾灯显示红色灯光。

为保证列车运行的安全，在组织列车运行时，通过设备或人工控制，使列车按闭塞分区或站间分区保持间隔距离的方法，称为行车闭塞法。

保持列车间隔距离的方法有两大类：一类是空间间隔法，按一定的空间间隔开行列车，即在区间或闭塞分区内没有列车的时候，才允许驶入列车；另一类是时间间隔法，按一定的时间间隔开行列车，即第一列车发出后，须经过一定的时间才发出下一列车。

在自动闭塞线路上，基本行车闭塞法为自动闭塞法，实行行车指挥自动化或调度集中控制。当基本闭塞设备不能使用时，根据行车调度员的命令改为电话闭塞法。在电话中断时，可按时间间隔法行车。

（2）列车运行调整方法

为了实现按图行车，行车调度员要努力组织列车正点运行，而组织列车正点始发又是列车正点运行的基础。对始发列车，行车调度员应在列车出段、列车折返交路和客流情况等各方面进行具体掌握和组织，以确保正点始发。

在始发站列车正点始发的情况下，由于途中运缓、作业延误或设备故障等原因，难免出现列车运行晚点的情况。此时，行车调度员应根据列车运行的实际情况，按恢复正点和行车安全兼顾的原则，根据规定的列车等级进行运行调整，尽可能在最短时间内使晚点列车恢复正点运行。

列车的等级依次为：专运列车、客运列车、调试列车、空驶列车和其他列车。在抢险救灾情况下，优先放行救援列车。对同一等级的客运列车，可根据列车的接续车次和载客人数等情况进行运行调整，列车运行调整的主要方法有：

①始发站提前或推迟发出列车。

②根据车辆的技术状态、驾驶员驾驶水平和线路允许速度，组织列车加速运行、恢复正点。

③组织车站快速作业，压缩列车停站时间。

④组织列车跳站停车,分为列车载客跳站停车和列车空驶跳站停车两种。客流较大的车站原则上不应组织列车跳停通过,仅在车辆或其他设备故障、发生事故或车站因乘客滞留造成拥挤等原因引起列车运行秩序紊乱,以及特殊需要时,方准列车载客跳停通过。安排列车跳站停车应考虑越站乘客是否有返回乘坐的列车,末班列车不办理列车载客跳停通过。为了缓解客流压力或因列车晚点影响后续列车运行时,准许始发列车空驶跳停,但不宜连续两个空驶列车跳停。组织列车跳站停车时,行车调度员要加强预见性和计划性,提前下达命令。驾驶员和车站有关人员应对乘客作好宣传解释工作,车站应维持秩序。组织好乘客乘降,保证乘客安全。

⑤变更列运行交路,组织列车在具备条件的中间站折返。

⑥组织列车反方向运行。在双线线路上,如一个方向列车密度较大,而另一个方向列车密度较小,为了恢复正点运行,可利用有道岔车站的渡线,将列车转到列车密度较小的线路上反方向运行。

⑦扣车。当一线路的列车由于车辆及其他设备故障或某种原因不能正常运行,造成换乘站站台上乘客拥挤时,行车调度员应采取扣车措施,即将另一条线路的上下行列车扣在换乘站附近的各个车站,以缓和换乘站的压力。扣车时间一般应控制在10min内,如果堵塞线路的列车在短时间内不能恢复正常运行,可组织扣下的列车在换乘站通过。同时,行车调度员应发布畅通线路各站停售跨线票的命令。

⑧调整列车运行时间间隔。换乘站由于客流骤增造成作业困难时,行车调度员可根据列车的运行情况,适当调整列车运行时间间隔,尽量避免各线列车同时到达换乘站。

⑨在环形线情况下,当一条线路运行秩序紊乱时,要尽力维持另一条线路列车的正常运行,并通知各站组织乘客乘坐畅通线路方向的列车。

⑩停运列车。行车调度员对列车运行调整方法的选择,取决于列车运行的具体情况。而在实际工作中,往往又可以将几种列车运行调整方法结合运用。

4)特殊情况下列车运行组织

(1)ATC故障时的列车运行组织

ATC系统故障是指ATP、ATS或ATO子系统发生故障。列车运行组织方法改变如下:

①ATO子系统故障,列车改为人工ATP驾驶。在各站间区间的运行速度按ATP速度码规定执行。

②ATP车载设备故障,因故障列车无法接收限速命令,该列车驾驶员应按调度命令,人工驾驶限速运行。

③ATP地面设备发生故障,因ATO车载设备接收不到限速命令,无法按自动闭塞法行车。如是小范围的设备故障,由行车调度员确认故障区间空闲后,向驾驶员发布调度命令,列车不切除车载ATP,但在故障区间以慢速前行方式运行。如是大范围的设备故障,由行车调度员发布调度命令,停止使用基本闭塞法,按集中站间电话闭塞法行车。

④ATP子系统和车站通信设备同时发生故障,采用时间间隔法行车。

⑤ATS子系统发生故障,改为调度集中控制,由行车调度员人工控制全线的信号与道岔、办理列车进路和调整运行秩序。

(2)改为车站控制时的列车运行组织

凡发生下列情形之一时,根据行车调度员的命令,由调度集中控制改为车站控制:

①对所管辖的道岔或信号失去了控制作用。

②表示盘上失去了复示作用或不能正确复示。

③停止使用自动闭塞法。

④清扫道岔。

⑤列车运行或调车有关工作必须由车站办理。

当调度集中控制改为车站控制时，在行车调度员的指挥下，由车站行车值班员办理闭塞、准备进路、开闭信号和接发列车。

（3）改用时间间隔法时的列车运行组织

由于自然灾害或其他原因使车站一切电话中断，车站行车值班员无法与控制中心、邻站取得联系，为了不间断行车，双线区间可改用时间间隔法行车。此时，行车作业办法与要求如下：

①车站行车值班员指定改用时间间隔法的第一趟列车驾驶员，将实行该行车法的情况通知有关车站。

②除线路两端折返站外，中间站道岔一律置于正线列车运行位置，如车站行车值班员无法在控制台上确认道岔位置或转换道岔，必须随车就地确认或办理。

③出站信号机显示停车信号，列车进入区间的行车凭证为红色许可证，手信号发车。

④两列车的间隔时间和列车运行速度应符合要求。

（4）施工时的列车运行组织

轨道交通系统的检修、施工作业，通常是在夜间的停运期间进行。夜间检修、施工时的列车运行组织由行车调度员负责。行车调度员既要根据检修、施工计划的安排，保证设备维修更换和线路扩建工程等夜间检修、施工任务的顺利完成，又要保证次日运输生产能正常进行，为此，行车调度员应按以下作业要点对夜间检修、施工时列车运行进行组织。

①行车调度员应认真核对当夜施工计划，对检修、施工内容、地点和时间等做到心中有数。在确认进行夜间检修、施工后，行车调度员应下达调度命令给有关车站的行车值班员、车辆段信号楼值班员和检修、施工作业负责人，布置检修、施工内容、地点、起止时间及注意事项等。在检修、施工过程中，行车调度员应与行车值班员和检修、施工作业负责人等保持联系，掌握检修、施工进度。

②向检修、施工区间开行施工列车，按电话闭塞法行车办理或根据调度命令办理。施工列车在进入运营线路前，必须对其技术状态进行全面检查，以确保行车和设备安全。施工列车推进运行时应在列车前部设专人引导。到达检修、施工地段后，应在防护人员显示的停车手信号前停车，然后再按调车作业办法进入指定地点。

③当一个区段一条线路上，只有一列施工列车往返多次运行时，可采取封闭区间运行的办法。此时，施工列车运行按调度命令办理，并且还须符合下列要求：封闭区间的所有道岔均应开通于施工列车运行的方向；封闭区间内无其他检修、施工作业；施工列车不准超出封闭区间运行，施工列车按调度命令指定时间离开封闭区间。

④行车调度员应在满足检修、施工要求的前提下，尽量缩小线路封锁或封闭的范围，减少施工列车占用正线的时间。

⑤在检修、施工中发生设备损坏、人员伤亡或不能按时完成检修、施工作业时，行车调度员应立即报告调度长，采取有效措施确保次日运输生产能正常进行。

⑥检修、施工结束后，行车调度员根据行车值班员的报告，在确认行车设备完好、检修、施工人员和机具撤离后，下达调度命令同意注销检修、施工。

4.3 常规公交运营管理

城市常规公交运营调度是公共汽电车从事营运生产的组织方式和手段。广义上是指城市公交企业根据客流的需要、城市公交的特点，通过制定运营车辆的行车作业计划和发布调度命令，协调运营生产的各个环节、各个部门的工作，合理安排、组织、指挥、控制和监督运营车辆的运行和有关人员的工作，使企业的生产达到预期的经济目标和良好的社会服务效益。

具体来讲运营调度工作分运营组织和行车调度两个阶段。所谓运营组织，是以时刻表为依据，合理编制运力和劳动力使用计划，目标是以最少的人力、物力投入满足客流的需求；行车调度则是以运力、劳动力使用计划为依据，组织实施客运的过程，目标是及时处理突发事件，尽可能确保运营计划的实现。

4.3.1 常规公交线路运营计划

运营组织管理的任务是依据客流规律线路的运营条件、企业运输能力和公交企业社会效益、经济效益等指标要求编制行车作业计划，并通过执行行车作业计划，使公共交通线路运营工作有计划、有节奏地进行。因此可以说编制公共汽电车的行车作业计划不仅是运行调度的起始阶段，也是至关重要的阶段。

4.3.1.1 作业计划

行车作业计划是公共汽电车企业营运计划的具体反映。它是公交企业管理技术人员在现行运营管理模式下根据运营生产特点，全面分析运营生产条件和乘客在现阶段的要求而确定出合理的运营服务水平之后编制的组织车辆在线路有序、均衡运行的生产作业计划，用以组织和指导公交车辆运营生产的全过程，是城市公共交通企业管理的重要基础工作之一。

行车作业根据客流动态在不同时期的规律变化，可分为季节、月度、平日（周一至周五）、节日、假日行车作业计划。

行车作业计划主要包括：在给定客流需求条件下，预计投放的运营车辆数，驾售人员以及车辆的调配计划，行车计划时刻表的编制等。

1）线路车辆配置

公交线路车辆的配置应最大限度地满足乘客的出行需求，车辆配置合理与否直接影响到公交系统的整体效益。若线路运力不足，则线路的运输能力不能满足乘客正常的出行需求，即使能够满足出行需要，那么满载率也会较高，公交服务水平保持在较低的水平上；若运力过剩，则会导致公交车辆闲置，公交运营成本增加，从而影响公交企业的经济效益。

确定合理的发车间隔是公交线路车辆配置工作的关键。在对乘客利益和企业效益进行分析的基础上，建立以企业效益满意度最高、乘客等待抱怨度最低和乘客拥挤抱怨度最低为目标的公交车辆发车频率的多目标优化模型，兼顾乘客利益和企业效益。在得到优化的发车间隔后，利用式(4-16)可计算线路的线路配车数量。

$$N_i = \frac{2 \times 60 \times L_i}{v_i} f_i \tag{4-16}$$

式中：N_i——公交线路 i 的配车数量（辆）；

L_i——公交线路 i 的长度（km）；

f_i——公交线路 i 的发车频率；

v_i——公交线路 i 的车辆技术车速(km/h)。

合理地进行公交线路的车型配置，不仅可使居民出行尽可能的舒适便捷、提高公交运输的效率，还可以使公交线路的效益得到较好发挥，并对提高整个公交网络的运输效益有十分重要的意义。总体上来说，公交车辆选型应遵循以下原则：

(1)公交车型应与城市的社会经济发展水平相适应；

(2)公交车型应与公交线路的服务功能相适应。不同等级的公交线路应根据客流需求配置不同车型的公交车辆；

(3)公交车型应与"环保交通"、"绿色公交"的发展理念相一致，公交动力趋向环保化；

(4)公交车选型应满足人性化、艺术化的要求。不仅要保证乘客安全、便捷的上下车、乘坐舒适，同时还应满足特殊人群的需要。

2)发车间隔

发车间隔 h(min/TU)是某一方向上相邻两辆运行的公交车通过某一固定点的时间间隔。运行图中用 min 表示，能力分析时则常用 s 来表示。

乘客总是希望公交车的发车间隔尽量的短，以缩短其等待时间。然而，因为对于固定的乘客量，采用低频率发车的运营成本比高频率发车成本要低，所以公交公司经常会使用长的发车间隔。发车间隔通常折中了乘客的出行时间、方便性和公交公司的运营费用。

在乘客需求相对稳定的情况下，采用均一(固定)的发车间隔会使运营效率最高(均衡公交车载客数和最大化时刻表可靠度)，且最容易吸引乘客(简单、可靠、等待时间最短)；当发车间隔大于6min 的时候，通常采用能被 60 整除的数，如 7.5min，10min，12min，15min，…，60min 等，称为时钟间隔(周期间隔)，因为这种做法使得车辆在任意车站开行的时间都将为一个小时的同一个时间点，方便乘客记忆。

发车间隔的确定作为公交调度工作的关键，是计算车队车辆数、车种、人员配置、车辆维修与保养、票价等参数，制定合理的发车时刻表的前提。一般来说有以下三种方法：

(1)平均间隔法

确定两相邻时段的发车数和发车时间的相互影响，平均间隔法是一种最简单但又粗略的方法，它计算出来的结果有可能导致在一条运行路线上出现过分拥挤或者车辆利用率不足的现象。

(2)平滑法

平滑法是一类方法的统称，即根据时段配车数，先确定在前一时段内第一辆车的发车时间，而在相邻时段之间的转换段内综合考虑前后两种配车数，逐渐进行满足乘客需求的变化。

每个发车时段的时刻表计划必须独立地进行设计，每个时段的长度不一定以小时来计算。在各时段发车间隔确定的基础上，通过时段间发车间隔平滑处理，合理确定各时段交界处公交车的发车时刻，从而得出公交车全天的发车时刻表。此时的时刻表并不包含发车时刻的发车编号、人员配备等运营内容，仅是公交发车的具体时刻。

(3)考虑高峰时段的发车间隔的确定方法

通常高峰时段的发车间隔制定要与其他时段区分开，这是由高峰时段客流的特殊性决定的。在高峰时段开始时，运输能力下降，可以通过减少发车间隔或增加公交车数量来解决，有时这两种方法也可结合使用。

缩短发车间隔的最简单方法就是在常规时刻表中插入另外一辆公交车，这样会使发车间隔减半。这种做法简单易行,但是在所有公交车辆的运输能力都相同的情况下,会造成能力突变,即直接增加一倍运输能力而不是使能力的增加具有渐变性。所以通常情况下会采用比二分之一发车间隔小的时间折减,如以前采用 10min 发车间隔,高峰时刻为 7.5min 或 6min,当发车间隔较小时这种记忆不同发车时刻,给乘客带来的不便就不会太严重。对于长发车间隔的线路(如大于 10min),如果有这种发车间隔的改变,则必须醒目地在时刻表中标明。

3)常规公交时刻表

行车时刻表是行车作业计划中最重要的内容,是进行公交车辆调度的基本方式。行车时刻表的编制质量和执行中的准确程度,直接反映调度工作的能力,反映企业管理水平的高低和社会效益、经济效益的优劣。

公交时刻表的编制是计算发车间隔、所需车辆数量、车辆开行时间及其他运营要素的过程。公交时刻表的产出包括:运营者所需的图形化的发车间隔数据表、提供给乘客的时刻表、线路的基础数据等。

(1)公交时刻表编制的依据

公交时刻表的编制质量对公交系统可靠性是非常重要的。编制时刻表前,应该对下一时段内运行环境、客流规律的变化等有一定的预见性。发车时刻表是公交企业能否稳定运营的关键,只有提高公交时刻表的合理性科学性,才能保证公交运营的可靠性。掌握客流规律、车辆行驶特性和道路运行环境、乘客和企业利益等是编制发车时刻表的重要依据。

常规公发车时刻表编制的影响因素叙述如下:

①客流分布状况

在一条公交线路上,客流量在不同的时间差异很大,这就决定了公交车辆组合调度的发车间隔应该是非均衡的;在同一时间不同站点的客流量也不同。如果在某一区间几个连续的站点间客流量较大,可以考虑加开区间车;如果在线路上不相邻的几个站点客流量较大,则可以考虑加开大站快车。

客流分布状况反映客流的要求、线路配车数、人员配班数、运输指标要求等,决定了公交企业主观上应达到的供应能力。

客流在时间上的不均衡规律决定了行车时刻表各时段的配车数和车次。断面上的不均衡规律和方向上的不均衡规律决定了行车调度方法。只有与配车数、配班数、指标数综合平衡,才能确定行车调度方法和行车时刻表的编制内容。行车时刻表是基于以上几个依据,综合平衡的产物。

②车辆条件

客流信息的采集对于确定公交调度方案具有重要作用,而这些信息的获取主要依赖于公交车辆的技术条件,如车辆自动定位技术、乘客自动计数技术以及公交 IC 卡技术等。因此,公交车辆的技术条件直接影响和决定公交发车时刻表所需的客流信息的准确性。

③道路运行环境

道路运行环境对于公交时刻表编制的影响也较大。例如区间车组合调度中,在考虑选择合理的公交折返点的位置时,要考虑该地点所在路段是否适合车辆掉头,有无交叉口、立交桥等。对于区间车折返方式,主要有绕道折返和原地折返两种。采用哪种折返方式,需要考虑道路条件、交通管制条件等因素。

④公交公司的经济效益

公交公司的经济效益是公交运营的物质基础。减少公交公司的运营成本,将有效提高其经济效益。不同的发车时刻表对企业的经济效益有不同的影响。

⑤社会效益

城市公交作为公用事业的一部分，与群众的生活息息相关，在平衡公交公司的经济效益时，更要为公众提供高品质的社会服务即社会效益。进行发车时刻表编制时要充分考虑公交的社会效益，考虑乘客节约的时间效益、乘客的舒适性等。

总之，发车时刻表受到“人、车、路”等三方面因素的影响，但公交时刻表编制的难点仍在于协调乘客与公交公司两者的利益，时刻表方案既要照顾到乘客的利益，即减少乘客的等待时间，又要考虑到公交公司的运营成本，即实现投资的最小化和利益的最大化，最终目的还是为了提高公交系统的可靠性。

(2)公交时刻表的基本种类

公交发车时刻表可按照不同的针对对象划分为不同的种类，常见的时刻表可分为不同季节的发车时刻表、不同日期的发车时刻表、不同岗位的发车时刻表、线路发车时刻表、线路车辆进出场发车时刻表、车辆中途站发车时刻表和车组发车时刻表。在这里，简要介绍一下季节发车时刻表、工作日发车时刻表和车组发车时刻表。

①季节发车时刻表

季节的变化，对乘客的乘车规律产生影响。春、秋季是旅游、购物的旺季，低峰客流量较其他季节大。夏季气候炎热，早晚高峰时间客流量不集中，晚间客流量较大。此外，还有社会上各单位作息时间的变更，大、中、小学假期等等影响因素。根据不同季节客流规律的变化，要调整和重新编制行车时刻表。在一年中，原则上要有春、夏、秋、冬四个季节的发车时刻表。

②工作日发车时刻表

由于一周内平日、周末、公休日的客流量具有一定的变化，因此对于不同的日期也需要有不同的行车时刻表。平日的五峰出现时间比较固定，每天各个区的客流量变化不大；公休日工作客流小，游览区、商业区的客流量大，低峰时间投入的运力大于平日；周末主要表现在晚高峰客流上升的时间早，客流量略大于平日晚高峰的客流量，需提前加车。

③车组发车时刻表

公交线路的发车时刻表中的每个车组就是该条线路发车时刻表中的一个班号(或车号)，以班次为单位，从发车时刻表中提出每个班次自首站、末站的发车时间；根据各区段的行驶时间，推算出经过中途各区段站、到终点站的时间，分上、下行按时间和车次顺序编排在一起，形成车组发车时刻表。

(3)公交时刻表的编制方法

时刻表编制过程通常可以再细分为确定发车频率和根据发车频率确定时刻表两个步骤。确定发车频率步骤输入内容为可用车辆信息、总预算、乘客出行数据、规定服务水平等，输出内容为每条线路不同时段的发车频率。这一步骤的目的是在有限的资源、预算基础上，使发车频率满足或超过服务水平要求。时刻表编制阶段依照各线路的发车频率排定时刻表。此阶段的输入数据包括线路相关数据、主要时间点之间的运行时间、发车频率、车辆在终点站所需整备时间。输出的是一系列排定发车时间的班次。

关于求解发车时刻表的研究很多，学者们围绕考虑乘客利益、考虑运营者利益、考虑社会效益等一个或多个目标开展研究。按照求解方法一般可划分为如下几种：

①基于数据统计的方法

确定发车频率通常是生成公交时刻表的前提条件。通常从满足乘客及社会需求和保证公交公司利益等方面考虑确定发车频率。最常用的方法是在服务能力范围内设定发车频率以最大限度地满足乘客需求。为避免过低的发车频率，通常规定最低发车频率（或最大发车间隔）。依不同的数据收集方式，主要有两类确定发车频率的方法，分别为基于站点数据（统计某站点车辆载客数据）和基于全线数据（统计整个线路车辆载客数据）。

②数学规划法

数学规划法根据影响时刻表编制的因素（如营运者成本、乘客需求、车辆载客容量、最大发车间隔等因素）彼此间的关系构建数学模型，设定目标与约束，并应用适当的数学求解方法求解。

③系统仿真法

系统仿真法为一种解决复杂问题的方法，该方法依据乘客到达率、公交车在各站间的行驶速度、乘客上下车人数分布等影响时刻表编制的因素建立概率分布模型和分布函数，最后依照收集的数据将参数求出，作为系统的输出条件。其缺点是需要收集大量实际资料进行统计分析。

4.3.1.2 行车作业计划的执行

行车作业计划编制完成后，公交系统的运营管理工作就从运营组织阶段进入了调度指挥阶段。当全线行车情况基本上符合行车作业计划方案，车辆处于正常运行时，此时的调度工作为静态调度阶段（也称常规调度），调度的主要任务是：

（1）注意车辆到站状况，调节车辆停车时间；

（2）督促行车人员提前上车，按时发布开车指令准点发车；

（3）安排行车人员用餐与交接班事宜，检查车辆整洁情况；

（4）及时、正确地记录调度日志等原始报表。

4.3.2 常规公交线路运营调度

线路运营调度是常规公交从事营运生产的组织方式和手段。常规公交企业的车辆、劳动力通过调度的方式，为乘客提供安全、方便、迅速、准点、舒适的乘车服务，最大限度地节省人们的出行时间，同时为完成企业的营运计划和各项经济技术指标而开展生产。

鉴于调度工作在公共汽电车营运生产中的重要性，公共交通各级调度机构中的管理人员，除应具有相当的专业知识和业务能力外，还应经常深入运行现场，参加客流调查，掌握客流演变规律，严格执行调度方面的规章制度，应用和推广无线电通信设备和电子技术，使调度信息反馈及时，调度机制更贴近客运市场的需求。

根据城市规模的大小和公交企业设备的状况，各地可因地制宜建立二级或三级调度制度，各项调度指令，调度管理人员应坚决予以执行。

行车调度是根据行车作业计划，对车辆进行指挥和控制，并根据客流变化情况，灵活机动地采取调度措施，组织车辆均衡运行，加快车辆周转，提高营运效率，控制车厢满载率，保证营运活动的正常进行和既定目标（营运计划）的顺利完成。

从执行调度工作的手段上，公交运营调度工作可分为人工调度和智能调度两种。

4.3.2.1 人工调度

人工调度方法就是调度人员按照行车作业计划控制车辆运行，合理分布车辆行车间距，尽快恢复营运秩序，保证车辆均衡载客营运的方法。对调度人员的依赖程度较高，信息化水平较低。人工调度可分为常规调度和异常调度两大类。

1)常规调度

当全线行车情况基本上符合行车作业计划方案,车辆处于正常运行时的调度工作称为常规调度。基本内容是:

(1)督促行车人员提前上车,按时发布开车指令。

(2)注意车辆到站状况,调节车辆停车时间,准点发车。

(3)安排好行车人员用餐与交接班事宜,检查车辆整洁情况。

(4)及时、正确地记录调度日志等原始报表。

2)异常调度

行车时刻表是公交企业最基础的作业计划,一经上级批准必须严格执行。认真监督行车时刻表的实施,组织车辆有秩序、有节奏地运行是线、站调度员重要的任务之一。但是,在日常线路运营中,经常出现道路通行受阻,计划配备的驾售人员请假,运营车辆发生故障等情况。这些临时发生的、影响运行的因素在行车时刻表的编制中是很难预料和解决的。当线路因各种原因造成行车秩序紊乱、车辆运行偏离行车作业计划时的调度工作称为异常调度。

调度员在遇到影响行车时刻表正常实施的情况时,必须及时处置,采取临时的调度措施,最大限度地消除突发问题对线路运营所造成的影响,以弥补可能出现的损失。

线路调度不仅要了解本线路各时组、各断面的客流动态,熟悉本线路行车时刻表及道路设施和通行能力,还要备有遇到特殊情况时的多种临时调度措施方案。遇到特殊情况时,要根据车辆晚点时间的多少、同时到站的车辆数,出现大间隔的时间,果断及时地采取措施。

同时必须强调,各级调度、管理干部和驾售人员,一定要服从调度指挥,服从大局、令行禁止,以利于迅速解决运行中的突发问题。

临时采取的调度措施是针对客观环境的变化,临时调整行车时刻表的应急措施。无论采取什么样的临时调度措施,要求它必须符合客流规律,提高运输效率,实现车辆均衡满载。

公司、场、线站三级调度均可根据客观条件的变化及对线路影响的大小,在不同程度、范围、不同地区内采取临时的调度措施,只是线路调度一级更为频繁一些。

(1)线站一级的异常调度措施

线站一级日常采取的异常调度措施有:调整行车顺序、调整行车间隔、调整中途停站次数、调整行车区段以及特殊气候条件下的调度措施等。

①调整行车顺序(倒当)

调整行车顺序即调整前后车的发车时间。适用于车辆出现故障、驾售人员迟到、个别车组晚点到站且影响时间较短等情况。需要调回原车次顺序时,可推迟发车时间的班次,要在车辆到站时间加最小停站时间,等于或早于原班次的发车时间时,可以恢复原发车时间。

线路的首末站各有机动车或停站车时,用于顶替故障车更为妥当。

②调整行车间隔(调点)

调整行车间隔即调整有关班次的发车时间。适用于发现有的班次不能准时到达首站(或末站),或因个别车辆故障、调出或劳动力不足等因素,使计划的车辆数和行车间隔不能保证时,可采取在所少车次之前(或大的行车间隔之前)的班次推迟发车时间、在所少车次之后(或大的行车间隔之后)的班次提前发车时间的办法,使行车间隔比较均匀,维持线路正常运营。

如果因客流量增加需要加车时,也要调整行车间隔,避免间隔或大或小的现象出现。

③调整车辆中途停站次数

此种方法主要有以下三种形式。

a. 空车发出中途载客(放车):线路出现较大的行车间隔,若干车辆同时到达首站(或末站),此时车辆到站时间已超过计划发车时间,此时必须让其中部分车辆在本站不载客发出。用放车的调度措施,迅速疏散车辆,尽快恢复线路中途的计划行车间隔,均衡中途各站待运乘客的候车时间,避免行车间隔过大、车辆堆积现象循环出现。

b. 本站载客越站停车(载客放车):车辆晚点、多车到站时,可采取将其中部分车辆在本站载客、邻近数站不停车的办法,以疏散本站待运乘客并减少停站次数,缩短晚点时间。

c. 临时大站快车:行车晚点时,待运乘客量大,将班车改为在中途上、下乘客较多的大站停车,可以疏散客流,缩短车辆行驶时间。

调整车辆的停车次数(即放空车、载客放车、大站快车)的调度方法,容易招致临时不停车站候车乘客的意见,但这些措施确是在车辆晚点、同时到站车辆较多时行之有效的措施。所以要严格控制,力求措施准确。一般要求是:

a. 车次和不停车的站数不宜过多,掌握"车不过二、站不过三"。即在线路的首末站放车的连续车次在两次车以内(含次车),放出车次在沿线中途某站连续不停的车次在三次以内(含次车)。

b. "放车"的空车不得越过本线路客流最大断面。

c. 单车到站的晚点车不准不载客放出。多车同时到站时,首先指挥某部车辆先进入本站上客,再采取空车放出的措施为宜。

d. 晚间低峰时间间隔大,不宜放车。

采取临时改发大站快车的调度措施时要考虑:

a. 在客流主要集散点、主要交叉路口衔接点要停车。

b. 要基本上达到满载率要求。

c. 规定行驶时间。

d. 时刻表中没有大站快车调度方法的线路,不宜大站快车。

④调整车辆行驶区段(区间车)

缩短在本线路行驶的里程,在线路的某个区段间行车,可以缩短车辆的全程行驶时间,有利于疏散客流,减少空车不载客发生的运力浪费,弥补已损失的时间,也便于恢复下次车的正常发车时间。

此方法适用于车辆"晚点"过多(如已达到单程行驶时间的三分之一以上),用调整班次、调整停车次数(即倒当和放车)的方法仍不能尽快恢复行车计划时。可指定一辆车或几辆车(不得连续发出)改全程行驶为在部分区段间行驶。

此方法的使用要求是:

a. 车辆晚点较多,已超过单程行驶时间的三分之一以上,如个别车组晚点时间过长,采用区间车的调度方法后,行车路段过短,载客不多时应暂时停驶,待在下一周转的时间发出。

b. 区间车行驶的区段应超过线路客流的最大断面。

c. 基本上达到满载均衡。

d. 道路条件允许、适于区间车回车。

e. 不得连续发出区间车,晚间尤其是末班车前不宜发区间车。

f. 要与线路另一端的调度员联系,以便在区间车返回时间能插入对方发车的较大间隔的车次之中。

⑤临时拟订行车计划

受客观条件影响，车辆数和车辆的到达、发出时间与行车时刻表的要求差距过大时，要根据实有车数、单程行驶时间、停站时间、客流量，计算出行车间隔，维持线路运营。如有可能应适当采取将部分车辆发车时间提前、拖后，以及发适量的区间车等措施，力争逐步调整到位，不影响驾售人员交接班的时间和末班车前的班次。

⑥特殊气候条件下的调度措施

对公共交通运营秩序影响较大的是冰、雪、雨、雾。临近上、下班时间时发生天气变化，客运量会突然增加，平峰时间则客运量下降。尤其在冰雪天气时，雪地路滑，必须减速行驶，延长单程行驶时间，周转效率下降，放大行车间隔，而形成运输紧张的局面。为维持线路运营，日常采取的措施有：

a. 影响到需要断线、绕行或全线停驶时，待上级部门批准后执行，并根据主客观条件另拟临时行车计划。

b. 根据对车辆运行的影响程度，适当延长单程行驶时间，调整行车间隔，保持行车间隔均匀。

c. 场、站的备用车、机动车投入线路运营，可部分弥补运力的损失。

d. 一般不采取“放车”、“快车”的措施。

e. 风、雨天气的影响，会使平峰时间客流量下降，要采取适当放大行车间隔、保持接近或基本达到满载率的指标。

(2)线路中途站临时调度措施

线路中途站设调度员的作用是在线路中途大站监督、控制、统计、记录车辆运行状况；为首末站调度室提供车辆运行信息，配合完成临时调度措施，确保运营生产。可采取的临时调度措施主要有以下几点：

①控制车组“快点”

对照中途站行车时刻表与车辆实际到达本站的时间，进行考核登记。遇有比计划提前到达(即快点)的车组，要控制其准点出站，保证线路的行车间隔和各车辆的载客量均匀正常。

②控制晚点车组在本站的上客量

多辆车同时到站时，指挥“晚点”车组越站停车，不在本站上客，减轻“晚点”车组的运输压力。

③临时改发区间车或快车

本站间隔过大，车辆晚点多，多车同时到本站时，指挥“晚点”多的车组临时改为区间车、快车。

(3)场级临时调度措施

①保证线路车辆按计划出场，应采取的措施是：

a. 调整车辆出场顺序。车辆发生较小故障或其他情况，对计划出场时间影响不大时，可指挥故障车后的车组提前出场，顶替故障车的班次；故障车修复后，执行顶替出场车组的时间出场，在线路运营中恢复原班次。

b. 派机动车顶替。场备有若干机动车，遇有车辆不能出场或不能准时出场时，可派机动车顶替其班次出场。

c. 用预备的驾售人员顶替因驾售人员迟到、请假的车组出场。

②保持所属线路运力和运量的平衡

所属线路遇有客流量突然变化,或因其他因素影响而使运力不足且非本线路力量所能解决时,应动用场属机动车辆或从其他线路临时抽调车辆,支援运力紧张的线路。

(4)公司级临时调度措施

①拟定全市性重大活动的运输组织方案

全市性重大活动由公司(二级调度制为场级)根据有关部门提供的信息,视重大活动的性质、规模、活动范围、要求及对线路的影响程度,会同交通管理部门拟定电汽车有关线路到站、绕行、断路、停驶等行车组织方案。

各场、线站根据上级确定的线路和行车组织方案,计算线路车辆配备数量;单程行驶时间和停站时间;行车频率;拟定临时行车计划和重大活动结束后,迅速恢复线路正常运营的措施方案。

各公司、场需要有一定的机动运力,并组织专人在现场观察;要与有关部门保持信息联系,并根据现场情况及时采取相应措施。

②确定和下达各线路封、断、绕、停方案

公司根据气候变化、道路通行情况的临时变化,审批电汽车线路的封站、断路、绕行、停驶方案。场、线调度系统接批准方案执行。

负责全市临时发生的重大活动,对线路运行有重大影响的现场指挥、调度及必要的运力平衡。

4.3.2.2 智能调度

智能公交调度系统是在现有公交车辆实时调度理论和方法的基础上,综合运用通信、信息、控制、计算机网络、GPS/GIS 等现代高新技术,根据实时的客流信息、车辆位置信息、交通状态信息等,通过对公交车辆的实时监控、调度指挥,实现对公交车辆的智能化管理,从而使公交车辆高效、平稳运行,保证公交系统总体服务水平。

1)智能公交调度系统总体结构

公交智能调度系统总体结构如图 4-12 所示。总体结构的技术路线是:从常规公交调度目前存在问题出发,考虑公交智能调度系统解决这些问题的方法,并从信息流程的角度将其分为信息采集、信息传输、信息处理与输出等技术手段。信息采集内容包括车辆的定位导航信息、乘客流量信息、交通状况信息等,这些信息通过通信网产生合理的车辆运营调度方案,提供给调度中心调度员和管理人员,并将车辆实时运行状态及路况信息提供给车辆驾驶员和乘客。

2)智能公交调度系统功能

智能公交调度系统具体实现如下功能:

(1)数据自动采集功能

自动统计每个车站上下车乘客的数量,与此同时还记录辅助数据用于识别特定的车站、行驶位置和时间等。这些数据可通过路边设备和无线通信设备传送至区域中心设备,进而传送至调度控制中心。运营数据和客流数据在调度中心进行处理,然后作为改进行车时刻表和制定业务规则的支持数据。

(2)运营车辆监视功能

通过车辆自动定位、实时数据采集、通信和电子显示等技术的应用,实现调度中心对公交运营车辆、公交机动车辆的动态监视,使调度指挥中心和场站调度人员能及时掌握运营车辆的沿途动态数据,为调度方案的制定提供依据。

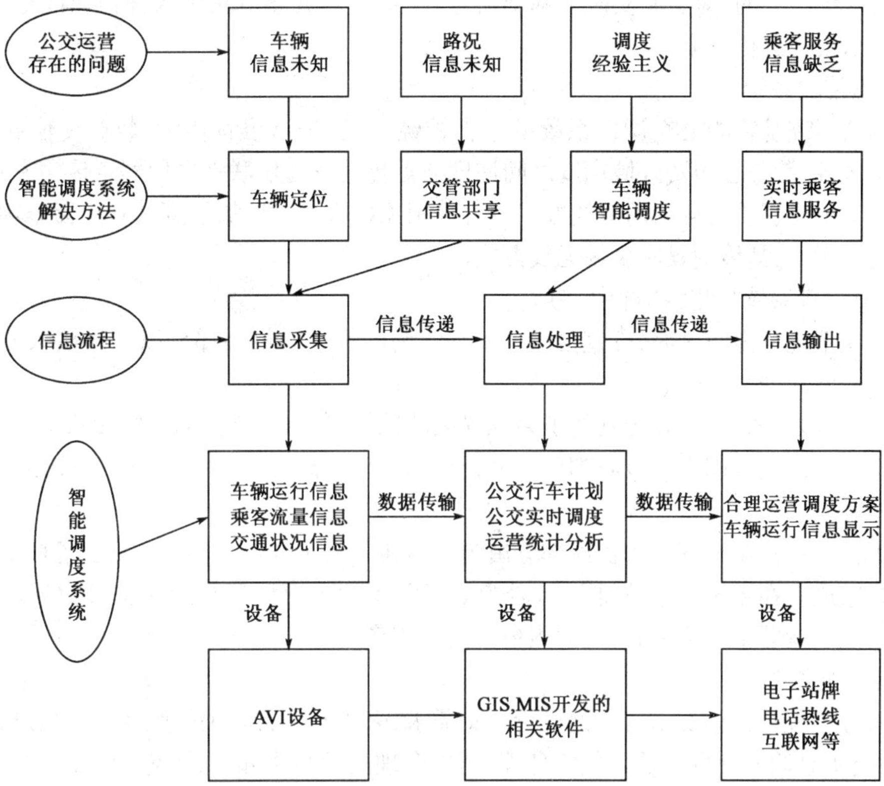

图 4-12　常规公交智能调度系统总体结构

(3)运营调度优化功能

在掌握一定信息的情况下,做出相对实时的客流预测,并在辅助调度决策系统的协助下实时优化运营调度方案,包括行车时刻表的编制和驾售人员的配班表等,从而增强运营指挥的应变能力。

(4)事故处理、紧急救援功能

它是系统为维护运营安全而设置的又一项功能。当公交车辆在运营过程中发生故障、交通事故等情况时,驾驶员应能及时通过紧急呼叫与指挥中心取得联系,指挥中心可根据预案对紧急情况进行相应处理。

(5)信息服务功能

该功能可以提高公交出行者出行的便利性和高效性。通过线路站牌对运营车辆有关信息的显示,使乘客随时掌握下一个车次的位置、候车时间、车上乘客人数等信息,以此提高公交的工作效率和社会服务水平。

3)智能公交调度系统组成

智能公交调度系统是一项涉及众多组织协调合作,共同研究开发、实时调控的综合调度系统。智能公交调度系统由信息采集系统、信息传输系统、信息处理系统(调度指挥中心)、信息服务系统四部分构成。

(1)信息采集系统

城市公共交通是随客流、道路条件、公交运行状态等不断变化的随机服务系统,如果信息不通畅或反馈不及时,调度人员就无法进行有效的指挥调度。高效的管理是建立在强大的公交信息采集系统之上的，对于非实时的基础信息，主要通过资料整理录入；而实时信息必须借助发达的技术设备进行采集。

(2)信息传输系统

信息传输系统是智能公交调度系统的中枢神经，主要进行语音传输、数据传输和图像传输。总公司、各运营分公司及区域调度之间调度数据传输及通信联络采用固定传输方式，在保证安全前提下传输媒质既可采用有线方式也可采用无线方式。区域调度及对运营车辆的调度采用移动通信方式，其传输媒质采用无线方式。

(3)信息处理系统(调度指挥中心)

信息处理系统分为两大部分：直接服务于运营调度管理的核心部分以及间接服务于运营调度管理的扩展部分。

核心部分主要研究如何利用其他子系统提供的数据，根据经验性的规则和数学模型，对公交车辆进行合理的运营调度。核心部分由公交行车计划编制、公交实时调度、公交运营统计分析三部分构成。

间接服务于运营调度管理的扩展部分由与运营相关的企业财务、人事、安全等职能部门的专用子系统组成。在系统中这些部门与运营部门联系的主要体现是运营基础数据之间的联系。各子系统以运营生产为中心，共同服务于运营生产。

(4)信息服务系统

信息服务系统根据公交出行者的出行信息需求，采集与出行相关的交通运行信息，公交运营信息，公交实时调度信息以及天气信息等，利用合理的信息发布方式，使公交出行者获得实时、准确、可靠的信息，方便出行者作出出行规划，确定是否出行以及出行的方式、出行时间、出行路线等。信息服务的提供方式主要包括电子站牌、Internet 网络、电话热线查询、多媒体查询等。

4.3.3 常规公交票制票价

4.3.3.1 常规公交票制

公交公司是向乘客提供位移服务的企业。车票是乘客购买这种服务的付费凭证，它意味着企业安全运送乘客的承诺，具有商业合同的性质。票制是针对城市客运状况，在单位价格基础上，对应乘车距离变化而确定的票价制式。所谓制式，是指一定的数字系列，使用时只能在此系列中选择结果而不能随意确定(也称为模数化)。

票制的确定主要考虑方便计价和支付，兼顾减少价差，以控制应付额与实付额之间的差距，使其在乘客可接受的范围以内。与不同票价相对应的，是不同的乘车里程。对于趋于起始票价的，称为起价里程；对应于价差的，称为加价里程。一般来说，起始票价与起价里程的比值应大于或等于加价与加价里程的比值。否则，可能造成票价逻辑上的矛盾。

城市公共交通票制种类主要包括基本票制和优惠票制两大类。

1)基本票制

在实际票制制定时，要考虑售检票管理的实际成本和难度，简单的票制体系更为实用。常规公交最常见的票制形式为单一票制和计程票制。

(1)单一票制

线路全程只有一种票价，即为单一票制。单一票制简化了售票程序，为实行无人售票制度建立了基础。理论上说,实行单一票制的线路,最好的是使乘客的乘车距离差异不大,如果线路较长,乘客的乘距差异自然较大,因此不宜选择过长的线路,但也不应为了实行单一票制,将线路人为切断,线路的布设还是应该以客流需要为依据。分段计价的线路改为单一票制时,应选择中短途乘客占较大比例的线路;新票价应参照起始票价或起始票价加价差来确定。

(2)计程票制

计程票制是根据乘客实际的出行里程收费,符合“出行多少支付多少”的原则。由于与真实出行费用比较接近,计程票制也就体现不出单一票制下对低收入群体长途出行的补贴。

与单一票制相比,计程票制需要在乘客上下车时进行验票,增加了系统的复杂程度和相关的实施费用。一般需采用人工售票和验票形式,会增加大量的劳动力需求和劳动强度,并占有大量车内空间,造成乘客拥挤。

2)优惠票制

常规公交的优惠票制一般包括以下几类:

(1)换乘优惠

单一公交线路的可达性十分有限,众多线路形成网络能大大提高公交的可达性。但是如果每次换乘均要重新购买车票,乘客出行成本将会增加,大大降低了公交的吸引力。换乘优惠的政策减少了公众使用公交网络服务的费用障碍,使大量的潜在客流转化为市场客流。这种出行需求的改变,将促使公交线网布局更加合理。这里的换乘不仅单指常规公交之间的换乘,还包括常规公交和轨道交通之间、常规公交与快速公交之间的换乘。

在具体执行时一般以时间间隔判定是否换乘。企业根据乘客连续两次刷卡的时间间隔来判断该次乘车是否为换乘,对于大于规定的最小时间间隔并小于规定的最大时间间隔内的第二次刷卡一律实行优惠。规定最小时间间隔是为了避免一卡多人共用的情况被误判为换乘。为尽可能给广大乘客优惠,一般两次打卡时间间隔在2~3小时内都可算换乘优惠。

(2)多次多人折扣票

为了吸引乘客乘车,设计了多次票和多人票。多次票包括一日票、三日票、周票、旬票、半月票、月票、季票、年票;多人票包括双人票、三人票、家庭票等等。相比单次使用的普通车票,有不同程度的优惠。

(3)特殊群体的折扣票或免费票

对于老龄人、学生、残疾人等群体给予比以上更低的优惠或直接采取免票措施。

4.3.3.2 常规公交票价

常规公交票价是平衡出行者、公交企业、政府三方利益的重要经济杠杆,车票价值的设定与变动将对公交客流承担率、公交服务水平、宏观交通发展战略的实现产生重要影响,因此公交票价制订策略是常规公交系统的重要组成部分。

1)定价目标

对于城市常规公交定价而言,与一般商品只有简单的满足企业经营目标的定价不同,其预期目标可以分为两大类:

(1)社会目标

由于城市常规公交的公益特性、自然垄断特性,要求城市常规公交定价要满足两个基本的社会目标,即:

a. 公益性要求。满足城市所有居民的出行需要(满足常规公交覆盖率指标),特别要满足

中低收入人群的出行需要(使其出行费用在其人均可支配收入中一定比例之下);

b.缓解城市交通问题,引导市民利用公共交通出行。为了实现这两项社会目标,大部分国家都由政府投资建设城市常规公交基础设施、进行城市常规公交的价格管制、并给予城市常规公交运营企业以巨额财政补贴以维持公交优惠及运营企业经营。

(2)企业目标

虽然很多的城市常规公交基础设施由国家建设,但是目前国内外大部分城市的常规公交运营基本上是由企业经营。企业定价需要满足两个基本要求:要保本,为了企业生存;要有盈利,为了企业发展。而这个盈利水平是受到政府控制和民众监督的。

2)定价原则

由于城市公共交通是基础行业,具有自然垄断、公益性及外部性的特征,大部分城市公共交通服务的价格是受到政府管制的。考虑到城市公共交通票价的诸多影响因素,如运营成本、乘客需求、经营企业定价目标、竞争因素和政府价格规制等,为了保证定价的科学性和有效性,政府在制定公交票价的过程中需要遵循如下基本原则:

(1)公益性原则

即要求城市公共交通企业能够在一定的成本水平上,为乘客提供尽可能优质、充足的服务;或在满足乘客基本出行需要的基础上,尽量控制公共交通的经营成本,使整体福利水平得到最大满足。

(2)维持企业经营原则

保证经营企业能够补偿成本和投资者能够获得合理的回报。城市常规公交的公用性质决定其不能以追求高额利润为经营目的,但是必须以经营成本为低限。如果成本不能在价格中得到补偿,必然会造成企业为节约成本而降低服务质量甚至减少投资。

(3)提高效率原则

一方面,通过控制价格促进经营者节约成本提高生产率;另一方面,通过制定具有竞争力的公交票价水平来引导人们通过选择不同的交通方式改变出行方法,使用具有资源利用率高、能耗少、污染少等优点的公共交通方式出行,尽量减少私人交通,做好各种交通方式的相互衔接,发挥城市公共交通的组合优势,提高城市交通的整体效率。

(4)比价合理原则

城市公共交通比价关系主要包括同种交通方式内部的比价关系和不同交通方式之间的比价关系。前者主要是指空调车与非空调车、高档车与普通车之间的比价,体现了交通工具服务质量之间的比较关系;后者则体现了公共交通工具与提供服务质量之间的比较关系。应根据城市规模和经济发展的需要,在不同时期确定城市公共交通的合理比价关系。

(5)乘客承受能力原则

城市公共交通需要充分满足社会各个阶层和每个公民的交通需求,尤其是要考虑工薪阶层和低收入阶层的利益,公交价格政策一定要充分考虑大众的承受能力。

3)定价方法

(1)成本定价

①边际成本定价

根据福利经济学的基本理论,只有当价格等于边际成本时社会的总福利才是最大的,消费者将获得全部消费者剩余。然而,对于城市常规公交事业来说,边际成本定价却面临一个根本性问题,那就是可能会使公交企业无法保证收支平衡而受到损失。具体分析如下:

假设某企业的固定成本为 K,单位可变成本为 C_o,$C(Q)$为总成本。在不考虑产品生产或消费外部性的情况下,则:

$$C(Q) = C_o \cdot Q + K \tag{4-17}$$

由于公交行业是典型的自然垄断产业,规模报酬呈递增的趋势,平均成本会随着产出的增加而下降,平均成本大于边际成本。如果产业按照其所提供产品的边际成本定价,价格 P 将等于 C_o,这时消费者每增加一单位产品的消费所付出的代价等于生产这一单位产品所花费的成本,资源配置达到最优。但同时也将使企业因为无法收回固定成本而遭受大小等于 K 的损失。

边际成本定价的缺点在于:

a. 边际成本的测定相当困难,价格监管机构在现有的企业成本统计方式下很难获得有关边际成本的信息。

b. 短期边际成本与长期边际成本的区别问题。从企业长期运营来看,长期投资属于长期边际成本的构成范围,但是一旦形成企业生产能力的长期投资发生以后,静态的优化要求价格的制定等于短期边际成本,把发生的投资看作沉淀成本。这样的定价缺乏对企业扩大生产的激励,导致行业投资与生长的不足。

②平均成本定价

平均成本定价探讨的是在保证公交企业盈亏平衡的前提条件下,将价格定在多少时社会总福利最优。首先,假定价格部门的定价目标是使如下公式所示的福利最大化:

$$W(P) = V(P) + a\pi(P) \tag{4-18}$$

式中:P——企业确定的价格;

a——0 和 1 之间的一个常数,表示福利在消费者和企业之间的分配,消费者剩余和企业利润权重之和为 1。

$V(P)$是在价格 P 下的消费者剩余。在不存在收入效应,即收入变化不会引起产品需求变化的情况下,消费者剩余是对消费者福利的测算。这在需求价格弹性很小的自然垄断产业中是符合实际情况的。企业利润 $\pi(P)$为 $P \times Q(P) - C \times [Q(P)]$。

平均成本定价模式考虑的是在受 $P \times Q(P) - C \times [Q(P)] \geqslant 0$ 的约束情况下,如何选择 P',使 $W(P)$最大。可以证明,此时的最优价格 P'等于平均成本(不论 a 值为多少):

$$P' = \frac{C \times [Q(P')]}{Q(P')} \tag{4-19}$$

式中:P'——规模报酬递增时的唯一最优价格,也是使企业不受损失时的最低价格。

在报酬递增及盈亏平衡约束条件下,平均成本定价是最优的定价方法,其理由是:

如果 $P > \dfrac{C \times [Q(P)]}{Q(P)}$,企业将获得绝对正利润,价格的小幅下调不会使企业遭受损失。当价格超过边际成本时,福利将随着价格朝着边际成本不断下降而得到提高(消费者剩余最终增加将大于企业利润损失),在规模报酬递增的条件下,高于平均成本定价肯定要高于边际成本,因此,一旦价格超过平均成本,则在保证企业盈亏平衡的前提下,调低价格将提高福利水平。这样,按照平均成本定价就一定是最优的。但是平均成本定价相比较边际成本定价而言,仍然导致了一定的福利损失,但这已经是在盈亏平衡条件约束下的最好解决办法了。按平均成本定价,企业不亏损也不盈利,但会致使消费者损失。

平均成本定价模式的缺点体现为:

a. 企业虚高成本,造成定价过高。由于价格部门和公众与公交企业存在对企业成本状况的信息不对称，价格部门难以准确审核企业成本的真实性，可能会助长企业非正常增加成本的机会主义倾向。

b. 企业没有盈利空间，可能导致企业经营积极性不高；而如果在平均成本的基础上加一定利润率来定价的话，企业就没有降低成本的动力。

(2)合理收益率定价

合理收益率定价的基本原则是允许被管制企业的定价高于运营成本，保证经营企业获得正常利润。合理收益率实际上是单位资本的机会成本。合理收益是由债务资本的利息与自有资本的正常利润组成。只要企业的利润率不超过合理收益率，企业就可以自由地选择价格、产量和投入。合理收益率 Q 的计算公式是：

$$Q = \frac{D}{A} \times I + \frac{E}{A} \times R \tag{4-20}$$

式中：Q——有用资产合理收益率；

$\frac{D}{A}$——资产负债率；

A——有用资产；

I——货款利息率；

C——成本；

E——有用资产中的权益资本；

$\frac{E}{A}$——资产权益率；

S——乘客总人次或乘客总周转量。

R——资本的机会利润率。

合理收益率定价模式的缺点体现在：

①存在成本传递机制，即企业的投资所发生的资本支出或运营费用很容易转移到产品的价格中，这样，企业在报酬率一定情况下会更多地使用资本，可能导致固定资产过度投资。

②合理收益率水平的确定存在主观任意性。合理收益率通常是经过政府与企业双方“讨价还价”解决的，这种利益集团讨价还价的结果，难免产生主观任意性。

③对成本进行估计和分摊。在收益率一定时，如果成本估计过高，收入就会人为地膨胀；如果成本估计过低，收入就会人为地压低。在没有清晰的分配原则情况下，成本估计可能是武断的。

(3)价格上限定价

价格上限定价模式的目标同样是使社会福利最大化。由于信息不对称，价格部门很难知道需求曲线与企业的真实成本函数，但可以观察到过去产品的价格和销售数量，并根据价格变化来估计边际收入与边际成本的数值。这样价格部门可以根据其所掌握的这些信息并结合零售价格指数制定价格的最高限价。公交价格在价格上限下自由浮动。企业既是提高生产效率、降低成本带来的利润增大的受益者，又是生产效率低下、高成本带来的利润亏损的承担者。

价格上限模式的特征为：价格部门建立可接受的价格上限，公交企业可以在低于或等于上限价格范围内，以任意价格提供服务。在价格上限以内，企业可以保留所赚的任何利润；允许企业在一段时间内通过预先决定的调整系数即 X 来调整价格。价格上限方法在一段时间内允许价格变化，反映通货膨胀下成本变化、技术进步和产业内生产率提高等因素的净效应。

价格上限模型一般采取 RPI-X 模型，RPI 表示零售价格指数(Retail Price Index)。如果某年零售价格指数是5%(即 RPI =5%,X 固定为3%,那么企业提价的最高幅度是2%。这个简单的模型意味着企业在任何一年中制定的名义价格取决于 RPI 和 X 的相对值。如果 RPI - X 是一个负数,则企业必须降价,其幅度是 RPI - X 的绝对值。这样,如果企业本期的价格为 P_{T-1},则下期的规定价格为:

$$P_T = P_{T-1} \{1 + (\mathrm{RPI} - X)\} \tag{4-21}$$

价格上限定价模式实际应用的效果相当程度上取决于模型中各项要素的合理确定:

①基期成本的确定。成本主要由能源费、资产折旧费、修理费、工资、管理费、财务费等构成。

②RPI 的确定。RPI 主要反映通过零售的生产资料价格和主要生活消费品价格的综合变动情况,但 RPI 还有受到其他经济因素比如储蓄、消费等的影响,需要在确定时做相应的处理。

③X 值的确定。X 值的确定要考虑企业现有生产效率与特定产业先进生产效率的差距、特定产业的技术进步率、管理效率等。

价格上限模式也存在一定的不足:

①可能出现"棘轮效应"。从动态来看,一期票价执行期间生产效率的提高会降低下一期票价执行期间的价格上限,这相当于将上一期票价执行期间的利润全部交给政府,即使公交企业在第一期票价期间努力改进生产效率,以后的利润都将被政府拥有。基于这种预期,在以后的规制期间企业会不惜浪费资源以获得初期更高的价格上限。

②企业的价格经常会停留在上限水平,而不是在上限水平以下。

③在价格上限规制下,企业为了节约成本,可能降低产品的质量标准。

(4)差别价格

差别价格模式也叫做拉姆塞定价(Ramsey Price)。拉姆塞定价是在企业面对多种用户时,采用差别收费方式。拉姆塞差别价格是收支平衡条件下消费者剩余最大化时得出的价格,计算公式为:

$$\frac{P_i - \mathrm{MC}_i}{P_i} = \frac{(\lambda + 1)}{\lambda} \times \frac{1}{\varepsilon_i} > 0 \tag{4-22}$$

i 类用户的消费者剩余最大化价格为:

$$P_i = \frac{\mathrm{MC}_i}{1 - \dfrac{R}{\varepsilon_i}} \tag{4-23}$$

式中:MC_i——i 类用户的边际成本;

ε_i——i 类用户的需求弹性;

R——拉姆塞指数,$R = \dfrac{(\lambda + 1)}{\lambda}$。

拉姆塞差别价格是一种次优价格,其含义是:在保证生产者收支平衡的情况下,消费者剩余最大化的价格由生产者的边际成本和各用户群的需求弹性决定,所有的用户都必须按照相同的系数 R 打折。这种差别价格不同于以获得最大垄断利润为目的的价格歧视。采取拉姆塞差别价格是以实现消费者剩余最大化为目标。两者差别的关键是打折系数,这个系数将一部分垄断利润分配给了消费者。在拉姆塞差别定价中,政府主要控制和监督打折系数。

差别定价模式的不足之处:

①根据消费者的需求弹性确定价格,有时与普遍服务的目标相矛盾。因为公交产品的需

求弹性很小，定价却较高，而政府希望作为必需品的消费者价格低一些。

②存在着操作性的问题，由于信息不对称和交易成本过大，企业和价格部门无法也无能力知道每个消费者的需求价格弹性，无法做到完全按照需求弹性制定产品的价格。

4.3.3.3 常规公交补贴

常规公交作为城市的基础设施，在经济建设和人民生活中均起着举足轻重的作用，其发展可带动一定的外部经济。因此，发展常规公交具有一定的特殊性。一方面，公交企业必须注重社会效益，不可能完全按照市场原则运转；另一方面，作为企业，常规公交企业也要盈利。常规公交企业具有二重性的特点。许多国家都制定相应的政策扶持公交企业的发展。

1）补贴目标

城市常规公交产品公共特性的价格要求与市场经济的价格要求之间的内在冲突，需要政府对公交价格实行严格的价格规制。

城市公共交通行业的补贴具有如下目标。

（1）体现公益性

发展城市常规公交的主要目的就是为了满足广大市民日常出行的需要，这种特有的公共性要求企业在经营的过程中必须贯彻公平优先的原则，为所有人服务，尤其要满足低收入人群的需要。对于一些经营无利润的线路，政府在定价时要综合考虑这些服务的公益性，通过财政手段或者其他手段，给予某种形式的补贴，以满足普遍服务的要求。

（2）体现激励机制

财政补贴常规公交企业的目的是为了保证城市公共交通的经营者可以向居民提供一种相对廉价的、有一定服务质量的出行服务。政府通过价格补贴政策，建立了一种鼓励竞争的激励机制，刺激城市公共交通运营企业提高运营效率。因此，通过价格规制，不仅可以制定最高管制价格，以保护消费者利益，实现资源的合理分配，而且可以刺激运营企业充分利用规模经济，进行技术改造与管理创新，以便优化生产要素组合，不断提高运营效率。

2）补贴原则

城市公共交通价格补贴是政府为体现城市公共交通服务的公益性、为保证城市公共交通运营企业的正常经营和服务质量而采取的措施。由于补贴需要由政府财政支付，为了保证补贴的合理及到位，政府在制定和实施补贴计划时需要遵循如下基本原则：

（1）正确区分政策性亏损和经营性亏损

城市公共交通属于公用事业，承担普遍服务的职能。政府对公交企业要加强管理和调控，由财政给予政策性支持。要正确区分城市公共交通企业的政策性亏损和经营性亏损，前者由财政补贴，后者由价格补偿。公交票价的政策取向也不应以减少乃至取消政府财政补贴为目的，而应通过企业体制改革增强企业活力，使政府财政补贴效益发挥到最佳状态，为社会提供更优质便捷的公共交通服务。要建立科学的财政补贴评估制度，制定补贴评估办法，使财政补贴真正补给政策性亏损。

（2）普遍性与特殊性相结合

综合考虑影响公共交通运营的因素，考虑公交线路等级、当地经济发展水平、区位、国家宏观战略等因素为亏损公共交通企业制定不同的补贴政策。

（3）以效率为导向，兼顾公平

制定常规公交运营专项补贴政策，一方面，要保证社会效益显著但受资金约束存在运营困境的公交企业能够维持运营，国家给予一定补贴以实现这些企业正常的社会外部经济效益；另一方面，要限定补贴的范围，提高补贴效率，充分促进公共交通在发展中求生存。

3）补贴方式

目前，城市常规公交行业采用的财政补贴方式有如下四种。

（1）亏损全额补贴

亏损全额补贴是指政府根据城市公共交通企业申报的年度财务决算报告和经营计划确定补贴，企业亏损多少就补贴多少。这种方式造成常规公交企业没有增加收入、降低成本、设备技术更新改造和提高服务质量的动力，政府也无法确定补贴是否用于政策性亏损，在造成政府沉重财政负担的同时，城市常规公交的公益性得不到保障。

（2）定额补贴

运用这种补贴方式，政府给予城市常规公交企业每年固定的补贴额度，几年不变，多亏不补，少亏不退缴。这种方式能够在一定程度上调动企业的积极性、增收减支，减轻了政府的负担。但是，政府在确定补贴额度时，往往依据历史数据制定，每年的补贴额度可能会与企业当年的盈亏相差甚远，缺乏公平和合理性。

（3）按客运量补贴

按客运量补贴又称“人公里补贴”，是按照企业运营里程和客运量的综合水平确定补贴额度。运用这种补贴方式可以促使城市公共交通企业为获得更多补贴、努力提高客运量而注重设备更新与服务质量，发挥补贴的积极作用，是对前两种补贴方式的改进。但是，企业可能由于偏远线路客运量很小而不愿意或者消极运营，损害了公益性。

（4）基于服务质量的补贴

首先需要建立一套完整、科学的包括运营服务情况、设备服务情况、人员服务情况、乘客满意度调查等在内的城市公共交通的服务质量评价指标体系。运用该指标体系对城市公共交通各运营企业进行服务质量评估，建立政府财政补贴金额与公交服务质量挂钩、实行服务质量评级的机制，根据服务质量评价的等级发放不同的补贴金额，给予相应的奖惩。该方式实际包含激励机制，可以鼓励企业尽力提高服务质量。

4.4 快速公交系统运营管理

快速公交运营管理模式的选择是各大城市建设快速公交系统面临的首要问题，直接关系到系统能否成功运营。虽然快速公交系统的运营管理方式与传统的普通公交略有不同，但是诸如线路的运营管理、企业经营管理等模式与现有普通公交大致相同。快速公交系统运营人员的培训教育与轨道交通相比在工作量、难度上都要小。此外，由于可以充分利用现有的公交管理经验，运营管理方法简便易行，技术操作和控制方法也比轨道交通简化得多，一个新建快速公交系统的试运营往往只需一周左右的时间，而一条轨道交通的试运营时间一般需要 3 ~ 6 个月。对于尚未发展轨道交通的城市来说，快速公交系统管理难度相对较低的优势会更明显。

快速公交具有的运营方面的优势表现在以下三个方面。

（1）服务可靠性：反映出服务与计划排班时间安排表的吻合程度。由于快速公交设有专用道能够保证快速公交运营速度的可靠性，在其他车道的车辆发生拥堵时，公交专用道上的快速公交车辆不会拥堵而延误，保证车辆的区间运行速度。当普通公交所在的线路发生拥堵时，普通公交由于服务线路的固定性,将没有办法选择其他道路来避免拥堵,所以必然产生延误。因此相对于普通公交,快速公交的服务可靠性较高。

(2)服务频率:乘客对公交服务是否满意的决定性因素。服务的车头时距或者两辆连续车辆之间的时间间隔,即公交车辆多长时间发一辆车。快速公交的发车间隔可以从2~30min不等,但是普通公交由于线路重复率高,车辆之间容易产生影响,通行能力的限制等因素,发车频率一般在3min以上。

(3)车头时距:根据研究表明,车头时距分布越稳定,线路运营车辆的满载率就越均匀,车站发生公交车拥堵的概率也更低。在客流规模一定的情况下,停靠时间短、波动性小的车站,其通行能力更大,公交车在车站发生排队的概率也相应较小。

4.4.1 快速公交系统运营模式

车站停车时间是公交运行时间的重要构成部分,在市区,快速公交系统车辆所能达到的平均运行速度在25~35km/h,这样的速度满足城市内中等出行距离,如达到8km或10km。然而,对于更长的公交线和10~20km的出行,在车速增加幅度一定的情况下,压缩停站不失为提高车速的办法。

三种基本提速运营模式是跨站、区域和快车/慢车,如图4-13所示。下面分别对每种模式进行介绍,并与标准运营模式(所有站停车)进行比较。这些模式过去被认为主要应用于轨道交通线,但快速公交车辆也能采用这些提速运营模式。

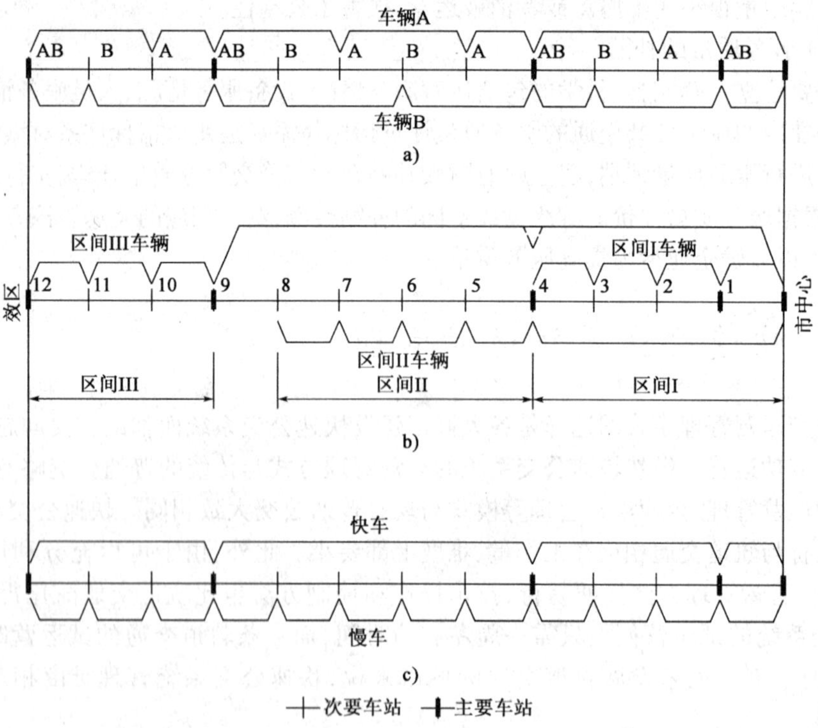

图4-13 公交运营类型

a)跨站运营;b)区域运营;c)快车/慢车运营

提速运营主要应用在很长的公交线上,这些公交线有许多车站,它们要求较高频率的服务,尤其在高峰小时内。

4.4.1.1 跨站运营模式

跨站运营可使快速公交线的运行速度提高,还可保持高发车频率和高线路能力的运营类型。跨站运营模式如图4-13所示,跨站运营将沿线车站分为3种类型,即A、B和AB。车辆在两种方式下运行:车辆A在A车站和AB车站停车,而车辆B在B车站和AB车站停车。随着车辆A和车辆B的轮流发车,A车站和B车站由各自车辆类型服务,而AB车站则供所有车辆停车。

A车站和B车站的选择需要考虑以下几个方面:

(1)车站的乘客数最小。

(2)A车站和B车站的乘客总数应该近似于车辆A和车辆B的平均装载能力。

(3)A车站和B车站的数量应该相同,以维持AB车站均衡的发车间隔。

(4)应尽可能减少相邻A-B车站对,以减少A车站和B车站之间的路段数量,A车站和B车站之间的路段需要反方向运行。例如,到达的AB车站远离了目的地,需要往回搭乘另一辆车。

跨站运营模式的主要特点如下:

(1)它具有更高的运行速度和沿线更少的停车(图4-14)。乘客出行时间减少,服务更加吸引人。

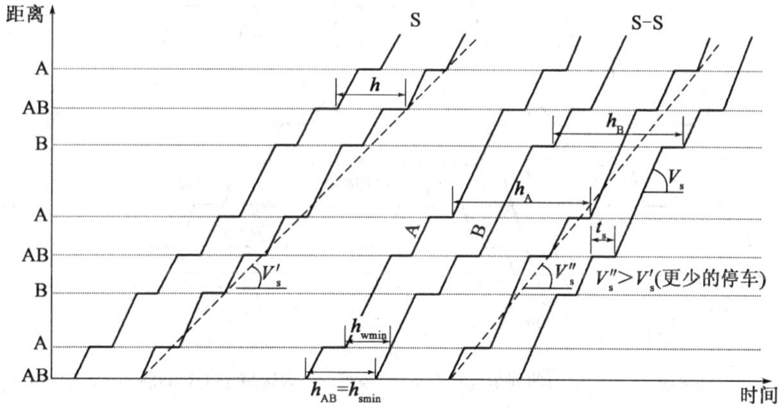

图4-14 标准(S)和跨站(S-S)运营的时间—距离图

(2)对于一定数量的乘客,线路的总运输任务(人·km)仍然相同,然而提高了车辆的运行速度和最终的旅行速度,产生了更高产出[以人·km/(辆·h)表示]。如果导致车辆数量的减少,可节省很大的成本。

(3)不影响线路能力。正如图4-14中所示,如果车辆A和车辆B以h_{smin}离开AB车站,车辆B在A车站追赶上A车辆。然而,车辆B以更短的间隔跟随车辆A到达B车站:$h_{wmin} < h_{smin}$,车辆B在B车站停留h_{smin},因此,所有车辆又以统一的间隔h_{smin}到达下一AB车站。显然,最频繁使用的车站,即AB车站,仍然决定线路能力。

(4)跨站运营涉及车辆更多的无规则运行,因此,要求更严格的车辆运行控制。如果服务不可靠,线路能力要受到负面影响。

(5)跨站实际上无需对现有或新线进行投资,因为所需的唯一准备工作是关于车站类型(A、B或AB)和车辆类型(A或B)的信息发布。

一般情况下,跨站服务只能在部分线路引入(或者一天中部分周期内)——这些线路的发车间隔很短(5~6min),以避免在A车站和B车站长时间等待。

4.4.1.2　区域运营模式

区域运营模式是以一个区域为单位进行公交运营组织的调度模式。区域模式下,多条线路组成一个区域,属于不同线路的车辆和驾售人员在区域模式下可以在整个区域内自由调度,而其他辅助设施和人员则集中设置和建设,为整个区域所用。区域运营模式是一种资源配置效率更高、更合理的调度模式,许多城市的公交线采用这一类型的运营模式。

区域运营,如图4-13 和图4-15 所示,即将一条线分成两个或者更多区域,每个区域有不同车辆服务。然后第一辆车离开中心城市不停车到达最远的区域,然后在该区域的所有站停车;下一辆车不停车到达稍近些的区域,在该区域的所有车站停车。每辆车在所服务区域的终端折返,一般在同车站停车往返开行。

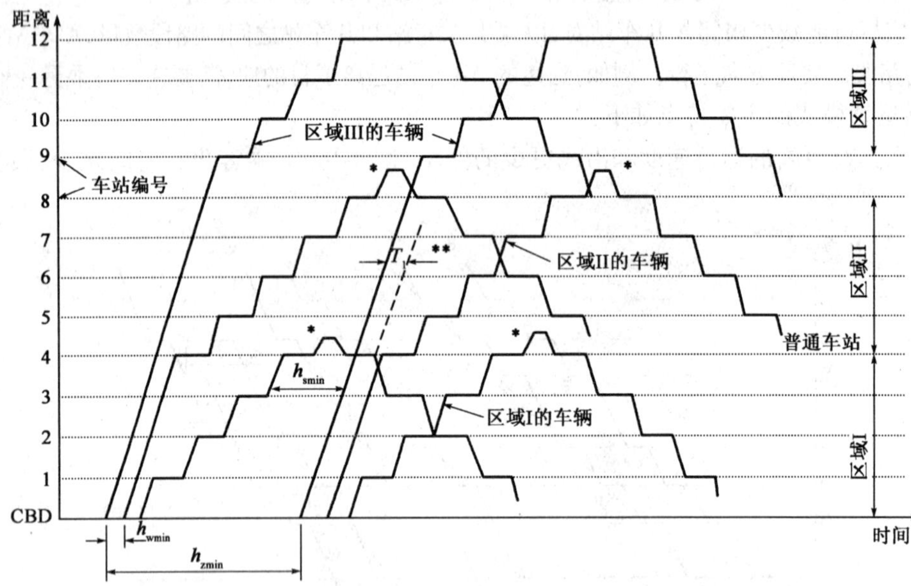

*折返调遣　　**区域III的列车选择在车站4停车，导致区域II和区域I的列车延迟时间T_1

图4-15　区域运营的运行图

区域运营只能用于较长的放射式公交线,在这些线上,大部分乘客从市郊车站到达 CBD 的车站(在下午,出行方式相反——一般是一个或一些车站到达许多车站)。为了保证更好的服务均衡性,允许车辆在区域间相互交换,有必要使得区域间所服务的车站和乘客数量相似。每个区域的尽端站应该是乘客流量最集中的站点,具有足够的折返能力。

关于区域终点的车辆运营模式可有如下一些类型:

(1)区域间没有衔接站点,如图 4-13 和图 4-15 所示区域 II 和区域 III 之间。所有车站具有相同的服务频率,两区域间的出行实际不可能。

(2)两相邻区域的快速公交服务每个区域的终点站,如图 4-13 和图 4-15 所示区域 I 和区域 II 之间。这些车站具有双倍的服务频率,相邻区域间出行。可通过连续运行的车辆间的一次换乘来完成。

(3)每个区域的终点站也是由所有区域外服务的快速公交车辆服务。在图 4-13 和图 4-15 中,车站 4 不仅由区域 I 和区域 II 的快速公交车辆服务,还由区域 III 的快速公交车辆服务,如虚线所示。该运营模式导致远距离的区域车辆产生额外的延迟,但其允许所有区域间的出行只通过一次换乘完成。

4.4.1.3 快/慢车运营模式

快/慢车相结合的服务运营模式是只在主要车站停车的高速服务的模式，这种模式能唯一提供所有车站之间的规则服务。

设一辆快车从起点站出发，在 $h_1 = h_w$ 间隔后，一辆慢车出发，在间隔 h_2 后，另一对快车/慢车出发，允许前面的快速公交车辆在快车追赶上它之前到达慢车站停车。

$$h_2 = h_{smin} + L_1 \cdot T_1 \tag{4-24}$$

式中：h_{smin}——公交线路的临界发车间隔；

L_1——快车不停车的车站数量。

因此，对于每个慢车站，快/慢车对间的最小车头间距随 T_1 增加，假设快车/慢车的车辆数相等，则运行图的线路能力相应减小，计算公式可表示为：

$$C_a = f_{max} n = \frac{120n}{h_1 + h_2} \tag{4-25}$$

式中：f_{max}——公交线路每小时最大发车数；

n——每辆公交车的载客能力。

4.4.2 快速公交系统运营计划

快速公交与普通公交在运营组织方面的一个最大的不同是灵活性，其能更好地满足乘客需求，降低公交公司的运营成本。

4.4.2.1 制定发车间隔

快速公交运行计划的关键步骤是发车间隔的制定，它决定了运行时刻表、车辆调度以及分派驾驶员等其他的日常调度工作，也决定了快速公交网络的效率。公交的发车间隔是由需求、周转时间和驾乘人员数量以及其他限制条件决定，这与常规公交发车间隔的制定类似。而对于一般的快速公交线路，当乘客需求比较稳定的时候，固定发车间隔可以实现最佳的运营效果。而且，确定每条线路的发车频率要比线路设计频繁，因为无论是客流需求模式改变，或者线路的微小调整，都将导致发车频率变化。

4.2.2.2 编制车辆时刻表

确定了发车间隔后，可以编制车辆时刻表，它使公交调度工作具体化，是车辆运行的作业计划，是线路调度工作的基本依据，是公交运营公司各项计划任务的基础计划。

快速公交系统车辆时刻表的制定与常规公交基本相同，每一条快速公交线路的发车时刻表必须满足以下两个要求：一是快速公交线路必须提供足够的能力来满足乘客需求；二是从服务水平角度出发，必须提供一些小发车间隔的班次来保证服务频率。

4.4.3 快速公交的调度系统

4.4.3.1 快速公交调度的主要内容

快速公交的调度需要根据公交客流的变化规律，把复杂多变的快速公交运行过程组织成为协调而有秩序的营运服务，并保持其调度的连续性与均衡性。科学的调度计划能够最大限度地提高营运效率，更好地完成企业的营运服务计划和各项经济技术指标，从而取得较好的经济效益和社会服务效益。

快速公交的运营调度可以分为两个大的类型：

(1)规划调度策略，是指较长一段时间内不变化的调度策略，主要是指基本的调度，全程车等形式。规划调度策略有利于保持快速公交系统提供服务的稳定性，培养乘客良好的出行习惯。

(2)实时调度策略，是指根据客流和线路的实时变化情况，给出不同车辆的调度策略。实时调度运用先进的通信技术和计算机技术的支持，更大限度上地满足乘客的出行需求，保证车辆的及时调度，是非常理想的调度形式。

4.4.3.2 快速公交调度管理方法

(1)快速公交的普通调度，包括确定快速公交发车间隔、运营调度计划表的编制、快速公交车辆的计划安排、驾驶员的配班计划的编制与修改。

(2)快速公交灵活调度，包括以下三个方面内容：

①运营调度线路组合。运营调度的线路组合是指在快速公交的线路中根据客流的变化情况及时调整车辆的发车形式。主要包括正班车、区间车、大站快车和直达车等不同方式的一种组合。

②快速公交与普通公交的协调调度。快速公交与普通公交的协调调度是快速公交调度中非常重要的一个环节，在智能调度系统，必须涵盖此功能，对普通公交发出一定的指令，让其配合快速公交的调度在有关的换乘点进行一定的机动停靠，保证整个系统的换乘成本最小。或者在路段和特定交叉路口采用快速公共交通优先通行措施，与其他交通方式进行协调。

③快速公交的实时调度。快速公交的实时调度是一种比较高级的形式，是指在技术支持足够的时候，利用及时的数据传输形式，对准备调度的车辆进行实时的调度。

4.4.3.3 快速公交智能调度系统

快速公交智能调度系统将高度先进的信息化技术和通信技术有效应用于整个公共交通系统的智能化调度及车辆的运营管理，实现快速公交车辆的定位导航、监控、信息传输、乘客信息服务等。快速公交智能调度系统的主要功能除了传统的普通公交智能调度(如单条线路上的运营调度管理)，最重要的就是快速公交不同线路方式之间的组合、快速公交与其他交通模式的配合，甚至能够在良好的信息支持之下进行实时调度，最大限度地满足乘客的出行需求。具体实现的功能有：

(1)全面监测。通过调度指挥中心屏幕能监视线路上快速公交运营车辆、机动车辆、抢修车辆的动态位置情况，监控各个站点的客流情况，实时对客流情况做出判断。

(2)协调调度。调度人员在计算机智能调度系统的帮助下，编制快速行车时刻表和驾售人员配班表，对全程车、区间车、大站快车进行组合调度，快速公交与普通公交的协调调度和紧急情况下的实时调度。

(3)实时通信。通过业务通信网实现总公司、公司、车队之间的实时通信，区域调度中心调度人员在计算机智能调度系统的辅助下，对运营车辆和抢修车辆进行实施优化调度，增强对运营状况的指挥与应变能力。

(4)采集信息。实现对IC卡系统、车辆定位数据的共享，采集客运量、公交客运收入及驾驶员的工作量统计，提高企业基础生产信息记录的客观性与真实性，满足不同层次的管理和研究需求。

(5)信息发布。通过电子显示技术实现线路站牌对运营车辆到达预报及位置信息的显示，提高公交的社会服务水平与服务质量。通过电子显示技术实现线路站牌对运营车辆到达预报及位置信息的显示，提高公共交通的社会服务水平与服务质量。

（6）与其他的公交监控系统、公安管理部门和社会紧急救援服务等部门接口。

4.4.4 快速公交售检票系统

4.4.1.1 售检票系统

售检票系统承担快速公交的售检票功能，其方便程度和设置合理程度是快速公交运营单位服务水平的重要体现之一。快速公交系统的售检票系统一般采用与轨道交通类似的售检票体系。售检票往往是在车站或枢纽点上完成的，以便乘客快速上下车，如快速公交采用大型铰接车辆。站外收费可以保证所有车门同时上下客，以提高整个系统的运营能力与效率。快速公交的售检票系统一般需要与整个快速公交系统的运营管理体制相一致。同时在付费时使用智能卡技术、磁条技术、自动投币等付费方式，从而减少上车时间。

目前根据国外经验，上车前付费拥有许多技术和机制，主要包括以下 4 种：

1）硬币或筹码系统

收费系统的选择通常要权衡成本管理各方面因素。厄瓜多尔基多市采用的简单投币系统满足了城市需要并避免了纸质票据，乘客不必再为买票排长队。基多市还设有查询窗口，但其功能只是为乘客找零。要退出系统很简单，乘客只需穿过单行出口而不必再行检票。简单的技术通常更有效，因此节省了许多维修和运行的费用。

2）磁条技术

磁条技术在该领域中也有相当长的应用历史和成功经验。它需要预先购买磁性缴费卡用于系统进入和确认。售卡机和收费口处的磁条读入机需要大量的资金投入，但其优势在于缴费卡本身成本的低廉（每个卡 2 ~ 5 美分）。缴费卡可以通过编程设计支持多条线路并根据行驶里程缴费。一些采用磁条技术的系统还为购买多条线路提供打折优惠。

3）智能卡技术

采用智能卡技术的最主要原因是其适应多种票制的要求。智能卡支持各种类型的收费选择，如按出行距离收费、打折收费、多线路收费等。智能卡内的电子芯片能够读取有关现金存入、行驶里程、系统应用等一系列信息。

其次，快速公交采用智能卡，有利于以后实现与常规公交、城市轨道交通，甚至出租车的收费系统"一卡通"。

最后，智能卡功能强大，满足快速公交收费系统的其他功能要求，如乘客出行信息的收集，利于快速公交运营者对于快速公交线网进行调整。

为提高站台服务水平，加快乘客的疏散速度，智能卡成为快速公交首选的售票方式。各站点售票实行联网监控，可有效避免作弊、虚报等行为，方便、准确地统计出全天或者高峰时段的乘客 OD 和客流量，为调度、预测和 OD 拟合等技术提供数据平台。但考虑到售检票高度智能化需要一个过程，快速公交运营初期，将有大半乘客使用现金购买车票，因此，快速公交系统运营初期，推荐采用现金纸质票和 IC 卡两种车票形式相结合。IC 卡购票可适当优惠，以吸引更多的客流。由于快速公交将承担起整个走廊的乘客运输，需要对现有公交线路进行整合，势必增加一定的换乘量，为了吸引客流，建议实行换乘购票优惠措施。

4）支付证明

欧洲和北美通常采用"支付证明"技术，也称"荣誉"系统。本系统也必须上车前付费，但乘客可直接上车无需再检票。票务秩序要靠乘客自觉付费来遵守并通过系统人员随机抽查验票强化。逃票者将被罚款。“支付证明”系统的主要优点是不必建造封闭的入口车站,不必在车站与外部区域之间建隔离。这种设计的好处在于可减少车站的建造成本并且允许在空间有限的地方更好地进行车站的设计。此系统最大的不足在于它主要依靠乘客的自觉来付费,因此有时很难遵守。另外,随机检票所需人员的费用也很高。

4.4.1.2 快速公交的票制

快速公交的票制制定既是技术问题,更是政策问题。依据国家“公交优先”战略,公共交通系统在城市交通系统中应占主导地位,快速公交作为城市公共交通的骨干,应打造成广大出行者可负担的、财政上可持续的高品质公交系统,票制票价是其中的关键。

快速公交的票制应该体现交通的公平性,同时兼顾实施的可行性。理想的票制应该体现以下两方面内容。

①体现社会公平性,采取“使用多少就付多少”的原则,根据乘客享受的服务支付相应费用,如长距离出行应该比短距离出行支付更多,乘坐高档空调快线车应该比乘坐普通车辆支付更多;

②合理补贴运营公司,给予学生、老龄人、低收入群体等弱势群体优惠,保证全体市民享有基本的可达性。

1)基本票制

在实际票制制定时,还要考虑售检票管理的实际成本和难度,简单的票制体系更为实用。快速公交最常见的票制形式为单一票制和计程票制,此外,分区域票制和计时票制在国外公交系统中也比较常见。

(1)单一票制

单一票制的主要优势是其售检票系统和流程简单,不需要按照出行范围售票,也不需要在离开系统时检票,只设置进站或上车的售检票程序,这种票制对于设备和人员的要求都最低。实施单一票制的常见情况是:

①在定价政策上,单一票制并没有遵照“出行多少支付多少”的原则,长距离出行的乘客始终获得更多的优惠,实际形成了短途乘客与长途乘客之间的交叉补贴。在国内城市,中心城区的房价往往比较高,低收入群体更多聚集在房价较低的城市外围区域,此外,由于低收入群体在住房选择上比较被动,往往会造成居住与就业相隔甚远的情况,因此,单一票制实际上补贴了这部分长距离出行的低收入群体,降低了他们的经济负担。

②虽然快速公交线路较长,但乘客出行距离分布集中,实施单一票制并不会严重影响票制的公平性,还能简化售检票系统,降低运营成本。

(2)计程票制

与单一票制相比,计程票制需要在乘客进出站时都进行验票,增加了系统的复杂程度和相关的实施费用。虽然目前各地的公交 IC 卡系统已经能够支持计程票制,但对于不使用 IC 卡的乘客,还必须依靠进站购票和出站验票。如采用轨道交通的自动售票机和闸机验票形式,又需要增加大量的设备投资和维护费用,而快速公交车狭窄的车站也没有足够的空间放置自动售票机,容纳大量排队购票的乘客。如果采用人工售票和验票形式,同样会增加大量的劳动力需求和劳动强度,并占有大量车站空间,造成乘客排队。

对于系统内乘距差异不大的线路,出于减少售检票系统的设备和人员投入,简化售检票程序的考虑,可以选择采用单一票制,并保留采用计程票制的预备设备条件。

(3)分区域票制

分区域票制是指按照地理位置将系统覆盖的范围划分为若干区域,乘客的出行费用按照其通过的区域数量确定。这种票制在国外通常应用于覆盖整个城市区域的公共交通体系,是计程票制的一种更为简易的形式。

分区域票制也有明显的缺点,即它只是计程票制的近似,并不是真正根据出行距离计算票价。比如,当短距离出行的乘客恰好跨过两个区域的界限时,出行者将支付较高的费用。

综合上述三种票制的对比分析,对于线路长度一般、出行距离差异不大的快速公交系统,为简化售检票程序,保证票制与现状常规公交一致,以便市民接受,大都采用单一票制;但长远来看,随着出行差异化的明显,系统覆盖范围的扩大,有必要实施与实际费用更为一致的计程票制或分区域票制。因此,即便是实施单一票制的系统,也应为以后采用其他票制预留设备和空间条件。

2)特殊优惠票制

快速公交系统的特殊票制一般包括以下几类:

(1)换乘减负

随着城市的扩张和公共交通网络的整合,换乘已经越来越普遍。对于公交线路换乘给予优惠有利于吸引乘客,便于进一步对线网进行整合调整。快速公交系统中,杭州、常州和郑州快速公交都采用了系统内的“同台同向免费换乘”。根据2008年9月的调查,常州快速公交一号线共有超过12%的客流通过免费换乘节约了出行时间和费用。

(2)月票等多次乘车折扣票价

多次乘车优惠票制在国外有更为灵活的应用,如针对旅游者的多次乘车卡、鼓励低峰出行的集体出行优惠票制等,都能够有效吸引公交出行。就中国城市目前的公交出行状况看,一方面,由于现行的低票价政策,采取更为复杂的折扣票制对于吸引乘客意义并不明显,但另一方面,随着出行需求的多样化,票制多元化也应该是公共交通的一个发展方向。

(3)老龄人、学生、残疾人等群体的折扣票或免费票

公共交通的一个重要功能就是保证出行的公平性,使老龄人、学生和残疾人等弱势群体能够负担公交出行费用,这也在大多数城市逐步得到落实。在常州市等公交优先政策落实较好的城市,通过财政对这部分出行的专项补贴,既保证了弱势群体的出行得到满足,同时又保证了运营企业的正常效益,有利于公共交通的长期健康发展。

(4)出于吸引客流和平衡运力目的的其他特殊票制

为了鼓励乘坐快速公交,还可以设计出其他有吸引力的措施。在欧洲,如苏黎世在音乐会、运动会、大型会议和庆典活动的门票中包含了快速公交车票,与此同时,该市中心很多酒店的房费中也含有快速公交车票,这种鼓励公交出行的措施也有利于缓解活动期间的交通压力。

不论采用何种形式,这些特殊票制的制定都应该考虑政府财政能力、企业运营效率和乘客的实际需求。

国内开通快速公交的城市在票务和票制上与普通公交基本相同,只是在收费流程上有所区别。乘客在进入BRT站台之前投币或者刷卡,再按闸机上的进口指示标识进入站台候车。

巴西的BRT是在车内提供一个“过渡区”,让乘客排队检票,这样车辆在所有乘客检完票之前就可以开动,如图4-16所示。韩国首尔的公交系统采用智能卡技术进行付费,如图4-17所示。

一般,同站台、同方向上线路之间的换乘不需要出站台,而是直接在站台内完成,实现了免费换乘。而与其他公共交通方式之间的换乘,除开通IC卡的城市可以实现“一卡乘车”之外,

相互的衔接并不是很理想。上海的乘客持同一张交通卡在轨道交通出站的刷卡时间，距实行换乘优惠空调公交车上车刷卡时间在90min内；或在实行换乘优惠空调公交车上车刷卡时间距换乘轨道交通进站刷卡时间在90min内，可享受1元的换乘优惠。

图4-16　巴西BRT内的“过渡区”

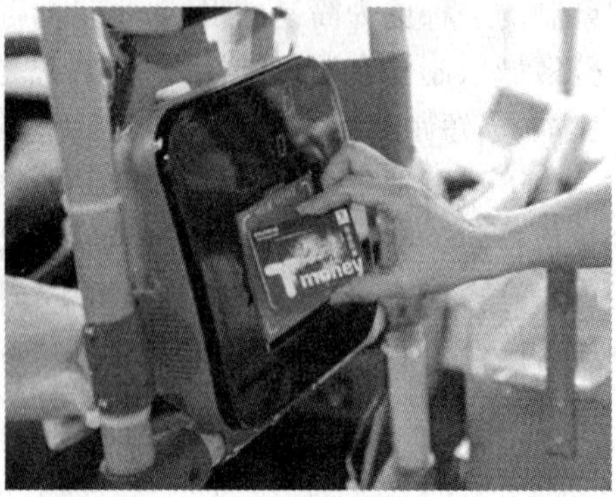

图4-17　首尔公交系统内的智能卡技术

4.4.1.3　票价制定

快速公交的票价是很多出行乘客关心的问题。如果票价过高，很多乘客将转移到其他交通方式上，造成资源浪费。票价过低，运营公司的票款收入过低，无法收回投入，将给经营企业造成巨大的经营压力，或者需要巨大的财政补贴。因此合理的快速公交的票价对于快速公交的运营起很重要的作用。

核定快速公交的票价水平，具体取决于乘客、运营企业和政府三方面利益的平衡。

(1)乘客出行成本

乘客是否选择快速公交出行首先取决于票价相对于居民收入的水平，特别是对于低收入群体更是如此。一般来讲，交通费用支出不宜超过居民日常实际支出的10%。此外，快速公交的票价制定应该参考城市其他交通出行方式的成本，让乘客觉得物有所值，避免因为票价过高引起的客源流失。

(2)运营企业效益

快速公交系统要保证运营的可持续性，就必须保证财务上的可持续，票价水平应将企业运营成本、财政补贴和企业效益等因素结合考虑。国内的常规公交运营企业都有成熟的成本效益计算方法，快速公交的成本核算通常也是沿用这些方法，同时考虑快速公交沿用的特殊性。比如在票款收益方面，为了提高系统效率，鼓励乘车，一些快速公交系统对于换乘进行了票价优惠，这相当于运营公司将部分票款收益让利于市民，相关部门应该考虑对这部分成本进行补贴。在成本核算方面，为了保证高品质服务，快速公交系统往往会配置高档的车辆，配备齐备的设施和设备，配置站务人员、智能调度中心工作人员等服务人员和技术人员，这些都会增加整个系统的成本。

(3)政府财政负担

公共交通是城市的基本公共服务，政府应该将其定位于社会公益性地位，给予适当的财政补贴。在快速公交实施的过程中，政府通常在三个领域投入公共财政资金。首先是建设期的基础设施投入，包括车站、场站用地和基础建筑、专用道等，属于城市公共基础设施；其次是快速公交车辆和其他设备，包括运营车辆、保养维护设备、智能交通设施等，如常州等对公共交通补贴力度较大的城市，都采用了政府购置后移交运营企业经营的方式；最后是快速公交的运营补贴，目的是对低票价造成的运营政策性亏损进行补贴。

常见的有四种机制：

①固定额度的补贴：这是大部分城市采用的模式，即每年通过免征公用事业附加费或投入固定数额的财政资金来补贴公共交通。这种模式往往缺乏灵活性，不能与实际的需要相结合，也缺乏对企业提升运营效率的刺激。此外，在中国城市，这类固定补贴通常少于运营企业的政策性亏损，运营企业的长期亏损会进一步导致车况不佳、员工队伍不稳定、服务质量下降等问题。

②根据客流量补贴：即公交运营企业按照行业管理单位制定的服务水平运营，并测算出平均每名乘客的运营成本，政府公共财政根据乘客运送量进行补贴。这种模式使补贴支出与实际运营亏损基本一致，但也容易造成企业过分追求运量最大化，特别是在竞争市场下争抢客流，同时不鼓励企业在客流需求相对较少的区域提供高品质的公交服务。

③根据运营里程补贴：即由公共交通规划主管部门制定系统运营方案，运营企业按照该方案运营，公共财政根据企业的实际运营里程进行补贴，这种模式能够鼓励企业提供更高品质的服务，减少运营争抢客流的情况，有利于公交系统的优化和整合。但由于没有客流指标的限制，也可能造成线路盲目扩张，运营成本偏高的现象。

④结合客流量、运营里程和服务水平的补贴机制：这种模式是由行业主管部门制定完善的服务规划和评估体制，要求企业必须达到相应的服务标准，同时结合客流量、运营里程及其他服务指标共同合理确定补贴额度，该模式理论上更为科学，但管理上难度更高。

国内部分城市 BRT 收费情况见表 4-4。

国内部分城市的 BRT 收费情况 表 4-4

城　市	使用现金的一般票价(元)	使用 IC 卡的一般票价(元)
北京	1	0.4
厦门	基于里程，10 公里出行 1 元	
合肥	2	
大连	1	0.95
常州	1	0.6
广州	2	2
昆明	1	
杭州	4	2
枣庄	2	
济南	1	0.9
盐城	1	0.9
郑州	1	0.5
重庆	2	1.8

4.5 城市其他客运交通系统管理

4.5.1 出租车运营管理

出租车运输系统是城市客运交通的一个重要组成部分，是城市公共交通的重要补充。出租车行业的健康有序发展，对于维护经营者和乘客的合法权益，提升行业的文明形象以及整个客运交通系统的有序发展具有重要作用。

总体上,出租车经营模式可以分为公司经营和个人经营。由于出租车经营需要同时具备车辆和经营牌照,因此,根据其产权和使用权(牌照仅具使用权)的归属,可以进一步细分。

4.5.1.1 公司经营

公司经营模式,指出租车经营权归公司所有。依据出租车产权的不同又可分为公车公营和私车公营两种模式。

(1)公司同时拥有车辆产权和牌照使用权,出租车驾驶员和公司为一般的雇佣关系,实行上班制,驾驶员按时上班,取得固定的底薪并按营业收入取得提成,即一些城市中所谓的公车公营模式。

(2)公司仅拥有牌照的使用权,车辆产权归出租车驾驶员,即驾驶员带车挂靠公司开展经营活动,驾驶员每月需向公司缴纳一定费用,简称挂靠经营,或私车公营。

公车公营模式下,某种程度上减少了公司和驾驶员间的矛盾,出租车企业的责、权、利得到了有效的统一,有利于形成规模效益和品牌效益。而私车公营模式下,驾驶员不具有获得经营指标的权利。政府与出租车公司分别成了垄断市场的设立者和垄断市场的占有者,而出租车驾驶员和消费者成为了垄断市场下的利益受损者。

4.5.1.2 个体经营

个体经营模式,指出租车产权和经营权归个人所有,驾驶员或车主是完全一样的市场主体。

(1)个人同时拥有车辆产权和牌照使用权,经营活动中的一切手续和税费均由车主自己负责缴纳,俗称个体户经营模式。

(2)在个人经营模式下,又延伸出另一种公司化运营方式,但此公司有别于前两种,在这种模式下,公司具有出租车经营的托管功能,并负责驾驶员的培训、雇佣和业务咨询与行业规范,可称为个体—公司托管经营模式。

个体户经营模式虽然体现了谁投资、谁所有、谁受益的市场经济规律,但难以规模化运营,不利于整个行业的向上发展,如没有统一的外观和内饰;由于个体的原因容易导致经营的随意化,毕竟,出租车是对公交车的补充,某种意义上也具备公益性质,而个体的特征难与这一目标相一致;管理层难以进行有效管理;容易存在大量的承包、转包经营,不利于出租车行业的可持续发展。因此,现阶段及今后相当一段时期并不建议采用此种经营模式。

出租车行业的发展除了受到其经营模式的影响外,还受到设施建设速度、道路通行能力、居民生活水平等多方面的影响,因此,需要综合考虑各方面的因素,通过政策和技术手段,提高出租车运营的服务质量和管理水平,保证行业的健康发展。

提高出租车运营的服务质量和管理水平,主要从以下几个方面入手:

(1)制定符合自身城市特点的行业管理法规,是保证出租车良好环境的基础,尚未出台出租车行业管理法规的城市应该尽快出台城市出租车管理法规,已经出台出租车行业管理法规的城市必须加大执法力度,确保法规的实施。

(2)政府要加大对出租车行业的投入力度,可以通过设置专项基金的方法,用于出租场站、服务中心的建设,为出租车驾驶员提供优良的后勤保障。

(3)注重IC卡计价器、GPS导航系统等高科技管理、计量设备的开发和应用,为提高行业管理水平,规范从业者的经营行为创造良好的条件。

4.5.2 小汽车需求管理

随着经济社会的发展和城市化进程加快,我国私人小汽车在大城市呈现强劲增长的势头,同时,小汽车发展带来的问题也日益严重,主要体现在以下几个方面:

(1)汽车使用量增多,造成市内交通严重拥挤。随着我国城市小汽车的迅速发展,在大多数城市都出现了交通拥挤问题。拥挤的产生一方面造成交通运输效率的低下,另一方面由于时间间隔的浪费带来了巨大的社会财富的浪费,将直接影响到城市的综合竞争力和招商引资力度。

(2)事故频繁发生,交通事故直接经济损失持续增加。而在交通事故中,与小汽车相关责任的交通事故比例最高。

(3)小汽车大量使用给环境造成极大危害。随着汽车数量的日益增加,汽车排放的废气成了世界上许多大城市空气污染的"祸首"。

由上可知,随着我国机动化的快速发展以及小汽车逐步进入家庭,一方面给国家经济发展、人民交通出行带来了便利,但是其带来的危害也需要得到重视,为此,如何合理的引导小汽车的发展和使用将对我国未来城市交通乃至整个城市的可持续发展产生重大而深远的影响。

交通需求管理是指为了提高运输系统效率、实现特定目标(如减少交通拥挤、节约道路与停车费用、改善安全、改善非驾驶员出行、节约能源、减少污染等)所采取的影响出行行为的各种政策、技术与管理措施的总称。

实施交通需求管理是国际大城市应对交通问题必不可少的有效手段。从世界各国城市管理来看,小汽车需求管理大体可分为引导和限制两类。

1)引导

引导就是政府通过各种政策措施促使人们改变交通的传统看法,降低人们购买和使用小汽车的热情。

(1)通过提高公共交通的服务水平,促使人们逐渐意识到公共交通的优越性。广泛宣传优先发展公共交通的政策和措施,加快引导市民出行习惯的转变。

(2)提高公众对使用小汽车出行带来环境和能源问题的认识,逐步增加开展无车日活动的天数,扩大活动范围、丰富活动内容,激发市民参与减少交通排放的热情,加快绿色交通的发展。

(3)改善交通设施,结合城市功能、空间布局和交通换乘点,完善步行、自行车交通系统的建设,发挥步行、自行车交通在短距离出行和接驳换乘等方面的优势,缓解交通拥堵。

2)限制

限制的目的是限制城市中小汽车拥有或使用的数量,包括从源头的拥有限制,使用及停车方面的限制。由于城市时空资源的稀缺,城市小汽车的发展会引起城市交通状况的恶化,因此,需要分别从小汽车的拥有和使用两个方面加以限制。

(1)限制拥有

在城市交通治理和小汽车管理上,可以通过限定牌照数量来控制小汽车的拥有量,通过购买时的税额高低控制小汽车的拥有量。目前,上海、新加坡、香港等城市主要采取车牌照拍卖等办法来限制私人小汽车增长的数量。通过实行停车库许可证制度,对停车库的数量进行控制等。

(2)限制使用

①通过某些区域或路段的禁行来控制小汽车的使用，包括设置禁行区，限制在某条道路上的使用，在高峰期禁止左转或右转等。

②通过实施错时出勤对策，在时间上分散交通需求；通过向驾驶员提供道路交通信息和拥挤、事故状况，促使交通需求在空间上分散化。

③通过车牌号限行制度，减少小汽车出行量。

④通过保有和使用时的税额高低控制小汽车的使用。

⑤通过停车需求管理，限制小汽车的使用。一方面改变停车供应，包括限制停车位供给数量（如限制社会停车场的修建、降低建筑物配建停车位指标、减少路边停车位）、改变停车供应的空间分布（如停车换乘）、缩短停放时间限制以及在特定时间或对特定停车者禁止停车。另一方面改变停车费水平或结构，实行差别化停车收费制度，在城市中心地区停车泊位少，且收费高；而在城市边缘地区设立较多的停车位，且低收费或不收费等，减少市民开小汽车进入城市中心区，引导其在中心区外围换乘公共交通。

⑥对于交通过分拥挤地区或路段实施拥挤收费制度，利用交通外部性原理增加出行成本、减少交通量。2003 年，伦敦实施了中心区拥堵收费，对进入中心区的车辆收取拥堵收费后，在减少的小汽车出行中，50% 以上转向公共交通。

⑦采取提高燃油税和附加费的方式增加小汽车出行成本，降低其使用频率的效果。

⑧通过 HOV（高占有率车）优先，减少小汽车出行量。考虑限制非 HOV 车辆高峰时间禁止驶入市中心商业区或驶入中心商业区需交纳附加费等等。提倡 HOV 优先对鼓励居民合乘出行的效果非常显著。加利福尼亚学者调查发现，HOV 车道相比临近的车道所运送的客流量要增加 50%；道路上平均每车载客量从 1.17 人/车增加到 1.26 人/车（两人以上可驶入 HOV 车道时），增加了 67% 的高占有率车。开放 HOV 车道后，使用该道路的车辆数增加了 43%。

4.5.3 非机动车管理

国内外城市发展经验表明，过去几十年中，以机动车交通为主体的交通发展方式存在许多问题。为缓解或避免尾气污染、交通事故、交通拥堵等问题，国际上许多国家与地区将逐步提倡由步行交通和非机动车交通系统构成的慢行交通。

非机动车交通系统的发展主要从以下几点着手：

（1）以优先、大力发展公共交通为基础，促进非机动车与城市公共交通系统的衔接，保证良好的换乘环境；

（2）以城市道路为依托，建立与城市土地利用相协调的非机动车廊道；

（3）以慢行区划分为依据，优化、整合区内非机动车网络；

（4）建立、完善自行车租赁系统；

（5）建立、完善非机动车管理体制和公共政策。

目前我国城市公共交通系统不完善，服务水平低，造成自行车出行距离过长。大城市只有通过优先发展公共交通系统，把自行车交通作为公共交通的辅助，做好自行车交通和公共交通的换乘工作，才能发挥自行车短距离出行优势，缓解城市交通拥挤的有效方法。

对于自行车的管理，需要从以下几点入手：

（1）加大自行车停放管理，使自行车停放到有专人规范、合理管理的地方。

（2）规范自行车的使用，加大对无牌无证非机动车的整治力度，建立常态、长效管理机制。

（3）机非分道，减少混行。快速发展"自行车专用道系统"是解决机非分道行驶的主要方法。

(4)严格管理,对自行车闯红灯、逆向行驶、在机动车道行驶等影响交通安全通畅行为必须从严处罚。

目前,"公共交通+公共自行车"的绿色交通模式的作用已被很多国家的实践所证明,对于缓解城市交通压力起到了积极的作用。法国里昂曾陷入城市交通拥堵困境,2005年启动公共自行车租赁系统,在市区设置340多个租赁点,各点都配置10多辆自行车,使里昂街头机动车流量下降了4%。同样,在纽约、伦敦、巴黎、阿姆斯特丹等城市,公共自行车也都被纳入了城市公共交通体系。

我国杭州、上海、武汉等许多城市也开始了公共自行车尝试。通过发展公共自行车系统吸引市民采用自行车或自行车+公交的方式出行,解决公交出行"最后一公里"问题,提升公交服务水平、提高公交分担率。从实践情况来看,公共自行车交通系统对于提高城市公共交通系统整体吸引力有着积极的推动作用。

在公共自行车的经营与管理上,需要从以下几点出发:

1)科学调配公共自行车

不同的公共自行车租车站具有不同的使用需求。在地铁站,自行车与地铁换乘存在双向需求,自行车的存取基本能自动达到平衡。而在一些单向客流的租车站,如居住区附近,就需要专业人员通过电脑信息统计实时监控租车站的剩余车辆数,并通过专用小货车运输、合理调配,保证能及时满足高峰时公共自行车的使用需求。

2)合理确定押金和使用费用

合理确定押金和使用费用是公共自行车交通系统运行成功与否的关键因素之一。费用过高会使部分客源转向其他交通方式,过低则无法维持系统正常运营。制定使用费用需以该城市居民可普遍承受为原则,经工商管理、交通、公安等多部门协商后确定;也可结合国外"鼓励使用,用完速还"的思想,根据使用时长的不同定价,在短期内免费使用或低收费,租用时间越长收费越高,以保证公共自行车的周转率,为更多出行者服务。

3)考虑成本与收益平衡

如何实现公共自行车交通系统成本与收益的平衡,应分政府运作和企业运营两类进行操作。对于政府运作的公共自行车交通系统,前期可由政府补贴,待推广一段时间城市交通状况有所改善后,将原来用于解决交通拥堵的人力和资金中的一部分投入公共自行车交通系统的日常运营和扩大建设;对于企业运作的公共自行车交通系统,可借鉴巴黎和哥本哈根采用的广告置换方式,以及伦敦采用的手机运营商与自行车出租公司合作的方式。

此外,还要加强公共自行车及车辆配套设备的制造技术、租还车结算系统、规模化和网络化运营、支持系统运营的通信技术、调配自行车数量的GPS全球定位技术和运营管理的信息系统等技术,保障公共自行车的有效运营,充分发挥其综合优势,改善城市居民的出行状况,减缓城市交通拥挤,促进城市交通可持续发展。

4.6 城市客运交通政策

城市客运交通系统管理主要倾斜于城市公共交通的优先发展,从根本上解决公共交通的内部运转问题,引导公共交通的良性发展,发挥公共交通的重要作用,降低私人小汽车的出行比例,为城市居民提供安全、快速、舒适的交通环境,建立"安全便捷、经济环保、诚信可靠、文明规范”的城市客运交通体系。公交发展的政策分为外部政策和内部政策。

4.6.1 公交发展的外部政策

外部政策指的是政府根据城市实际情况制定出一定的、有利于公交发展的各项政策,保障和扶持公共交通企业的发展。制定外部政策需从两个方面来考虑,一是扶持政策,就是要通过各种手段发展公共交通,提高其运行速度,改善服务质量,确保其经济投入;二是限制政策,就是要限制除公共交通之外的其他交通方式,在购置、使用等不同环节上加以控制。

1)扶持政策

(1)财政扶持政策:因为公共交通具有明显的福利性和公益性,票价的制定和调整由政策控制,不可能做到完全按市场需求和价值规律自由调整价格。由此而产生的亏损属于政策性亏损,不属于经营性亏损,因此国家还应给予适当的财政补贴,并为促进公交企业科技进步管理手段的现代化而给予财政支持,一般通过立法的形式加以确立和实施。

(2)税收扶持政策:在税费方面给予优惠,尽量减轻公交企业的税费负担。还可实行专项税收政策,如开征企事业单位公共交通税,减免公交车燃油税等。

(3)投资政策:在投资政策方面,加大政府投资力度,完善政府投资方式。银行信贷应向城市公共交通倾斜,对城市公共交通场(厂)站建设和车辆购置项目,银行要在信贷和配套资产计划中优先安排,并确保资金及时到位。在利用外资方面实行优惠,对轻轨、地铁、公交专用线路,停车场(库)等重点项目的贷款,要在信贷和资金计划中优先安排。另外,在投资时要考虑本市的实际情况,合理规划投资比例,使得轻轨、地铁、公交专用线路等按比例,协调发展。

(4)票价政策:遵循社会效益、环境效益和经济效益相统一的原则,在保证尽可能多地吸引市民乘坐的前提下,制定出合理的票价,并逐步建立促进城市公共交通良性发展的价格与价值补偿机制。

2)限制政策

由于人们生活水平的提高,私人小汽车的拥有量逐年上升,这给城市交通造成很大的压力。因此限制政策主要表现在对个体机动车(主要是私人小汽车)实行交通需求管理,但是这并不意味着排斥小汽车的适度发展,以及其他交通方式的合理使用,相反,只有优先发展公共交通,确立公共交通的主导地位,才能腾出更多的道路时空资源,保障小汽车、出租车等交通工具的合理正常使用,保障道路交通良好秩序和可持续发展。

对私人小汽车的发展,必须把握好车的“拥有”与“行”及“停”三方面的协调发展,主要是加强交通需求控制和管理,城市可以根据自身的道路容量制定总量控制或地区控制措施。具体措施已在小汽车需求管理中介绍。

4.6.2 公交发展的内部政策

内部政策主要指的是公交企业的改革,包括公交部门自身的改革和国家对公交行业经营管理体制的改革,内部政策与外部政策配合使用,有助于从微观上对公交企业进行管理。

根据不同公交服务方式之间是否存在协同性、不同运营者之间是否存在竞争以及市场的主导力量是公交管理部门还是公交企业等标准,国外城市客运交通的运营管理模式可划分为全面管制型、委托管理型、解除管制型(或放松管制型)三种类型。

1)全面管制型

全面管制型,即所有权和经营权一体、管运一体。在这种模式下,政府部门对公交行业实行全过程控制,其主要职责包括制定公交政策、建设和维护公交设施、规划设计运营线路、确定票价体系、财政预算和成本结算等。希腊雅典城市公共交通组织 OASA 掌握三大国有企业,它既是公共交通的管理机构,又负责提供公共交通服务,隶属于交通部。美国芝加哥更是由市政部门(交通管理局)直接运营。

2)委托管理型

委托管理型,即所有权与经营权分离、管理机构与运营企业分开。管理方主要负责政策的制定、公交网络的规划及维护,以及对代理方所提供的服务进行评估,即监管合同的履行情况;而运营方获得运营授权合同后,自主组织经营,有时还可以制定独立的票价体系,开发特色服务种类。

这种模式的管理方式主要有两种:一种是由属于市政部门的公有制企业进行招标和对运营进行管理,如库里蒂巴 URBS 公司、伦敦巴士公司;另一种是由行业主管部门进行招标和运营管理,如法国的 AOTU。

3)解除管制型

解除管制型,即管理机构解除对运营企业的管制,管理部门对公交行业的干预权限于维持市场秩序,保证安全运营,创造公平有序的竞争条件。

这种模式的主要特征是政府废除线路管理体制,市场进出自由,公交服务以赢利为目的,政府不再对运营进行补贴。其代表为英国伦敦大区以外的各个城市郡的公交私有化改革。

对比三种管理模式,在运营的各个决策层面,政府机构和运营企业的影响力水平大不相同,且各有优缺点,见表 4-5。

各类型管理模式比较 表 4-5

管理模式	特征	优点	缺点
全面管制型	政府对公交行业进行全过程控制	不同公共交通方式之间容易形成整体服务的协同	企业缺乏生产的自主权,市场无竞争,经济效率低
委托管理型	管理机构与企业分离,通过合同共同管理和运营城市公交事务	有利于技术改造,促进公交系统升级	可能会出现竞标过程中的不公平竞争
解除管制型	管理部门对公交行业的干预仅限于维持市场秩序、进行安全管理、创造公平有序的竞争条件,政府不提供补贴,公共交通运营以盈利为目的	企业迫于市场压力,在降低成本、减少风险等方面的技术改进发展迅猛	竞争使得各运营商之间很难实现票务联合和服务协作

纵观我国城市公共交通,企业经营缺乏市场导向的理念,行业管理落后,企业经营缺乏活力,致使城市公交服务水平远远落后于城市社会经济发展的需要。因此,在我国现阶段,公交行业改革主要从以下几方面着手:

(1)转变政府职能,实行政企分离。这样有助于国家和企业分别从宏观和微观上对公交企业进行管理。为在城市公共交通行业建立政企分离的政府管制体制和企业经营机制,应在改革中遵循“三职能分离”的原则,即城建行政管理部门行使社会经济管理职能,由代表国家投资的机构行使国有公交企业的所有者职能，由企业经理人员行使公交企业的经营者职能。

(2)引入竞争机制。公交企业竞争主要包括以下几方面的竞争：打破原有国有公交企业垄断的局面，允许其他产权形式的企业进入公交市场参与竞争；建立在协调基础上的各种公共交通方式之间的适当竞争；同一种交通方式在同一条线路上运行时的竞争，但是这种竞争机制应该是在国家宏观调控的情况下来进行的，是一种不完全竞争。

(3)机构改革。由于公交企业内部闲杂人员过多，使得企业负担加重。因此要对企业内部人员进行精简，明确责任。

(4)提高企业的自生存性。公交企业不能一味地依靠国家各种资金补贴来运行，适当地还应采取一些市场手段(例如经营广告等)来维持公交的运行。

(5)实行专营权制度。通过资质认证的企业可以参加招投标，获得线路专营权，在专营线路内独家经营公交业务。实行线路专营权后有利于政府根据线路的不同进行管理，划清政策性亏损和经营性损益，增大企业创收的积极性。

(6)缩小核算单位。明确责任，划清政策性与经营性亏损界限的同时使各企业有动力降低成本，提高收入。

第5章　城市公共交通优先系统

5.1　公交优先概述

随着社会经济的发展，城市化水平的不断提高，城市交通所面临的交通拥挤、能源短缺、环境污染等问题日益严重，针对这一系列的城市交通问题，公交优先发展政策在20世纪60年代初由法国巴黎首先提出，随后被众多专家认为是解决城市交通问题的最有效途径之一。它是对城市道路交通资源进行优化，保证城市交通可持续发展的一项有效的、可行的政策措施。

5.1.1　公交优先内涵

"公交优先"是公共交通系统优先发展的简称，从广义上讲，凡是有利于公共交通优先发展的政策和措施均可称之为公交优先；从狭义上讲，则是指仅在交通工程范围内，采取适当的交通管理和道路工程等措施保证公共交通车辆在道路上的优先通行。公共交通系统优先是政府部门在综合交通政策上确立公共交通优先发展的地位；在规划建设上确立公共交通优先安排的顺序；在资金投入上及财政税收上确立对公共交通的倾斜做法；在道路通行权上确立公共交通的优先权利。

优先发展公共交通是城市健康发展和城市交通可持续发展的必然要求，是建设资源节约型、环境友好型社会的重要方面，也是构建社会主义和谐社会的重要举措。继2004年建设部下发《关于优先发展城市公共交通的意见》（建城[2004]38号）和2005年《国务院办公厅转发建设部等部门关于优先发展城市公共交通意见的通知》（国办发［2005］46号）后，优先发展城市公共交通逐渐从中央政府和地方政府的理念转变为政府的公共政策乃至具体行动，2008年度城市公共交通发展政策主要表现为中央政府和地方政府从各个方面对优先发展公共交通政策的进一步推广深化和贯彻执行。

5.1.2　公交优先发展的目标

优先发展城市公共交通的基本目标是实现城市公共交通"快捷、舒适、高效、安全、准时"的特性，增加公共交通的吸引力。其具体目标主要包括：

（1）降低运行时间。通过各种技术优先，使得公共交通运行时间减少，一方面有助于促进交通方式的转换；另一方面，有助于降低公交运营费用。

（2）提高运行的可靠性。通过公交车专用车道、交叉口公交专用入口引道、信号灯优先等措施能有效减少干扰，提高交通线路的通行能力，缩小运行时间表的变化，提高公交运行的可靠性。

（3）缩短乘客上、下车的时间。对于公共停靠站的优先处理，比如车底面和月台高差的降低，使得乘客上下车的时间减少。

(4)提高公交车辆的舒适度。车辆技术的提高,使得车内环境大大改善,提高了公交对于私人个体交通方式的竞争力,从而增加了公交的吸引力。

(5)方便换乘。充分考虑了公交优先政策,合理的布设公共交通站点和换乘枢纽,可节省乘客的步行时间,各种公共交通方式之间的相互协调,也可使乘客的换乘更加方便。

5.1.3 公交优先发展的措施

公共交通优先通行的实质是改变当前城市交通系统资源分配中的不公平状况,并体现其经济合理性。促进公共交通优先发展,包括加快公交优先通行信号和公交专用道的规划建设;优化、调整公交网络结构,完善接驳换乘系统,适度发展高品质公交和特色公交,增加公交供给,提高公交覆盖率以及加快轨道交通建设等。

公交优先不仅仅只是一个口号,建立公交优先系统主要应着手做好以下几个方面的工作:

(1)加快制定公交发展战略和规划。要在城市规划和交通规划上以公共交通优先发展为前提和基础,并保证城市公共交通和社会经济同步发展。

(2)加快完善城市公共交通配套设施。公共交通场站是城市公共交通的基础性设施,要按照"统一规划,统一管理,政府主导,市场运作"的方式,加大政府投资建设的力度,加强公共交通场站的建设。

(3)制定优先发展城市公共交通的相关经济政策。合理有效的经济政策能够广泛的促进城市公共交通的蓬勃发展。

(4)规范、有序地推进市场化进程,积极、稳妥地推进公交行业改革。大力发展城市公共交通必须与深化城市公共事业管理体制改革相联系,进一步打破垄断,优先开放基础设施和基础服务市场。

(5)建立健全城市公共交通法规标准体系,加强有效监管。要充分认识地方政府与城市公共交通职能部门之间的责任,抓好对优先发展城市公共交通工作的组织、检查和落实,建立健全长效机制和体制。

(6)全面提高行业科技水平和服务质量,维护公众的利益。要利用高新技术对传统城市公共交通系统进行改造,以现代通信、信息技术为依托,促进出行者、交通工具、交通设施以及交通环境各要素间的良性互动,形成信息化、智能化、社会化的新型城市公共交通系统。

从运营层面上,主要为路段优先和交叉口优先。

1)交叉口优先

车辆延误包括路段延误和交叉口延误两部分,根据理论计算和调查分析可知,交叉口延误所占的比例要远远大于路段延误。因此,公交车在交叉口的优先措施成了公交优先的关键环节。交叉口上的公交优先措施主要有设置专门的公交相位、设置专门的公交车进口道以及其他特殊的公交车优先排队与通行措施等。

2)路段优先

路段上公交车辆与其他车辆混行,会对公交车造成干扰,影响公交车辆的正常行驶。通常在路段实行的公交优先的方式有公交专用道和公交优先车道等形式。

公交专用车道是专供公共汽车行驶的车道,具有一定的排他性。公交优先车道是指在不影响公共汽车行驶的前提下,允许其他车辆使用公交优先车道。

5.2 快速公交系统专用道系统

快速公交系统的公交车辆一般都是运行在专设的公共交通专用的车道或道路上，其他车辆禁止驶入，称为公交专用道。公交专用车道的设置可避免公交车辆与机动车辆混合使用，在日益拥挤的城市道路系统中可提高公共交通的运送速度及运营能力。快速公交系统的运营速度与运营能力主要取决于公交专用道路或车道的设置方式。

5.2.1 快速公交系统专用道分类

快速公交的专用路权，根据与社会交通的隔离情况，可以分为快速公交专用车道和快速公交专用道路两类：

(1)快速公交专用车道是指快速公交在路段上享有专用路权，但在通过交叉口和部分过街设施时仍然采用平面交叉的形式，通常会采用必要的公交优先通行设施减少通过这些冲突点的运营延误。由于受到其他交通的干扰，快速公交的运营速度一般为 18 ~25km/h，在不设置超车道的情况下，通行能力为 0.8 ~1.5 万人次/单向小时。快速公交专用车道一般利用城市现有道路改造设置，实施比较容易，建设成本较低，同时也能满足快速公交快速、准点运营的要求。目前，国内除厦门以外，其他的快速公交系统都采取了这种专用道形式。

(2)快速公交专用道路是指快速公交享有绝对的专用路权，通常是专为快速公交建设的封闭道路，完全不会受到其他交通方式的干扰。由于没有交叉口延误和其他侧向交通干扰延误，运营在这种路权上的快速公交系统速度能够达到 30km/h 以上，运营可靠性和通行能力也高于快速公交专用车道。但对于城区里实施的快速公交，这种模式需要新辟路权，建设成本很高，实施难度较大。

5.2.2 快速公交路段专用车道的设置形式

快速公交路段专用道的布设，核心内容就是确定专用道布置在道路断面上的哪条车道。因此按照专用道在道路断面中的位置，其基本类型可以分为以下四类：

(1)快速公交内侧专用道；

(2)快速公交外侧专用道；

(3)快速公交次外侧专用道；

(4)特殊类型的专用道。

5.2.2.1 快速公交内侧专用道

快速公交专用道位于道路中央，一般沿道路中央分隔带或中黄线布置，相应站台应设置在道路中央，如图 5-1 所示。

1)优点

(1)不受右转弯车辆的影响；

(2)不受路边停车(出租车、常规公交)的影响；

(3)不受沿街小路进出交通的影响，不受路段开口的影响；

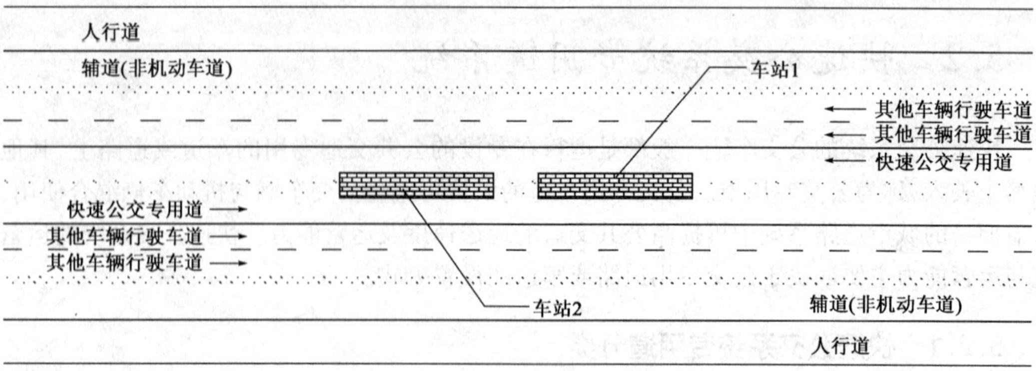

图 5-1　快速公交内侧专用道

(4)可以完全杜绝其他车辆侵占专用道的现象,车辆操作起来很容易;

(5)公共汽车可高密度运行,甚至集结成群、列车化的运行;

(6)确保公交系统的快速行驶、确保准点性;

(7)在中央预留车道可以为以后的轨道交通建设做准备。

其中(5)是指在专用道上的公交车集结成一个车队,一起停站,一起发车,一起通过交叉口。这种有意识的集结行为,可以充分发挥单一车道的通行能力,也利于在交叉口给予信号优先。如果沿线交叉口针对快速公交实施"绿波交通",则可将快速公交运行时的不确定延误降到最低,此时完全可以像火车运行的列车时刻表一样,编制快速公交的运行时刻表,从而从根本上保证准点性。

2)缺点

(1)乘客上下车必须穿越机动车道,因而需采取专门措施保证乘客过街的安全与方便,如修建行人天桥、地下过街隧道,或者利用交叉口的人行横道过街;

(2)如修建天桥或隧道,必然增加绕行距离,必然会增加投资,且天桥的设置须考虑对城市景观的影响;

(3)如利用交叉口的人行横道,安全性和秩序性须严格保证,采用车下售票时需考虑乘客的逃票问题;

(4)对于右侧开门的公交车进站时须逆向进站,右转弯的快速公交车须变换几个车道。

其中(1)包含以下含义:首先,此时快速公交与常规公交、出租车等换乘的问题全部归结为乘客过街问题,其他没有任何影响;其次,行人过街一直是城市交通的大问题,尤其是在一些重要交叉口以及车速很高的快速路路段,即使不设内侧专用道,依然存在行人过街问题,因此快速公交的乘客过街问题,可以考虑结合城市交通的行人过街问题一并解决。

3)适用范围

从交通效益的角度来说,内侧专用道是较好的选择,当然前提是线路客流量较大,其限制因素在于道路断面和投资规模。建议在道路交通条件允许的前提下,在公交客流量比较集中的线路上,尽量多采用这类形式。

5.2.2.2　快速公交外侧专用道

外侧专用道是指专用道设置在机动车道的两外侧,它的右侧即是非机动车道或机非隔离带。此时车站就设置在专用道右侧的机非隔离带上或占用部分非机动车道,如图 5-2。

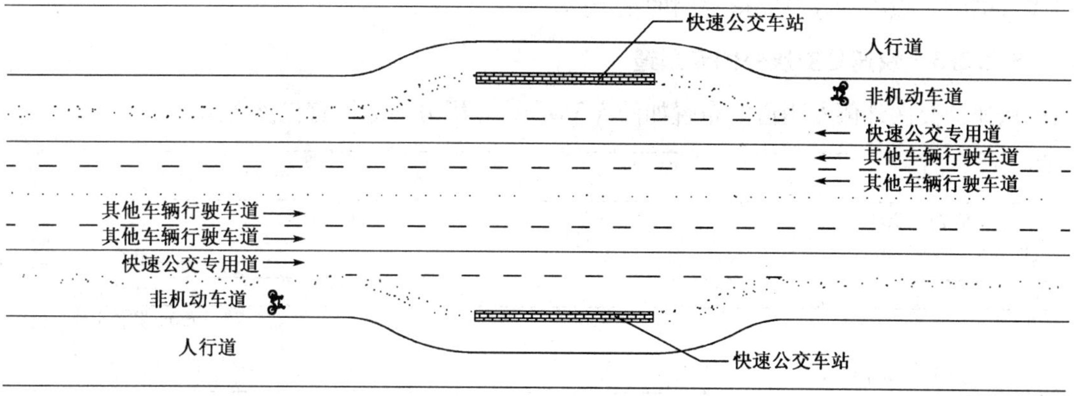

图 5-2　快速公交外侧专用道示意图

这类设置的优缺点如下：

1）优点

（1）车站和站台的设置较为容易，相对于内侧专用道来说对道路宽度/道路断面的要求较低；

（2）乘客上下车方便，无需修建专门的乘客过街设施，工程投资较少；

（3）可以设置港湾式站台，为后续超车的车辆提供超车机会，在快速公交线路比较多的路段，这一点相当重要。

2）缺点

（1）此种形式的专用道断绝了车辆"右进右出"道路的可能性，如果路段沿线有相交小路，或者是沿街用地开发较多、交通发生吸引力较强，则此种形式的专用道就面临一个尴尬的局面：强行禁止这类"右进右出"的交通，负面效应很大；不禁止，专用道又难以实现"专用"（目前国内不少城市都为常规公交设置外侧专用道，但是效果却不好，难以阻止其他车辆在专用道内行驶，根本原因即在于此）。

（2）如果该线路有常规公交行驶，则专用道只能是快速公交和常规公交共用，相互干扰无法避免，在该路段快速公交的运行效率将受影响；

（3）给出租车上下客带来极大的不便，除非在专用道上设置出租车定点上下客站，但这样又难以保证专用道的完全"专用"；

（4）在交叉口左转弯时，须专门考虑；

（5）车道的标识性差，需加强交通管理。

3）布设特点

综合考虑快速公交右侧专用道的优缺点，我们认为在此种设置下，快速公交与其他车辆的相互干扰无法避免，只能采取措施尽量减低干扰。相交小路、路段开口的问题需结合道路功能与沿线土地利用来决定是否予以封闭；严禁出租车在专用道上行驶，可适当允许其在专用道上下客，但需加强管制。

至于常规公交，当然应该允许其在专用道上行驶，一般在行驶时它对快速公交的干扰不大，关键是停靠站区段的相互干扰较为严重，需着重处理。

4）适用范围

此种设置对道路宽度的要求相对不高，因而适用范围是比较广的，双向四车道以上的路段，不论其有无分隔带均可布设。但是它不宜用于沿街用地开发密集的路段，一般适用于快速路或者可以实施路段开口完全封闭的主干路。

5.2.2.3 快速公交次外侧专用道

快速公交次外侧专用道的布置如图 5-3 所示,专用道两侧均有机动车道。

图 5-3 快速公交次外侧专用道简明示意图

更有实际应用价值的是下面这种布置方式(图 5-4)。

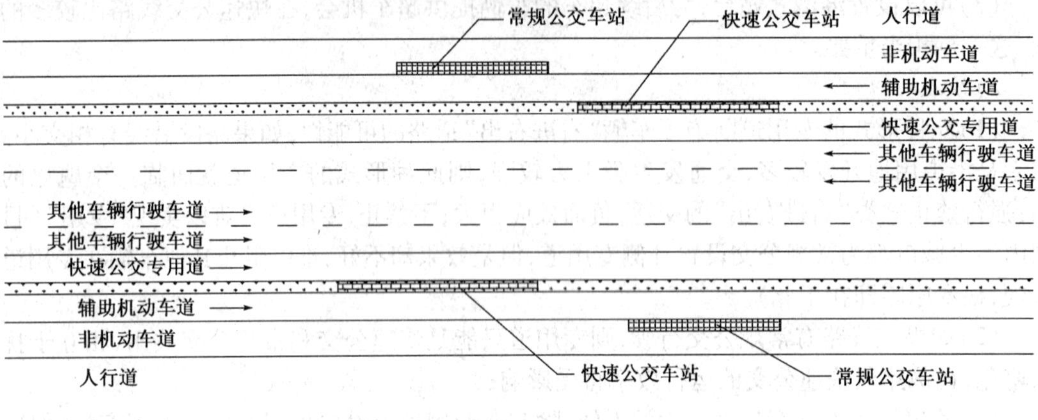

图 5-4 快速公交次外侧专用道示意图

1)布设特点

此种布置的关键在于辅助机动车道的设置,该车道承担三项功能:

(1)供常规公交行驶,常规公交车站即设在非机动车道上;

(2)供出租车上下客行驶,其停靠站可设置于此车道内;

(3)供沿街单位车辆进出。

进入该车道一律从上一个交叉口进入。

2)优点

(1)较好地解决了快速公交与常规公交、出租车的相互干扰问题,并且相互换乘也比较方便;

(2)相交小路、沿街单位车辆进出等因素不再与快速公交专用道设置相矛盾。

3)缺点

(1)专用道将半幅机动车道割裂为相互独立的两部分(只有在交叉口才能相互交流),使得两部分的车道均不好安排：只设一条不够用，设两条道路宽度又不够。因此要求道路断面宽度较大，最好有四条以上的机动车道（含辅助机动车道）；

(2)快速公交乘客上下车须跨越一条机动车道，存在一定的安全隐患；

(3)辅助机动车道在交叉口的处理比较麻烦，尤其是左转、直行的公交车都较多时。

4)具体布设形式

具体的布置见图5-5所示，一般是结合辅道或较宽的非机动车道来布设。注意将快速公交车站布置在常规公交车站前方，二者尽量靠近。如此一来，常规公交乘客穿过专用道，可以选择快速公交停车上下客的时候，即使有快速公交车辆行驶而来，也处于刚刚启动阶段，车速不高，对行人的威胁不大。而快速公交车辆，也不会过多增加延误。

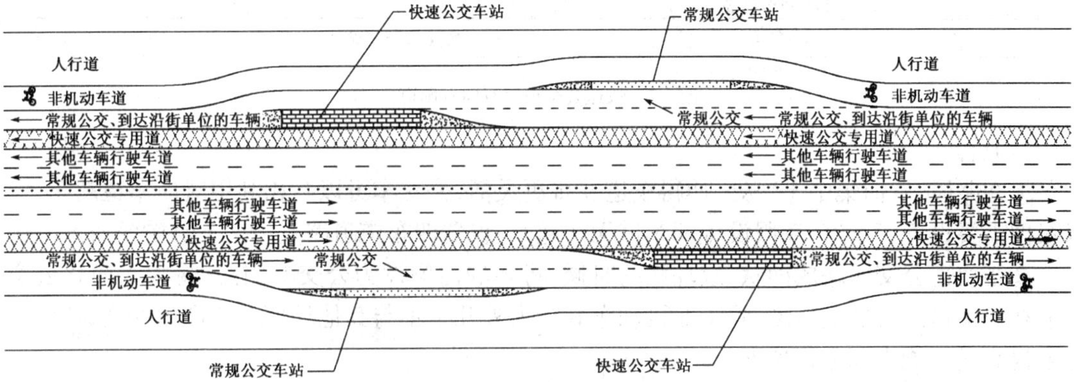

图5-5 快速公交次外侧专用道的典型布置

5)适用范围

当道路设有较宽的辅道时（宽度大于8m）、道路断面较宽至少能提供四条机动车道，且路段有较多常规公交、沿线有较多单位车辆进出时，应该考虑这种方式。

5.2.2.4 特殊类型的专用道

上述三种基本类型都是在正常道路断面布置下考虑的，即道路断面双向堆成布置，道路断面中既有快速公交专用道，也有供其他机动车行驶的车道。当然也有一些特殊情况：

1)快速公交专用路

根据道路和用地等条件，将一些次干路或支路等路幅较窄的路段设为公交专用路，即道路全部断面均为公交车行驶，禁止其他车辆驶入（图5-6）。

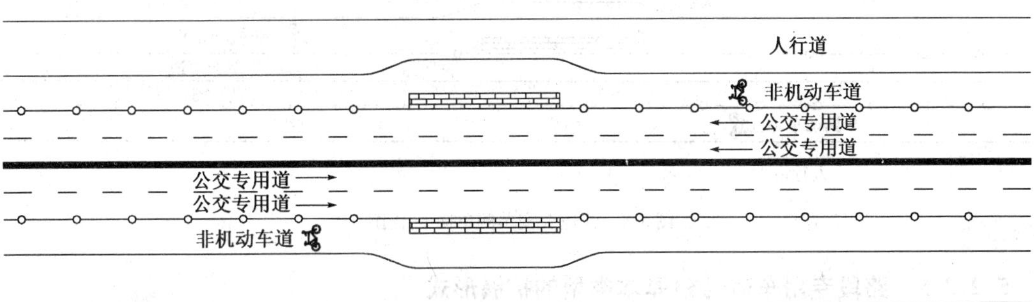

图5-6 快速公交专用道

(1)优点：留出了建公交专用道和站台的空间。

(2)缺点：其他车辆不能通行，需要附近有平行的道路配合。

2)单侧双向专用道

快速公交专用道双向集中布置在道路一侧，而其他车辆集中行驶于另一侧，如图5-7所示。

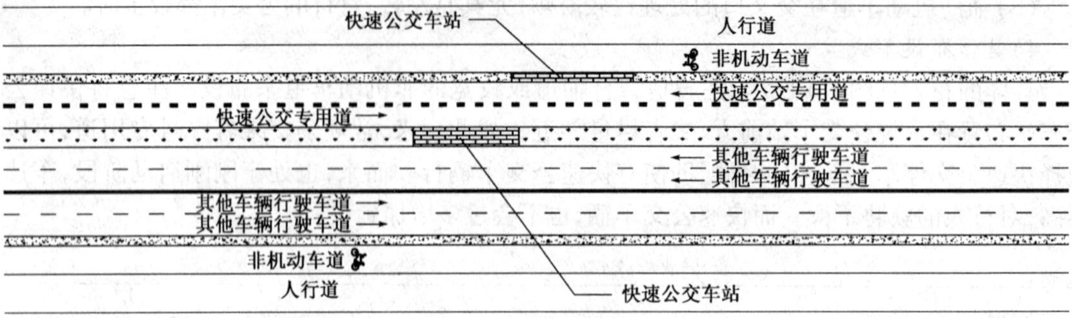

图5-7　快速公交单侧双向专用道

(1)优点

①在路段，双向集中于一处，使得车道安排更灵活，公交车可以互相利用对向车道超车，可以根据需要设置三车道，克服设置两车道无法超车、设置四车道道路宽度又不够的矛盾。

②当快速公交线路成网状、成环状的时候，将环的内侧设为公交专用路，将大大简化公交车辆在交叉口运行的复杂度，除了非机动车和行人外几乎不与其他任何车辆产生冲突，从而大幅度提高通行能力和运行速度。

(2)缺点

如果在交叉口处，既有转弯、又有直行的快速公交车，此时交叉口处的处理较为麻烦。另外如果道路一侧用地开发较强、专用道隔断过多的"右进右出"交通，则处理起来比较麻烦。

(3)适用范围

首先要求道路宽度较宽(双向六车道以上)。在快速公交线路成环成网时比较适宜使用；单线式快速公交线路在交叉口转弯时也可以考虑使用；最好是道路某一侧用地开发不强、可以完全封闭"右进右出"交通，则可以将专用道布置在该侧。

3)单侧单向专用道

主要指单行线上的公交专用道设置，公交车也单向行驶，此时要求有邻近道路相配合，需从整个路网来考虑。一般适用于市中心狭窄道路上布设快速公交线路(图5-8)。

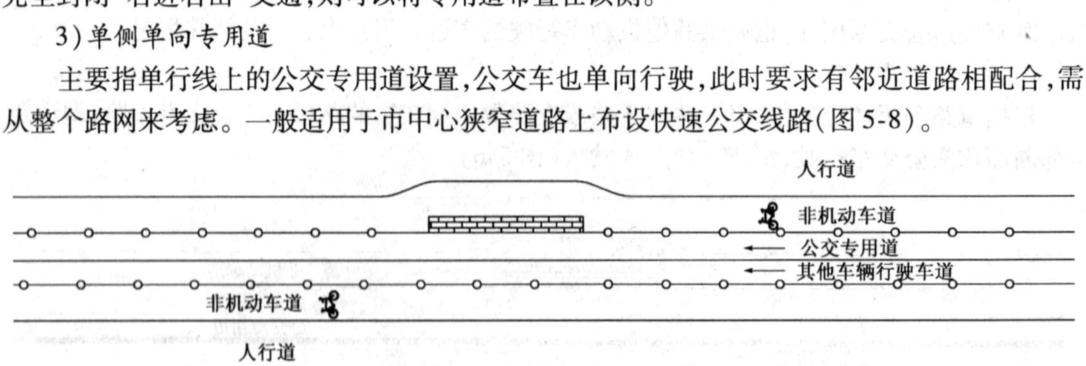

图5-8　快速公交单侧单向专用道

5.2.2.5　路段专用车道(路)基本类型的扩展形式

上一节讨论的是快速公交路段专用道的一些基本类型，主要在于说明各类型的总体特征。而实际应用当中，专用道的布设还需要考虑众多相关因素。面对各种不同的现实条件，上述几种基本类型显然不能满足要求，因此有必要考虑各种扩展形式，以期快速公交路段专用道的布设更便于操作。

快速公交路段专用道的布设,须考虑下列因素:道路断面布置形式、车站布置、车流组织方式、乘客过街、与常规公交和出租车的相互关系、对道路沿线的影响、对交叉口转向的考虑、与交叉口专用道的衔接等。

以下讨论专用道基本类型的扩展形式,重点是考察各自的布设特点、分析其优缺点和适用范围。

1)快速公交内侧专用道的扩展形式

快速公交内侧专用道的优势在与快速公交的行驶较少受干扰,但是他的不利之处在于对道路宽度要求较高,须专门考虑乘客过街设施。因此内侧专用道的扩展形式主要着眼于解决这两方面的问题。

(1)侧式站台内侧专用道(双向对称)

快速公交专用道集中于道路中央,由两条绿化隔离带将其与其他车道隔离,快速公交车站即位于专用道两侧的隔离带上,呈侧式布置,如图5-9所示。

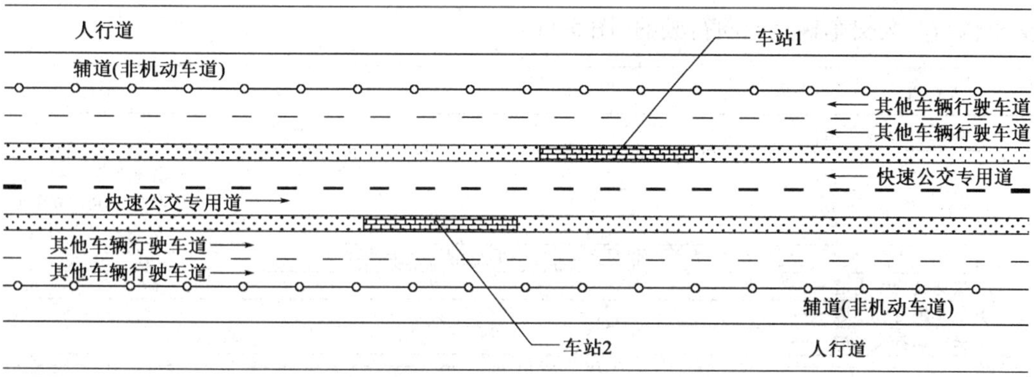

图5-9　侧式站台内侧专用道(双向对称)示意图

①布设特点:这种设置方式,快速公交的上下车站仍在车辆行驶的右方;并且专用道双向车道集中于一处,车辆可以利用对向车道超车,这在快速公交线路较多的时候很有利。但是对道路断面布置、道路宽度要求较高。一般现有道路不易满足它的要求,而在规划道路时比较容易实现。

②适用范围:快速道路(或主干路)双向四车道以上,建议下阶段快速路横断面规划考虑此种模式;或者原有窄路拓宽时,可采取此种模式,将原有路面设为专用道,原有绿化树木保留在隔离带内,新拓道路作为其他车道。

(2)侧式站台内侧专用道(双向不对称)

此种布置方式大体上同(1),不同的是专用道设三车道,中间车道双向公用,主要供超车时使用,尤其是停靠站点时,详见图5-10。

①布设特点:这种布置方式,快速公交车辆运行时相互之间存在一定的冲突与干扰。但是一般公交车流并不密集,并且驾驶员均为同行业人员,相互合作比较容易实现,因此存在少量的冲突不会对车流运行产生太大的影响。当然如果公交车流过于密集,则此种方式不宜使用。

②适用范围:基本上同(1),适合于专用道双向两条不能适应车流量的要求、设四条又空余较多的情况,具体应用时须结合双向的公交车流量,以及道路断面确定。

(3)岛式站台内侧专用道(与非公交车辆顺向行驶)

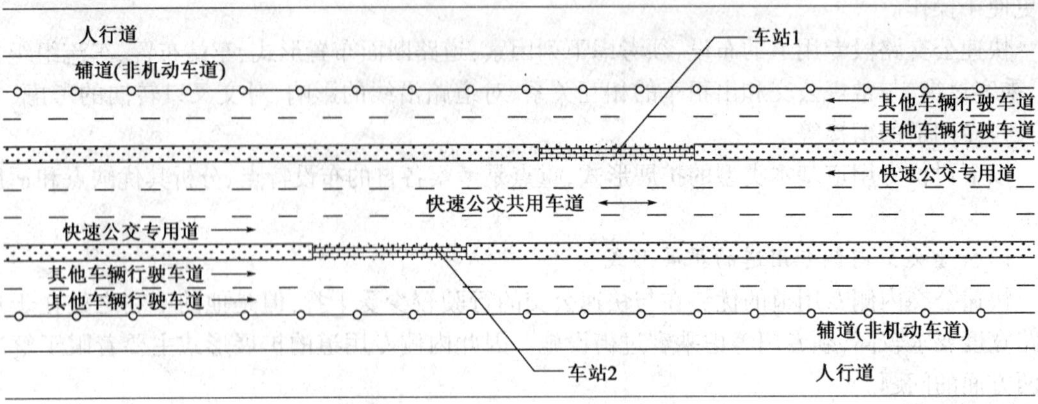

图 5-10　侧式站台内侧专用道(双向不对称)示意图

快速公交双向行驶的专用道分别位于道路中央分隔带的左右两侧,其站台都设在中央分隔带上,呈岛式布置。可以通过对向车站纵向位置的错位,来节省车站占用的横向空间。快速公交车辆与非公交车辆是同向行驶的(图 5-11)。

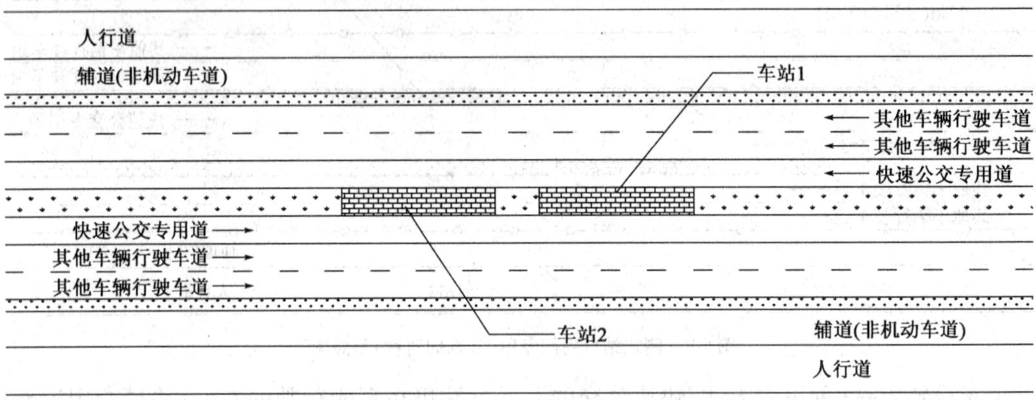

图 5-11　岛式站台内侧专用道(与非公交车辆顺向行驶)示意图

①布设特点:与(1)、(2)的布置相比,此种布置有三个特点:

a. 要求车辆左侧开门;

b. 比较适合现有道路的布置,因为很多道路都设有中央分隔带,当然分隔带要足够宽;

c. 存在一个快速公交车道与其他车道的隔离措施问题:如果采取物理措施完全隔离,则快速公交车不能超车;如采用标线隔离,则由于是同向行驶,其他车辆可能会侵占专用道,须加强管理。

②适用范围:快速道路(或主干路)双向四车道以上、中央分隔带较宽(3m 以上)或通过交通渠化能进行车站布置的路段,主要包括现有的或已经规划的中央分隔带较宽(3m 以上)的快速道路等。

(4)岛式站台内侧专用道(与非公交车辆逆向行驶)

此种设置的道路布置基本上同(3),但是车流组织方式不一样:快速公交车辆与其他车辆逆向行驶,如图 5-12 所示。

①布设特点:与(3)的布置相比,此种布置有以下特点:

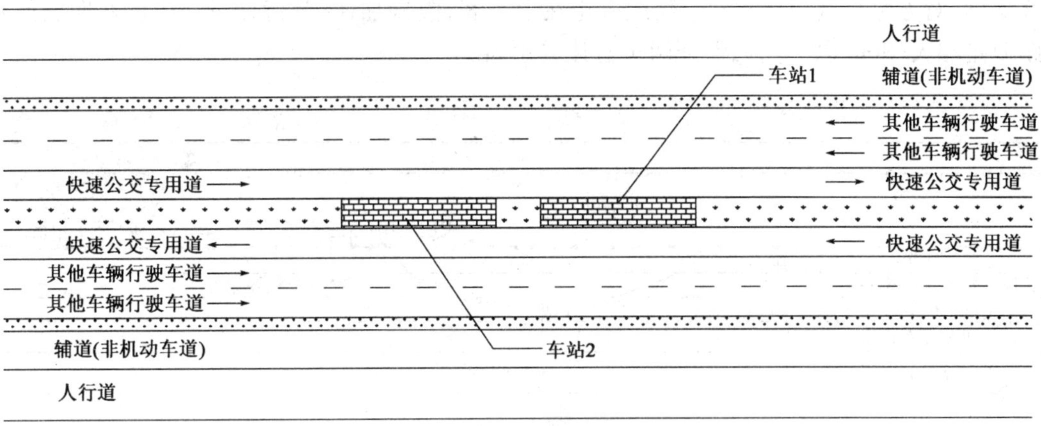

图 5-12　岛式站台内侧专用道(与非公交车辆逆向行驶)示意图

a. 车辆无需左侧开门;

b. 因为是逆向行驶,即使不设置物理隔离措施,也能较好的抑制其他车辆侵占专用道;也是因为逆向行驶,违反人们的习惯,行人过街时容易判断错误。

②适用范围:对于全天候作为快速公交专用道的路段,比较适合。其余同(3)。

(5)立体站台内侧专用道

①布设特点:受道路红线宽度、中央分隔带宽度等限制,导致车站无法进行地面布置时,可考虑将车站候车等待区等设施转移至过街的人行天桥或地道上,再设置上下楼梯或电梯供乘客乘降。结合等待区布置良好的天桥或地道的设计,也能够成为城市一道亮丽的风景线。但这种设置形式造价偏高(图 5-13)。

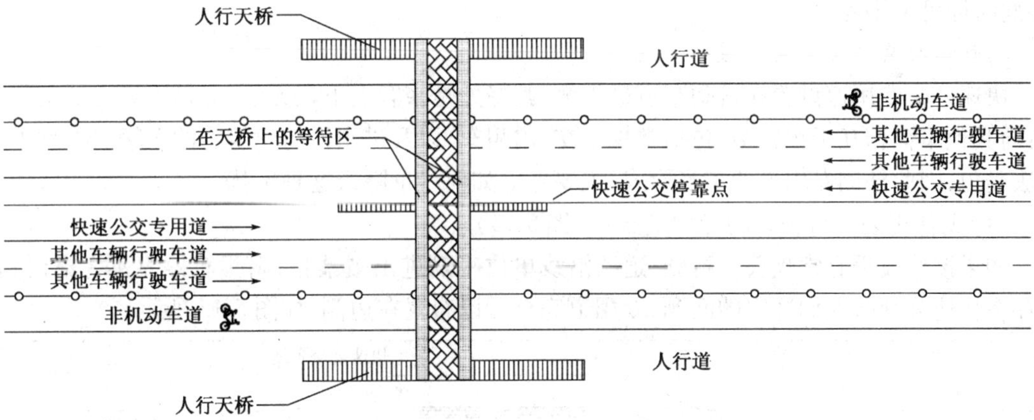

图 5-13　立体站台内侧专用道示意图(以天桥为例)

②适用范围:快速道路(或主干路)双向四车道以上、用地条件紧张、中央分隔带较窄的路段,主要包括已经规划的中央分隔带较窄(3m 以下)的快速道路等。

(6)占道站台内侧专用道

如果道路宽度非常有限无法拓宽、快速公交车流量较小时,可以考虑采用下面的设置方式:快速公交站台就布置在专用道上,不再占用额外的道路空间,如图 5-14 所示。

①布设特点:按上述布置,当一辆快速公交车停靠在车站时,整个专用道即暂时堵塞,如果此时对向正好有车行驶,该车就必须暂时等待。但是在公交车流量较小时这种情况并不多见;

就算遇到,对方也是刚刚从车站启动或者正在上下客,缓慢加速、等待即可。因此对向两站台间距要足够大(30m 以上),以保证两车避让的距离。

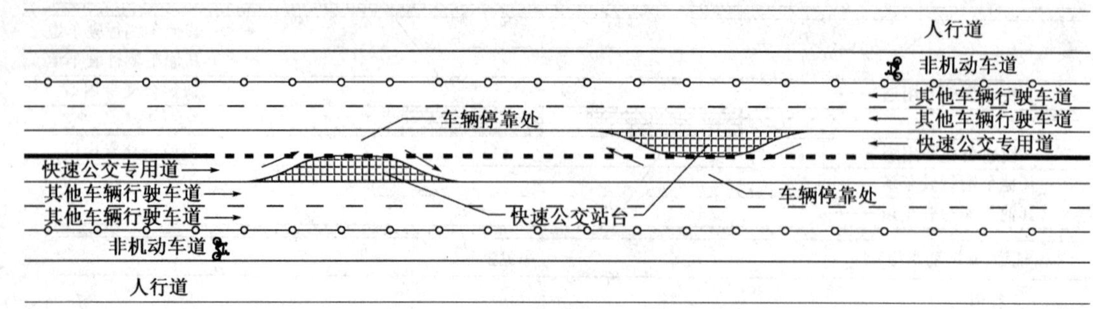

图 5-14 占道站台内侧专用道示意图

此种布置,关键点是在站台处的车流运行组织。如果在站台附近两车相遇,必须遵循这样的优先通行原则:尚未上下客的车辆礼让已经上下客的车辆。如此布置,不可避免地存在一些行车冲突,但是考虑驾驶员都是同行业人员,相互谦让是很容易实现,实施起来问题不大。如此布置,也不可避免地会增加一些时间延误,但是我们不会全线路都采用这种方式,因而总延误不会增加太多。

②适用范围:采用这种设置的前提是车流量比较小,如果该路段只有 1 至 2 条快速公交线路,则完全可能采用此种方式。当公交车流量增大以后,可以考虑再采用(5)。

这种布置也只有在道路资源非常有限的情况下才会使用。一般是在快速公交线路进入市中心时,一方面是有限的道路宽度,另一方面强大的社会车流不允许给予快速公交过多的通行权,此时即可采用此种方式。

2)快速公交边侧专用车道的扩展形式

快速公交专用道设置在机动车道最外侧,其好处是乘客上下车方便,但是不利之处也很明显:与其他车辆相互干扰较多,包括常规公交、出租车,以及进出沿街建筑物的车辆。这种干扰无法避免,因此外侧专用道的扩展形式,主要考虑如何尽量降低这种干扰。

(1)无常规公交行驶时的专用道布置(图 5-15)

如果该路段没有常规公交行驶、道路沿线单位车辆进出被禁止、出租车停靠不考虑时,就不存在快速公交与他们冲突的问题,专用道完全可以布置在边侧,如图 5-15 所示。

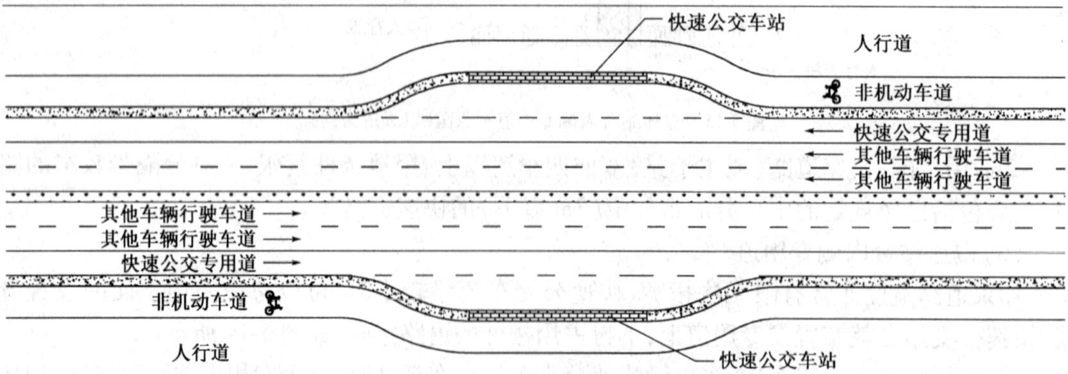

图 5-15 无常规公交影响的快速公交外侧专用道

这种情况一般只有在快速路上才有可能出现；有些主干道，如果常规公交很少甚至没有（被快速公交取代），也有可能出现这种情况。

此时快速公交车站即设置在车道右侧的绿化分隔带上，也可占用部分非机动车道。在道路难以拓宽的时候，车站可以不设港湾式，车辆直接占道停车。

（2）有常规公交、设置快速公交专用道（图5-16）

如果该路段有常规公交行驶，则可以考虑按图5-16所示布置，快速公交专用道布置在最外侧的机动车道上，常规公交则在次外侧的机动车道上行驶。

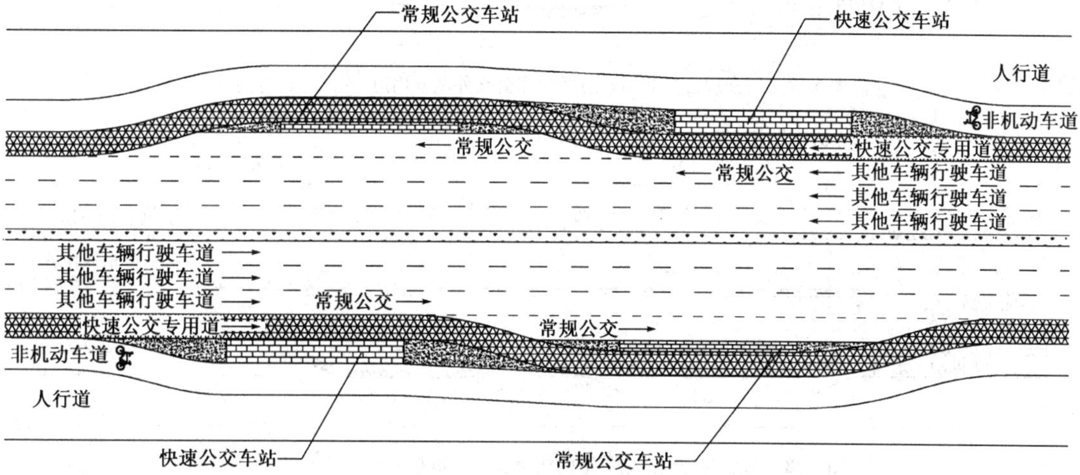

图5-16 有常规公交并行的快速公交外侧专用道

此时常规公交乘客上下车须跨越快速公交专用道，与快速公交车辆的冲突在所难免。同样对出租车的乘客也有同样的问题；沿街单位车辆的进出必须禁止。

但是我们可以通过车站的位置的调配，来降低乘客过街的危险，同时降低快速公交车辆受阻延误。如图5-16所示，将常规公交车站布置在快速公交车站的前方，二者尽量靠近。如此一来，常规公交乘客穿过专用道，可以选择快速公交停车上下客的时候，即使有快速公交车辆行驶而来，也处于刚刚启动阶段，车速不高，对行人的威胁不大。而快速公交车辆，也不会过多增加延误。

此种布置，运行效果的好坏，取决于快速公交车流量和常规公交乘客流量的相对大小，如果前者流量不大，即使后者流量稍大也能适应；如果前者流量较大，则后者只有在流量较小时才能适用。

车站的布置，常规公交与快速公交的车站布置，都可以采用港湾式，视公交车流量和道路断面宽度而定。如果常规公交设置港湾式车站时，快速公交行驶路线较为扭曲。一般应该是常规公交设港湾式停靠站，而快速公交不设。

对于设有较宽辅道的路段，可以将快速公交专用道布置在辅道上。

（3）与常规公交共用车道

在道路交通条件非常有限、无法提供完全供快速公交专用的专用道时，也可以考虑只设置公交专用道，快速公交与常规公交都在该车道上行驶。此时出租车停靠、沿街单位车辆进出都必须禁止。

此种设置，常规公交与快速公交车站的布置，可以沿道路横向并列，也可以沿道路纵向并列，分别如图5-17、图5-18所示：

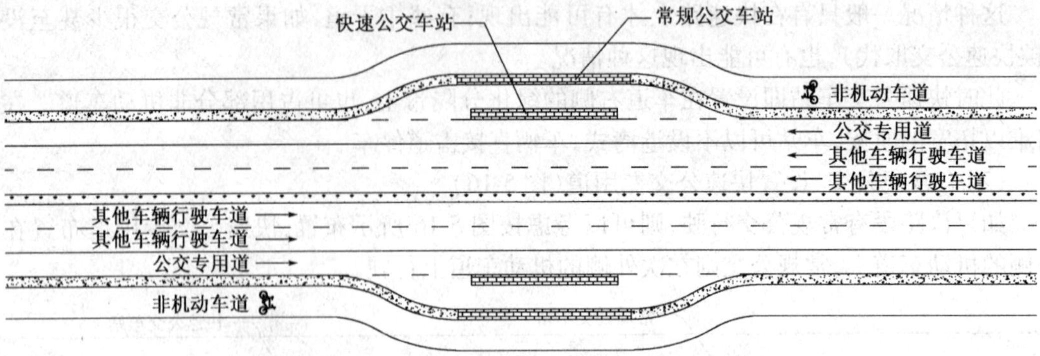

图 5-17　与常规公交共用车道的快速公交外侧专用道(车站横向并列)

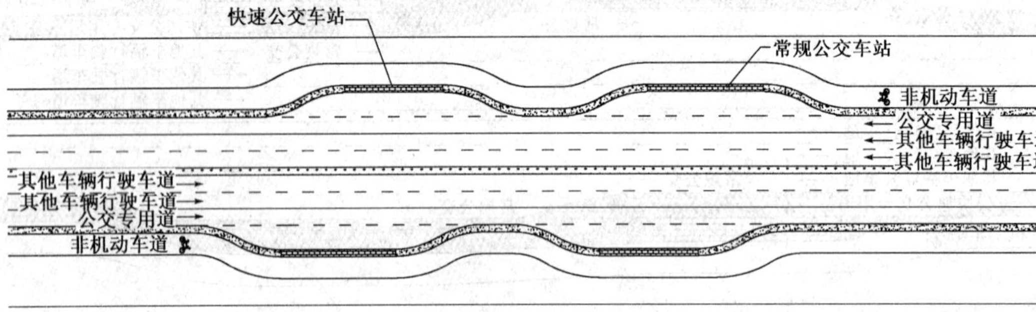

图 5-18　与常规公交共用车道的快速公交外侧专用道(车站纵向并列)

车站沿道路断面横向布置时,快速公交车站一般不设港湾式,而常规公交车站必须按港湾式设置,以降低停靠站台时对快速公交运行的干扰。

车站沿道路纵向布置时,快速公交车站与常规公交车站都必须设置港湾式,以降低停靠站台时的相互干扰。

两种布置的优劣势:横向并列时显然对道路断面宽度要高一些(多一个常规公交站台的宽度),常规公交与快速公交之间的换乘距离也较短,但是快速公交乘客上下车时须穿越常规公交车道,存在一定的安全隐患;而纵向并列的布置,相对节省道路横向空间,快速公交乘客上下车也很方便、安全,但是换乘距离较长。

总体来讲,快速公交与常规公交共用专用道,对快速公交的运行是不利的,但是在道路条件有限时(尤其是在单向机动车道条数少于三条、常规公交车辆又比较多的路段),此种布置仍不失为一种较好的变通选择。而对于车站到底是采用纵向并列还是横向并列,应根据道路横向宽度、相互换乘量以及道路纵向布置的方便性等综合考虑。

5.2.3　快速公交专用道路的设置形式

与轨道交通系统的路权设置相似,快速公交专用道路分为设置在地面上的快速公交专用道路、高架快速公交专用路和公交专用隧道三类。

1)设置在地面上的快速公交专用道路

这是快速公交专用路应用最为普遍的设置形式,在欧洲、北美和澳大利亚等西方国家,快速公交专用道路常被用作 CBD 地区与外围低密度区域的连接通道,快速公交专用道路可以单独建设(通常紧邻铁路和高速公路),也可以通过改造通勤高速公路实施。这些通勤走廊沿线具有比较充裕的用地条件,具备将专用道路设置在地面上的良好条件,建设成本要远远低于高架或地下的专用道系统。我国常州、重庆快速公交系统专用道如图5-19所示。

a)

b)

图5-19 常州、重庆快速公交系统专用道路

a)常州;b)重庆

为了提高专用路权的利用效率,北美一些城市还设置了HOV道路,供合乘车辆和快速公交车辆共同通行。

2)高架快速公交专用路和公交专用隧道

在城区道路条件有限的地区,往往不具备在地面设置快速公交专用道路的条件,高架道路或专用隧道就成为一种可行的解决方案。虽然这种形式投资很大,但是能够在城区提供具有与轨道交通系统相似的服务水平,以及永久性的系统形象,对于出行者有很大的吸引力。

一些城市[如厦门(图5-20)和重庆(图5-21)]在建设高架或地下的公交专用道路时,还考虑到未来升级为轨道交通系统的需要,使工程的结构、路权条件和设施能够满足架设轨道系统的要求。为了降低实施难度和建设成本,还可仅在快速公交专用车道系统的某些瓶颈路段,采用高架专用道或专用隧道的形式。

图5-20 厦门的BRT专用高架道路

图5-21 重庆的BRT专用道采用隧道形式

5.2.4 快速公交系统专用道运营模式

根据对国内外各大城市BRT系统的比较研究,将快速公交系统专用道运营模式分为三类:封闭线路运营模式、开放式线路运营模式和混合式运营模式:

1)封闭式线路运营模式

封闭式系统采用单一的BRT线路、大容量车辆,仅在BRT通道内往返运行。常规公交线

路不能进入BRT通道行驶,与BRT线路实现站外衔接换乘,封闭式BRT系统干支线网如图5-22所示。

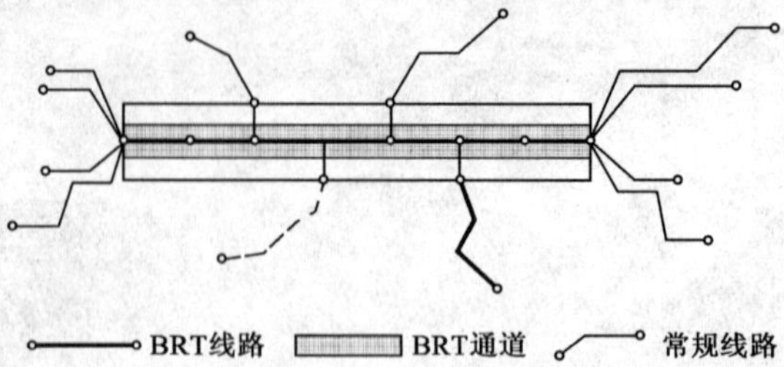

图5-22　封闭式BRT系统干支线网示意图

封闭式系统采用轴幅中转的运输组织形式,线网结构为干支线网,结合出行强度提供差异服务,在高密度的BRT通道内由BRT线路使用大型车辆提供干线运输服务,在低密度区域由常规线路使用普通车辆提供支线运输服务。常规线路向开行BRT线路的BRT通道喂给客流,大部分使用封闭式BRT系统的乘客都需要在枢纽站进行换乘。

常规线路采用普通车辆服务于居住区和换乘站之间,运行在混合交通车道;BRT线路采用大型车辆服务于BRT通道,乘客在通道两端的车站进行换乘。根据目前各城市BRT运营情况,高质量的BRT系统都采用了封闭式系统。

2)开放式线路运营模式

采用开放式模式的BRT系统中,BRT线路和常规线路的部分路段均在BRT通道内运行,线路在通道内衔接换乘,如图5-23所示。开放式系统采用点点直达的运输组织形式,线网结构为直达线网。开放式系统的直达服务通常直接将乘客由起点运送到目的地,对换乘的需求较小。

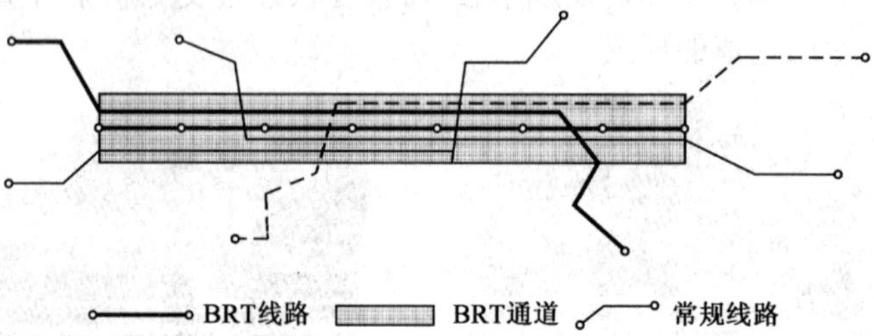

图5-23　开放式BRT系统直达线网示意图

开放式系统的直达服务将乘客从居住区通过部分通道直接运送到目的地,常规线路车辆只在需求较高的中心区进入专用通道,其他部分路段车辆运行在混合交通车道上。开放式系统中要求车辆既能在BRT通道内运行,也能在其他道路运行,如果使用单侧开门的车辆,且通道设置在路中时,需要设置路中侧式站台。

3)两种运营模式的优缺点比较(表5-1)

两种运营模式的优缺点比较　　表5-1

	优　点	缺　点
封闭式模式	①系统运输效率高、效益好; ②优化运输资源合理配置; ③系统可控性与可靠性较高	①增加了换乘次数和时间; ②离通道远的客流需要绕行; ③换乘站设施建设成本较高; ④需大规模调整公交线路

续上表

	优点	缺点
开放式模式	①避免过多换乘，节省时间； ②延续了市民的出行习惯； ③基础设施建设成本较小	①运营效率与可控性不高； ②总出行时间较难控制； ③车辆与车站匹配要求较高； ④系统形象及方便性不好

4)混合式运营模式

介于封闭模式和开放模式之间，既具有封闭模式的高效率，又兼具开放模式的灵活性，是实际运营最为常见的形式，其变化形式也最为多样。

5)不同线路运营模式的特点

(1)封闭系统运营组织与轨道系统相似，主要走廊的线路结构非常简单，通过采用简化的路线、大容量公交车和高效率的车站运营模式来提高主要走廊的通行能力和效率，同时，设置大量饲喂支线，并通过设施、票制方面的整合来形成干线—支线的线网布局。封闭系统干线运营效率很高，出行起讫点均在走廊内的客流可以得到最大的出行便利，但走廊外客流则需要乘坐支线绕行。

(2)纯粹的开放系统运营组织与常规公交专用道系统相似，除新建专用道，并对车站、交叉口等通行瓶颈进行相应优化外，原有的公交线路布局并不作大的调整，仍然是以直达为主的线网，尽管在最大限度上消除了换乘，专用道也有利于提高运营速度，但线路之间的干扰和系统整合不到位使得整体的效率无法得到明显的改善。

(3)城市中的客流出行需求非常复杂，因此真正适合城市特点的快速公交系统往往是结合封闭系统和开放系统特点的“混合系统”。在选择直达布设线路还是采用饲喂换乘支线时，主要是考虑乘客的需要。

①如果客流的起讫点都聚集在主要走廊沿线，则应该设置更为封闭的系统，提高干线的运营效率，同时，干线的运营方向并不是一定要沿走廊直行，而是要与主出行方向一致，在部分客流集散点设置换乘站和饲喂支线，服务客流需求较低的区域。

②如果走廊上的客流均是通过型客流，即出行起点和(或)讫点不在走廊上，且出行方向比较分散，则只能考虑以直达线路布设为主的系统，虽然牺牲了主线运营效率，但能很大程度上消除换乘，减少乘客绕行。

③很多系统的客流分布特征介于上述两种情况之间，则需要根据情况灵活设计，主线满足主要客流的直达出行需求，减少这部分客流的换乘，其他出行比较分散的客流则通过支线换乘覆盖，但也要控制这部分乘客的绕行距离。

④快速公交是城市的公交骨干，并不是需要覆盖区域内的所有出行，而是根据专用道合理容量、道路条件，以及客流出行方向和规模，服务主要的客流出行方向，其他较为分散的客流仍由常规公交承担，构建层次分明的公交网络。

6)运营模式选择的影响因素

封闭式系统和开放式系统都不是绝对好或者不好的方案，需要在合适的环境下才能发挥其最大效益。在进行决策时需要从系统整体角度考虑，对各个影响因素进行综合比较。

(1)乘客出行需求。各大城市建设 BRT 系统都是为了改善道路交通秩序，提升公交服务水平，更大限度地吸引并满足市民公交出行需求。因此，BRT 系统的设计应该首先达到乘客期望的运营特性，而不是去从基础设施和车辆设计入手。从乘客的角度出发，出行方式选择主要考虑其提供的服务是否能够到达目的地及所需时间。运营模式的选择应当有利于乘客更加快捷、便捷地到达目的地。

(2)客流OD分布。BRT线位周边客流OD分布决定了客流的出行特征,如果OD分布距离通道较远、OD点间距离较短,则对直达服务的需求较为强烈;OD分布距离通道较近、OD点间距离较长则倾向选择干支服务。运营模式与客流OD分布的匹配直接决定系统运营的成败,一个成功的BRT系统其运营模式应该可以很好地满足客流出行特征。例如波哥大的封闭式BRT系统中,通道沿线土地开发强度较大,大约有一半乘客由专用通道直接进入BRT系统,另一半通过支线换乘进入。

(3)系统成本效益。BRT之所以受到各大城市的重视,主要是因为其具有轨道交通快速高效和常规公交低成本的综合优势。因此,在运营模式的选择上同样应考虑系统的成本效益,实现效益最大化。封闭式系统需要建设大型的换乘设施,基础设施建设成本较高,但提供了差异化服务,运营的效率和效益较好;开放式系统基础设施建设成本稍低,但是运营成本较高。

(4)系统运营效率。BRT系统的整体运营效率由BRT线路的运营、车辆形式、站台设计、车道设计等诸多因素相互影响而决定,主要体现在车辆的载客量、线路数、发车间隔、站台面积等因素相互制约影响,如图5-24所示。运营模式的选择需要考虑BRT各组成要素能实现系统的运营效率最高。

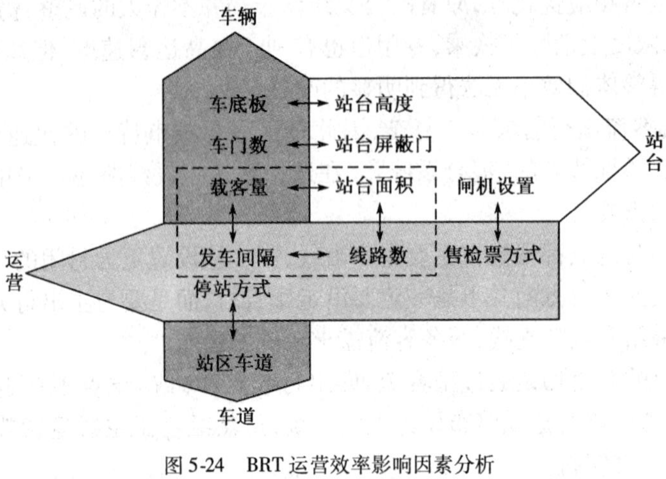

图5-24 BRT运营效率影响因素分析

总之,运营模式的选择要平衡多样的需求和偏好,综合乘客服务、费用效益、企业经营等诸多因素全面分析。通过以上开放式系统与封闭式系统的对比,各有其适应情况。由于各影响因素比较复杂,很难通过成本效益进行定量分析。

5.2.5 快速公交系统专用道布设

1)快速公交专用道布置的原则

专用道的布置工作总体的指导思想是:以提高快速公交的服务质量为目标,以既有城市道路交通系统为约束条件,努力将这种约束作用降至最小,获得尽可能高的目标。具体进行路段专用道布置时,应当遵循下列原则:

(1)千方百计降低其他交通系统对快速公交系统的干扰,尽全力追求快速公交的快速、准点、舒适。

(2)权衡快速公交专用路权设置对其他交通系统的影响,尽量不对现状产生过多的负面影响,但可考虑快速公交对私人交通方式的潜在诱增效应。

(3)积极考虑与常规公交的换乘,在专用道布置、车站设置、行人过街安排等方面予以考虑。

(4)积极考虑与出租车的关系,一是方便换乘、考虑出租车停靠站的设置;二是专用道布置时考虑出租车的行驶路权。

(5)积极考虑与自行车、私人小汽车的换乘,鼓励车站附近设停车场,完善停车换乘系统。

(6)专用道的设置结合车流运行组织一起考虑,考虑常规公交车流、快速公交车流的运行特点,设置紧凑高效的专用道系统。

(7)考虑路段开口对公交专用道位置设置的影响。

(8)专用道设置考虑路段专用道与交叉口专用道的衔接,考虑转弯时的两路段专用道的衔接。

(9)切实贯彻"以人为本"的理念,努力实现整个快速公交系统的人性化,在线路布设方面,将仔细考虑行人到达车站的方便性与安全性,同时尽量利用现有的行人过街设施或考虑一并解决行人过街问题。

(10)适当考虑工程造价,但是一般不作为控制因素。

2)快速公交专用道布置的要求

快速公交系统之所以备受推崇、广泛应用,主要在于它以远低于轨道交通的投入,获得接近轨道交通的服务质量。而轨道交通的服务质量很大程度上得益于它严格的专用路权:轨道交通与其他地面交通相互隔离,它的运行可得以说是完全不受外界干扰(意外事故等除外)。因此快速公交要想获得高水平的服务质量,也必须得到专用的通行空间。快速公交专用道以及相应的交叉口信号优先系统,就承担着这样的使命。

具体来说,专用道系统的布置,应当保证快速公交服务质量达到以下四个方面的要求。

(1)快速:城市道路中车辆行驶速度不高的原因,一是路段干扰太多,二是交叉口的阻滞。因此要保证快速公交的快速性,路段要设置快速公交专用道,交叉口最好从立交跨越,没有立交则应实施信号优先。

(2)可靠:也就是要求准点,要求不受道路拥挤的影响。这一点尤其要求快速公交的行驶不受干扰,应该为快速公交提供严格的路段和交叉口专用路权。在道路拥挤堵塞时,如果专用道上的公交车也被堵住,那么该专用道的设置就是失败的。

(3)舒适:快速公交的舒适性与轨道交通相比可能要差一些,但是一定可以比常规公交好很多。提高公交车的舒适性,车辆性能是一方面,另外,如果快速公交车行驶自始至终没有外部干扰,那么车辆行驶平稳,乘车舒适性也能得到较好的保证。

(4)可达性高:快速公交的可达性要比轨道交通高,因为它的线路网络化程度要高得多,相应专用道也必须连成网,各线路的专用道需协调布置,保证在节点处转换方便。

上述四点决定了快速公交专用道的布置,最重要的是保证快速公交的"快"、"不受干扰",以及保证快速公交的网络化发展。

5.3 常规公交专用道系统

公交专用道是指在较宽的车道上,用交通标线或硬质分离的方法划出一条车道作为常规公交汽车专用通道,在特定的时段内,供公共汽车行驶而不允许其他车辆通行。公共汽车载客容量大,人均占用道路面积较小,实施公共汽车专用道,可以在空间上为公共汽车提供足够的道路使用权和优先通行权,提高公共汽车的运行效率和服务质量,达到减少城市交通量的目的,从而使整个城市的交通服务质量得到改善,带来较大的社会效益。

5.3.1 常规公交专用道类型

常规公交专用道就是只允许公共汽车使用,而不允许其他车辆行驶的车道。其目的在于给公共汽车较高等级的道路专用权提高公共交通车辆的行驶速度,缩短运行时间,从而改善常规公交车辆的运行环境,提高常规公交的运输服务水平。按照使用的道路权限可以分为完全独立路权和半独立路权公交专用道两大类。

1)完全独立路权的公交专用道

完全独立路权的专用道事实上就是公交专用路或公交专用街,它是指在其上只允许公共汽车和行人通行而不允许其他机动车通行的道路。设置公交专用路可以将其他的机动车辆从街道上排除出去,从而减少其他机动车辆对公共汽车的干扰,减少公交车的延误,提高公共汽车的准点率和行车速度,通常可以达到30~40km/h。并且可以有更多的道路空间供公共汽车停靠,行人也可以安全地过街。但是实施的条件是附近要有与之平行的街道供其他社会车辆通行。其缺点是各种交通方式之间相互换乘不方便,一般在公共交通要求速度比较高,公共交通量很大的情况下采用。

2)半独立路权的公交专用道

其是指道路的路权在部分车道或部分时段归公共汽车所有,即在多车道的道路上开辟一条甚至多条车道为公交车所专用,或分时段的公交专用道。其优点是投资小、见效快,对解决城市交通拥挤的问题效果显著。根据公交专用道在路段横断面中可能布设的位置,可将其分为中央公交专用道、边沿公交专用道、单侧双向公交专用走廊三类,现分别对三种专用道形式的设置位置予以介绍:

(1)中央公交专用道。顾名思义,中央公交专用道就是将双向公交专用道布置在道路中央,其他非公交车道则布置在专用道两侧。根据专用道相对分隔带的位置不同,专用道一般有两种布设方式:即专用道在分隔带两侧和专用道在两分隔带之间(图5-25),由图可知:前者适合于道路中央有较宽中央分隔带的情况,后者适合于车辆要求右开门且中央无分隔带的情形。

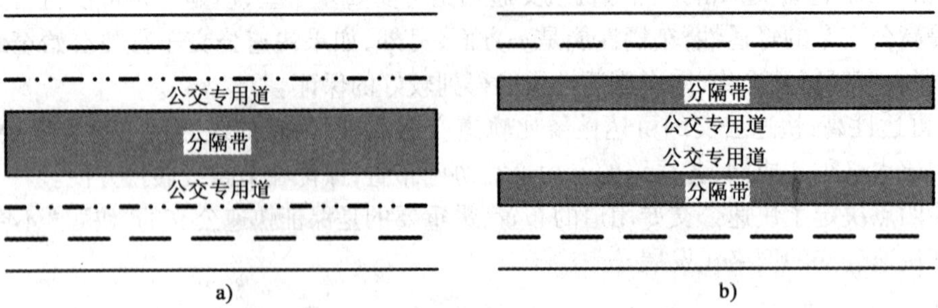

图5-25 中央公交专用道的布设方式

a)专用道在分隔带两侧;b)分隔带在专用道两侧

(2)边沿公交专用道。边沿公交专用道是将公交专用道分别布设在机动车道外侧的道路布设方式。以三块板道路结构为例,根据使用车道的不同一般有如下两种布设方式

(图 5-26):方式一,公交专用道放在两侧慢行车道上(即图中的车道 1),停靠站台根据公交车门的朝向,可放在机非隔离带(图中的②)或人行道(图中的①)上,该方式适应于慢行道较宽或自行车流量较小的路段;方式二,公交专用道放在机动车外车道(即图中的车道 2),站台位于②处,该方式适合于自行车流量大且机非分隔带较宽的路段。

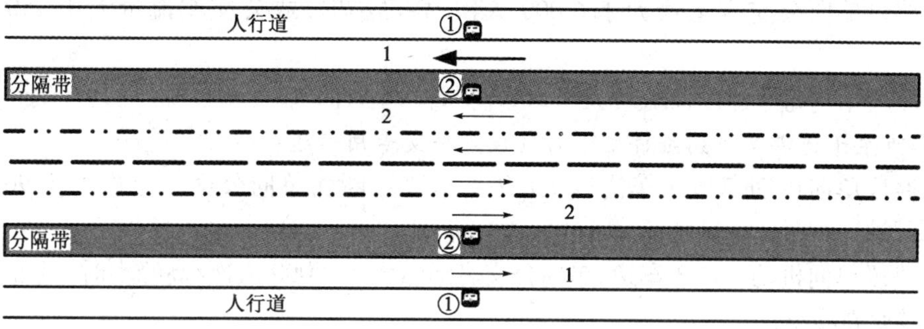

图 5-26　边沿式公交专用道布设方法图

(3)单侧双向公交专用走廊。单侧双向公交专用走廊是指将两条双向的公交车道全部布设在道路一侧,而另一侧则是混合交通的多条车道(双向),布设方式见图 5-27。由图可知,其有如下两种布设方式:方式一,将公交专用道(双向)放在现有道路的慢行车道上,即图 5-27 中 1、2 两个车道。该方式适合在慢行车道较宽(7m 左右)且进出口较少的道路上布设,此时应对自行车交通组织进行仔细研究和反复论证。方式二,将公交专用道布置在机非隔离带两侧,即图 5-27 中 2、3 两车道。该方式一般在机非分隔带较宽的情况下采用,以便分隔带宽度能满足公交站台的布设。

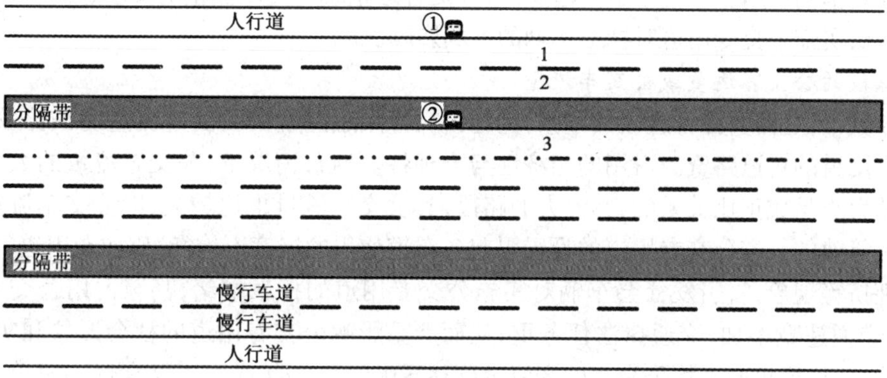

图 5-27　单侧公交专用道车道选择图

5.3.2　常规公交专用道布设

常规公交专用道是整个公交系统的重要组成部分,公交专用道的设置能够很好的协调路段公交车流与社会车流之间的关系,实现道路资源的有效利用。合理规划公交专用道,关键是如何选择合适的路段进行设置。

5.3.2.1　设置常规公交专用道的条件

城市道路交通状况各不相同,公交车辆和社会车辆的实际运行情况亦差别很大,究竟何时应该设置公交专用车道是设计关键。《公交专用车道设置》(GA/T 507—2004)提出的公交专用车道设置条件为：

1)城市主干道满足下列全部条件时应设置公交专用车道：

(1)路段单向机动车道3车道以上(含3车道),或单向机动车道路幅总宽不小于11m;

(2)路段单向公交客运量大于6 000人次/高峰小时,或公交车流量大于150辆/高峰小时;

(3)路段平均每车道断面流量大于500辆/高峰小时。

2)城市主干道满足下列条件之一时宜设置公交专用车道：

(1)路段单向机动车道4车道以上(含4车道),断面单向公交车流量大于90辆/高峰小时;

(2)路段单向机动车道3车道,单向公交客运量大于4 000人次/高峰小时,且公交车流量大于100辆/高峰小时。

(3)路段单向机动车道2车道,单向公交客运量大于6 000人次/高峰小时,且公交车流量大于150辆/高峰小时。

综合现有的研究和行业标准规定可以看出,公交专用道设置与否关键是要确定以下三个指标：

1)道路的基本条件

公交专用道的设置至少要占用一条车道,在考虑公交优先的同时,也要考虑到其他社会车辆通行的需要,避免长距离的绕行以增加的道路交通量。因此,一般说来,设置公交专用道的道路单向至少应拥有两条机动车道,最好是三条以上车道,其中一条作为公交专用车道,其余车道供社会车辆使用。而且车道数越少,对公交客运量或公交车流量的要求越高,目的就是为了尽量降低实施公交专用道对社会车辆的不利影响。

2)路段的公交客运量或公交车流量

当今城市,道路资源普遍极其紧张,实施公交专用道路段的公交客流量应该比较大,以确保公交专用道的对道路资源占用的经济性与合理性。通常情况下,公交客流量的大小与公交车流量的大小是成正比关系的,客流大的路段,其公交车流量也比较大,以公交车流量作为条件限制是等效的。若公交专用道的设置引起各车道使用的极度不均衡,比如专用道闲置,而其他车道拥挤等现象,将引发社会车辆对实施公交专用道的抵触情绪,甚至占用公交专用道行驶,导致交通违章增加,交通执法任务重,从而严重影响公交专用道的社会形象和实施效果。一般认为,当路段单向平均公交车的客流量到达3 000人次/h或当道路高峰小时单向公交车数达到90~150辆时,可考虑设置公交专用道。

3)路段平均每车道断面流量即路段饱和度

道路交通中公交车辆与社会车辆在各车道混合行驶。当路段饱和度较高时设置公交专用车道,可能导致其余车道的交通过度拥挤甚至瘫痪。当路段饱和度较低时,道路服务水平较高,公交车辆的运行顺畅,所受干扰较小,此时设置公交专用道的意义就不大了。一般认为,当路段饱和度在0.5~0.8时适合设置公交专用车道,小于或大于这一范围就不适合。

5.3.2.2 常规公交专用道典型形式性能分析

公交专用道的布设方法(也即公交道路断面形式的选择)按设置位置的不同可以分为三

种:中央公交专用道、边沿公交专用道、单侧公交专用道。下面对这三种设置的优缺点做一些简单的分析。

1)中央公交专用道的性能分析

(1)交叉口的冲突

中央公交专用道在交叉口处的车流与其他交通方式之间的冲突如下:

①不利于右转公交车的运行。当公交专用道设置在路中央时,在前方交叉口需要右转的公交车辆必须从内侧专用道跨越多个车道向外侧移动,这不仅影响直行和左转社会车辆的运行,而且也阻碍了右转公交车的运行。

②不利于社会车辆左转。当社会车辆在前方交叉口需要左转时,需要和专用道上的直行公交车交织,因而既不利于社会车辆在前方交叉口左转,同时社会车辆在前方交叉口左转也干扰了直行公交车的运行。

(2)路段干扰

在路段中,由于中央公交专用道远离道路边沿,可以减少许多干扰公交车辆运行的因素,具体表现如下:

①不受路边停车影响;

②没有非机动车的影响;

③不受沿街小路口和单位进出交通的影响。因此,中央公交专用道表现为公交路段干扰小,公交车辆可以较高的速度运行,有利于减少公交车辆的路段延误,相对于路外侧公交专用道而言,它是一种比较彻底的公交专用道模式。

(3)乘客到达站台的难易或安全程度

在中央公交专用道形式下,车辆沿中央分隔带行驶和停靠,乘客上下车就必须穿越道路,虽然与边沿公交专用道相比,对于从任意一点出发到返回该点的整个出行而言,公交乘客都必须跨越整条道路的宽度是一样的,但人们不总是以公交往返出行,因而对于路外侧的公交专用道来说乘客还有可能不需要穿越道路,而路内侧公交专用道乘客每乘坐一次公交车都要穿越两次半幅路;此外,由于一般道路中央分隔带宽度有限,不方便设置人行天桥或地道,增设行人过街信号又将给正常的车流造成延误。所以,从这些角度而言,中央公交专用道降低了安全性。

(4)站台设置的便利性

为方便公交车辆的停靠,中央公交专用道的停靠站最好设置在中央分隔带上,这样可以利用分隔带的宽度提供乘客候车所需要的空间。但当道路没有中间分隔带,或中间分隔带较窄(宽度在2m以下)时,则难以设置停靠站。此外,为方便乘客进出公交停靠站,停靠站需要设置在信号交叉口的进出口道附近,以借助交叉口的人行信号灯,如果停靠站设在路段,则需要加装信号灯或其他人行过街设施。这不仅会加大对路段车辆的影响,而且不利于节约成本。根据以上分析可知:在中央公交专用道形式下,设置公交停靠站的便利性差。

通过以上对中央公交专用道性能的分析,可以得知中央公交专用道适用于下列情况布设:

①在前方交叉口左转或直行公交车流量较多;

②对公交路段运行速度要求较高;

③道路中间有较宽(最好有3m以上宽度)的物理分隔带(如绿化带);

④高架道路下面具有干线条件的路段上。

2)边沿公交专用道的性能分析

(1)交叉口的冲突

边沿公交专用道在交叉口处的车流和其他车流的交通冲突如下:

①不利于左转公交车的运行。当公交专用道设置在道路外侧时,在前方交叉口需要左转的公交车辆必须从外侧专用道跨越多个车道向内侧移动,这不仅影响社会车辆的运行,而且也阻碍了左转公交车的运行。

②不利于社会车辆右转。当社会车辆在前方交叉口需要右转时,需要和专用道上的直行公交车交织,因而既不利于社会车辆在前方交叉口右转,同时社会车辆在前方交叉口右转也干扰了直行公交车辆的运行。

(2)路段干扰

①受非机动车和行人干扰。如果在公交专用道与非机动车道(或人行道)之间不采用物理隔离,则公交车辆的运行很容易受到非机动车和行人的干扰。

②与出入交通干扰严重。因路侧单位出入口或小路口车辆进出时需要和专用道上的公交车辆进行交织,因此也容易干扰公交车辆的正常运行。

③对路边停车影响严重。因为出租车经常需要在路侧上下客,因而路侧通常需设置出租车停靠点,但当公交专用道设置在路边沿时,就不利于设置出租车停靠站了,因为如果设置出租车停靠站,则会对专用道上公交车辆的运行产生较大的干扰。由上面分析可知,在边沿公交专用道形式下,公交车辆在路段受干扰严重。

(3)乘客到达站台的难易或安全程度

因在该布设形式下,停靠站台一般设置在路外侧的人行道上或机非分隔带上,这种停靠站对乘客等候、上下车及出行都比较方便,有时不需要穿越道路,保障了乘客的出行安全,符合人们的出行心理。因此,乘客到达站台安全、简便。

(4)站台设置的便利性

因该布设形式与传统的公交运行模式相符,其站台通常可以利用已有的公交停靠站,因而仍然可以发挥已有停靠站的优势,实施方便易行,投资少。而且一般人行道都能给公交站台的设置提供足够的空间,道路外侧用地也更有利于设置港湾式停靠站,因此,边沿公交专用道形式下,站台设置便利。

根据以上分析可知,边沿公交专用道适用下列情况布设:

①前方交叉口右转或直行公交车流量较多;

②其他机动车辆右转比例较小;

③机动车道与非机动车道(或人行道)之间有物理分隔;

④路侧机动车进出口和出租车停靠站均较少。

3)单侧公交专用道的性能分析

(1)交叉口的冲突

单侧双向公交专用走廊在交叉口处的车流和其他车流的交通冲突如下:

①公交车辆向异侧转弯困难。专用道分布于道路一侧,当公交车辆向异侧相交道路转弯时,需历经整个机动车道断面,在此过程中,与其他车辆冲突频繁,相互影响严重。

②不利于专用道一侧的相交道路的车辆进出主干道。这些车辆需横跨整个公交专用道才能汇入或开离主干道实现转弯,也就是说这些车辆只有在专用道上公交车辆前后间隙足够大时才能通过专用道、进入相交道路或目的单位,故彼此干扰严重。

(2)路段干扰

因公交专用道占用一侧非机动车道,不利于自行车交通的组织和该侧其他交通方式的停靠,因此横向干扰较大;同时,进出专用道一侧的沿街道路和单位的车辆都必须穿越整个公交专用道横断面,因此彼此干扰严重。

(3)乘客到达站台的难易或安全程度

当乘客到道路另一侧或由另一侧过来乘公交车,都必须横穿整个道路,从而增加了很多不安全的因素,当然,位于公交专用道布设一侧的乘客到达站台则相对比较容易也较安全。

(4)站台设置的便利性

因公交站台可充分利用人行道或机非分隔带布设,因此站台设置便利。通过以上对单侧双向公交专用走廊性能的分析,可知其适用于下列情况布设:

①道路一侧无出入口或出入口较少。

②道路一侧出租车停靠点、自行车交通以及进出道路该侧的机动车均较少。

③机动车道和非机动车道之间有较宽的物理隔离带。

由于以上诸多条件的限制,该方式的实施效果一般不如前两种,但当公交专用道在与公交专用路(整条道路均为公交专用道)相接驳时,因单侧双向公交专用道具有与其他车道相对较独立这一与公交专用路相似的特点,使其在同侧接驳时较为顺畅,此时布设成该方式则是最适合的。

5.4 交叉口公交优先系统

交叉口公共交通优先系统作为公交专用道路网系统的另一基础,对提高公交车辆在整个路网上的行驶速度,减少延误等方面有积极的意义。当公交流量达到一定的条件下,仅仅靠路段上的专用道和其他优先政策对提高公交车辆的行驶速度是有限的,必须在交叉口上给予公交车辆优先通行技术才能取得良好的效果。交叉口公交优先也可划分为两个方面,即空间上的优先和时间上的优先。空间上的优先是指公交车辆在平交道口的专用排队进口道;时间上的优先指公交车辆在时间上先于非公交车辆通行,具体措施主要是对信号灯设置给予公交优先。实践中必须将两者紧密结合。

5.4.1 空间优先

交叉口空间优先通行技术主要包括四种方法,一是拓宽交叉口、增加进口车道数,保障公交的专用进口道;二是设置锯齿型进口车道;三是设置回授线;四是采用立体交叉口。

1)增设进口车道

由于受交叉口信号控制的影响,交叉口成为道路交通的瓶颈。对于用地比较紧张的交叉口,可以通过减小进口车道宽度、拆除交叉口区域隔离带、局部偏移中线或隔离栏等措施来增加进口车道数。对于用地比较宽裕的交叉口,可以在路口单向拓宽出一条或两条进口车道,尽可能地为公交车辆提供专用或优先排队车道,如图 5-28 和图 5-29 所示,这样可以减少社会车辆排队增加,并减少公交直行车辆和社会左转或右转车辆的冲突。图中的交织段警示社会车辆可以和公交车辆在此区域交织。

2)设置锯齿形进口车道

锯齿形公交优先进口道(分为全锯齿形和部分锯齿形),作为交叉口公交优先措施之一,

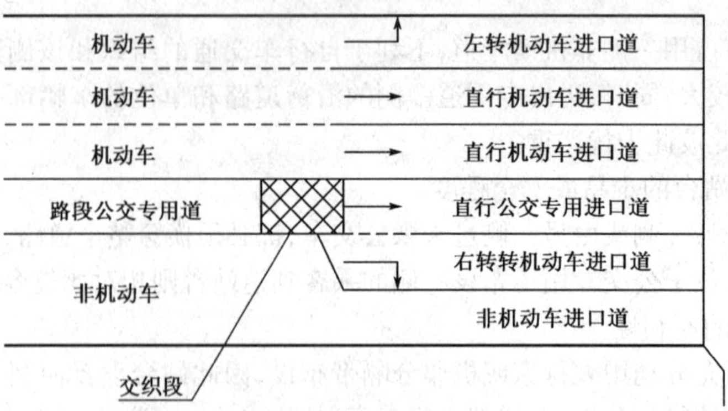

图 5-28 路侧式公交专用道增设进口道

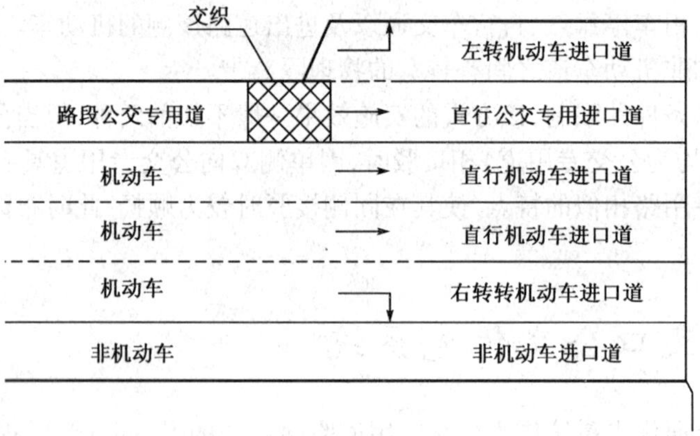

图 5-29 路中式公交专用道增设进口道

就是在路口处为公交车辆配备多个进口车道，并增设预信号车道灯，通过保证红灯期间到达交叉口的公交车辆能优先地分布于各进口车道上（排列规则为：红灯期间先到的公交车辆转入最外侧进口车道排队，当外侧进口车道空间占满的情况下后到的公交车辆才可停靠次外侧进口车道，以此类推），来实现公交车辆在时间和空间上享受优先通行权。

为充分利用进口车道空间，减少对其他车道车辆行驶空间的占用，锯齿形进口车道原则上应根据车辆行驶轨迹，按离公交专用道的距离由近至远进行错位设置，在进口车道处一般需设置两条停车线并辅以预信号灯配合，如图 5-31 所示。图 5-30 和 5-31 是以路中型公交专用道为例的锯齿形进口道布置形式。

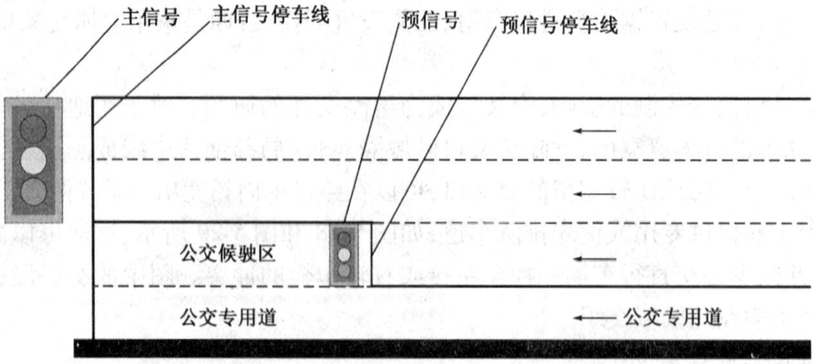

图 5-30 部分锯齿形公交优先进口车道设置形式

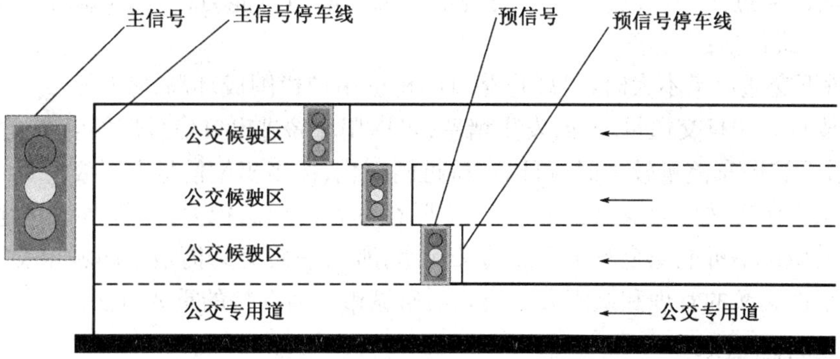

图 5-31　全部锯齿形公交优先进口车道设置形式

3)设置回授线

公交专用道终止于停车线前一段距离,这个距离叫回授线(图 5-32),这样社会车辆能够使用原本属于公交专用的那个进口道。通常在进口道前终止的专用道与回授线之间设置一个交织段,用"禁停"的黄方格表示(图 5-32),以警示公交与社会车辆在该区域可进行交织,且公交使用权优于社会车辆。

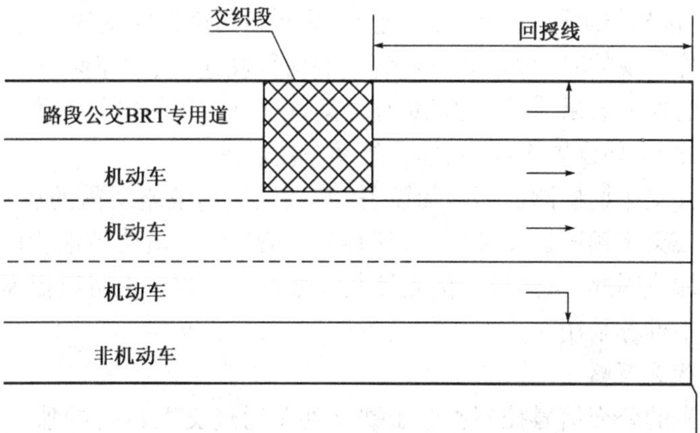

图 5-32　路中式公交专用道截止于回授线前

若公交车流量较小,而左(右)转车辆又比较多时,可以在交叉口设置回授线,让左(右)转车辆汇入路中(侧)车道通行。这样能有效解决公交专用入口引道排队车辆较少,而其他入口道排队很长的问题,同时解决了公交专用道一直延伸至路口所导致的左(右)转车与公交专用车道上的公交车辆存在的交织问题。回授线的长度一般取大于等于 50m,交织段长度一般取大于等于 20m。

4)采用公交立体交叉

当交叉口比较繁忙,公交车辆以及社会车辆流量较大,交叉口基本到达饱和时,在交叉口对公交车辆采用高架桥或是隧道对公交车辆和其他车辆在空间上进行分流是一个较好的方法。在立体交叉口,按照各辆公交车辆的行驶路线,通过立交桥的各条匝道使得公交车辆能够变换运行方向,与其他非公交车辆不产生任何干扰,基本上没有延误通过交叉路口。为了能进一步减少公交车辆之间的冲突,提高立交桥的通行能力,在交通组织时可以设置所有转弯车辆一律在外侧行驶,所有过桥的车流在内侧车道上行驶。同时其他车辆可充分利用公交高架桥

下的空间顺利的通过交叉口,进一步提高桥下交叉口的通行能力,从而提高了整体的服务水平,具体操作模式包括:

(1)当桥下交通流量不大时,可以将路口的桥桩用护栏围成环岛,按环形交叉口交通组织模式对车辆放行。一旦交通量增加,发生堵塞,可以用环岛进出口信号灯加以协调控制。

(2)当桥下转向车流量较大时,可以在桥桩间渠化,按多相位信号方式放行。

但是采用立体交叉口的缺点也很突出,主要存在着占地面积大、造价高等问题,对于土地资源紧缺的大城市不可能完全解决平面交叉问题,所以平面交叉仍是中国城市交叉口的主要形式,因此,平面交叉的管理和组织方法仍是缓解城市交通拥挤的重要方法。

5.4.2 时间优先

时间上的优先是指公交车辆在交通信号上的优先政策。公交车辆在交叉口的时间优先通行技术主要是通过优先通行信号,也就是公交信号优先控制来实现。

目前常采用的平面交叉口公交信号优先控制策略大体分为被动优先、主动优先和实时优先三类,主动优先又可分为无条件优先和有条件优先。

1)被动优先策略

被动优先信号控制策略是在交叉口信号固定配时的基础上,在每个信号周期内增加专用的公交信号相位,在该相位阶段只允许公交通行,从而达到优先控制的目的。具体的信号周期长度和公交专用相位出现的时间,是根据公交的平均行驶速度、发车频率、站点位置等因素来确定。为达到更好的控制效果,往往还需要对交叉口进行必要的渠化和管制,以减少公交与其他机动车流的潜在冲突,如设置中间岛、禁止机动车左转等。

由于不用设置公交车辆检测器等附加设备,实现该控制策略所需的成本较低。但当不是每个信号周期都有公交车辆通过交叉口时,其有关的信号时间就会被浪费掉,同时造成交叉口整体延误时间的增加。因此,虽然被动优先控制策略在一定程度上可以提高公交的运营效率,但在一般情况下并不推荐采用。

2)无条件主动优先策略

无条件主动优先的公交信号控制类似于铁路列车通过交叉口时的独占式信号控制模式。在这种模式下,当安装在交叉口上游的入口检测器检测到有公交车辆到达时,交通信号控制器就会中断当前的信号相位,直接给予公交车辆通过信号;当交叉口下游的出口检测器检测到公交车辆已通过交叉口后,再恢复原来的信号相位。这样当公交车辆到达交叉口时就可以不减速直接通过,实现公交运行时的"一路绿灯"。

无条件主动优先控制策略可以确保公交车辆在通过交叉口时不受任何延滞,但对横向车流的影响非常严重。当交叉口的横向交通量较大时,这种控制策略很容易引起交通阻塞。因此,通常在交通流量较低的交叉口才采用这种控制策略。

3)有条件主动优先策略

与无条件主动优先类似,在有条件主动优先控制策略中,也需要在交叉口设置车辆检测器,通过检测公交车辆的位置确定是否给予其优先信号。但与无条件主动优先不同的是,该策略并不是无条件地中断当前信号相位,而是通过调整一个信号周期内不同相位出现的时间来达到使公交优先通行的目的。

公交车辆检测器的具体安装位置可根据公交平均行驶速度、交叉口清理时间及安全制动距离等因素综合确定。

有条件主动优先控制策略中公交优先措施主要有绿灯延时和绿灯提前。

(1)绿灯提前。对在红灯时段到达的公交车辆,系统将在满足其他相位最短绿灯时间之后,判断是否可以提前切断公交车辆红灯时段。切断红灯的方法是系统通过检测设备判断是否有公交车辆停等及公交车辆是否陆续到达,据以判断等候公交车辆的数量、时间及通行需求。在红灯时段内,若有公交车辆陆续到达,且其他相位无公交车辆需求时,在其他相位经过最小绿灯时间后,可进行相位转换。为避免执行优先控制对相交道路上车流造成过大的影响,或避免公交车辆及同向行驶车流过于优先,对于已执行优先策略的路口,可采取补偿绿灯策略,其方式可包括补偿绿灯及禁止再提供优先等功能。具体如图 5-33 所示。

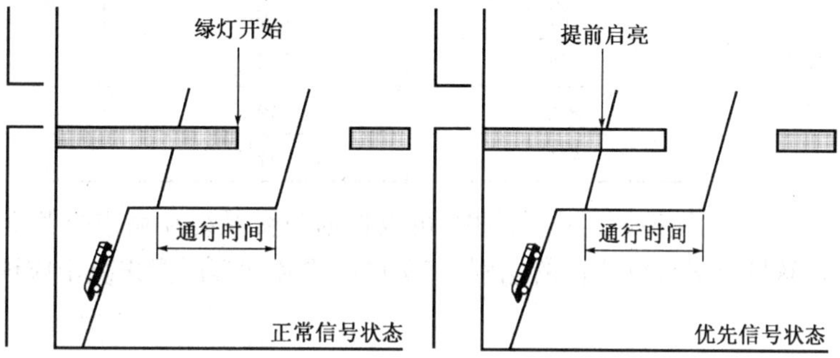

图 5-33　绿灯提前优先控制策略示意图

(2)绿灯延时。绿灯延时是在路口绿灯即将结束时,控制系统判断在进口道上是否尚有公交即将通过以及预测其所需通过时间,控制系统根据公交车辆到达停止线的时间点作为延长绿灯时间的依据,在公交车辆绿灯时段尾期,系统检测到有公交车辆需要通过时,计算公交通过路口所需的绿灯延长时间,若不在常规绿灯时间范围内则延长绿灯时间,以让公交车辆通过路口,如图 5-34 所示。

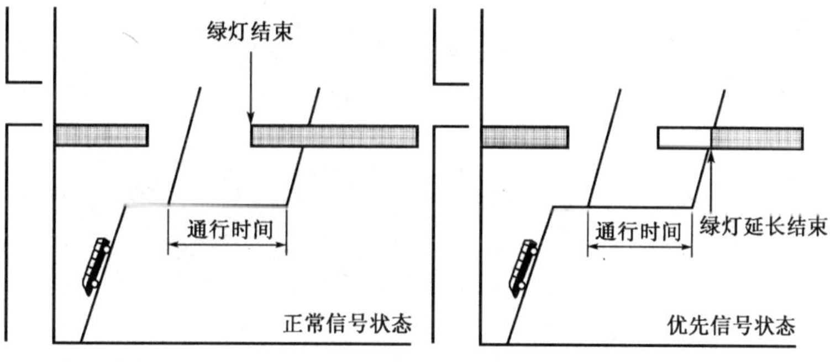

图 5-34　绿灯延长优先控制策略示意图

通过绿灯提前和绿灯延长等手段调整信号相位,可以为绝大部分的公交车辆提供优先通行条件,同时对横向车流的影响较绝对优先控制策略减少。因此,这种控制策略在国外公共交通的优先信号控制系统中被广泛采用。

4)实时优先策略

实时优先是最新发展起来的公交优先信号控制理念,它通过 GPS 和 AVM 等装置估计系统现状,考虑网络上所有的机动车,包括公交车、公交车上乘客数和公交车运行状况(晚点、准时、提前等),基于实时信息优化交叉口信号配时。

由于实时优先策略不仅考虑到了交叉口的效益,在实施信号优先的同时也兼顾了整个路网的交通效益。因而,实时优先策略的实施需要足够的软、硬件支持用以获取公交车辆的运行状态信息、公交车辆路线信息、公交车辆乘客数以及车辆的时刻表等多种信息,并及时地对这些信息进行处理。故而,实际应用中实时优先并不多。

5)各种控制策略间的比较

表5-2从车辆延误、横向车流延误、系统建设成本各个方面对前述四种公交优先信号控制策略进行了比较:

公交优先控制策略比较　　表5-2

控制策略	车辆延误	横向车流延误	系统建设成本
被动优先	高	低	低
无条件主动优先	低	高	较高
有条件主动优先	较低	较高	较高
实时优先	较低	较低	高

在实际交叉口信号优先控制与设计当中,可以根据公交系统在城市公共交通中所处的地位、交叉口其他车辆与公交车辆所占的比例、交叉口的饱和度等因素来决定应该采用哪种公交优先控制策略。

第6章 客运交通一体化

交通一体化是现代交通运输系统发展的必然趋势。客运交通一体化从覆盖的地区范围划分为区域客运交通一体化、城乡客运交通一体化，以及城市客运交通一体化。区域客运交通一体化是指在城市群、都市圈、省域甚至更大范围内的一体化客运交通，本章重点介绍以单个城市为核心的城乡客运交通一体化，以及城市客运交通一体化的相关内容。

城乡客运交通一体化与城市客运交通一体化虽然只有一字之差，但包含的内容却大不相同，除了在覆盖的区域范围上有所不同之外，其一体化的主要内容也各有侧重。城乡客运交通一体化主要探讨公共交通（通常为地面常规公交一种交通方式）在城区、郊区，以及广大农村地区的整合、协调、衔接；而城市客运交通一体化则侧重于市区范围内的各种客运交通方式（根据城市规模不同常包含轨道交通、快速公交、地面常规公交、出租车、小汽车、自行车等）的统一规划、建设、运营、管理。

城乡客运交通一体化与城市客运交通一体化的关键结合点在于客运枢纽。因此本章第三节对综合客运枢纽（又分为对外客运交通集散枢纽与市内公共交通换乘枢纽）规划的相关内容进行了介绍。

6.1 城乡客运交通一体化

6.1.1 城乡客运一体化概述

6.1.1.1 城乡客运一体化的概念及特点

1）城乡客运一体化概念

城乡客运一体化是对城市公交、出租车以及城乡之间长、短途客运的运输资源，进行统一规划、组织、管理和配置运力，进行一体化公交式运营，使中心城市内的城市公交、城间客运、出租车客运、城市与农村之间的各种客运内部联系更紧密、运行更协调，达到客运资源的整体优化、高效、协调发展的现代化的旅客运输模式。简单来说，城乡客运一体化就是建立在中心城市辐射基础上，以城市为核心，在一定区域内实施的客运一体化。

城乡客运一体化是建立在城乡一体化发展的基础之上的，离开了城乡一体化发展的战略，城乡客运一体化无从谈起。城乡一体化是城市化的高级阶段，是指城市化水平相当高和生产力高度发达的条件下，城市与乡村实现结合，以城带乡，以乡补城，互为资源，互为市场，互相服务，达到城乡之间在经济、社会、文化、生态协调发展，最终实现城乡人民共同富裕的动态的过程。城乡客运一体化与城乡一体化都具有地域性的特点，即以城市为中心的一个有限度的辐射区域，是一个毗邻的城乡横向联合的发展区域。

2）城乡客运一体化特点

（1）地域性

城乡客运一体化是在一定区域内的客运网络系统化。对人类社会生存发展的活动空间按不同的标准划分，便产生了不同的区域。城乡客运一体化涉及的区域，是根据中心城市道路客运辐射的范围确定的，即以中心城市为集散点向外辐射。

(2)系统性

城乡客运一体化的人、车、路、站等系统要素共同作用和协调发展，构成一个有机联系、相互补充、相互促进的统一整体，使客运系统更好地发挥出社会经济结构中血脉的作用。

(3)协调性

从城乡客运一体化的各组成要素看，各种客运形式必须服从系统发展的整体要求，否则就有可能产生木桶效应，造成区域客运运输市场混乱的局面。

(4)发展的过程性和动态性

城乡客运一体化是一个渐进和逐步完善的发展过程。受社会经济发展水平的影响，生产力的不同发展阶段呈现出不同的发展程度，不同国家和地区发展程度也不同。城乡客运一体化从初级阶段到高级阶段的过渡是一个逐步完善、循序渐进的漫长发展过程。

(5)开放性

城乡客运系统是一个开放的系统。只要符合经营资质，满足进入这个行业的设备、资金、服务、技术等条件，就可以进入运输市场。这种开放性能够很好地发挥竞争机制的作用，避免产生过度竞争和市场垄断。

6.1.1.2 城乡客运一体化研究对象和主要内容

1)城乡客运一体化研究对象

城乡客运主要包括出租汽车、常规城市公共交通、公路班线客运以及私人交通四种。目前我国出租汽车在大多数城市是采用分片区经营的方式，出租汽车不得到其经营权界定的片区以外上客；载客到其经营权界定的片区以外空车返程时，不得载客运营。常规城市公交的运行区间是市政道路，发车频率高、站距短、车速低，车辆采用低地板车，方便乘客上下，且留有大量站位，载客量大，允许超过车辆核载人数运营，其中常规城市公共交通由城区公交和城乡公交组成，城乡公交又可分为城郊公交和农村公交。公路班线客运遵循"点对点"的直达模式，发车频率低，中途不能上下客，车辆采用高地板车，车速较高，不设站位，载客量较小，不得超过车辆核载人数运营，其中公路班线客运由中长途班线客运和城乡班线构成。私人交通主要有私人小汽车、摩托车及非机动车等，出行时间和地点较为自由(表6-1)。

城乡客运主体及特点 表6-1

城乡客运主体		主要特点
出租车		分片区经营，不允许在其他片区载客运营
常规城市公共交通	城区公交	运行区间是市政道路，发车频率高、站距短、车速低，低地板车，留有大量站位，允许超过车辆核载人数运营
	城乡公交	
公路班线客运	中长途班线客运	"点对点"直达模式，发车频率低，中途不能上下客，车辆采用高地板车，车速较高，不设站位，载客量较小，不得超过车辆核载人数运营
	城乡班线客运	
私人交通		出行时间和地点较为自由

城乡客运一体化的研究对象主要包括常规城市公交和公路班线客运中的城乡班线，即主要研究城区公交、城乡公交和城乡班线三者的一体化。城乡客运一体化研究对象如图6-1所示。

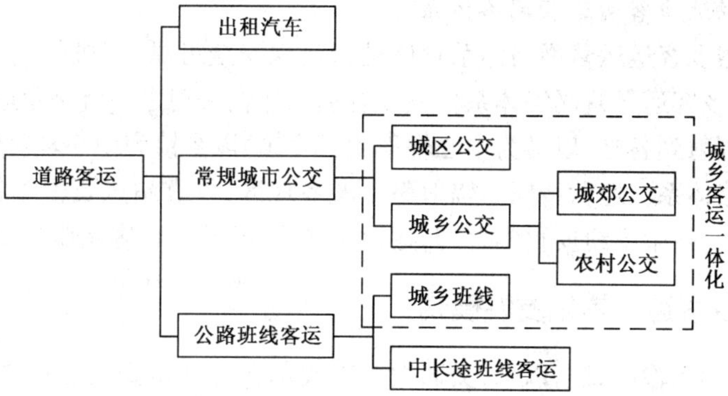

图 6-1　城乡客运一体化研究对象

2) 城乡客运一体化主要内容

目前我国城乡客运一体化建设主要涉及管理主体一体化建设、政策法规一体化建设、站场设施一体化建设、运营模式一体化建设和客运市场一体化建设(表 6-2)。

城乡客运一体化主要内容　　表 6-2

主要内容	备注
管理主体一体化	实行由交通部门统一管理,包括公路客运、农村客运、城市公交和出租汽车客运等,这是未来道路客运管理的必然趋势,是实现一体化管理的前提
政策法规一体化	主要是指对城乡道路客运实行统一的发展政策和经济政策(运价政策、税收政策、投资信贷政策、补贴政策),采用统一的法律法规体系
站场设施一体化	主要是指城乡道路客运站点的选址、规模、等级、服务功能等由交通主管部门统一规划、合理布局,使各站点能与其他各种运输方式和各种客运服务方式有效衔接,与城乡规划相配套
运营模式一体化	建设主要是在线路运营模式方面,城乡客运一体化线路将实行统一的公共交通线路运营模式
客运市场一体化	主要是在客运市场建设方面,对城乡道路客运实行统一的市场准入制度和服务规范等

6.1.1.3　城乡客运一体化发展目标

1)建立统一的城乡客运管理体系

建立统一的城乡客运管理体系具体是指建立统一管理机构、统一政策法规、统一线网规划、统一站场建设、统一经营证照、统一服务标准的城乡客运管理体系。城乡客运一体化首先要解决的就是管理体制的问题,要对原来分处不同部门管理的旅客运输实行统一管理,避免政出多门,多头管理;对于不同的经营主体,要避免无原则的政策倾斜。按照城乡客运一体化的基础设施规划,公路客运与城市公交可合理共用站场、合理共用运力资源,避免重复建设和重叠运行,使社会资源得到更为充分的利用,以提升城乡客运交通的服务功能。

2)建立统一的城乡客运市场体系

建立统一的城乡客运市场体系具体是指建立分工明确、行为规范、竞争有序、城乡一体的城乡客运市场体系。在城市区域内,要实行公交优先发展的战略,合理布局公交线网、合理设置公交站点、合理制定公交票价政策。要合理分配运力,加强线路经营权管理,避免热线线路过度竞争、冷线旅客出行不能满足的情况。同时,要合理规划农村客运网络,增加农村客运的建设资金投入,改革税费政策,健全农村客运风险保障制度,以加快农村客运发展。

3）建立统一的城乡客运运营网络体系

建立统一的城乡客运运营网络体系具体是指建立安全可靠、有机衔接、方便快捷、经济舒适、沟通城乡的城乡客运运营网络体系。城乡客运一体化表现之一就是营运线路的系统化，要建设以市为中心辐射到各县、以县为中心辐射到各乡镇、以乡镇为中心辐射到行政村的城乡客运一体化三级网络体系。经营线路要辐射整个城乡地区，停靠站点要覆盖各乡、村镇，运营线路要长短有机结合，换乘枢纽要科学合理，运营车辆要安全可靠，客运服务要经济舒适。

6.1.2 城乡客运一体化发展模式

自2008年交通运输部成立以来，交通大部制改革在各地得到层层推进，城乡公交二元化管理体制也正在逐步瓦解，以往分属不同管理部门的城区公交与城乡班线也由各地市交通运输局统一归口管理，在此背景之下，城乡客运一体化的发展模式也有所变化，本书主要从城乡客运基础设施一体化和运营管理一体化这两种发展模式进行介绍。

6.1.2.1 基础设施一体化

基础设施是城乡客运一体化有效运行的基本保障。要做好城乡地区的通路工程，实现基础设施网络化，提高行政村通车率，优化城乡客运公路路网结构，形成由国道主干线、高速公路与国家重点公路构成的全省骨架公路网，一般国省干线公路构成的区域干线公路网，县乡公路构成的农村公路网，进而形成以市为中心辐射到各县、以县为中心辐射到各乡镇、以乡镇为中心辐射到行政村的城乡客运一体化的三级网络体系和跨市直达班线组成的城乡客运网络体系。

城乡客运一体化的具体发展模式与城镇体系布局、经济发展水平和群众出行需求等密切相关，可以通过城市公交延伸、客运班线公交化改造、发展区域公交等不同模式综合解决。城乡客运一体化发展的基本模型是由若干个“哑铃型”组成的“蜂窝状”网络结构。所谓“哑铃型”就是，城市客运和镇村客运作为两端，以公交运营模式为主，解决基本公共服务；县乡客运作为中间，以经过公交化改造的班线运营模式为主，市场化运作；城市、县乡、镇村三级客运无缝衔接，形成“哑铃型”的城乡客运基本单元。而若干个“哑铃”有机组合，最终形成“蜂窝状”的城乡客运一体化网络。“哑铃型”的三级网络是当前我国城乡客运一体化最简单、最经济、最可行的发展模式。

基础设施一体化重点体现在城乡客运衔接一体化和城乡线路改造一体化。

1）城乡客运衔接一体化

城乡客运一体化最关键的核心在于“城乡公交线网的衔接”，最终落脚点在于客运枢纽的中转换乘。城乡公共客运线网的布设是基于整个县（市）域范围，而城市公交作为影响因素，二者的衔接是整体公交线网规划成败的决定性因素之一。如何实现无缝衔接、合理换乘以提高运输效率，在很大程度上取决于线网衔接模式的选取。

城市的面积和人口规模、城市的布局形态、土地利用、城市交通的畅通情况、对外客运枢纽分布等因素很大程度上决定了线网的衔接模式。总结我国城乡公共客运线网规划的实践经验，城乡公交线网衔接模式主要有分散式衔接和中心式衔接两种（图6-2），各自的特点及适用范围见表6-3。客运枢纽站是客运车辆和旅客的集散地，是客运网络的连接点和客运市场的依托点，是道路运输生产的生产要素，是实现城乡客运一体化必备的硬件条件。合理规划客运站，加快客运站的建设，调整客运站的布局是建设城乡客运一体化网络的关键。加强站场网络系统规划，按照“统一规划，合理分工，大中小并举”的原则，本着人便于行的方针，规划设计客运站网络系统，充分考虑各种运输方式、各种经营方式的有机衔接，追求零距离换乘和无缝衔接，同时，要科学选址以充分发挥客运枢纽的换乘与集散功能，适应运输发展需要。

城乡公交线网衔接模式 表6-3

类　型	衔接方式	优　点	缺　点	适用范围
分散式衔接	农村客运线路在城市中心区边缘的公交换乘枢纽与城区公交衔接，线路按照进城方向选择较近的枢纽衔接	避开城市中心区，对市内交通干扰最小，与城区公交不产生重叠	进出城增加换乘次数与经济成本，衔接系统对城区公交布局、运营有更高的要求，总出行时间存在不稳定性	适用于城区规模较大的城市，衔接的枢纽场站一般有多个，以便于分方向衔接
中心式衔接	农村客运线路从城区中心穿过，合用部分城区公交站台，与对外客运枢纽衔接	提高农村客运线路的直达性，减少换乘系数，增加中心区的可达性与吸引力	进出城交通对市内交通产生干扰，增加道路拥挤，与部分城区公交线路产生重叠并占用站台，易与之产生不良客流竞争	适用于城区规模小、道路交通量不大或仅有一个对外客运枢纽的城市，多见于小城镇中，农村客运线路在城区内的一段可起到城市公交的功能

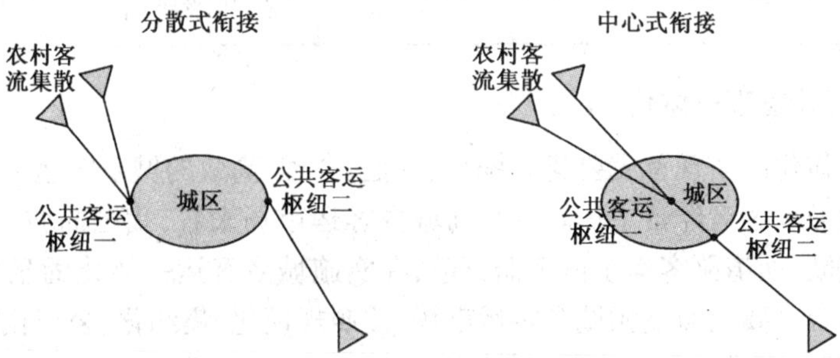

图6-2　城乡公交线网衔接模式示意图

2）城乡客运线路改造模式

图6-3为我国城乡客运一体化发展进程示意图，即通过城乡客运一体化建设，城区公交、城乡公交以及城乡班线客运统一协调发展，最终构成城市地面常规公共交通系统，实现城乡客运一体化。就目前发展水平而言，城区公交发展水平最高，城乡公交次之，城乡班线客运较低，需要对城乡班线客运实行公交化改造使其向城市公共交通发展水平迈进。对于城区公交和城乡公交，则要在现有基础上不断优化完善，最终共同构成功能完善、运作高效的城市地面常规公共交通系统。城乡客运一体化建设的过程，主要涉及管理主体、政策法规、站场设施、运营模式、客运市场等的一体化建设转变，而线路运行范围不作根本性改变，仅在线路改造时进行部分调整。

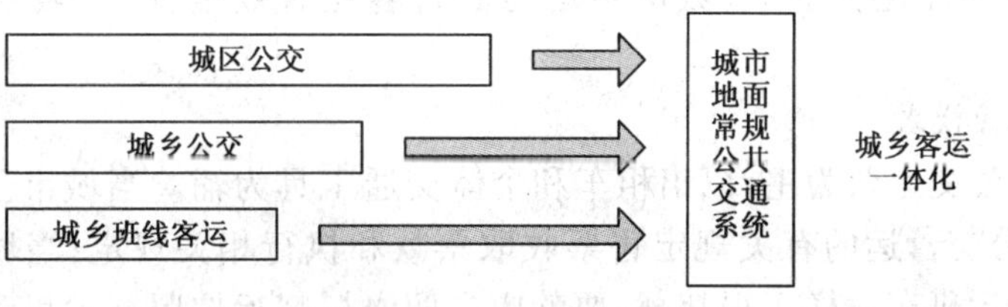

图6-3　我国城乡客运一体化发展进程示意图

城乡客运线路的一体化改造首先是对农村客运班线、城乡客运班线进行公交化改造；其次对于城乡公交，尤其是城郊公交进行统一规划、有序衔接。城乡客运线路改造主要有三种模式（表6-4）。

城乡客运线路改造模式及适用范围 表6-4

分　类	特　点	适 用 范 围
模式一	在原有城市公交线路和城乡客运线路基础上进行延伸，在经营模式上一般采取共同经营，即对于一条城郊公交线路，其起终点分别在市区和郊县，城区公交企业和城乡客运企业各配置一定数量的车辆在该条线路上运营，各自负责各自车辆在线路上的经营	适用于城区公交线路较多的大中城市。跨城乡线路由各企业各自运营，合理竞争。适用于城乡客运一体化的初期阶段
模式二	由城区公交企业和城乡客运企业共同成立一家经营公司，对线路进行经营	适用于城区公交线路较少的中小城市。跨城乡线路统一由一家企业运营，实现线路整合和城乡客运一体化
模式三	采用线路招标的方式，由中标企业经营	适用于各级规模城市，是未来城乡客运一体化运营模式的发展方向

6.1.2.2 运营管理一体化

运营管理一体化的实现首先要建立统一、规范、合理、高效的城乡客运一体化市场，组建集约、高效、专业的城乡客运经营主体。从目前城乡客运市场来看，我国的城市公交客运基本上都是少数几家垄断，而道路客运主体多而分散，在实施城乡客运一体化的条件下，应引导客运市场主体进行整合。要全面整顿城乡客运市场，按照规模化、集约化、公司化、民营化的要求组建客运公司，使其真正成为产权清晰、利益明确、自主经营、自我约束、自谋发展的具有独立法人财产权利和独立经济利益的市场主体，提高城乡客运市场的集中度，推动客运向企业规模化、生产专业化、技术现代化、经营规范化方向发展。

同时，强化城乡客运企业经营资质管理，按照“企业分级，线路分类，经营分工”的原则，做好城乡客运市场宏观调控，按照企业经营资质合理分工，优化城乡道路客运线路资源配置，各级管理机构要严格按照企业资质安排运营线路。遵循公开、公平、公正、诚实信用的原则，在城乡道路客运市场推行道路客运线路经营权招投标制度。客运经营者应当明确自己的经营资质，实事求是地申请或参加招投标，选择与自己经营资质相适应的经营线路，实现城乡道路客运经营上各尽所能、合理分工的目的。

由于我国广大农村地区社会经济发展程度较低，城乡客运一体化发展模式并不能实现多种交通方式的有效运营，目前我国城乡客运运营模式主要以城乡公共班车运行为主。在我国城乡一体化背景下，城市客运与农村客运有效整合后，城乡客运运营模式主要有五种。

1）公交化运营模式

这种模式以公交运营为主，以出租车和个体交通工具为辅。当城市公交运营在市区或郊区时，按现行公交营运的有关规定售票收取票款和执行相关规定；当城市公交驶出城市区域时和农村客运班车一样不得超载，票款应参照农村客运按照行驶里程计价收取。对相邻县城、县至乡、乡至村公路干线，其沿途工矿企业村庄分布较多，人口密度较高，客流量较大的农村客运班线可以向公交化运营转变,采取定点循环、高密度发车、定线运输等方式经营。对于一些经济较发达地区且道路配套设施较好的地区可以发展出租车和私家车等交通。

2)定班模式

这种模式以班车为主,实现与其他交通方式的良好衔接,该模式对县至乡、乡至乡、乡至村的农村客运普遍适应,是标准型客运班线运营模式。客运班车按照向公众公布的时间发车,运行班次按行政许可执行,行驶路线和沿途停靠站点都固定。对于部分农村由于道路基础条件的限制,可以采用自行车、电动车或摩托车等私人交通方式来实现与公交的衔接;对于城市地区可以采用城市公交、自行车、摩托车或其他个体交通方式衔接。对于一些经济条件相对较好的家庭可以用私家车出行。

3)定线不定班模式

该模式主要适用于对节假日和平时的客流量有较大波动的农村客运班线。节假日客流高峰期循环发班,平时适当的减少发车班次,对有特殊需求的出行者延长发班时间。既满足出行者的乘车需求,又减少固定式发放班车、无客运营造成的经济损失,从而降低运营成本,提高企业经济效益。并适当在班车运行线路上增设出租车站点,以解决个别乘客在特殊需求或紧急情况时的交通问题。

4)分片区不定线不定班模式

该模式对乡至村、村至村的客运冷线,由城乡客运管理机构选定特定客运企业,在相邻近的乡镇片区内投放适合的车型客车承担农村居民的集散和分送,早晚周末接送学生,承运赶集、聚会旅客,与市区至乡、市区至村、乡至乡班线客运形成有效衔接。条件成熟的也可与市区客车经营收益捆绑分成。

5)"一线一公司、一片一公司"模式

该模式是由交通运输管理部门正确引导,在城乡客运企业协调一致的基础下,实现班线重组改造,实施"一线一公司、一片一公司"的专线或定片定公司经营模式。并针对节假日、农村集市日等客流不稳定的特点,采取统一经营、站点发车、滚动发班、循环运行、捆绑结算的方式。

此外,还要加快城乡客运车辆的一体化建设,由政府提供政策支持,通过"收购——改造——淘汰"的运作方式,整合城乡客运运输工具市场,以实现城乡客运一体化的安全性、规范性、统一性和协调性。

6.1.3 城乡客运一体化的构建

城乡客运一体化发展的总体思路框架,就是构筑一个与城市化进程相适应的、高效率的、一体化的、人性化的城乡客运体系,形成以中心城市枢纽站为龙头,以县(市)客运站为中心,以公交线路为衔接,以乡镇客运站为依托,以行政村站点为结点的干支线相连、辐射城乡的社会化公共客运服务网络。

6.1.3.1 城乡客运场站规划一体化

1)功能等级划分

城乡公交场站按功能划分为城乡结合部公交枢纽站、乡镇等级客运站、首末站、停靠站和沿途简易扬招站(表6-5)。

城乡客运站功能等级划分　　表6-5

场　站	级　别	功　能
枢纽站	一级	位于城乡结合部,集散客流,连接城市公交线路与城乡公交线路,方便乘客在不同交通方式、城市与乡村之间的中转换乘
客运站、首末站	二级	位于市(县)、中心乡镇、旅游区、是城市(县)至乡镇公交线路与乡镇至村公交线路的衔接点和客流集散点
停靠站	三级	位于城市居民小区、商业区、交叉口、厂矿区、乡镇、村等人流聚集的地方,分为港湾式停靠站和一般停靠站,是公交线路上最普遍的场站类型
简易扬招站	四级	一般只存在于城乡公交线路中,线路穿越村镇过程中集散零散乘客,方便、灵活,但存在安全隐患

首末站和客运站都为二级场站,在城区,首末站一般根据交通小区的客流量设置,也可以设置在居民生活小区、学校、码头、火车站等特殊地区;而在农村,首末站一般与客运站合二为一,设置在乡镇上,方便驾驶员停车留宿。

2)布局规划

(1)城乡公交枢纽布局规划

城乡公交枢纽,一般布设在城市边缘区,主要为旅客在公交线路之间或是公交与铁路客运、长途汽运等其他交通方式之间提供中转和换乘服务,实现城市公交与城乡公交的"无缝式"衔接,实现城市不同分区、不同等级公交线路和不同交通方式的协调衔接,保证客流畅通(图6-4)。

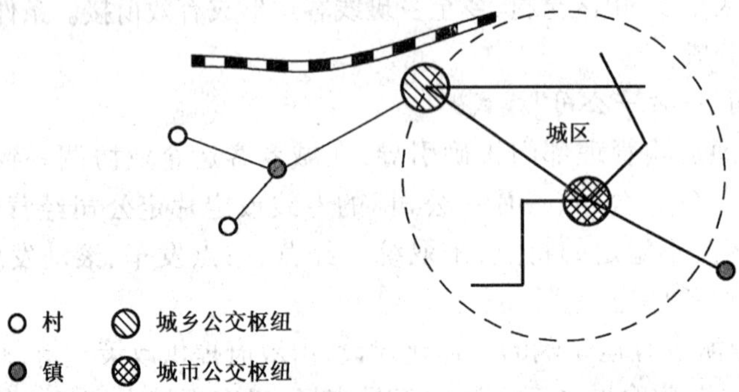

图6-4　城乡公交枢纽衔接图

一般来说,城乡公交枢纽布设与城市规模及到发客流规模有关,当城市规模较小,到发的城乡客流较小时,公交枢纽可以布置在城市公共活动中心区及其附近;而人口规模较大的大城市或城乡联系频繁紧密的中等城市,到发的城乡客流较多,公交枢纽一般布置在城市边缘区。

(2)乡镇客运站布局规划

城乡公交一体化中乡镇客运站的布局可以采用"先宏观,后微观"的方法进行,即先在整个乡镇规划区域内采用一定的方法确定站点的空间布局,然后进行具体客运站的布局选址。

①宏观布局——节点选取

乡镇客运站规划区域内的公路网,一般可划分为国道、省道、农村公路三个层次。根据规划区域内公路网的层次划分及各乡镇经济发展水平和人口规模,将区域内公路网节点划分为重点节点和普通节点,重点节点一般为农村公路交会点或城镇总体规划中的中心城镇,普通节点一般为国、省道与农村公路交会点及一般建制乡镇(图6-5)。

乡镇客运站的宏观布局，是将整个规划区域内的路网节点、各个乡镇、重要厂矿企业和风景旅游区等看作一个点集合，然后通过大量调查分析和论证，从区域整体性出发，综合考虑交通需求、社会、经济等各方面的影响因素，从中选取适合作为站点地的子集并确定客运站的层次等级。合理的站点宏观布局可以更好地发挥公交客运站的集散功能和运输功能，从而最大限度地满足城乡经济发展和人民生活对公交出行服务的需求。

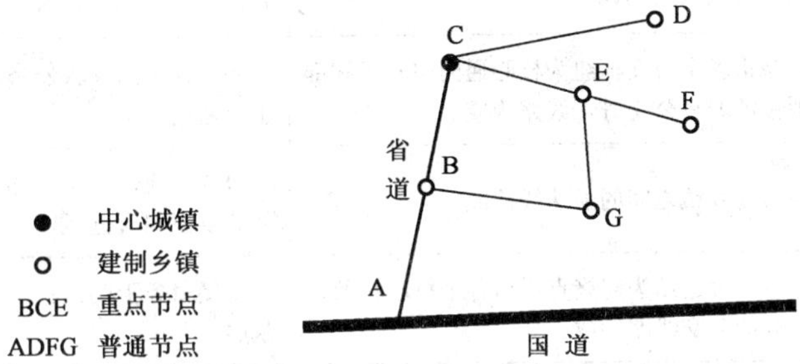

图 6-5　城乡客运节点重要度示意图

②微观布局——具体位置确定

乡镇客运站的微观布局，是指在上面宏观确定的有建站需求的具体地区如何对客运站进行布局选址，即确定客运站在某个地区的具体位置。一般来说，客运站具体位置的确定要综合考虑政治、经济、道路条件、客流等多个因素，既要充分体现客运站的社会公益性，方便客流的集散，又要适当考虑客运企业效益，建设合理规模的客运站，在保证满足乘客出行需求的前提下，提高客运站服务水平，扩大客运站服务范围，增加城乡公交企业经营收益。因此，根据实际可行条件，可以采用定性与定量相结合的方法选择站址并确定其服务范围（图 6-6）。

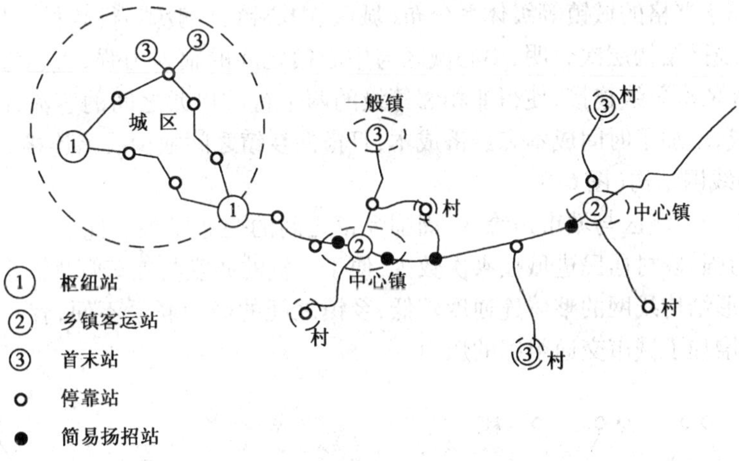

图 6-6　城乡公交场站一体化示意图

一般来说，一、二级公交场站规划布局完毕，城乡公交线网骨架也就基本确定，中间停靠站和简易扬招站，可以在线路走向确定后，根据最优站距、车站长度限制，同时考虑城乡公交客流不稳定、分散等特殊性进行布设。

6.1.3.2　城乡客运线网规划一体化

1）线网层次划分

由于城乡公交与城市公交的不同特点，不能实行一刀切。根据城乡公交场站功能等级、城乡道路等级、城乡客流分布特性及公交运营特点，城乡公交线路的布设应进行分级规划，按照不同的服务需求将城乡公交线网划分为四个层次(表6-6)。

城乡客运线网层次划分　表6-6

线网层次	线网构成	功能
一级线网	由城区内部居住、商贸、办公、交通枢纽等各个片区之间的城市公交线路以及连接城区与城区边缘乡镇的公交线路构成	也可称为城区公交线网,布设于通行条件良好的城市道路及主要商业街,拥有公交优先权,为城市客流提供快捷的公交服务
二级线网	由以城市各个公交枢纽为核心通向中心镇和部分一般镇的城乡公交骨干线路构成	多布设于高等级公路、客流量大,是城、乡连接的主要通道
三级线网	由乡镇与乡镇之间的通达线构成	服务于通过骨干线路不能实现连通的或需要加强的乡镇间出行,是对二级线网的重要补充
四级线网	由以乡镇客运站为起终点通向各个行政村及村与村之间的公交线路构成	直接服务于广大农村居民,是城乡公交线网的最基层

以上四个层次的城乡公交线路相互补充、互成体系,共同构成科学、合理、完整的城乡公交线网。在具体规划布设时应按各级线网的功能进行,兼顾线路的长短及便捷程度作必要调整,以达到整体最优的目标。

2)线网布局结构

城乡公交线网布局结构大致可以分为树形、放射形、环形和三角形四种。每一种布局结构模式都有各自的优缺点,在实际规划布局中,通常是根据城市结构形态、城镇体系、道路网络结构等因素,同时选择几种模式综合运用。

(1)树形线网结构(图6-7)

该结构依托于严格的城镇等级体系分布(城区、中心镇、一般镇、行政村)及城乡道路网络结构,城乡公交线网结构层次分明,中心城区与中心镇之间的辐射力强、直达性好。但由于该模式线路按等级依次单线连接,使得非相邻等级的两个行政单元之间的客流连接必须通过换乘枢纽衔接完成,增加了时间成本和经济成本,且横向乡镇之间缺少线路连接。

(2)放射形线网结构(图6-8)

该结构用于中心城区与城市边缘区、周围乡镇之间的交通联系。优点是中心城区对周围地区的辐射能力强,农村居民进城换乘次数少,便于车辆的调度与停车管理。但是和树形结构模式一样,放射形结构线网的整体连通度较低,乡镇之间的横向联系不便,容易把换乘客流吸引到城区,从而增加了城市交通组织的压力。

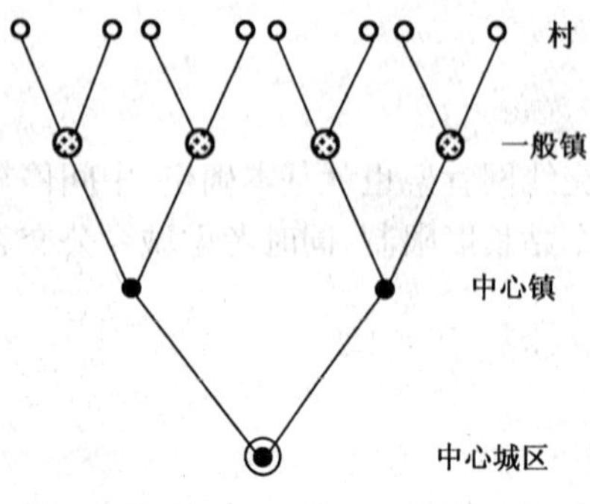

图6-7　树形线网结构示意图

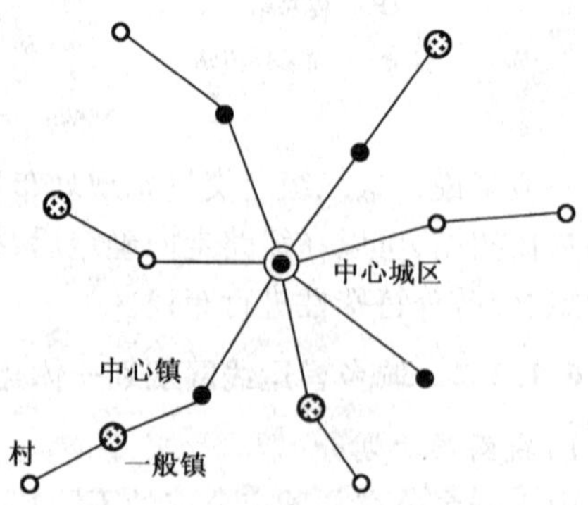

图6-8　放射形线网结构示意图

(3)环形线网结构(图 6-9)

该结构主要用于乡镇、村之间的横向联系,与前两种模式相比,它可以提高线网通达率和覆盖率,减轻中心镇的换乘压力,但也降低了乡镇与中心城区的直达率,同时由于加大了线路建设,资金筹备也是需要考虑的问题。

(4)三角形线网结构(图 6-10)

该结构将重要乡镇直接连接起来,通达性好,运输效率高,能够促进网络化线路结构的形成,但同样由于线路数量多,对路网建设要求也高,因此需要大量的建设投资。且由于该模式没有明显的中心效应,一般只适用于中心辐射能力弱的区域。

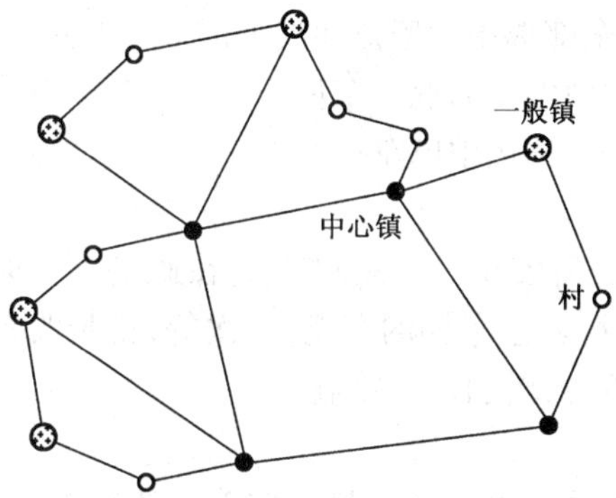

图 6-9 环形线网结构示意图

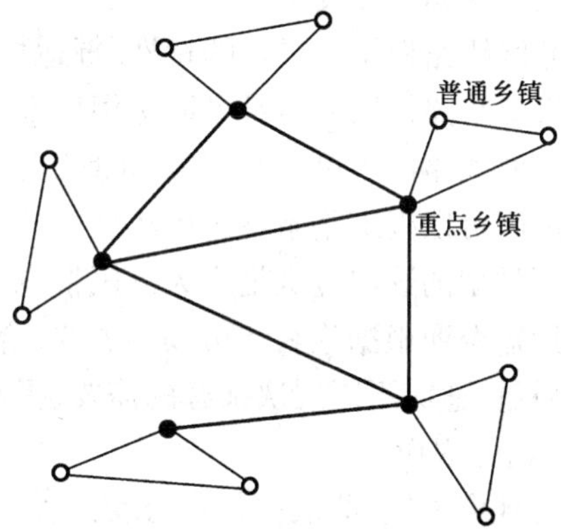

图 6-10 三角形线网结构示意图

3)线网布设方法

城乡公交线网规划结合前面公交场站布局采用分层分级布设的方法。首先结合公交枢纽布设、首末站建设,对所有起讫点间可能的路线按直达客流量最大“逐条布线”,再考虑城市企业分布、道路条件、居民出行习惯等实际情况进行优化调整,形成城市公交线网,即一级线网;其次以城乡公交枢纽和乡镇客运站为“纽”,在城区与乡镇之间“编织”形成放射形模式的城乡公交二级线网,保证城区与中心镇之间高频、快速的发车运营服务;然后考虑通达率、覆盖率,用最短路径法将各乡镇连接起来,形成环形模式城乡公交三级线网,加强各乡镇之间的横向交通联系;最后以各乡镇或乡镇客运站为出发点,采用合适方法布设通村公交线路,通过各村镇地理位置、资源分布、农村公路建设等实际情况进行适当调整,形成城乡公交四级线网。

6.1.3.3 城乡客运运营管理一体化

1)城乡客运运力配置

公交车辆是城乡公交客运的载体,城乡公交线路运力的合理配置,直接关系到公交线路的运输效率和经济效益,能够适应当前出行需求并引导城乡客运需求良性增长,从而促进城乡公交的可持续发展,促进城乡的协调发展。因此,需要对城乡公交线路运力配置中涉及的运力调度、规模及车型选择进行科学的规划。

(1)运力调度

公交线路运力调度形式按运行区段的长短可以划分为全站车运输和区间车运输,按运送时间的快慢可以划分为慢车运输和快车运输。一般来说,公交运营线路以全站车(慢车)运输作为基本的调度形式,并根据线路客流的时空分布特性辅以区间车、快车运输的调度形式。

以“先调度后调车”为指导方针制定城乡公交线路调度方案，应先对城乡公交运力现状、公交客流时空分布特性进行分析，计算客流分布均衡性评价指标，根据分析计算结果确定采用何种调度形式。

(2)车型选择

合理地进行公交线路的车型配置，不仅可以使农村居民出行尽可能的舒适便捷，提高城乡公交的服务水平，还可以使公交线路的效益得到最好发挥，对提高整个城乡公交网络的运输效益有十分重要的意义。

客运车辆应根据城乡公交客运特征层次化配置，即不同层次线路采用不同类型的车辆。车辆类型分为如下几类：

①城区线路根据客运量的特性、舒适性等可考虑全部选用大型公共汽车；

②近郊线路根据客运量可以选用标准公共汽车和中巴车的混合车型；

③远郊线路由于单位时间客运量相对较少可以全部选用中巴车；

④山区可以视道路条件选用小型公共汽车或面包车。

车辆类型的选取应满足广大人民群众“走得了、走得安全”的基本需求，在此基础上鼓励并支持运输企业根据旅客和市场的需要，合理调整农村客运车辆的车型、档次等，稳步改善公交服务质量，适应不同层次乘客的需要，提高市场竞争力，增加营运效益。

(3)运力规模

运力规模配置，即依据各条公交线路上沿线乡镇居民出行客运量确定公交线路配车数。为了保证客流高峰时期交通的顺畅，车辆的运送能力必须不小于高峰小时线路的最大断面客流量，即：

$$U > V_{max} \tag{6-1}$$

式中：U——运送能力(人/h)；

V_{max}——高峰小时线路的最大断面客流量(人/h)。

2)城乡客运管理策略

(1)合理制定票价

科学合理地制定城乡客运票价标准，坚持实行既符合市场经济规律又公平普惠的低票价政策，取消不合理的附加费用。票价制定既要考虑城乡居民的支付能力、企业的运营成本，也要考虑政府的承受能力，还应兼顾与其他公共交通方式之间衔接与换乘的合理票价结构。

(2)统一资源配置

将城乡客运线路和站场进一步整合、改造和相互衔接，通过线路经营权招投标或特许经营方式统一配置运输能力，达到资源共享和综合利用的高效化；重点建设一体化的客运枢纽和优先发展快速客运通道。在市域内调整、改造和优化现有交通资源，提高交通资源利用效率。同时将城乡客运线路和站场与对外交通主骨架网络在功能上相互配套、衔接和贯通。

(3)统一服务标准

从事城乡客运的企业统一执行“五定、四统、三保、两考”服务标准：定线路、班次、时间、站点、票价；统一排班、调度、运价、结算(核定乘员标准)；保零(近)距离换乘、保安全有序运行、保驾乘人员服务规范化；政府加强监管，实行企业服务质量信誉考核与市场准入制度，企业员工加强素质培训，持证上岗，通过考核优胜劣汰。

6.2 城市客运交通一体化

6.2.1 城市客运一体化概述

6.2.1.1 城市客运交通一体化

1)城市客运交通一体化的概念(图6-11)

城市客运交通一体化是指为缓解城市交通压力,节约土地、道路资源,保护环境,降低社会经济运行成本,逐步建立以大容量、快速、舒适的轨道交通为骨干,以地面公共交通为主体,出租车为补充和辅助,与对外交通(公路、铁路、航空、港口)和其他城市交通方式(小汽车、自行车、步行)等良好衔接和协调的高效率、一体化的城市综合客运交通体系。

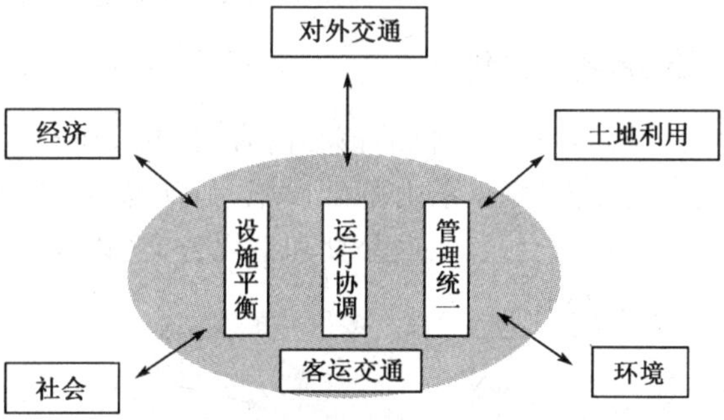

图6-11 城市客运交通系统一体化示意图

城市客运一体化归根结底是要做到城市客运内部各子系统之间以及与外部因素的高度协调,因此其具体表现在交通体系内部整合和外部关联两个方面。其中内部整合是指各种客运方式之间的"无缝"衔接或换乘;外部关联则是指充分重视交通与城市功能提升的互动作用,交通发展必须与土地使用、社会、经济和环境等诸多城市发展领域紧密结合在一起,从而推动城市客运全面发展。

城市客运一体化具体包涵三层含义,即设施平衡、运行协调和管理统一。其中设施平衡是指以枢纽建设为纲,发挥交通设施的整体效益;运行协调是指以换乘服务为中心,促进各种方式协调运行、合理分工和紧密衔接;管理统一是指依托法制与体制,充分发挥政府、市场和公众各种作用的组合优势。

2)城市客运交通一体化的发展目标

城市客运交通一体化的发展目标是:形成层次分明、优势互补的城市客运网络,建立布局合理、功能完善的城市客运站场,实现公共交通各方式之间衔接有序,公共交通与私人交通之间换乘方便,在推动不同客运交通方式合理服务功能最大限度发挥的基础上,引导人们根据出行目的合理地选择客运交通方式,最终形成一个高效的、环保的、可持续发展的客运体系。

3)城市客运交通一体化的实施策略

城市客运一体化战略的有效实施依赖于交通设施、换乘系统和管理系统三方面的紧密结合,具体实施策略如下:

(1)建立规模巨大、功能完善、安全可靠的客运交通设施

随着经济社会的发展,城市化进程的加快,许多城市现有交通系统容量远不能满足其交通出行的需要。客运交通一体化交通的基础是规模巨大、功能完善、安全可靠的客运交通设施,在持续建设道路系统、大力发展轨道系统的同时,加强枢纽设施和管理设施的建设,才能发挥客运交通一体化的优势。

(2)建立空间紧密、时间紧凑和收费优惠的换乘系统

客运交通出行由小汽车、轨道交通、地面公交车等多种方式组合而成,随着出行距离的增加,客运交通越来越多的依赖于多种方式紧密组合的方式链。在方式链中,换乘是实现各种交通方式有效转换的关键环节。因此,建成空间紧密、时间紧凑和收费优惠的交通衔接系统,是城市客运交通一体化的重要任务。

(3)完善客运交通综合管理和政策

客运交通综合管理面向政府部门、交通决策者和交通经营者,主要涉及规划投资、运输管理、定价收费、环境保护和体制建设等多方面内容,是城市交通一体化发展的关键因素(图6-12)。

6.2.1.2 城市公共交通系统一体化

城市公共交通一体化是城市客运一体化的核心内容,公共交通也是构成城市客运交通的重要组成部分。城市一体化公共交通体系由基础设施、公共运行、管理规划三个部分整合而成,在协调的公共交通系统中,轨道交通、快速公交和常规公交(以及出租车)根据不同的功能定位,合理分工,紧密衔接(图6-13)。

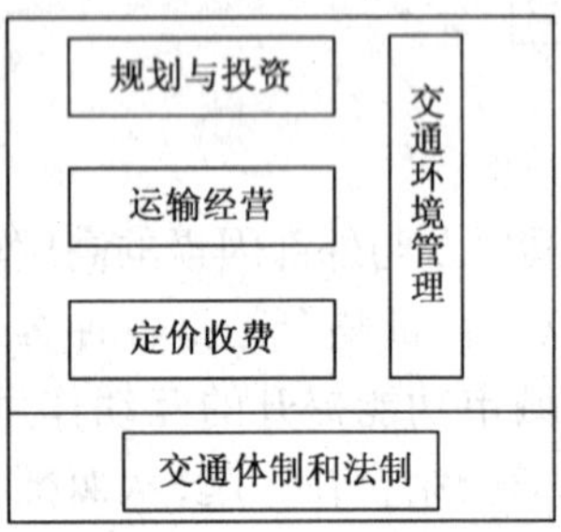

图6-12 客运交通管理框架

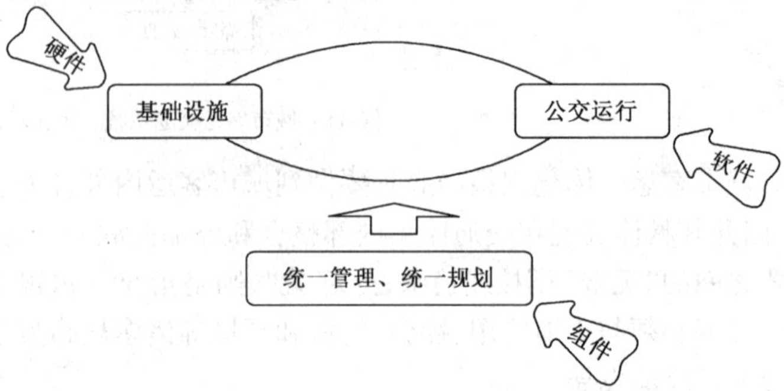

图6-13 一体化公共交通系统的内部整合

1)城市公共交通一体化的发展目标

城市公共交通系统一体化的发展目标是:建成协调运营的公共客运服务系统,公共客运的各种方式将根据不同的功能定位,合理分工,紧密衔接,轨道交通作为城市交通的骨架,发挥大容量、快速交通的优势,承担中长距离的出行,快速公交作为城市交通的主体基础,发挥覆盖面广的优势,承担中短距离的出行,并为轨道交通提供驳运服务,常规公交车作为城市交通的基础,可覆盖轨道交通和快速公交不能到达的区域。

2)城市公共交通一体化发展要点

(1)协调交通规划与城市土地利用

一体化的交通规划是指在规划时立足长远,综合各项考虑因素,统一安排各种交通方式发展顺序,分阶段、分目标地实施规划目标,一般来说,政府部门应该直接控制着城市规划实施过程,严格按照控制土地的分配和使用。在城市轨道客运系统尚未开始建设,按照规划保证规划预留用地,进行公共交通社区式的规划布局,保证土地利用最终符合公共交通

服务的要求。

(2)完善公交枢纽设施

建设合理高效的换乘体系,促进城市内部与城市对外客运交通方式之间的合理衔接,协调各种交通方式之间的运能匹配,是实现公共交通一体化的根本环节,现代化的交通枢纽应采用综合立体换乘枢纽站,因此,加强交通枢纽建设是实现一体化交通的关键措施。同时,公交枢纽的建设不应着眼于大而全,而应立足于高效、快速、简洁的结构,同时坚持以人为本的思想,在设计时渗透文化艺术的气质,减少行人出行的疲惫感。

(3)合理公交票价

公交票价是引导公交客流的重要经济杠杆,也是公交企业正常经营的基本经济手段。要实现公益性和经营性的有机结合,体现经济性和通用性,即充分考虑市民的承受能力,方便换乘并减少由于换乘而带来的额外费用。对轨道交通和公交汽(电)车逐步实施线路经营权管理,常规公交与专线公交逐步实现服务统一、票价合理和政策统一,鼓励企业兼并重组,形成适度竞争的规模经营。在加强客运管理的同时要制定合理的定价和收费政策。

(4)构建城市公共交通“一卡通”系统

统一的收费手段是一体化交通的技术体现,现阶段许多城市公共交通发展的重点是常规公交,对常规公交实施收费一卡通,有利于优化公交线网、合理调配运力服务,避免车票收入损失,对于这些城市来说,未来规划的快速公交和轨道交通也可以考虑采用相同的收费系统,方便乘客出行和换乘。

(5)建立完备的公交管理系统

现代化的信息管理系统是实现城市公交一体化战略的关键环节,公交信息管理系统的建设将给公交一体化发展带来深远的影响。城市公共交通管理系统应该包含:安全信息管理系统,车辆诱导和控制系统和乘客信息管理系统,它们将对城市交通进行统一协调,统一控制和统一管理。

6.2.1.3 城市客运一体化构成要素

一体化的思想,本身强调的是系统各组成要素及系统间的相互协调,是一种过程而非一个简单的结果。城市客运交通一体化的形成,关键体现在各个子系统能否高效的匹配,因此,明确客运交通系统内部要素构成以及需要和哪些外界要素进行统一考虑是一体化模式构建的前提条件。

1)内部构成要素

对于客运交通体系内部构成要素而言,依功能划分,主要有道路(包括轨道)与载运工具两大类,而枢纽站场则为人们换乘不同交通方式提供了可能,因此道路网络构成、道路断面形式以及枢纽站场的分布,对于客运交通体系内部的组合方式影响巨大。

目前我国很多城市在道路资源及站场的供给上能力有限,而且往往只重视道路的改扩建,以满足机动交通发展的需要,未能考虑其对于客运交通体系构成的影响。至于站场建设多是供给不足,布局选址、功能定位也未给予足够的重视。

载运工具中的个体出行工具,与个人的经济承受能力密切关联。但即使个人购买了私人小汽车,也只表明他拥有了个人方式的公共交通服务的接入工具,他获得的速度要符合城市道路的许可规定,也受道路交通情况的制约。小汽车的大量拥有,可能会对道路资源提出更多的要求,但公共交通工具的供给量以及道路路权的分配,对个体交通方式的使用产生较大影响。

2)外部构成要素

考虑与客运交通系统相互作用的外部因素，主要包括土地利用、政策体制以及提供公共客运服务的运营模式等。世界上许多为各地效仿的经典城市，例如北欧的哥本哈根、南美的库里蒂巴，东南亚的新加坡等，都有一个共同的特点——远见卓识，即其在城市规划的初期阶段，就清楚地确定了城市的交通系统及其基本网络与土地利用及城市形态演变的未来格局。图6-14显示了哥本哈根由一个“指状规划”开始到沿着预定发展轴的定向的轨道交通投资计划最后发展为手指状的城镇化模式的演化过程。图6-15展示了库里蒂巴市的城市结构由原先典型的单中心集中布局，向以公交骨干线路为发展轴的新颖轴向带状的转变。我国城市目前所面临的城市发展阶段，对于实现公共客运体系与土地利用的有效结合来说，可谓是一个难得的探索时机。

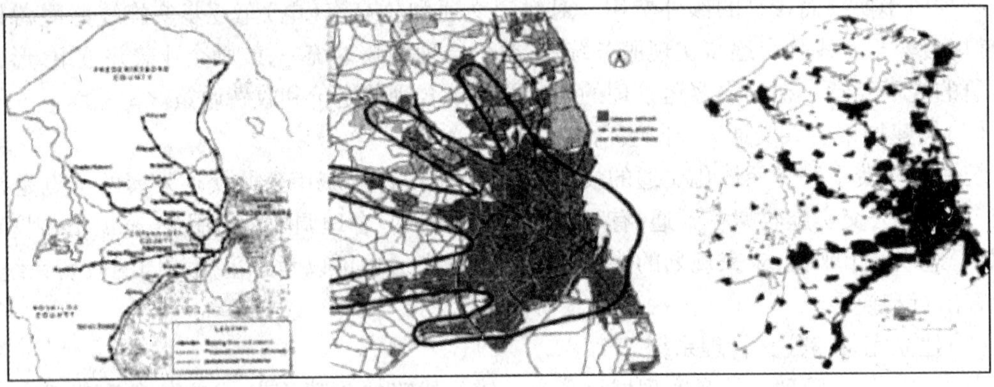

图6-14　哥本哈根的空间演化示意图

注：由“指状规划”到放射状的五轴，发展为由轨道交通服务的新卫星城走廊。

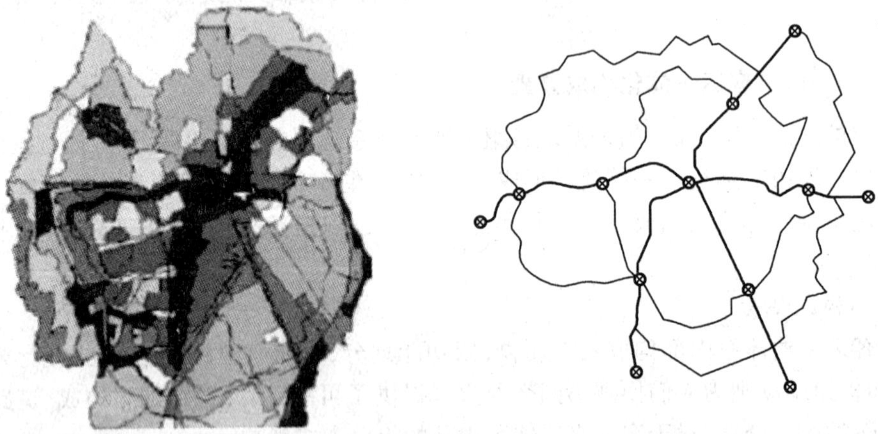

图6-15　库里蒂巴的城市形态与公交骨干线路示意图

政策体制的作用非常明显，如果说步行街对于车辆的限制，市中心区对于车牌单双号的准入规定，是政策短暂地、局部地作用于人们出行方式的选择，那么，我国许多城市对于摩托车的禁行规定，优先发展公共交通政策的出台，则将长期地、持续地，并最终决定一个城市或地区客运体系的构成。城市客运结构的形成，与道路路权的分配、交通信号的设置、道路标志标线的规划、交通管理政策有很大联系，因此，这也是保证一体化有效实施的重要方面。

公共客运服务的运营模式，不论大运量捷运设施的供给方式(是公营还是私营)，还是公共汽车的发车频率、出行时刻表的制定，都将直接影响公共服务效率的高低，并间接地作用于客运交通体系的组成结构。

综上所述，城市客运交通走一体化道路，协调系统构成要素间的相互关系，促进内外部要素的共同作用，是客运交通一体化模式构建的指导方针。

6.2.2 城市客运交通一体化发展模式

6.2.2.1 城市客运交通与外部要素一体化发展模式

1）城市客运交通与客流特征一体化发展模式

城市客运交通与客流特征一体化发展模式具体是指城市主要客运交通走廊、客运结构以及运力等要符合实际客流的出行分布特征和出行需求。不同层次的客运交通方式在最大限度发挥各自合理服务功能的同时，相互补充、协调合作，以求客运服务效益和效率最大化。

2）城市客运交通与道路网一体化发展模式

城市客运交通与城市道路网一体化发展模式具体是指不同层次的客运交通方式要根据各自建造条件和运营特点，在不同等级城市道路网上灵活选取客运交通方式，形成功能完善的客运交通结构，力求最大限度地发挥城市客运各方式的服务功能。

3）城市客运交通与土地利用一体化发展模式

城市客运交通（主要指城市公共交通）与土地利用一体化发展模式具体是指在城市发展战略的指导下，预测远景城市发展的土地利用布局形态和规模，合理规划公共交通尤其是轨道交通和快速公交等大容量公共交通的线网布设形式，以公共交通引导土地利用发展，通过合理配置公共交通与土地利用两个子系统之间的耦合关系，调控城市土地利用的布局、规模、性质和强度，以充分体现公共交通优先发展理念，最终实现公共交通与土地利用的协调发展（图6-16）。

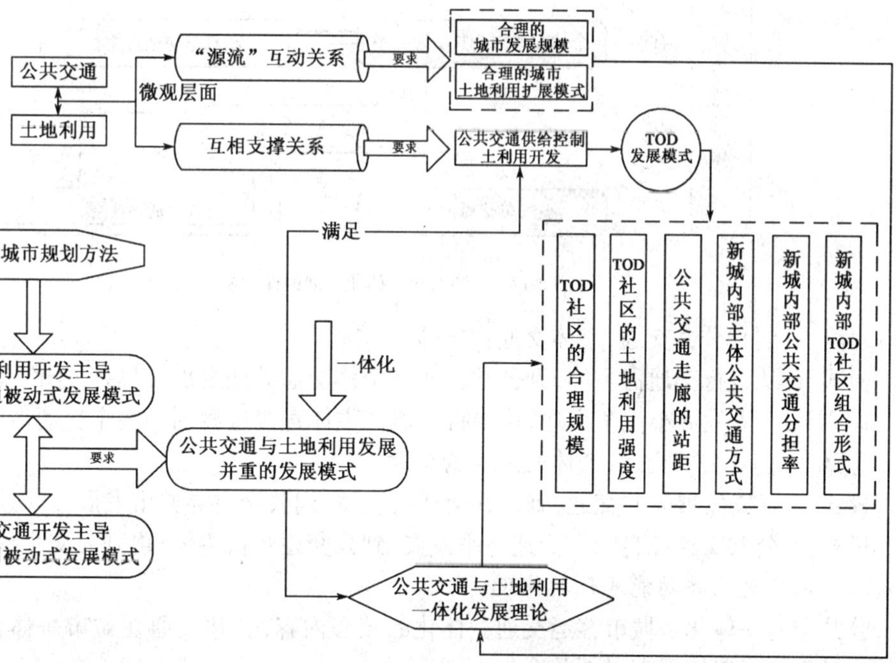

图6-16 公共交通与土地利用一体化示意图

6.2.2.2 城市客运交通内部要素一体化发展模式

1)城市客运交通模式分类(表6-7)

城市客运交通模式是指在用地布局、人口密度、经济水平以及社会环境等特定条件下形成的一定的客运交通方式结构,即各种客运交通方式所承担出行量的分配比例。根据不同城市的规模结构、地形和气候条件,一体化发展的客运交通内部各方式在城市客运体系中的功能定位也有区别,从公共交通与个体交通的关系上看,一体化发展下的客运交通系统一般可以分为公共交通占主导,公共交通占主体,公共交通与个体交通并举、个体交通方式占主体四类。

城市客运交通模式分类　　表6-7

模式分类	备注	适用范围
模式一: 公共交通占主导	公共交通在支撑城市客运系统的同时引导城市空间发展	多中心组团式特大型城市
模式二: 公共交通占主体	公共交通支撑城市客运系统,而对土地开发诱导能力相对较小	多中心组团式大中型城市
模式三: 个体方式占主体	分为慢行交通和小汽车交通占主体两种情况	单中心式各级城市
模式四: 公共交通与个体交通并举	公共交通与个体交通共同发展	中小型城市

非机动化的慢行交通过渡到机动化交通是城市交通发展的总趋势,在这个大趋势下,一体化发展的城市客运交通系统中各种交通方式的功能定位是一个动态演化的过程。根据城市具体情况的不同,其发展模式也不同,一般来说,主要可分为两条思路、四种模式,如图6-17所示。

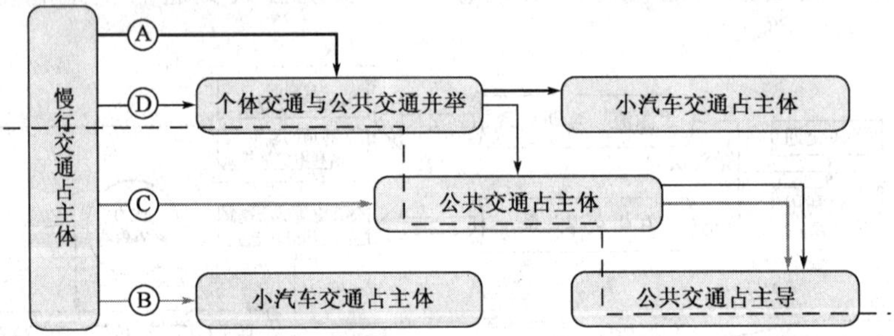

图6-17　城市客运一体化发展的四种模式

思路一:弱化公共交通,个体交通占主体。

模式A:从慢行交通占主体,到公共交通和个体交通共同发展,最后到小汽车交通占主体。

模式B:大力发展小汽车交通,从慢行交通占主体直接过渡到小汽车交通占主体。

思路二:倡导公共交通,个体交通成为辅助。

模式C:优先发展公共交通,到公共交通占主体,到公交主导城市发展。

模式D:公共交通和自行车交通并举发展,到公交逐步占主体,再到公交主导城市发展。

2)公共交通主导功能地位的体现

公共交通一体化是城市客运交通一体化的核心内容,公共交通在城市一体化客运交通体系的主导地位主要体现在以下几个方面:

(1)在交通与城市土地利用的相互作用中,公共交通的发展对城市发展的导向作用最为明显，公共交通导向的城市土地利用也成为解决城市交通问题的有效途径。

(2)公共交通服务于群体，它运输效率高，可以满足大运量的客流需求，公共交通的主体地位体现在其在客运出行占主要比例。

(3)公共交通枢纽是客运枢纽的核心，公共交通与其他交通方式的换乘衔接是客运枢纽的主体功能，各种交通方式以公共交通为核心，相互协调，共同发展。

(4)轨道、快速公交道、公交站场等公共交通设施是城市客运交通基础设施建设的主体内容，占城市客运交通基础设施投资的很大比重。

3)我国城市客运模式选择

从我国国情和国外发展经验来看，我国应选择"以公共交通为主的客运交通模式"向"公共交通与私人交通并举的客运交通模式"逐渐过渡的模式。

我国国情决定了不适合采取"以私人交通为主的客运交通模式"。我国大多数城市的成长历程与发达国家主要城市的成长有两个本质的区别：第一，我国大城市在机动化之前，就已经形成了高密度的城市结构；第二，我国城市在开放经济后突然面对的是一个完全成熟的跨国汽车工业。这两点意味着我国城市没有机会像伦敦、纽约、波士顿等城市那样，有一个相对较缓慢的城市交通系统与小汽车发展相互适应与进化的过程，更不可能出现像洛杉矶那种专为小汽车化设计的城市。同时，我国人口多，人均国土面积、人均石油储量都很低，远不到世界的平均水平。这些因素决定了我国的城市化将更多地表现在人的工作性质的改变，而不是土地使用功能的改变；城市建设将更多地向空间展开，而不是在平面上展开。这样，用于城市建设的土地将十分有限，由此决定了小汽车在我国的发展将十分有限。

为保证我国城市客运交通一体化模式的实施，应注意加强以下几方面的建设：

(1)保证城市客运交通体系的多样化构成，为每一种交通方式提供尽可能平等的发展空间，尽可能发挥各种交通方式的最大可及性；

(2)注重方式间的衔接，提高方式间换乘的便捷性；

(3)城市客运交通体系建设与城市发展、土地利用紧密配合，统一规划，协调同步，相互促进，共同发展。

6.2.2.3 公共交通与其他交通方式之间的竞争与合作

在 体化的城市客运体系中，公共交通与其他交通方式之间存在着竞争与合作的关系，方面，各种交通之间相互协调、分工合作共同服务于城市系统，另一方面，各种交通方式又通过与其他交通方式的竞争来谋求自身的发展，公共交通主体地位的取得，首先要明确公交优先发展的策略，其次需要正确处理公共交通在与其交通方式的关系(图6-18)。

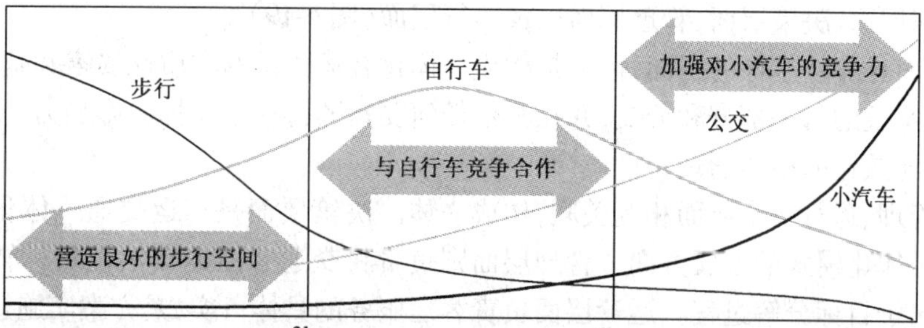

图6-18 公共交通与其他交通方式的竞争与合作

1）公共交通优先发展

在一体化的综合交通体系中，应该优先发展公共交通，在组织体制、交通投资、规划建设、政府补偿、路面政策等方面全方位提供优先政策与系统对策，如加强土地利用与公交发展、建立合理的公交路网体系，加强接驳换乘设施建设、扩大公交线网覆盖率，大力发展大公交，限制小公交的发展，完善城市道路网络设施、优化公交结构，加强社会公交管理、均衡公交供需等。

2）慢行交通与公共交通换乘

在未来的公共交通系统中，步行和自行车主要起到短驳和换乘的作用。为此，不仅要优化公交站点布置，将乘客的慢行交通时间控制在合理的范围内，而且要为乘客创造一个安全、和谐的步行空间。随着城市的拓展和经济水平的提高，全程使用自行车的比例将大大下降，自行车交通将处于辅助地位。相对于步行而言，自行车具有更大的活动空间，有利于拓展公交站点的服务范围。为了实现自行车与公交的紧密衔接，一方面要为自行车短距离出行创造安全、舒适的通行条件；另一方面要为自行车提供必要的停车设施，尤其是配合换乘枢纽站的形成，建设地区性的公众自行车停车场。

3）小汽车与公共交通换乘

公共交通也要和小汽车交通实现协调运行。随着消费水平的不断提高，小汽车将逐步进入家庭，个体机动交通具有很高的增长趋势，公交服务将面临更大的挑战。小汽车的适度增长将拉动经济，加快城市拓展，促进社会进步，因此，城市交通需要为小汽车拥有量提供一定的增长空间。与公共交通相结合可以看作是未来小汽车的一种发展趋势。从国外私人交通的发展历史来看，许多城市都经历过私人交通与公共交通由相互竞争到相互协调的发展过程。目前在国外比较常见的是“停车 + 换乘”模式，一般是居住在郊区的市民驾驶小汽车到达地铁或公交车站，然后停车转乘地铁或公交进入城市中心地带。实现这种模式的基础是城市内部发达的公交系统、外围换乘点附近廉价的停车场所，以及外围地区通达的道路系统。

6.2.3 城市客运交通一体化的构建

6.2.3.1 城市客运交通一体化的体系架构

城市客运交通一体化发展旨在从宏观角度探讨统一背景下客运发展的途径，力求在交通规划和客运交通发展过程中贯彻一体化的基本理念，通过枢纽线网的合理布局、运营管理体制的整合等手段，实现促进各种交通方式间协调发展的同时，强化公共客运服务的水平，以创造一个高效而又灵活多样的城市客运交通体系。城市客运交通一体化体系的建立，主要包括四个层面：认识层面、决策层面、管理层面以及运行层面（图 6-19）。

认识层面是非技术性的层面，但它是构成一体化客运体系的本质性要素和基本性前提，可渗透到整个系统的每一部分和分支，并在其他任何要素的行动中发挥出影响力，支配着一体化客运系统功能效益的整体涌现程度。

决策、管理、运行三个层面相互关联，构成一体。决策层面是客运交通一体化目标确定的过程，决定一体化模式的发展方向。管理层面则负责将交通客运的政治性目标转换为切实可行的办法，属于目标分解过程。运营层面负责客运服务的具体落实，是方案实施过程。四个层面构成一体化模式的基本构架，充分重视四个层面的统筹协调发展以发挥整体涌现效应是一体化客运发展的根本要求。

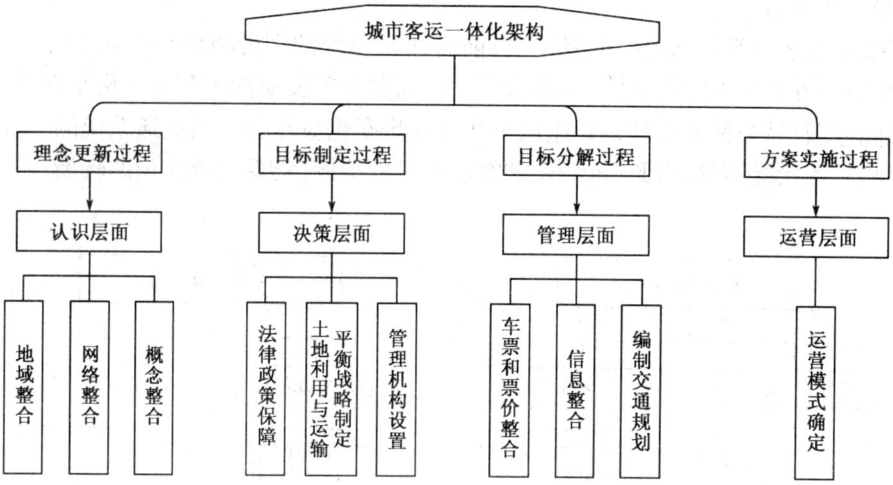

图 6-19　城市客运交通一体化体系构架

1)认识层面

认识层面主要是理念的更新和概念认识的统一。客运一体化所要求的理念更新强调的是客运交通的发展要从全局出发,要与城市的发展方向和土地利用紧密配合,要从系统分析的角度出发,使不同交通方式之间相互配合,使客运体系发展的各个环节相互配合,协调一致,而不是单一体系的自我完善和强劲发展。客运一体化所要求的概念认识的统一强调的是要根据功能的不同区分客运体系的构成元素,而不是根据名称或外在表现形式的不同对相同性质的公共客运服务加以区别对待。

城市客运交通一体化发展,在认识层面的问题可以集中体现在以下三个方面:

(1)地域的整合

城市和它的邻区及其自然环境应该被视作一个经济、社会和生态相协调的整体。区域内的人口和功能应该具有多样性,而且要建立有机联系而不是互相隔离。

城市的城镇体系应该看作一个有机的整体。事实上,我国东部发达的某些城市,其中心城区与周边乡镇联系紧密,界限模糊,周边乡镇居民多围绕一个中心区聚居,人口在 1 万 ~3 万之间,各乡镇中心区与中心城区的距离通常在 6 ~ 20km 之间,乡镇与中心城区人员往来频繁,经济交流的广泛性,强化了地域整合的必要性。地域整合要求我们从市域整体的角度统筹客运系统的发展,城市客运系统的构建不能局限于狭小的中心城区。

(2)网络的整合

“网络整合”不仅有关网络本身的特点,也涉及网络与地域之间的相互关系。网络整合使一个空间及其所包含的资源,成为一个连成一体的、人人可及的地域。地域整合必须通过网络整合来实现。

我国城市长期城乡分离、分而治之的现实造成思想认识上普遍存在一种较为片面的观点,即公共交通主要指服务于中心城区的客运形式,事实上,公共客运交通的本质特征是为两个或以上的消费者(乘客)提供多个发点和多个终点的输送服务,公共客运交通系统应该支持整个区域范围内人们的出行,运行于城郊及周边乡镇的短途客运体系应该和城区公交线网有机整合,成为一体,为居住于不同地域的居民方便地到达区域的每个角落提供高效的服务。传统狭隘的地域观念将原本统一的客运网络分割成片,极大地影响了客运交通的效率。

(3)概念的整合

对于城市客运体系概念范畴的界定,目前有两种传统的划分方法(图6-20),但是很容易发现,两种划分方法并不能构成同一的客运系统,问题在于长途汽车和城乡班车在第一种划分方式中未能体现,另一种解释就是长途汽车和城乡班车也应作为公共交通系统的一部分,但这种情况又与实际状况不符,因此,重新界定客运体系的构成,实现传统认识的转换,就显得非常必要了。

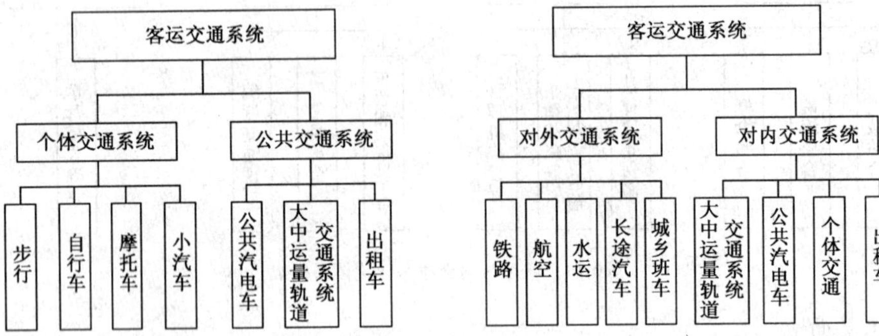

图6-20　城市客运系统两种传统的划分方式

认识到运行于市域范围内的公共短途巴士和跨市运行的长途大巴同属公共汽车客运系统的范畴(图6-21),其应该成为且事实上已成为当前中国城市特别是部分中小城市公共客运系统的主体,是系统性、全局性地构思服务于全体大众出行需求的合理客运发展模式,保证城市客运交通一体化得以真正实现的认识基础。考虑到若干大城市可能有区域性的轨道交通途经,或在未来可能发展中运量的轨道交通体系,因此为了保证概念范畴的完整全面,这里城市公共客运系统的构成包括中运量轨道交通系统。

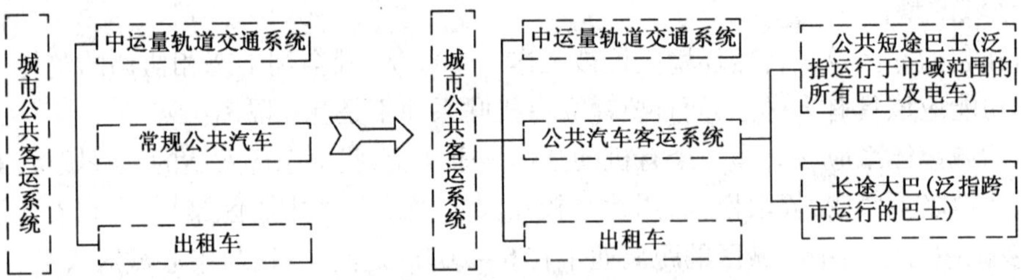

图6-21　对城市公共客运系统构成认识的转换

2)决策层面

城市发展一体化客运交通系统,在决策层面主要是制定明确的发展策略,并为其有效实施提供政策保证。

目前最重要的措施就是将土地使用的立法和交通规划有机地结合起来,将交通发展规划作为总体的土地利用发展策略的一部分,制定优化土地利用与运输平衡的战略发展政策。

城市如果将"整体的土地使用和整体的交通规划"作为交通建设和管理的首要策略,保证主要公共交通设施与土地利用未来的配合,需注重以下几个方面:

(1)紧密协调公共客运枢纽站场与城市发展建设,注重布局规模,明确枢纽站场在城市中的功能定位;

(2)明确城市发展轴线,利用公共交通主干线引导城市有序拓展,道路干线预留公共交通专用土地;不仅将公交作为一种重要的运输方式,更将其作为有效控制和引导城市发展的指南；

(3)在充分考虑到线路走向和站点布设的基础上，对公共交通主干线沿线的土地进行居住、商贸办公、商业等用地类型的综合规划，均衡沿线各种类型的建设用地规模，通过详细控制性规划上的优惠来鼓励和提高混合型土地利用的密度；

(4)根据地块所在的地理区位，以及地块与公交站点之间的距离，确定地块的用地性质和开发强度；并对道路系统中步行、自行车、公交车道的设计等进行调整和完善，以建立公交友好的社区环境；

(5)将认识层面上对于客运交通体系特别是公共客运系统的界定及服务范围，用法律或政策等手段明确确定下来并通过建立或指定权威机构保证各项措施的落实。

3)管理层面

管理层面对于城市客运一体化的实施起着非常重要的作用，它需要把关于交通客运的政治性目标转换为切实可行的办法。制定交通规划，确定费率，明确收费标准及服务质量标准，监督检查服务和质量，建立交通数据库等都属于管理层的职责范围。此外，通过与客运公司签订合作合同或协议的方式明确客运公司的权利和义务，要求其必须按照统一的费率方案和运行线路图、运行时刻表为乘客提供高质量的客运服务。

从国内外城市的相关经验来看，对于城市客运一体化管理可以采用建立“城市客运交通一体化管理委员会”的形式，即从客运一体化所涉及的各个相关部门(通常包括规划、交通、国土等政府部门，以及轨道、公交、出租、中长途客运等运营公司)中选派一至两人，组成“城市客运交通一体化管理委员会”，定期交流，代表政府行使协调各部门工作，制定客运票制票价、整合各方信息等。

要实现城市客运交通一体化发展，除了统一的线路和站场等规划外，还必须重视车票和票价整合、信息整合两个方面。

(1)车票和票价整合

一体化的客运体系，为了将多种客运服务形式有机地联系起来，关键的一项措施就是交通费率和车票的整合。因此，车票和票价的统一和整合便于公共客运交通的使用，这可以通过实施适用于所有运营商和交通方式的单一车票来完成。一体化客运发展模式下票价整合措施主要有如下两种：

措施1——采用公共客运运营与票制系统分离的方式，每家公司有一个路线长度和运行时刻表，运营公司收入与票款收入无关，而是根据公司的营运里程和服务质量进行统一分配和给予政府补贴，并从总收入中提取部分资金用于公交事业的再发展。票制系统根据当地居民的收入水平、公共客运运营成本、不同车型配置及服务档次的不同等因素统一制定。

措施2——采用公共客运运营与票价收入挂钩的传统方式，票价结构可采用单一票价制、按站分段计价制、分区收费制等形式，运营公司在履行与政府签订的提供相应服务产品合同的前提下，可在获取政府规定的合理利润情况下，自行决定票价，票价的确定受到相关部门的监管和控制。

(2)信息整合

城市发展一体化的客运交通离不开信息的整合。提供高质量的“门到门”信息，通知乘客已有的交通可能性，使人们可以确实并计划他们的行程，知道可以选用哪种交通方式并在哪里使用，这在公共客运交通的改进过程中是一个重要阶段。

此外，信息整合的一个重要方面是时间表的协调，使不同交通方式之间的到达和出发时间尽量同步，以最大化缩短乘客的旅行和等待时间。

事实上，国外在信息整合方面的许多尝试，为我国部分城市客运体系的发展提供了很多借鉴之处。例如，一些服务中心或呼叫中心的成功案例，在这里你可以通过一个电话号码获得有关时间表、线路、交通方式选择以及公共交通服务关税的信息。信息还可以通过互联网和移动电话获得。荷兰的OVR系统是一个综合系统的典型例子，它是荷兰一个关于所有公共客运交通服务的独特信息源头。

信息整合的过程并不需要很高的技术水平和高昂的投入资金，将部分城市目前具备的条件很好地加以利用便可实现，一切便于民众、服务于民众的一体化思想贯穿其中便是对信息整合的最高要求。

4）运营层面

运营层面就是将决策层面的目标和管理层面所确定的方法寓于实施。客运系统运营的过程就是与乘客直接接触的过程，在一次具体的出行中乘客的感受将在很大程度上影响到他未来出行方式的选择，因此，选择合适的运营模式以保证公共客运交通日常的运行效率和服务水平是运营层面的一个关键问题。

从国际经验看，公共客运运营模式主要有垄断专营、方式专营、区域专营和线路专营四种（图6-22），各有优缺点。

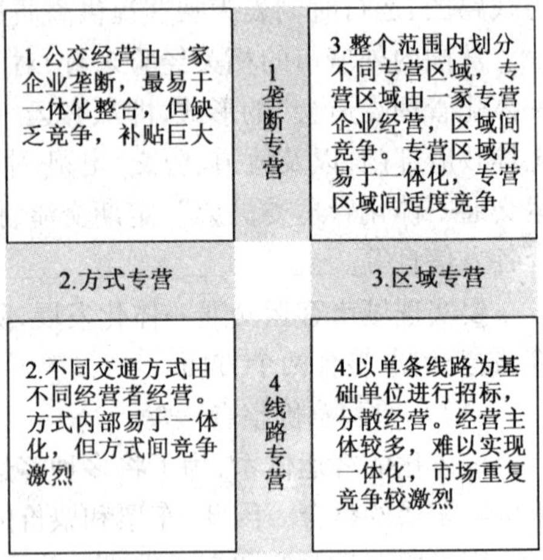

图6-22　四种运营模式以及优缺点

城市客运体系不发达，规模较小，目前多数情况下普遍采用的是垄断专营模式，但要保证一体化的可持续发展，根据当地实际状况，选择既能保持适度竞争又能兼顾社会经济效益的运营模式是一个基本的原则。

6.2.3.2　城市客运交通一体化整合衔接

建立一体化的城市客运交通体系必须要整合优化各种公共交通方式，以更好地利用现有的道路资源，发挥更高的城市客运系统运营效率。在规划和建设一体化城市客运体系时，必须加强公交系统内部各方式之间的整合衔接，才能扩大公共交通的服务范围，同时，还应该充分考虑与其他交通方式（如步行交通系统、自行车交通系统及私人小汽车等）的有效整合衔接。总之，要通过整合优化措施，充分发挥一体化客运体系的优势，提高公共交通的吸引力。

1）城市公交系统与外部因素的整合

（1）与客流特征的整合

城市公共交通线网布局要符合城市客流的出行方向，线网的布设要满足居民不同层次的出行要求，做到“公交系统—需求—环境”的最佳耦合。

（2）与城市道路网的整合

公共交通系统的建设应结合城市道路的改扩建，例如轨道交通占用地面道路资源较少，而道路公交则只在道路上运行，因此在规划各层次线路时应因地制宜。

（3）与城市用地发展的整合

随着城市外围的发展、城市规模的不断扩大，城市化、机动化的快速发展以及社会经济水平的提高、居民出行距离的增大，出行将越来越趋向机动化。居民对出行的质量、服务水平要求越来越高，急需引入大容量快速公交系统。

2）城市公交系统不同层次线网整合

（1）轨道交通线网与快速公交线网整合

城市轨道交通与快速公交的关系应定位为骨干与辅助骨干的关系，城市轨道交通线路走向沿城市主要客流走廊，主要以中长距离客流为主，有大运量、快速、准时、舒适的系统特征。快速公交线路作为轨道交通的补充，提高沿公交专用道以及主要城市道路行驶，服务于大型集散点、功能区之间，全面体现“公交优先”、投资省见效快、容量大、便捷灵活等特点。快速公交也可为轨道交通输送客流，两者之间也应有效整合发挥更大的效益。

①快速公交作为轨道交通的过渡方式

轨道交通建设由于资金和建设期的限制，在短期内很难通车运营，而快速公交系统建设投资少、工期短，所以快速公交系统可以作为建设轨道交通的过渡方式。快速公交可以为轨道交通培育客流，在轨道交通运营之前，快速公交作为城市客运的骨干；在轨道交通修建以后，快速公交可作为辅助骨干，为居民提供更广、更方便灵活的高档次道路公交服务。

②快速公交作为轨道交通线路的延伸

快速公交可应用于轨道交通的延伸，当轨道交通延伸到城市中心区以外时，其客流及经济性不够理想时，可采用快速公交作为其延伸线，并为轨道输送客流；这样既可减少轨道交通的投资费用及运营成本，又增加了轨道交通线网的覆盖面，为轨道交通输送更多的客流。

③快速公交作为轨道交通的辅助形式

与轨道交通平行的快速公交线路可以作为轨道交通的辅助形式，与轨道交通共同形成城市公共交通系统中的骨干系统。快速公交线网布设在平行于轨道交通的客流走廊上，可以补充轨道交通线网的密度；布设在连接两条轨道交通线路的客流走廊上，可以方便不同轨道交通线路之间的换乘；布设在环路上可以连接放射性的轨道交通走廊，方便快速公交与轨道交通之间的换乘。

④快速公交与轨道交通共线运营

在客流量很大的客流走廊上，虽然已有轨道交通，但仍不能满足居民出行的需求，道路公交的客流量依然很高。则可以把快速公交系统设置在轨道交通相同的走廊上，这样可以提高整个客流走廊上公交服务能力以及公交服务方式的多样性。但可以适当弱化与轨道交通共线的快速公交线路，把线路站点进行加密，提高快速公交线网站点覆盖率。

（2）轨道交通线网与常规公交线网整合

城市轨道交通与常规公交的关系应定位为骨干与基础的关系，在发展轨道交通的同时，实现常规公交与轨道交通的整合，发挥轨道交通更大的作用，提高公共交通的吸引力。公共汽车运量不大，但具有灵活、便捷、覆盖面广的优点，主要以中长距离客流为主，应重点考虑整个城市线网覆盖率。轨道交通与常规公交之间的有效整合可以使居民得到更便捷的公交服务。

①调整常规公交与轨道交通线路重复的线路

在轨道交通建设完工初期，取消部分与轨道交通共线的常规公交线路；在轨道交通覆盖范围内，调整长距离与轨道交通共线的常规公交线路，改设在轨道交通线服务半径以外的区域。这样可以更好地发挥轨道交通的作用，吸引更多的客流，同时缓解地面交通的压力，避免轨道交通与常规公交之间不必要的竞争。

②常规公交与轨道交通共线运营

在客流量很大的客流走廊上，若轨道交通无法满足居民的出行需求，可以在局部客流大的轨道交通线的某一段上，保留一部分常规公交线路，起分流作用并提供多层次的公交服务方式，但共线长度不宜超过4km。地面公交与轨道交通重合超过4km，就失去了分流的优势。

③常规公交为轨道交通起终点站集散客流

把常规公交线路的起终点站尽量汇集到轨道交通线路的起终点站，形成公交换乘站。在轨道交通起终点站根据其客流密集情况设置不同等级公交换乘站，甚至是公交换乘枢纽站，以快速集散客流，同时方便乘客。

④常规公交与轨道交通中间站接驳换乘

对常规公交线路进行调整，尽量做到常规公交线路与轨道交通车站交汇，方便乘客换乘，而主要调整的线路是与轨道交通线路垂直的常规公交线路。在进行轨道交通车站和常规公交车站布置时，要尽量使常规公交车站与轨道交通车站靠近，缩小换乘距离或实现零换乘距离，为轨道交通输送更多的客流，提高轨道交通的吸引力。

(3)快速公交线网与常规公交线网整合

城市快速公交与常规公交的关系应定位为辅助骨干与基础的关系。轨道交通、快速公交与常规公交相互依存，在促进轨道交通和快速公交的发展同时，还应加强常规公交与轨道交通、快速公交的有效整合。在常规公交线路集中、客流规模大的交通走廊上，建设快速公交系统，以提高道路公交服务水平，保障快速公交的服务水平不受机动车拥堵的影响。常规公交也可作为快速公交的次级线路，以扩大快速公交线网的覆盖率。

①常规公交作为快速公交的过渡方式

快速公交的建设到通车运营需要一定的时间，而居民的出行需求却要求快捷、方便、舒适的多层次多样化服务，因此常规公交系统可以建设公交专用道网络作为运营平台，以提高道路公交的服务水平。作为建设快速公交的过渡方式，可以为快速公交培育客流。

②常规公交作为快速公交的辅助形式

常规公交线网中的骨干线路可以作为快速公交的辅助形式，以公交专用道为运营平台，也可以为居民提供快捷舒适的公交方式。常规公交骨干线路布设在环路上可以连接放射性的快速公交走廊，方便常规公交与快速公交之间的换乘；布设在连接两条快速公交线路的客流走廊上，可以方便不同快速公交线路之间的换乘；布设在平行于快速公交的客流走廊上，可以补充快速公交线网的密度。

③调整常规公交与快速公交线路重复的线路

在快速公交线路通车运营后，取消部分与快速公交共线的常规公交线路；在快速公交线网覆盖范围内，调整长距离与快速公交共线的常规公交线路，改设在快速公交线服务半径以外的区域。这样可以吸引更多的客流，避免快速公交与常规公交之间不必要的竞争。

④常规公交为快速公交起终点站集散客流

在快速公交的起终点站尽量把部分常规公交线路的起终点站汇集到此，形成道路公交换乘站。在快速公交起终点站根据客流规模设置不同等级公交换乘站，甚至是公交换乘枢纽站，以快速集散客流，同时方便乘客换乘并给乘客提供更好的换乘条件。

⑤常规公交与快速公交中间站接驳换乘

调整常规公交线路，尽量把常规公交线路与快速公交车站交会，方便乘客换乘，而主要调整的线路是与快速公交线路垂直的常规公交线路。在进行快速公交车站和常规公交车站布置时,要尽量使常规公交车站与快速公交车站靠近,缩小换乘距离或实现零换乘距离,为快速公交输送更多的客流,提高快速公交的竞争力、吸引力。

3)城市公交系统不同层次站点换乘衔接

轨道交通与地面常规公交交会衔接时,一定要有清晰的线路信息,使换乘客流流向明确,通道畅通,换乘便捷无误。由轨道交通车站换乘地面公共汽车的客流,应通过行人天桥或地道直接进入街道外的公共汽车站台,使人流与车流分别在不同的层面上流动,互不干扰。所以,大型换乘枢纽站的建筑必须与其周围的道路、广场等进行综合设计。

轨道交通与快速公交之间的换乘指轨道交通线路与快速公交线路之间的换乘,一般换乘客流较大,换乘形式更加注重立体化和人性化,通常作为大型复合换乘枢纽。

快速公交与常规公交之间的换乘指快速公交线路与常规公交线路之间的换乘,换乘地点一般设置在常规公交线路相交或接近快速公交站点处,当存在多条常规公交线路时,应尽可能提供路外换乘设施。

4)公共交通与其他交通方式的整合衔接

城市公共交通系统不能孤立地规划与实施。公共交通是城市的重要组成部分,公共交通系统应与其他交通方式充分整合才能发挥最大效用。城市公共交通系统与其他交通方式的整合主要是指城市公交系统与步行、自行车和私人小汽车之间的换乘衔接。其他交通方式不是公共交通的竞争对手而应是合作伙伴,它们相互结合满足乘客全方位的需求。

在公共交通系统的规划设计中,不能把其他交通方式仅仅视为竞争对手,还应把它们当作公共交通系统的辅助形式,通过最大限度地整合公共交通系统与其他交通方式,努力挖掘潜在的客流。只有真正实现了零距离换乘,乘客才能得到安全、舒适的公共交通服务。

(1)与步行系统的衔接

步行系统主要是为了突出人与交通的协调关系,保护步行安全,确保安全过街、专用路权、提供舒适步行系统;协调商业活动与步行交通促进作用,增加重点商业区域活力。步行系统以公共交通系统作为支撑,与公共交通系统有效衔接整合,在商业区设置与机动车完全分离的步行街和步行区,只允许公共交通可以经过或靠近这些区域,即可以确保行人安全,有舒适的步行空间等,又可以提供多样化的公共交通服务供居民选择。

步行系统设置时要注意:

①人车分离,安全穿越,确保连续、安全;

②强调绿化,设置树阴通道,构建舒适宜人的步行环境;

③利用沿线特色建筑、文物、公园、广场绿地,突出特色,减少行人疲惫感;

④基于居民出行需求分布布局,充分结合公共交通系统换乘的衔接;

⑤步行通道在一定范围内要有公共交通方式与其衔接,能提供宽敞、舒适的公共交通服务;

⑥步行通道要能安全的连接主要出发地和目的地,如商店、学校和工作场所等;

⑦有条件的区域可以设置低成本、有遮蔽的步行通道,以消除天气对行人的影响,从而使乘客可以舒适地到达最近的公交车站;

⑧在步行通道附近的公交车站要有可以达到各个方向的公共交通线路,以方便乘客换乘。

(2)与非机动车的衔接

随着城市轨道交通与道路公交的建设,轨道交通、道路公交与非机动车的衔接是一个可以增加大量客流的有效方式。因此在进行轨道交通与道路公交的规划设计时,必须要考虑适当的非机动车道以及车站内停放非机动车的位置,这样方便非机动车停车换乘。许多人就可以骑车至公共交通车站,然后换乘公共交通到达目的地,这样可以缩短非机动车的出行距离。

为了实现非机动车与公交的紧密衔接,必须解决好非机动车的"行"与"停"的问题。非机动车通行系统设置应注意:

①协调非机动车交通与其他交通方式的设施、运行组织的关系,重点建立非机动车与公共交通的换乘点;

②在主要公共交通车站特别是轨道交通和快速公交的车站,均应设置考虑一定规模的非机动车停车场地,在用地紧张的区域可以考虑设置地下停车场;

③在进行公共交通规划和非机动车通行系统规划时,要注意公共交通车站、换乘站与非机动车车道相结合的一体化规划;

④充分利用道路绿化系统营造遮阳避雨的骑行环境。

(3)与私人小汽车的衔接

城市公共交通与私人小汽车的一体化主要是城市轨道交通、快速公交与私人小汽车的衔接,私人小汽车的拥着者所追求的出行质量是快捷、方便及舒适,因此做好私人小汽车与轨道交通、快速公交的一体化衔接可以引导一部分私人小汽车的拥着者使用公共交通,缓解城市交通堵塞的问题。

随着我国经济的发展,小汽车已经开始进入家庭,这不仅给城市道路带来了交通压力,在市中心停车难问题更加明显。城市轨道交通与快速公交的建设则是缓解这一矛盾的有效手段。

国外很多大城市都采用了停车换乘(P+R)的模式来缓解机动车的增长给城市带来的交通压力,私人小汽车可通过发展停车换乘设施与公共交通系统成功衔接,也就是在城市的边缘区轨道交通与快速公交车站修建小汽车停车场,限制小汽车进城。这些设施有利于吸引人们到公共交通线路终点处的换乘站,从而使私人小汽车拥有者能更快到达目的地。这样可以避免更多的私人小汽车进入市中心,缓解城市交通堵塞,改善交通环境。停车场与城市轨道交通、快速公交要有良好的换乘条件,才能被乘客所接受。也可在城市边缘区的一些大型客流集散点规划建设小汽车停车场,为今后小汽车的停车换乘提供条件。

6.3 综合客运枢纽规划

6.3.1 综合客运枢纽概述

6.3.1.1 概念及特性

1)综合客运枢纽概念

城市综合客运枢纽是指能为旅客提供两种及两种以上交通方式或者同种交通方式不同线路之间方便换乘的站场,是城市客流的主要集散点、换乘点。城市综合客运枢纽可以看成由两个方面组成(图6-23):服务于跨省市出行客流的城市对外客运枢纽和服务于城市内部交通的市区公交枢纽。

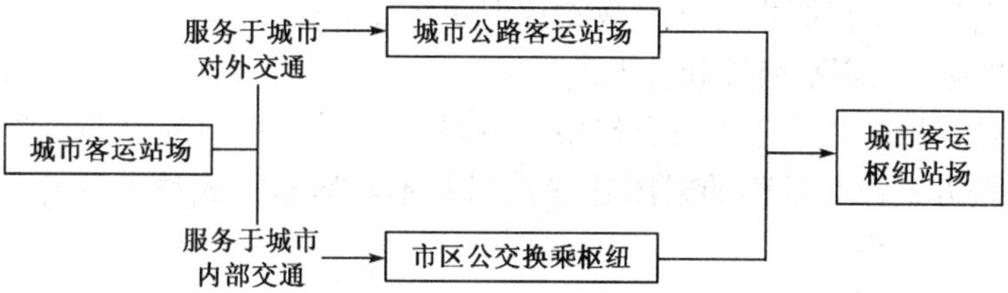

图 6-23　城市道路客运站场组成

(1)城市对外客运枢纽

城市对外客运枢纽是城市间运输活动与城市内部运输活动的衔接点,是城市间旅客运输的起讫点,它能有效连接城市对外旅客运输线路和城市公交线路,顺利实现旅客的集散,表现形式为火车站、公路客运站以及机场、码头等。其规模受城市对外交通基础设施发展状况和城市经济发展等多种因素影响,一般以大运量、高效率为特征。

(2)市区公交换乘枢纽

市区公交枢纽换乘是指有多条公交线路经过、可为不同交通方式换乘、上下旅客较多、具有必要的服务功能和控制设备的综合性市政设施。与城市对外城市综合客运枢纽类似,一部分公交枢纽站场也是城市内外交通的衔接点,例如分布在火车站、长途汽车站附近的公交枢纽站场;另一部分公交枢纽站场作为城市内部客流的重要集散点,分布在商业区或区域中心附近。公交枢纽站场的规模同城市发展形态、经济文化活动相当,对通畅、便捷要求高。

2)综合客运枢纽系统特性

综合客运枢纽本身是一个由多个相关要素构成的具有特定功能的系统,它不仅具有系统的一般特征,同时还具有区别于其他系统的特性,主要表现在以下方面:

(1)功能与目标的统一性

作为一个系统整体,综合客运枢纽系统具有统一的功能与目标,即完成枢纽内旅客运输的中转和集散到发作业,确保旅客运输全过程的实现和运输过程的连续性,满足运输网及枢纽区域交通运输需求。

(2)内部空间的实体连接性

在综合客运枢纽中,交通基础设施和不动产部分之间最显著的关系就是其实体相连性。将综合客运枢纽内部的车站和商业设施、地上和地下空间的一体化,达到旅客流线完全与机动交通分离。

(3)作为一种城市空间的开放性

综合客运枢纽是综合交通运输大系统的子系统,同时又是枢纽所在区域大系统的一个子系统,综合交通运输系统和区域系统成为其外部环境,如图 6-24 所示。综合客运枢纽与周边社会经济系统的融合决定站点的开放性。

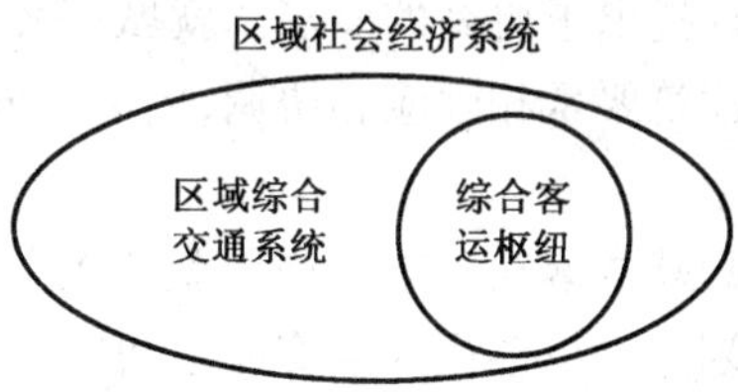

图 6-24　综合客运枢纽与其外部环境的关系

(4)构成与结构的复杂性

综合客运枢纽是由多个多级子系统构成的多级递阶结构的复杂系统,协调和配置关系十分复杂。

(5)各要素之间的相互协调性

综合客运枢纽系统要素为客流、载运工具、线路、站场设备、组织管理及城市环境等,各要素之间必须合理配置，相互协调，才能有效实现枢纽系统目标。

(6)各子系统发展的不平衡性和技术差异性

由于运输枢纽形成的历史过程及自然条件不同，不同运输枢纽的技术水平有一定差异，主要体现在不同运输方式作业过程的封闭独立性以及不同运输方式技术设备配置的差异性等方面。

(7)具有一定自适应性和自组织性

综合交通运输网及城市系统等外部环境发生变化时，综合客运枢纽的功能及目标可通过结构调整达到适应环境要求。

6.3.1.2　功能及分类

1)城市综合客运枢纽功能

从空间的角度对单个城市客运综合交通枢纽的系统组成及其周边的土地利用开发情况进行分析，城市客运综合交通枢纽主要有以下三大功能：

(1)交通功能

城市客运综合交通枢纽同时服务于两种交通元：乘客及运载乘客的车辆。这两种交通元在枢纽内集结，并发生乘降关系，城市客运综合交通枢纽就是为方便它们之间的乘降，为实现乘客出行的连贯性、舒适性这一最终目标而服务的，具体包括乘客的集散及中转功能、换乘信息服务功能、通信信息服务功能、运输组织管理功能、配套服务功能。因此，这种基于衔接换乘的交通功能也是城市客运综合交通枢纽的基本功能。

(2)经济功能

城市客运综合交通枢纽是城市大量人流的交汇点，因此往往能够形成较强的区域经济活动，促进其周边区域经济的增长，带动地区土地开发，成为区域经济的增长点。另一方面，大型城市客运综合交通枢纽，因其高密度的综合性开发，将逐步发展成为区域中心，缓解城市中心的高集聚，使城市布局形态朝着更有利于公共交通服务的可持续的多中心结构发展。

(3)环境功能

受人本思想、环境意识、多元化文化的冲击，“审美与功能的完美结合”已成为现代城市客运综合交通枢纽设计的全新理念，它使得城市客运综合交通枢纽不再仅仅作为交通功能的载体，更是作为融合文化、信息、生态元素、科技元素的多元综合体而存在，对城市公共客运枢纽的设计提出了更高的要求。就城市客运综合交通枢纽设计而言，要求其外部形态塑造上应与周围建筑要素相呼应和协调，内部空间设计则应富有特色和标志性设计，从而为乘客留下深刻的印象。

2)城市客运综合交通枢纽分类

划分城市客运综合交通枢纽的依据不同，其分类也不同，一般有以下几种分类方式：

(1)按交通功能划分

城市对外客运枢纽：城市对外客运枢纽是城市内外客运交通紧密衔接的关键，通过高效的换乘，实现水路、铁路、公路、机场与市内公共交通方便地连接。

市内公交枢纽：市内客运枢纽是城市内部多条轨道或者公交线路汇集的场所，不仅轨道交通与地面公交的乘客能够实现轻松的换乘，而且小汽车乘客也可以通过停车换乘的方式实现与公共交通的转换。

(2)按交通方式的组合划分

方式换乘枢纽:是指公共电、汽车交通与轨道交通、港口、铁路、航空等交通方式衔接的枢纽。这类枢纽主要完成交通方式转换,同时也可实行线路转换。

线路换乘枢纽:主要是指公共汽车、轨道交通线路之间包括公共汽车与长途汽车线路间的交会处枢纽。

(3)按交通组织划分

始发站枢纽:有多条轨道交通及公交线路的始发站,各线路分别设有调度室、车辆排队场所,各自根据本线路的客流状况确定发车频率和首末班车时刻,一般各站独立调度,相互之间没有协调。

中途站枢纽:是若干条线路的交叉或重叠处,同一方向的若干线路共用一个站台,如线路太多,可以分为几组,各组一个站台。

混合枢纽:既有始发站又有中途站,这是一类比较多见的交通枢纽。

(4)按承担的客流性质划分

换乘型枢纽:以承担公共交通之间或公共交通与其他客运交通方式之间的换乘客流为主,而区域性集散客流较小。

集散型枢纽:以承担公共客运枢纽所在区域的集散客流为主,换乘客流较小。

混合型枢纽:既有大量换乘客流又有大量区域集散客流的公共客运枢纽。

(5)按服务区域划分

都市级客运枢纽:是指位于火车站、航空港、客运港、公路主枢纽等对外交通出入口以及城市中心区和 CBD 地区,吸引全市范围和对外交通客流的公共客运枢纽。

市区级客运枢纽:是指位于城区内交通中心处或辐射卫星城、城市新开发区等的公共客运枢纽。

地区级客运枢纽:是指位于地区性区域中心客流集散点的公共客运枢纽。

(6)按布置形式划分

平面枢纽:枢纽站在同一平面,客流集散和换乘、交通工具的进出及转换均在同一平面完成。

立体式枢纽:枢纽站为地上或地下多层结构形式。适用于交通方式复杂、用地受到限制的地点。同时也可与综合性服务设施,如商业、文娱活动场点相协调。

6.3.2 综合客运枢纽布局规划

综合客运枢纽一般包括城市对外客运枢纽和城市内部公交枢纽,由于服务对象、服务距离等差异,两者在布局规划时有其各自的独特性,因此,本节对城市对外客运枢纽和城市内部公交枢纽分别进行介绍。

6.3.2.1 枢纽布局影响因素及差异性

1)布局影响因素

目前,我国城市的客运枢纽多是自然形成的,缺乏统一规划、布设不全,换乘不便。为了合理的规划客运枢纽,有必要分析一下影响枢纽规划的因素。

(1)城市的发展形态

任何一个城市,都有自己的布局形式,即发展形态。城市的形态直接影响到城市出入口的规划设计,而城市出入口又是城市对外交通枢纽的重要选点处。因此,城市的发展形态是影响城市客运枢纽布局规划的主要因素之一。

(2)城市总体规划

客运枢纽站场既属于交通基础设施,又属于城市重要基础设施,是城市总体规划的一部分,因此枢纽布局规划时应与城市总体规划密切结合,充分考虑未来城市的发展方向、布局形态和用地性质,符合各个片区、组团的空间分布结构和特点。城市客运枢纽的布局应以各个片区城市居民工作出行、经济活动、文化体育活动、对外交通的需求为依据。因此,城市规划影响着枢纽的定位和布局。

(3)城市路网及集散点客流分布和强度

枢纽应布置在客流集散量大的地点。客流分布及强度是枢纽规划建设的重要依据。比如城市居民出行调查得到客流量、流向分布、出行结构以及各区域中心的客流集散强度等数据资料,是枢纽规划设计的基础资料。

(4)土地供给的可能性

城市土地供给无论是区位上还是数量上都是有条件限制的。城市土地的使用格局是随着城市发展不断演变的,土地使用功能是不断变化的,并不是一开始就为某种用途而预备的。客运枢纽在城市中的布局必然存在拆旧建新的问题,而一旦触及拆旧建新,问题就往往会变得复杂,制约因素也是多方面的。因此,土地供给的可能性是客运枢纽在城市中布局的重要影响因素。

(5)城市对外交通线网布局

城市对外交通线网布局直接影响着城市对外客运枢纽的布局,对于中等城市来说,客运枢纽布局选址应尽量靠在城市边缘,在城市对外交通线网附近,以减轻城市交通压力。

(6)其他运输方式客运站布局

随着出行距离的增加,旅客一次出行往往要有几种运输方式协同完成,不同运输方式之间方便的换乘已成为运输市场的基本需要,而道路运输凭借其“门到门”、灵活方便的特点,为其他运输方式集散客流已成为其重要作用之一。因此,道路客运枢纽布局要考虑其他运输方式客运站的布局。

(7)其他因素

客运枢纽是人流、车流集散量较大的地方,它的建设运营对周围环境会造成很大影响。因此,在学校、医院、政府机关、住宅区等单位附近不宜设置客运枢纽。另外,在旅游城市,为了保护旅游资源和城市原来的风貌,对城市的历史、文化、人文环境、自然环境会有特殊要求,这些因素对枢纽布局选址、交通组织也有影响。

2)城市对外客运枢纽与市区公交换乘枢纽的差异

城市对外客运枢纽与公交枢纽虽然都属于城市的重要客运服务点,但在许多方面都有各自的特点:

(1)连接线路不同

城市对外客运枢纽连接的线路是城市对外交通线路,是市区至郊县或城市间的线路;而公交枢纽连接的线路是市区内部交通线路,是市区内部各组团间、区域间的线路。

(2)服务对象不同

城市对外客运枢纽的服务对象主要是全市居民和外来人员;而市区公交枢纽的服务对象主要是城市居民和城市暂住居民。

(3)出行目的不同

在城市对外客运枢纽站场乘车的旅客的出行目的主要是探亲、出差、娱乐等;而在市区公交枢纽乘车的乘客的出行目的主要是上下班、娱乐、购物等。

(4)客流高峰不同

由于出行目的不同,导致客流高峰也不同。一般在市区公交枢纽乘车的客流时间分布规律较明显,每天的客流高峰时间表现为上下班时间、周末,在城市对外客运枢纽站场乘车的乘客规律不是很明显,每年的客流高峰期为五一、十一、春节。

(5)出行距离不同

城市对外客运枢纽站场的出行距离较长,一般是中长途运输;而市区公交枢纽的出行距离较短,只在市内区域范围内,但随着城乡客运一体化,公交的运行线路加长,公交出行的距离也会相对变长。

6.3.2.2 城市对外客运枢纽布局

1)城市对外客运枢纽布局原则

城市对外客运枢纽布局规划要在遵循运输布局一般原则的基础上,与运输线路和其他运输方式协调发展;与城市规划布局相适应;使旅客有最短的运输路径,花费最少的运输费用,关键是要人便于行。具体来讲,城市对外客运枢纽站场布局选址应符合以下几项原则:

①站场选址要与城市总体规划相结合,符合总体规划的合理布局,即基本与拟定站所在城市用地性质不发生大的矛盾,促进城市各项功能的发挥。坚持理想站位与实际用地可能相结合,在用地选择受约束的条件下,寻求最佳可能方案。

②方便旅客集散和换乘,为使旅客进站便捷,枢纽站场宜分开设置。城市对外客运枢纽站场建设的主要目的是为旅客服务,在取得旅客满意的前提下赢得市场份额获取利润。各站场要考虑到服务的区域大小及旅客进站的距离,同时也要考虑运输车辆对城市交通的影响,不宜过分深入市区。

③站场应与城市其他各项交通运输设施有合理的配合和衔接,与内外交通相配合,充分考虑与城市干道、公路主骨架及其他对外交通运输方式的衔接,以方便旅客的中转。其位置宜布置在旅客流量较大的主要交通干道附近或城市内环道附近,通过市内公共交通与铁路车站和客运码头相联系。

④客运量不大的部分客运站场宜设置在城市边缘或城市与过境公路相衔接的支线上,不应紧靠过境公路设置。

⑤站场选址要尽量减少车流噪声对城市的干扰和影响,站场用地应避免和学校、医院、住宅区、科研部门、党政机关等单位相距过近。

2)城市对外客运枢纽布局规划方法

城市对外客运枢纽布局是受多方面因素影响的,单纯的通过定量分析或者定性分析的方法对客运枢纽进行规划是不科学的,一般城市对外客运枢纽站场的布局规划是要定量分析配合定性分析法,并充分考虑其布局选址原则,初步确定布局方案。

(1)定性分析方法

城市对外客运枢纽站场是服务于城市对外交通的,连接的是对外交通线路,其布局规划应与城市对外交通线网紧密联系。本书介绍一种常用的定性分析方法——分方向布站法。

分方向布站法是在分析待规划布局城市相关因素的基础上,充分考虑城市对外交通线网,重点研究现有站场格局和城市客流的特点,按照城市主要出入口方向,如东向、南向、西向、北向或东南向、西北向等，在城市边缘主要出入口附近选择合适的地点布设城市客运站，并根据每个方向调查的客流量大小确定客运站数量、各客运站的规模、功能定位，并按方向合理分配客运班线的方法。

此方法主要考虑到：城市边缘主要出入口是城市对外交通的重要衔接点，通常会有多种运输方式集中于此，在此布站首先有利于不同交通方式间的换乘，便于旅客中转运输；其次，有利于减轻市内交通压力，因为长途客车一般比较庞大，对于本已拥挤的城市道路来说，这种车在市内穿行时，特别是转弯时所用时间会很长，容易引起交通阻塞；第三，按方向分配客运班线使得旅客的出行路线不会迂折，长途客车出站后经过城市快速路或主干道快速驶出城区，减少在市内因为交通堵塞的慢行，节省旅客在途时间。

(2)定量分析方法

根据城市出入口设置，结合布局选址原则，在城市出入口附近或城市干道附近选择合适的位置，作为城市对外客运枢纽站场布局规划的备选位置，并在经验比选备选站址的基础上，以获得最佳经济效益为目标建立客运站布局和选址模型。

客运站是出发地与目的地间的旅客集散地，客运站与出发地和目的地构成了一个复杂的系统，设有1个出发地，m个目的地，n个客运站。综合经济效益高意味着旅客经客运站集散的费用小，且投资和经营费用小。集聚的客流包括从市内出发地集中于客运站和从外地运至客运站的旅客数量，疏散的旅客则包括经客运站疏散到市内目的地和运往外地的旅客数量。因为客运站的选址不同对长途运输的运距影响不大，因而对运费的影响不大。因此可仅考虑向市内目的地疏散或从市内出发地集中到客运站的旅客交通费。据此，建立的数学模型为：

$$\left.\begin{aligned}&\min Q_z = \sum_i \sum_j s_{ij} \cdot a_{ij} + \sum_j (g_j + f_j) \cdot v_j \\ &s.t.\ \sum_i \sum_j a_{ij} = \sum_j \sum_i a_{ji} \\ &\sum_k a_{ji} \leqslant v_j \\ &\sum_j z_j = r\end{aligned}\right\} \tag{6-2}$$

式中：i——目的地序号，$i=1,2,\cdots\cdots,m$；

j——客运站备选站址序号，$j=1,2,\cdots\cdots,n$；

a_{ij}——年均每日从客运站j至目的地i的旅客量(人次/日)；

s_{ij}——i、j两点的距离，因为从客运站j至目的地i的交通费的大小最终取决于i与j间的距离；

a_{ji}——年均每日从出发地i至客运站j的旅客量(人次/日)；

g_j、f_j——客运站j单位旅客发送量的固定费用和经营费用(元/人)；

v_j——备选站址j所能建设的客运站j的最大日旅客发送量(人次/日)；

z_j——选择参数，$z_j=\{0,1\}$，若站址选在备选站址j时取1，否则取0；

r——拟选站址的客运站数量($r<n$)。

6.3.2.3 市区公交换乘枢纽布局

1)公交换乘枢纽布局原则

由于公交枢纽与城市对外客运枢纽在服务对象、出行距离、发班频率等方面都存在差别，故它们在布局时也遵循着不同的选址原则：

(1)协调

公交枢纽是城市总体规划的一部分。城市总体规划不仅对城市用地性质作出明确划分，而且对城市的对外交通也有了安排。如火车站在哪里，港口码头建在何处等都已有定论。公交枢纽应当符合城市总体规划，即应在相应的地点布设公交枢纽。

(2)衔接

城市区分为城区、郊区，有的还有经济开发区、卫星城镇。城市公交是城市内部重要的交通方式，公交枢纽的选址要达到通过公交线路能将城市分区有机地衔接与延伸的目的。

(3)连续

公交枢纽的位置应为换乘提供方便，应为乘客提供选择最佳交通路线的机会，保证交通连续，减少延误。

(4)定量

公交枢纽规划要做定量分析，在交通集散中心、乘客换乘集中地，应根据城市具体情况，经过定量分析后，设立枢纽。

2)*公交枢纽站场布局规划方法*

公交枢纽布局规划跟城市道路客流量、大型客流集散点有直接、密切的关系，一般来说，对公交枢纽进行规划时多采用定量分析辅以定性分析的方法，具体如下：

(1)定量分析方法

采用“两阶段法”对公交枢纽进行布局规划，即布局规划分为两个阶段进行：

第一个阶段：在公交枢纽服务范围内，从乘客发生源出发，选择认为最优的路径到达公交站场。这个过程是利用城市交通系统完成的，具备城市交通流的相应特性。

具体步骤为：确定公交枢纽的服务范围→划分交通小区→确定交通路网→各交通小区的交通量发生、吸引预测→交通量分配→初步确定公交枢纽的备选位置。

第二个阶段：得到公交枢纽的备选集合后，第二阶段的模型采用物流学中求解“物流中心选址”问题的运筹学模型和方法，从备选集合中求解合适的站场位置。

具体步骤为：确定运输网络→确定出行距离矩阵→客运枢纽站场理论位置和规模的计算。

在这个阶段计算完成后，得到公交枢纽的布局方案。但是，一旦交通网络中出现了站场，交通网络的物理结构和交通流分布形态上都可能发生新的改变。而之前站场优化是基于没有站场的交通网络进行的，为了消除这个偏差，切实反映交通网络运行的实际情况，合理诱导客流分配，还要返回到第一阶段，重新确定增加了站场的交通网络，再分配一次。比较前后两次分配的路段交通流的偏差，如果满足一定的准则，则接受所得的站场集合；否则再循环进行第一、二阶段的计算，直至前后两次交通量分配结果的偏差满足要求。

(2)定性分析方法

城市的某些公交枢纽是随着城市的发展与总体规划布局“自然”形成的。只要城市总体规划得到批准，这类枢纽的位置就被固定。一般在下列地点，应设置公交枢纽：

①郊区或卫星城镇的区域交通中心

这些地点是城外区域进城客流的吸引点，交通分布特性明显，交通转换量集中，故在这些区域交通中心应设公交枢纽。

②大型客流集散点

大型客流集散点如大型商业广场、火车站、机场、港口码头、长途汽车站、大型居住区等地点，应布设公交枢纽。

③特定地点

为了满足日益提高的城市人民文化、娱乐生活要求，在城市建设了大型公园、大型剧场、市中心广场、大型体育馆等大型公共设施。这些地点的人流在短时间内集散量大，在此地点应布设公交枢纽。

公交枢纽规划同样也是一个受多种因素影响和约束的过程，上述定量的理论计算结果是经过很多抽象后得到的，不能完全代表实际情况。因此，应该根据理论计算的结果，结合枢纽所在区域的实际土地利用情况和交通干道分布情况，结合公交枢纽的布局选址原则和其他定性分析，对计算得到的公交枢纽布局规划方案进行调整，确定公交枢纽初步布局方案。

6.3.3 综合客运枢纽换乘模式

6.3.3.1 市区公共交通方式之间换乘模式

市区公共交通之间的换乘是指出行者在城市中通过各种形式的公共交通工具的转换达到完成出行的目的，增大公共交通吸引区的覆盖范围和公交出行的便利程度。主要包括如下方式：

(1)轨道交通之间的换乘：指供选取轨道交通(地铁、轻轨等)作为出行方式的乘客乘降、线路转换的一种换乘方式。城市轨道交通的特点是大容量集散，因此其换乘过程顺畅与否直接决定城市客运综合交通枢纽的整体换乘效率高低。

(2)快速公交之间的换乘：指快速公交不同线路之间的换乘，与轨道交通站台换乘类似，一般不需要乘客出站换乘，只需在快速公交停靠站内部换乘其他线路即可，乘客可以实现零距离、零成本换乘，换乘效率较高。

(3)常规公交之间的换乘：指供选取常规公交作为出行方式的乘客乘降、线路转换的一种换乘方式。原苏联专家经过研究认为对于短途出行(其中乘车路程相应为2～5km)，非快速轨道交通工具(地面)更为有效。因此，搞好常规公交间的换乘对于以轨道交通为骨干的运输系统而言同样重要(图6-25)。

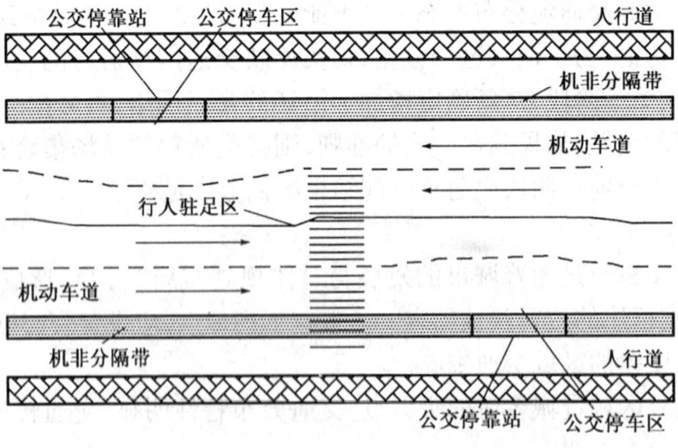

图6-25 常规公交之间换乘示意图

(4)轨道交通与常规公交之间的换乘：指由于出行距离与轨道交通、常规公交的线路布设位置的原因，居民出行过程中需要在两种交通方式间进行转换的一种换乘方式(图6-26)。

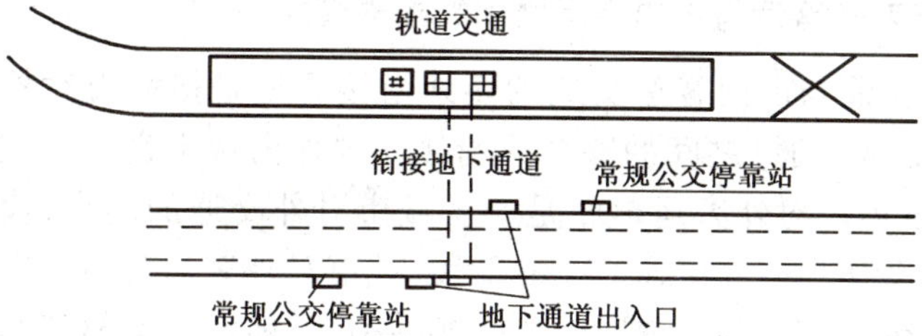

图 6-26　常规公交与轨道交通路边停靠换乘示意图

在快速轨道交通不甚发达的时候，常规公交是城市公共交通的主要组成部分，随着快速大容量轨道交通的发展，公共汽车、电车所承担的客运量比重会逐渐下降，所起的作用也将由主导变为补充和辅助，成为轨道交通的“馈入器”和“分配器”。有些原来沿主要客流方向的线路，因轨道交通的建立需要改线，并在适当的地点与轨道交通相衔接，向轨道交通线网覆盖不到的地方延伸，因此，较好地组织有轨和无轨两种交通方式在地上或地下进行方便的换乘非常重要。

(5)轨道交通与快速公交之间的换乘：指轨道交通线路与快速公交线路之间的换乘，一般换乘客流较大，换乘形式更加注重立体化和人性化，通常作为大型复合换乘枢纽。

(6)快速公交与常规公交之间的换乘：指快速公交线路与常规公交线路之间的换乘，换乘地点一般设置在常规公交线路相交或接近快速公交站点处，当存在多条常规公交线路时，应尽可能提供路外换乘设施(图 6-27)。

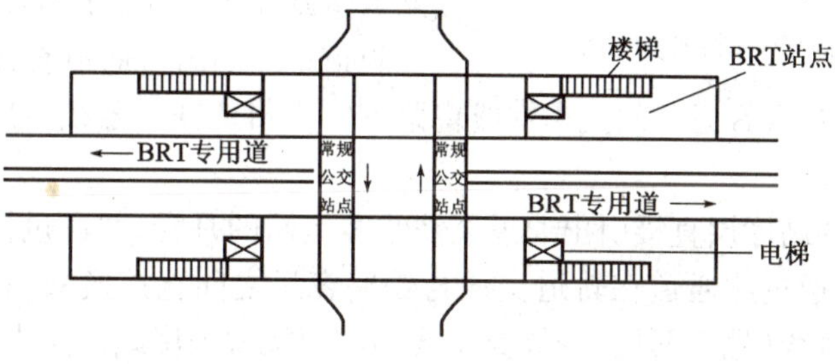

图 6-27　常规公交与快速公交之间换乘示意图

(7)出租车与轨道交通(或快速公交、常规公交)之间的换乘：指乘客首先乘坐出租车到达交通换乘车站，而后乘坐轨道交通(或快速公交、常规公交)最后到达目的地，或首先乘坐轨道交通(或快速公交、常规公交)而后换乘出租车的中转方式。这种换乘方式可以最大限度地满足居民对于出行时间及出行费用的协调需求，在日常出行过程中较为常见(图 6-28)。

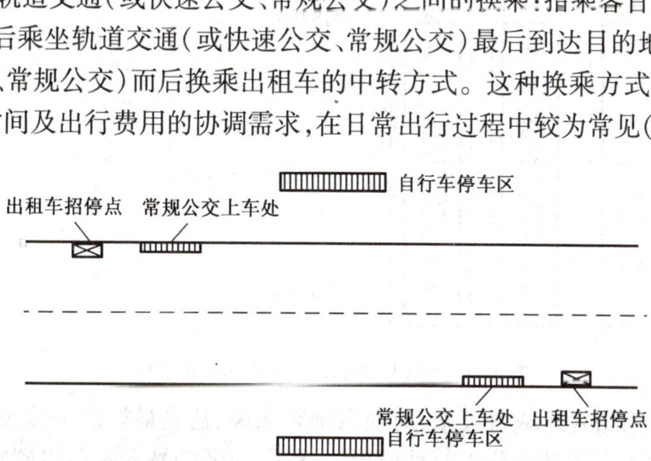

图 6-28　常规公交与出租车换乘衔接示意图

6.3.3.2 城市对外客运与市内客运之间的换乘模式

城市对外客运交通与市内客运交通的换乘衔接规划是指城市对外客运枢纽与城市内部公交枢纽(以及私人交通)之间的整合或衔接。内外衔接不良会导致城市内外交通联系不畅,制约城市的发展。对外客运枢纽是一个城市对外交通的门户,代表了城市交通的形象。内外交通衔接要实现内外交通的无缝衔接,城市对外客运与市内客运之间的换乘最常见的模式主要包括铁路客运与市内客运之间换乘衔接、航空客运枢纽与市内客运之间换乘衔接、公路客运枢纽与市内客运之间换乘衔接三大类。此外,客运港口(或码头)与市内客运之间换乘衔接也应包含在此之列,但由于铁路、航空、公路客运的激烈竞争和客运港口(或码头)天然的地域限制,这种换乘模式具有很大局限性,因此本书主要介绍上述三种换乘模式。

1)铁路客运与市内客运换乘模式

(1)轨道车站与铁路客运站的换乘衔接

轨道车站与铁路客运站的换乘衔接主要有四种布局模式:

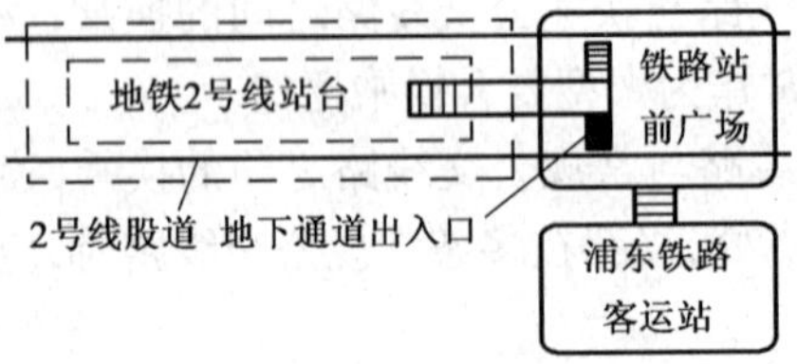

图 6-29 地铁 2 号线与浦东客站换乘衔接示意图

①在铁路客运站的站前广场地下单独修建轨道交通车站,站厅通道的出入口直接设置在站前广场,再通过站前广场与客运站衔接,这是目前国内最普遍的一种做法。如上海地铁 2 号线一期终点龙阳路站(地下一层站台层、地面站厅),通过站前广场与浦东铁路客运站候车大厅进行换乘,如图 6-29 所示。

②轨道车站的出口通道直接通到客运站的站厅层,乘客出站后就能进入客运站的候车室或售票室。广州地铁 1 号线与广州东站的衔接采用这种模式。

③由轨道车站的站厅层直接引出通道至铁路客运站的月台,并通过楼梯或自动扶梯与各月台相连,乘客可以通过此通道在轨道交通与铁路客运之间直接换乘,只是换乘步行距离较长。如上海地铁 1 号线(地下两层)与铁路新客站的衔接就采用此种模式,如图 6-30 所示。此种模式适合于同步实施。

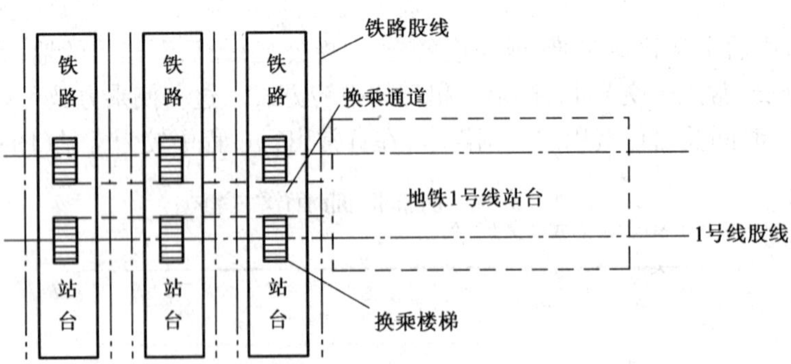

图 6-30 地铁 1 号线与新客站换乘衔接示意图

④轨道交通与铁路客运联台设站,对换乘乘客来说,这是最好的衔接布局模式。这种模式根据两者站台的设置方式又可分为两种情形:一种是两者的站台平行设置在同一平面内,再通过设置在另一层的共用站厅或者连接两者站台的通道进行换乘,上海地铁 1 号线与轻轨莘闵

线上的莘庄站与铁路客运莘庄站的衔接就是采用这种情形；另一种是轨道车站直接修建在铁路客运站的站台或站房下，乘客通过轨道交通车站的站厅就能在两者之间换乘，北京西客站与轨道交通车站的衔接采用的就是这种方式。联合设站的最佳衔接方式是实现两种客运方式同站台换乘，但需要在管理体制、票制等方面做出很大的改进。

(2)地面公交(包括快速公交和常规公交，下同)与铁路客运站的换乘衔接

铁路客运与市内地面公交的衔接设计必须保证换乘过程的连续性、客运设备的适应性和客流过程的舒畅性三个系统条件。乘客完成铁路客运与公交之间的中转换乘，应该是一个完整的连续的过程。铁路客运换乘枢纽内公交站点的布设主要集中在广场内部或站前道路上，在设计中主要需要解决以下问题：

①减少绕行距离。即出入口的设置能最大限度地满足公交车的出入方便和快捷，各方向的车辆就近进入枢纽，避免与公交车围着枢纽绕行，从而降低对周边路网的压力；

②公交站点的布设应与地铁换乘枢纽形成良好的衔接，使二者形成有效的协调。

(3)小汽车与铁路客运站的换乘衔接

铁路客运枢纽内的小汽车换乘主要是出租车换乘，而出租车换乘比例在一些大的铁路换乘枢纽达到了50%以上，因此，出租车停车场在铁路客运换乘枢纽内的布设极大影响着铁路枢纽总体换乘条件，在设计中需注意以下问题：

①“宽进严出”的布局设计。即停车点驶入口的尺寸要满足出租车的到达率要求，而驶出口则应小尺寸设计，以使乘客能够有序换乘；

②与轨道交通换乘枢纽站点及常规公交换乘枢纽站点的有效衔接。

2)航空客运站与市内客运换乘模式

(1)航空站与轨道枢纽的换乘

以拥有独立路权的轨道交通与机场航站的连接模式来看，有以下三种：

①轨道车站位于机场范围以外，在航站和车站之间提供固定的公交服务。如美国波士顿洛根国际机场，高速运输系统(MBTA)在机场外设站，由航站内公共汽车与之衔接。

②轨道车站与机场航站楼接近，再通过专用换乘通道设施衔接。这种类型最为常见，如日本大阪的关西机场(图6-31)。

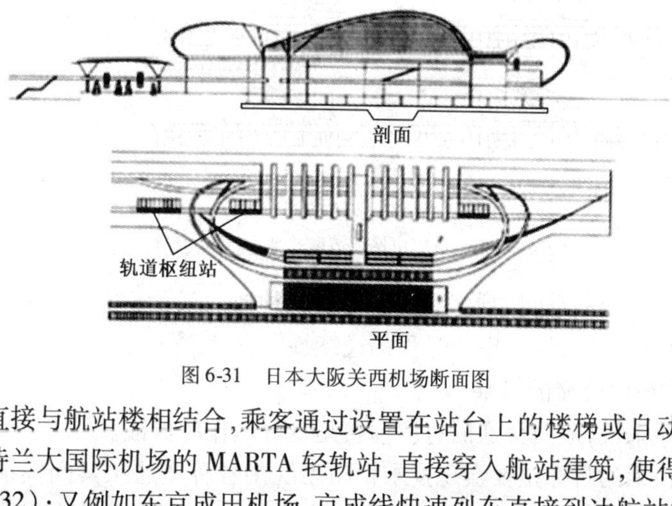

图6-31　日本大阪关西机场断面图

③轨道车站直接与航站楼相结合，乘客通过设置在站台上的楼梯或自动扶梯就可进入航站楼。如美国亚特兰大国际机场的MARTA轻轨站，直接穿入航站建筑，使得旅客能够迅速接近机场服务(图6-32)；又例如东京成田机场，京成线快速列车直接到达航站楼，并在航站楼地层设置车站，从航站楼的一层出入口通过分布在多处的自动扶梯即可直达(图6-33)。

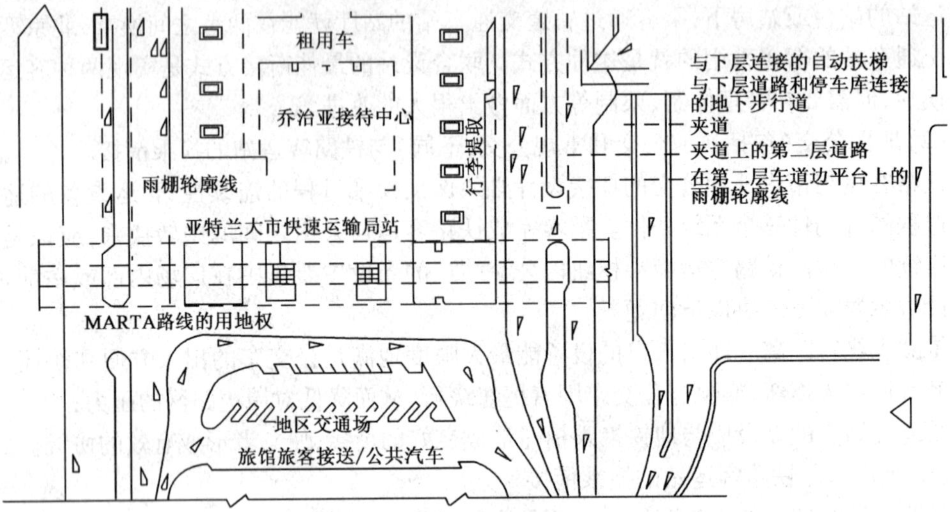

图 6-32 亚特兰大国际机场航站楼与 MARTA 关系

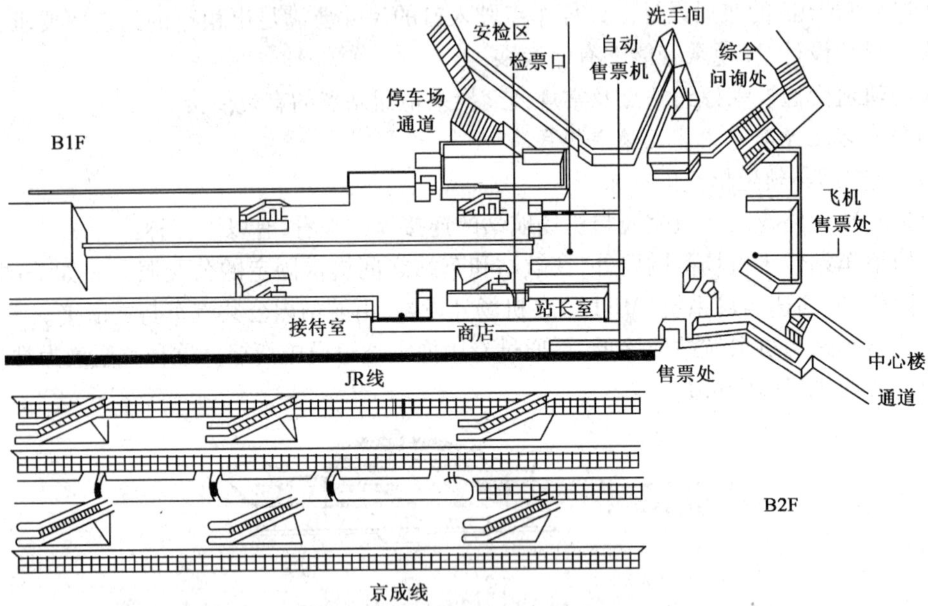

图 6-33 东京成田机场轨道枢纽站与航站楼衔接示意图

在有足够的室内疏散空间的情况下,采用第三种模式最为有利,如果采用第二种,要为步行进出航站提供自动步道,保证整个过程的连续性。

(2)航空站与地面公交的换乘

对于机场枢纽来说,地面交通的有序衔接是良好运作的保证。

①枢纽高效换乘的目标是要实现换乘枢纽系统中各种交通工具间换乘的总人·时最小,而不是一种交通工具的换乘人·时最小,因此,在考虑与地面公交的换乘设计中,一要解决出港口与公交的换乘,二要解决地面公交与地铁、小汽车之间的换乘。

②机场枢纽的公交大巴基本准点到达、准点发车，这给枢纽的布局设计带来了很多便利之处，在设计中仍需重点解决减少旅客的步行距离，以便更省时、更安全地换乘公交大巴。

其主要布局设计方式比铁路客运站相对简单，一般都是位于枢纽内部，不必再采用换乘通道等设施来完成换乘。

(3)航空站与小汽车的换乘

机场枢纽中的小汽车换乘包含两部分，一为出租车，二为私人小汽车，其中以出租车居多。这就要考虑出租车和小汽车停车场的布局设计，其设计方法与铁路客运换乘枢纽相似。

3)公路对外客运枢纽与市内客运换乘模式

(1)公路对外客运枢纽与轨道交通的换乘衔接

轨道交通车站与公路客运站的衔接布局首先应保证两种客运方式之间换乘的通达性，避免轨道交通车站和公路客运站分别位于城市快速路或主干路的两侧，否则必须设置跨主干路或快速路的专用换乘通道设施。其主要布局模式有三种：

①轨道交通车站与公路客运站之间有一定的距离，两者之间没有设置专用的换乘设施，乘客利用城市中的一般步道设施和过街设施进行换乘。这种布局模式乘客换乘相当困难，尤其是轨道交通车站与公路客运站位于城市干道两侧时，换乘的通达性和安全性都很差。目前我国城市轨道交通车站与公路客运站的衔接大部分都采用这种模式，如广州市地铁1号线坑口站与芳村客运站的衔接，两者虽然相距不远，但由于有花地大道的阻隔，换乘相当困难。

②轨道交通车站与公路客运站之间采用专用的换乘通道设施衔接。如广州市地铁1号线坑口站与芳村客运站的衔接改善方案就采用这种模式，一条跨越花地大道的人行天桥直接将轨道车站的出口与客运站的客流集散广场衔接起来。

③轨道交通车站的出口通道直接通至客运站的客流集散广场、售票室、候车室或上车站台处。这是最佳的衔接布局模式，但目前在国内尚未见到。

(2)公路对外客运枢纽与地面公交的换乘

地面公交的换乘设计首先应保证与公路客运站及轨道枢纽衔接的通达性、顺畅性，避免地面公交枢纽和公路客运站分别位于城市干道两侧，否则与轨道交通一样，必须设置专用换乘通道设施。

①地面公交车站与公路客运站之间有一定的距离，两者之间没有设置专用的换乘设施，乘客利用城市中的一般步道设施和过街设施进行换乘。这种布局模式乘客换乘相当困难，尤其是公交车站与公路客运站位于城市干道两侧时，换乘的通达性和安全性都很差；

②地面公交车站与公路客运站之间采用专用的换乘通道设施衔接。这种设计方案换乘比较便利，但造价较高，在国内尚不多见。

(3)公路对外客运枢纽与小汽车的换乘

与公路客运接驳换乘的小汽车以出租车为主，也就是说出租车是公路客运站乘客换乘的主要方式之一，同时出租车也是公路客运站影响交通秩序的最大症结。因此，在进行与小汽车的换乘设计时主要考虑与出租车的换乘。出租车停车场设计应因地制宜，当公路客运站场的规模有一定保证时，可在枢纽内部直接设置出租车停车泊位，这样可减少乘客的换乘距离和换乘时间，方便乘客换乘。如果不能保证出租车在枢纽内部停放，乘客只能在公路客运站场前的城市道路上进行换乘，此种情况就需要有相应的交通组织方案，减少对站前道路交通秩序的影响。

6.3.3.3 城市对外客运交通方式之间的换乘模式

城市对外客运交通方式之间的换乘主要是指公路客运、铁路客运、航空客运以及水路客运这四种城市对外客运方式之间的换乘，对应的综合客运枢纽具有长途客运站、火车（高铁）站、机场以及客运港口（码头）这四种对外客运枢纽中的两种或者两种以上的服务功能。目前我国最常见的对外综合交通客运枢纽多为具备长途客运站和火车（高铁）站服务功能的客运枢纽，如郑州综合交通客运枢纽和镇江综合交通客运枢纽。

1）郑州综合交通客运枢纽（图 6-34、图 6-35）

郑州综合交通枢纽是新建石家庄—武汉客运专线和徐州—兰州客运专线的十字交会枢纽，集铁路客运、公路客运、轨道交通、城市公交等多种交通方式于一体，是未来郑州东区乃至郑州市人流客流最集中的区域。据铁道部及河南省发改委等部门预测，到 2020 年，综合交通枢纽日发送铁路、公路旅客量将超过 17 万人；到 2030 年，日发送旅客量约 30 万人。

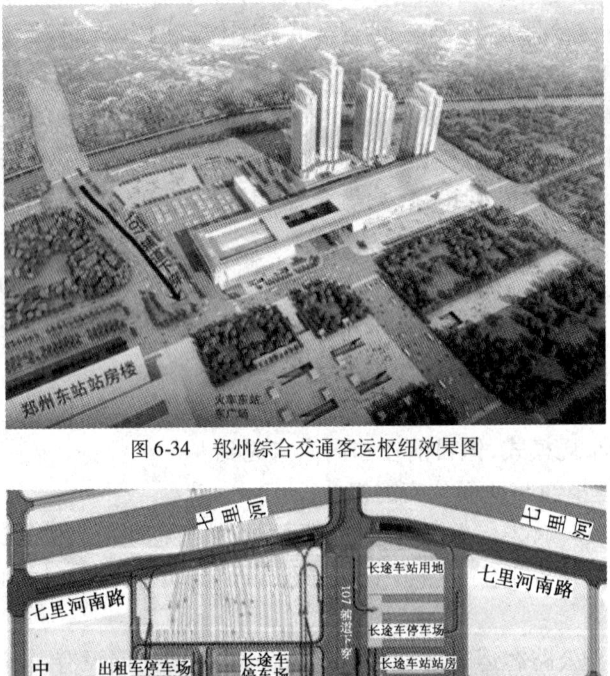

图 6-34 郑州综合交通客运枢纽效果图

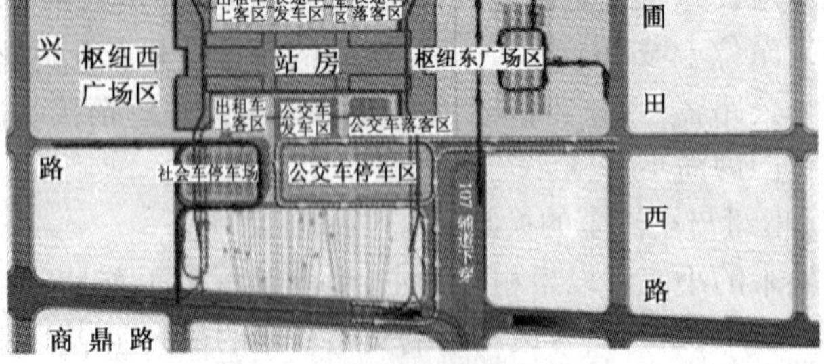

图 6-35 郑州综合交通客运枢纽平面图

郑州综合交通枢纽站的郑州火车东站，位于现在的国道 107 辅道西侧、七里河南路南侧、商鼎路北侧、中兴路东侧。公路客运站在火车东站站房的东北角，国道 107 辅道以东、七里河路以南、动力北路以北、圃田西路以西，地下与火车东站互通。国道107辅道在七里河南路南侧下穿，在商鼎路北侧出地面，这段隧道上面是火车东站的东广场，也是公路客运站的南广场。火车东站地下为地铁1号线、4号线的站点，地面为长途汽车、公共汽车、出租车停车场，地上一层为高铁和城际铁路站。火车站与长途客运站的一体化式建设对公铁之间的客流转换十分便利，公铁旅客人流也基本实现了“零换乘”。

2）镇江综合交通客运枢纽

镇江市综合交通客运枢纽（沪宁城际铁路镇江站市政配套工程）位于现镇江火车站铁路以南李家大山区域。该综合交通枢纽火车站广场东西宽260m，南北纵深90m，占地面积约23 400m^2，两层地下广场总面积约47 000m^2，是火车站、汽车站、航站楼、公交站、出租车等多种交通工具“无缝对接”的换乘中心。此外该枢纽的长途客运站占地约21 000m^2，建筑面积约18 000m^2，有20个发车位，日发送旅客20 000人次，同样采用与铁路站房一体化式建设，可大大缩短城际铁路与长途公路客流之间的换乘时间。镇江综合交通客运枢纽效果图和平面示意图，分别为图6-36、图6-37。

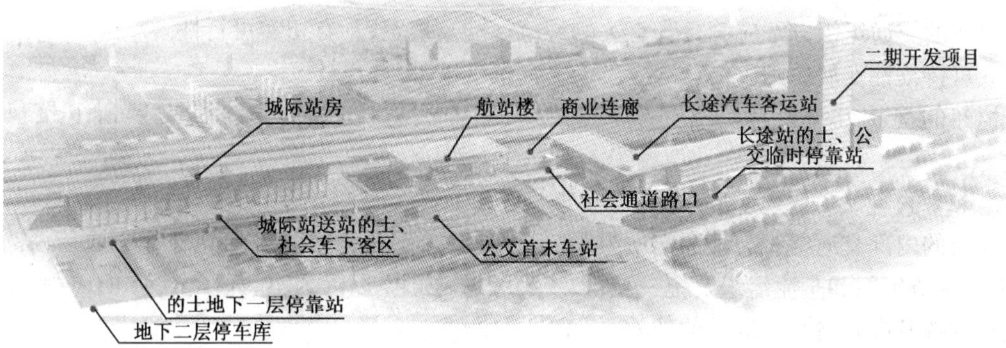

图6-36　镇江综合交通客运枢纽效果图

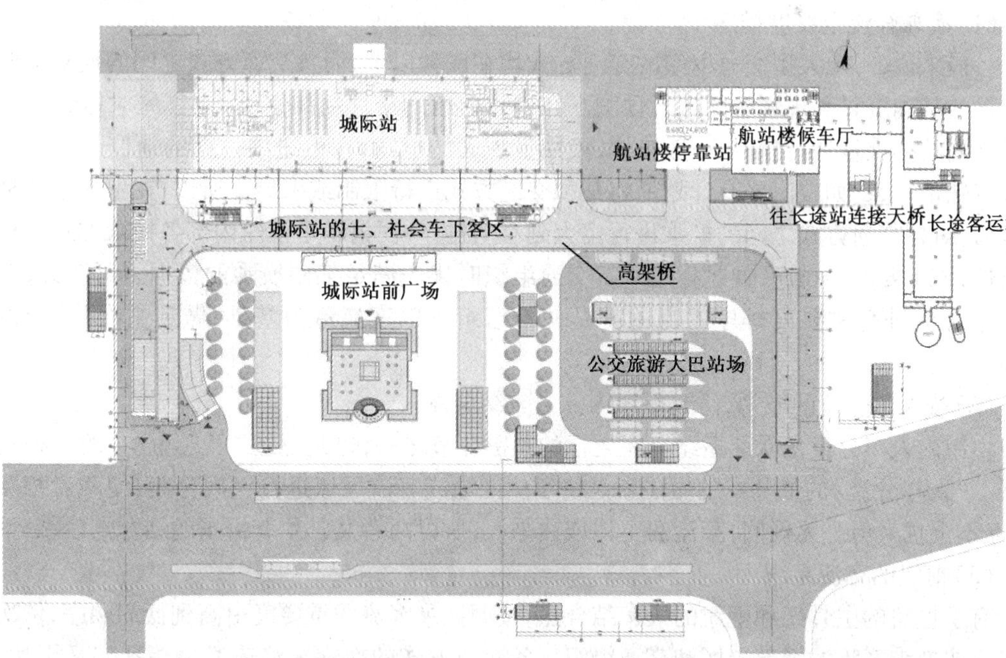

图6-37　镇江综合交通客运枢纽平面示意图

6.3.4 综合客运枢纽交通组织

6.3.4.1 枢纽内部交通组织

1)交通组织原则

①"公交优先"的原则

"发展公共交通"是现代城市解决城市交通问题的基本战略,在进行交通换乘枢纽的交通组织设计时,这一点应得到充分的体现。

②"以人为本"的原则

"以人为本"的原则是指最大限度地满足行人对换乘便捷、快速、安全、舒适的要求,缩短行人在枢纽内的换乘时间,提高设施服务水平。

③集中和疏散相结合的原则

枢纽交通组织设计应使枢纽内的客流既便于集中换乘,又便于疏散,做到张弛有度。

④可操作性原则

枢纽的交通组织方案应符合各有关的规范标准及规定,具有切实可行性。

⑤可持续性发展原则

枢纽的交通组织设计具有足够的前瞻性和弹性适应性,为未来的发展留下接口和余地。

2)枢纽内部交通组织步骤

枢纽的内部交通组织与外部交通组织是统一的,内部车流组织要受到外部交通条件的限制,内部客流组织和车流组织要统一安排、统筹考虑,按照"以人为本,人车分流"的原则,使枢纽充分发挥其高效、快捷、舒适的功效。

进行枢纽内交通组织分为以下步骤:

(1)换乘客流重要度排序

一般来说,一个大型交通枢纽的交通方式均在四种以上,而各交通方式之间的换乘量要通过大量的基础资料和规划意图进行预测。在进行枢纽的交通组织以前,应首先对枢纽各交通方式之间的换乘量进行预测,一般来说,换乘量越大的枢纽,在枢纽中占据的地位越重要。除非有特殊情况,比如政府要有计划地将某种交通方式进行限制或引导。所以,在考虑了各种因素以后,对各交通方式之间的换乘进行由大到小的排序,便揭示了枢纽内部各换乘方式的相对重要性,该重要度的排序,便是枢纽进行交通组织时优先满足某些换乘的依据。可以说,对枢纽换乘客流进行重要度排序的目的就是使枢纽组织以客流量为基础,做到主次分明,组织有序。

(2)按人车分流的原则,研究枢纽内的人车结合点

枢纽内人车分流是保证枢纽有序运行的关键环节之一,也是枢纽"以人为本"的一种具体体现。"人车分流"的最基本的做法就是将车流区域或客流区域进行空间分割,使两者相互独立,互不干扰。但毫无疑问,车流的主体依然是人,所以两者又必须有恰当的结合点或结合面。

(3)枢纽的客流组织

有了枢纽的主骨架和枢纽的人车结合点,按照换乘客流的重要度由高到低的顺序,依次进行各方式换乘客流的细部分区和交通组织。各交通方式的换乘客流应避免相互交叉干扰,但应做到分区清晰,连通便利,使乘客在枢纽中不至于迷失方向。

(4)枢纽的车流组织

一般来说，枢纽内需要进行交通组织的车辆是指公交车、长途车、社会车辆及自行车等，而火车、地铁列车等一般均是枢纽的既定条件，或可变空间极小。和客流组织一样，车流组织也要遵循一个先主后次的规则。在前几步工作中，已规划出枢纽的可能出入口，而枢纽内部的车流组织工作则是利用这诸多的可能出入口，根据人车结合点和客流组织的大致布置，进行车辆的组合和车流渠化。在渠化过程中，要充分地考虑车辆对内外部交通对枢纽客流的影响，尽量遵循已做好的客流组织方案。实在存在冲突的话，也可以在下一步工作中调整。

(5)客流、车流组织的统一及优化调整

枢纽内的客流、车流是相互依赖、相互牵制的统一整体。分别进行了枢纽的客流、车流组织设计后，两者肯定存在着某些冲突和矛盾，所以，交通组织设计的下一步工作就是进行客流、车流组织的统一，对方案进行优化调整。具体做法为：首先将客流、车流组织流线进行叠加，圈出客流组织、车流组织的冲突点和不相融合点，对这些点进行对策研究，列出解决方案，调整交通组织。然后，对调整过的方案重复以上工作，继续寻找冲突点和解决方案。因为交通是连续行为，解决了某一方面的问题时，很可能会引发其他矛盾，所以，对以上过程进行反复的循环研究，才能保证一个和谐统一的交通组织方案的产生。

6.3.4.2 枢纽外部交通组织

交通枢纽的外部交通组织是交通枢纽运行通畅的前提和基础，从城市大交通系统来说，外部交通组织合理性的意义更大。形象地说，枢纽外部的交通组织就是将交通枢纽这个“点”用合理而恰当的方式连接到城市综合交通大系统这个“面”上。在研究外部交通组织时，应做好以下几个方面的工作。

(1)外部交通组织首先满足城市大交通系统的需要

枢纽的外部交通组织是内部交通组织的基础和延续，交通枢纽设计的最终目的归根到底是服务于城市大交通系统的，枢纽的外部交通组织是衔接交通枢纽小功能与城市综合交通大功能的纽带。所以，外部交通组织的首要原则应是满足城市综合交通系统的基本功能和要求，并且在此基础上进行外部交通组织方案的局部优化。

(2)外部交通组织应满足周边城市用地功能分区的要求

枢纽外部的交通组织应以合理地利用周边城市用地功能分区为前提，因为外部交通在首先满足城市综合大交通系统的基础上，必须兼顾服务于周边区域的功能。这就要求外部交通组织还要很好地结合周边的自然条件，考虑城市环境保护、建筑艺术布局、城市地面水的排除等诸多因素，以这些为限制条件，对外部交通进行规划和组织。

(3)枢纽与城市干道系统的连通度研究

如上所述，外部交通组织是将交通枢纽这个“点”用合理而恰当的方式连接到城市综合交通大系统这个“面”上，所以，在进行外部交通组织时，应首先研究交通枢纽在城市综合交通系统中的地位和意义，即该交通枢纽在大系统中的“重要度”。重要度即决定了枢纽与周边城市干道系统的连通程度。而且枢纽与城市干道系统连通时，应以对干道交通的影响最小为前提。

(4)外部交通组织应为管制交通创造良好条件

枢纽的外部交通组织应尽可能地做到简单、整齐、醒目，使行人和各种车辆各行其道、互不干扰，且通行方向明确非常易于组织交叉口的交通。同时，外部交通应充分考虑作为重要交通集散点的交通枢纽的车辆、行人的尽快集结和疏散,从而使交通枢纽对区域交通带来的交通压力最小,管理效益最高。

(5)外部交通组织优化和校核

一般来说,交通枢纽在改善交通条件的同时,也会产生吸引交通量和新增交通量,又给区域交通带来新的压力。在根据城市大交通系统、区域用地功能等进行一轮外部交通的组织方案后,还应预测交通枢纽对周边道路的可能影响,对各道路的饱和度进行检测,从而对外部交通组织的方案进行校核和调整。

6.3.5 综合客运枢纽实例分析

6.3.5.1 南京火车站交通组织规划

2005年9月1日南京火车站南站房、南站场、南广场作为十运会重点工程项目投入试运行。南京站站房总建筑面积为41 000m^2,共有4个站台(面),7条到发线。2010年,为配合沪宁城际铁路开通,南京站又进行扩建,增建3座中间站台和一座基本站台。共有8个站台(面),14条到发线。至北站房竣工时,南京站总站房面积将达50 000m^2。

南京站客流高峰期每小时可容纳1万名旅客候车。站房一层西端为行李房,中部为售票大厅,东端为软席贵宾候车区;二层为进站大厅,普通候车室,母婴、军人、“158”(要我帮)工作室等专用候车室;三层为普通旅客候车室。为方便旅客在各层之间的衔接,车站共安装各类电梯32部,其中自动扶梯18部,自动代步电梯4部,垂直升降梯1部。南京站新站房运用立体化的交通组织,旅客进出站采用“高进低出”流线,进站可以乘车通过高架环形车道直达二层平台进入候车大厅,地下出站大厅与地铁南京站及停车场相连,旅客可以选择地铁、出租车、社会车及公交车换乘,在国内铁路站房建设中首次实现了真正意义上的“零距离”换乘。图6-38~6-40所示为南京站人流分析图。图6-41为南京站规划交通分布示意图。

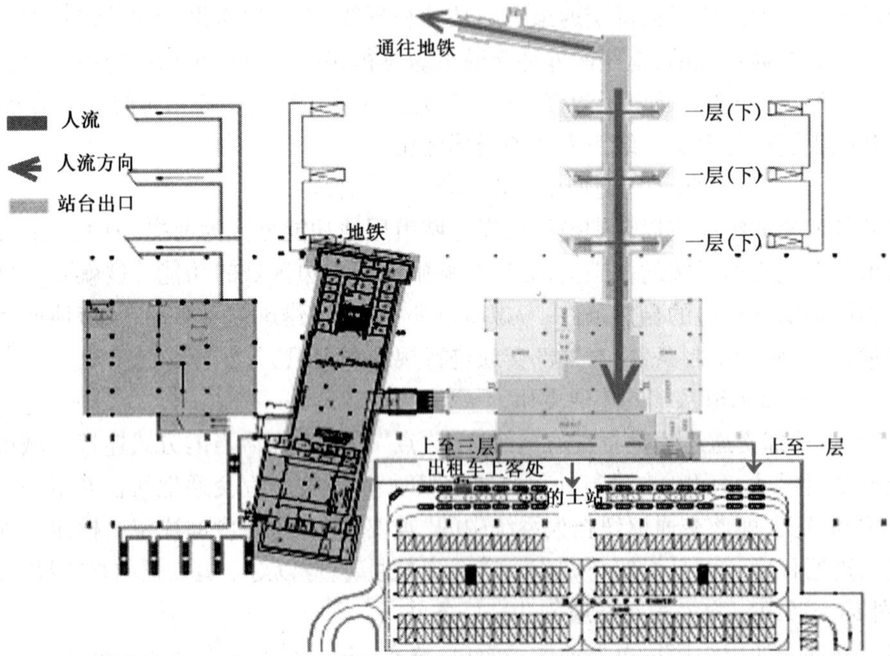

图6-38 南京站地下一层人流分析图

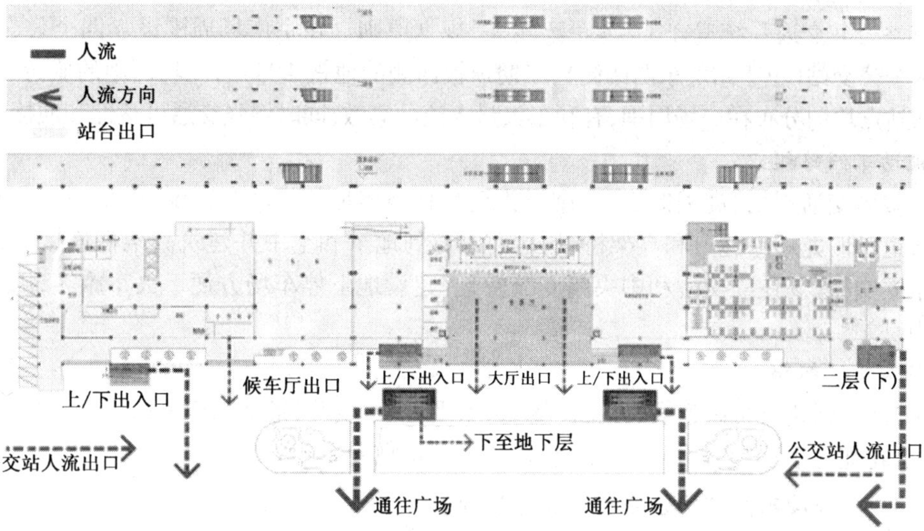

图 6-39　南京站地面一层人流分析图

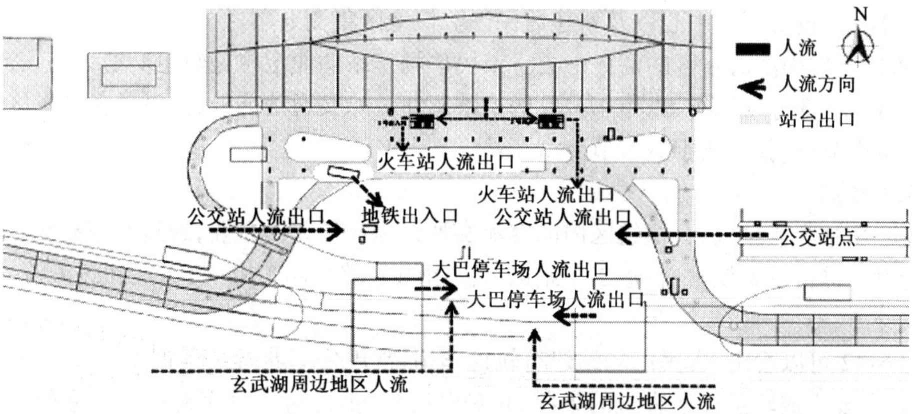

图 6-40　南京站广场人流分析图

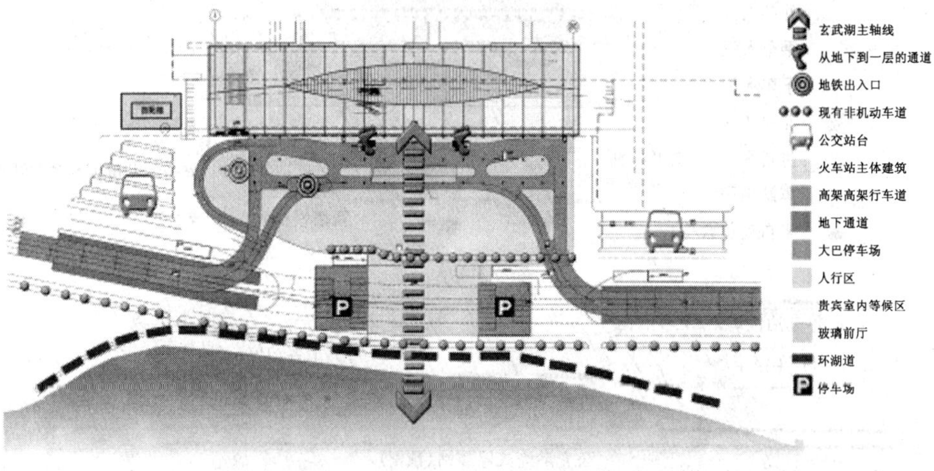

图 6-41　南京站规划交通分布示意图

1)公共交通系统规划

南京站公共交通系统遵守了"零距离转乘"规划原则。在主广场周围设立四个公交站场，分别是两个公交站(位于站房东西两侧)，二期顶板西侧的地铁4号站，广场西南的旅游大巴站。公共交通站点均匀分布在广场周围，有利于大量人流的集散，同时增强交通可达性和便捷性。

2)机动车线路组织

遵守整体交通规划"高进低出"原则。为满足日益增加的机动车需要，南京站在龙蟠路增设两条通道，即：龙蟠路隧道和高架桥，从地而改道到地下和空中并建筑高架桥连接东西两头原有城市立交桥(新庄立交桥和中央门立交桥)。建设地下停车场方便下火车旅客，以最快速度离开南京站。

3)行人交通组织

鼓励步行，强化步行区建设，在主广场、亲水平台、木栈桥、景观绿地等都化为步行区，通过运用路桩、花池等手法，实行了人车分流，营造了亲切宜人的环境。

6.3.5.2 天津市民广场公交枢纽交通规划设计

天津市民广场车站于2004年10月18日正式开通，是天津市津滨轨道线路上开通的第8个停靠站。车站的长度约80m，与列车长度相等。车站位于洞庭路站与东海路站之间，靠近第三大街的开发区投资服务中心以及新建居民区。该地区集交通、餐饮、娱乐、购物、商务等功能于一体，将发展成为滨海新区的商务中心。市民广场车站功能定位是轨道交通线与人流步行、公共汽车、班车、部分小汽车、出租车接驳的换乘枢纽。除交通功能外，同时具备开发区中心广场功能和城市节点功能，属于城市节点型车站。

1)人流组织

市民广场站客流量较大，枢纽区内的客流交通组织显得尤为重要，通过对原有车站建筑设计的人行设施进行重大调整，将进出车站的人流组织分散在四个方向，实现到达人流、换乘人流的立体分离。

由图6-42可以看出，市民广场站建有轨道车站、常规公交港湾式停靠站、自行车停车场等换乘设施，主要完成轨道交通客流的集散，并对自行车、步行与轨道交通进行换乘衔接。车站形式为三层高架式：

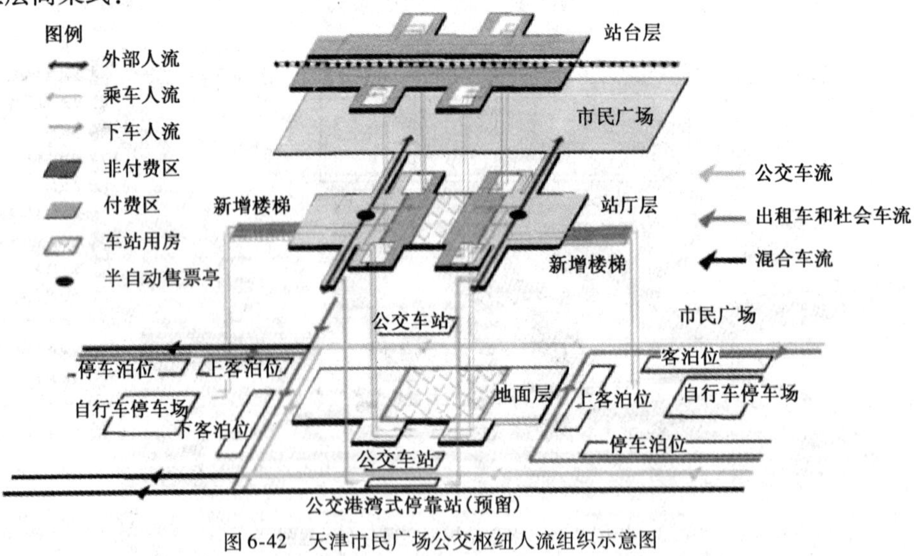

图6-42 天津市民广场公交枢纽人流组织示意图

(1)站台层:站台形式为侧式站台。

(2)站厅层:市民广场站的换乘形式(这里主要指津滨轻轨和其他交通方式的换乘)可以理解为站厅换乘。乘客无论是下轻轨换乘公交,还是进站搭乘轻轨,都必须经过站厅。这样就减少了站台上的人流交织,乘客行进速度快,在站台上的滞留时间减少,可避免站台拥挤。

2)车流组织

天津市民广场公交换乘枢纽在对换乘人流进行有效疏导的基础上,尽可能地提高效率,使不同的公共交通方式在枢纽处形成连贯的公交衔接体系,达到了轻轨和公共汽车、不同线路的公共汽车之间的最短时间换乘。同时,合理布置市民广场公交枢纽的公交车、出租车及社会车辆(包括自行车)的停车区,真正实现了轨道交通与其他交通方式的最佳换乘。此外,该公交枢纽遵循交通设计的原则,在运能和场站规模分析的基础上,对各种交通方式功能区进行布局,实现各种车流的单向组织,消除了交通流之间的冲突(图6-43)。

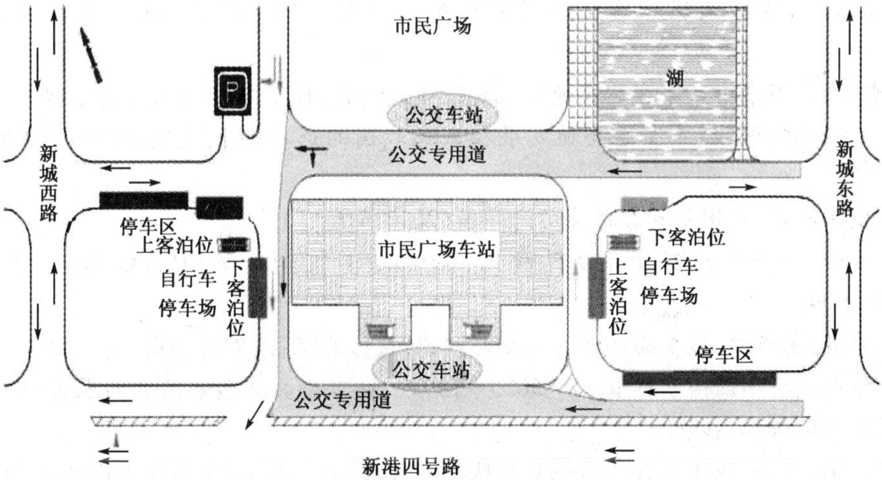

图6-43 天津市民广场公交枢纽车流组织示意图

参考文献

[1] 毛保华.城市客运管理[M].北京:人民交通出版社,2009.
[2] 陈小鸿.城市客运交通系统[M].上海:同济大学出版社,2008.
[3] 徐永能.大城市公共客运交通系统结构演化机理与优化方法研究[D].南京:东南大学,2006.
[4] 田锋.我国大城市客运交通结构发展模式研究[D].南京:东南大学,2002.
[5] 陈学武.持续发展的城市交通系统模式研究[D].南京:东南大学,2002.
[6] 王燕.城市客运交通系统分析与评价[D].成都:西南交通大学,2003.
[7] 陈尚云.我国特大城市客运交通系统结构和发展战略研究[D].成都:西南交通大学,2004.
[8] 江雪峰.我国中小城市客运交通系统发展模式研究[D].南京:东南大学,2007.
[9] 张庆年,林敬松.城市客运交通发展模式及我国的选择[J].交通企业管理,2002,(7):22-23.
[10] 环境保护部.中国机动车污染防治年报(2010年度)[R].
[11] 陈美如.城市客运交通系统结构优化的研究和实例分析[D].哈尔滨:东北林业大学,2009.
[12] 过秀成,姜晓红.城乡公共客运规划与组织[M].北京:清华大学出版社,2011.
[13] 中华人民共和国国家标准.GB 5655—1999 城市公共交通常用名词术语[S].北京:中国标准出版社,1999.
[14] 张生瑞,严海.城市公共交通规划的理论与实践[M].北京:中国铁道出版社,2007.
[15] 朱顺应,郭志勇.城市轨道交通规划与管理[M].南京:东南大学出版社,2008.
[16] 王炜,杨新苗,陈学武.城市公共交通系统规划方法与管理技术[M].北京:科学出版社,2002.
[17] 过秀成.城市停车场规划与设计[M].北京:中国铁道出版社,2008.
[18] 张国宝.城市轨道交通运输组织[M].北京:中国铁道出版社,2000.
[19] 何宗华,汪松,何其光.城市轨道交通运营组织[M].北京:中国建筑工业出版社,2003.
[20] 毛保华.城市轨道交通规划与设计[M].北京:人民交通出版社,2006.
[21] 毛保华.城市轨道交通系统运营管理[M].北京:人民交通出版社,2006.
[22] 徐永能.城市客运交通[M].南京:南京理工大学出版,2008.
[23] 武丽.中等城市客运枢纽站场布局规划研究[D].西安:长安大学,2006.
[24] 赵岩.城市客运综合交通枢纽换乘效率分析及对策研究[D].成都:西南交通大学,2008.
[25] 程婕.城市客运交通枢纽规划研究——以陕西省西安市为例[D].西安:西安建筑科技大学,2005.
[26] 卢旭.城乡客运一体化实施评价研究[D].长沙:长沙理工大学,2008.
[27] 朱燕惠.城乡客运道路一体化发展研究[D].西安:长安大学,2003.
[28] 梁艳洁.城乡道路客运一体化补贴机制研究[D].成都:西南交通大学,2007.
[29] 何增强.城乡客运一体化建设的问题与对策[J].河北工程大学学报(社会科学版),

2009,6(2).
[30] 任卫军,等.大部制背景下城乡客运一体化对策[J].长安大学学报(社会科学版),2010,12(1).
[31] 华文静.大城市快速公交线网布局规划研究[D].南京:东南大学,2005.
[32] 胡合林.城市快速公交线网布局研究[D].成都:西南交通大学,2005.
[33] 朱小郭.快速公交与常规公交协调衔接研究[D].长沙:长沙理工大学,2009.
[34] 赵倩瑜.快速公交系统基础设施规划与应用研究[D].南京:南京林业大学,2006.
[35] 杨远祥.快速公交(BRT)站点的优化布局研究[D].成都:西南交通大学,2004.
[36] 黄莉.中小城市客运交通一体化发展模式研究[D].南京:东南大学,2006.
[37] 东南大学交通学院.溧阳市公共交通规划[R].2010.
[38] 瞿何舟.城市公共交通不同层次整合研究[D].成都:西南交通大学,2005.
[39] 姜桂燕.城乡公交一体化发展规划研究[D].西安:长安大学,2010.
[40] 郝记秀.城市公共交通与土地利用一体化发展(IPTLU)研究[D].西安:长安大学,2009.
[41] 张爽.城市出租车拥有量的确定方法研究[D].成都:西南交通大学,2009.
[42] 朱小康,吴寻.非机动车廊道布局规划——以杭州市非机动车发展规划为例[R].浙江省城乡规划设计研究院,2008.
[43] 宋世辉.公交站场布局规划研究[D].重庆:重庆交通大学,2009.
[44] 南京市交通规划研究所有限公司,扬州市规划局.扬州市综合交通规划[R].2007.
[45] 南京市交通规划研究所有限公司.许昌城市综合交通规划[R].2009.
[46] 东南大学交通学院,郑州市规划勘测设计研究院,郑州市综合交通规划及快速轨道交通规划办公室.郑州市综合交通规划[R].2004.
[47] 张席洲.公交调度系统分析建模与优化[D].南京:东南大学,1988.
[48] 张飞舟.智能交通系统中的公交车辆动态调度研究[J].公共交通科技,2002.
[49] 杨兆升.智能运输系统概论[M].北京:人民交通出版社,2003.
[50] 李振华,糜妩.城市公共交通补贴机制研究[J].城市公共交通,1999(4):15-17.
[51] 杨君昌,曾军平.公共定价理论[M].上海:上海财经大学出版社,2002.
[52] 张卫华,黄艳君,胡刚.城市公共交通专用道设置标准的探讨[J].交通标准化.2003(7):33-36.
[53] 陆健.公交专用道设置条件研究.交通标准化[J].2003(1):59-61.
[54] 裘瑜,吴霖生.城市公共交通运营管理实务[M].上海:上海交通大学出版社,2004.
[55] 北京市公共交通总公司,北方交通大学.城市公共交通运营调度管理[M].北京:中国铁道出版社,2001.
[56] 楚波.欧洲城市公共交通的管理运营机制[J].城市公共交通,2004,06:28-31.
[57] 中国城市科学研究会,中国城市规划设计研究院.中国城市公共交通发展报告2009[R].北京:中国建筑工业出版社.
[58] 陈玮,陈白磊.将HOV优先引入我国城市交通规划的管理[J].城市规划,2003(06):93-96.
[59] 皱迎,李建国.公共交通区域运营组织与调度系统研究[J].交通运输系统工程与信息,2003,05:38-42.
[60] 余伟,钱科烽,高奖,钱建华.杭州市慢行交通系统规划与设计指引[J].城市交通,2009,

03;44-56.

[61] 杨扬,陈幼林,朱明轩.城市小汽车交通需求管理及应用研究——以昆明市为例[J].城市交通,2006,11(4),75-78.

[62] 马荣国.城市公共交通系统发展问题研究[D].西安:长安大学,2003.

[63] 陈磊.快速公交在我国大城市的应用研究[D].西安:西安建筑科技大学,2006.

[64] Peter K. ,John R. ,Tom U. ,etc. Detection Range Setting Methodology for Signal Priority[J]. Journal of Public Transportation,2002,5(2):116-117.

[65] 戴英姿.快速公交系统的交叉口优化控制与设计[D].成都:西南交通大学,2005.

[56] 张卫华.城市公共交通优先通行技术及评价方法研究[D].南京:东南大学,2003.

[67] 孙传姣.快速公交调度优化研究[D].西安:长安大学.2008.

[68] 龙小强,闫攀宇.快速公交运营模式分析及适应性研究交通与安全[J].交通标准化.2009.

[69] 袁晶矜.国外快速公交系统运营要素分析[J].科技资讯.2009.

[70] 宋瑞.快速公交系统规划理论与方法[M].北京:科学出版社.2009.

[71] 汪洋,陈小鸿,杨超,许佳.道路快速公交运营调度目标研究[R].城市轨道交通研究.2009(3).

[72] 南京:东南大学交通学院.城市客运系统规划与设计[R].2004.

[73] 郑宇翔.BRT运营管理模式研究[D].广州:华南理工大学,2010.

[74] 夏劲,郭红卫.国内外城市智能交通系统的发展概况与趋势及其启示[J].科技进步与对策,2003, 20(1):176-179.

[75] 吕国林;张晓春.深圳市自行车交通发展策略及网络规划[J].城市交通,2009,7(3):68-72.